수행자와 중문학자가 함께 풀이한

무문관

수행자와 중문학자가
함께 풀이한

무문관

| 안재철 · 수암 공저 |

無門關

운주사

머리말

부처님 말씀을 기록하여 후세에 전함으로써 경전經典이 있고, 선승禪僧들이 깨달은 내용을 기록하여 전승함으로써 선어록禪語錄이 존재한다.

선어록에는 경전과 다르게 그 시대, 그 지역 사람들의 사고와 문화 및 삶의 방식이 배어 있다. 따라서 선어록을 해석함에 있어서 그 시대, 그 지역의 속어俗語라고 할 수 있는 백화체白話體를 모르면 그 당시 선사禪師들의 선사상을 좀처럼 체득하기 힘들다고 할 수 있다. 다시 말하면 원문을 정확히 번역해야만 원의原義가 제대로 드러나게 되는 것이다. 따라서 선문헌禪文獻은 결코 문언문文言文을 해석하는 방식에 따라 해석해서는 안 되는 것이다.

『무문관無門關』은 중국 남송南宋의 선승인 무문혜개(無門慧開, 1183~1260) 선사가 48개의 화두話頭를 모아 엮은 것으로, 『벽암록碧巖錄』·『종용록從容錄』과 함께 대표적인 선서禪書이다.

이 책은 서문序文, 본문本文, 후서後序로 구성되어 있다. 서문에는 습암習庵의 서와 무문 자신의 표문表文과 자서自序가 있으며, 본문은 48개의 본칙本則과 이에 대한 평창評唱과 송訟이 있다. 후서는 첫 간행 때는 무문 자신의 후서만 있었으나, 두 번째 간행 때는 선잠禪箴, 황룡삼관黃龍三關, 맹공의 발(孟珙跋文)이 첨가되었고, 세 번째 간행 때는 안면의 발(安晩跋文)과 제49칙어則語가 추가되었다.

『선종무문관禪宗無門關』이라고도 하는 이 책의 내용은 옛 조사들로부터 내려오던 선어록 중 공안公案 48칙을 뽑고, 무문 자신의 선적 체험을 바탕으로 48개의 화두에 평창平唱과 송頌을 덧붙이고 있다. 『무문관』은 첫 번째 '조주무자趙州無字' 화두가 전부라고 해도 지나친 말이 아니며, 나머지 47칙은 모두 이 '조주무자' 화두를 철저히 투과했는가를 다시 점검하기 위해 있는 것이라 해도 과언이 아니다. 그러므로 제1칙부터 차례로 읽어야 할 것이다. 무문이 지은 평창과 송은 실참실구實參實求하는 참선자들의 쓸데없는 지식과 그릇된 인식을 불식시키고 깨달음의 눈을 뜨게 하는 데 목적을 두고 있다. 공안을 바르게 참구하고 그 공안의 핵심에 다가가도록 지도하는 내용을 담고 있다.

무문도 '조주무자' 화두를 받아 깨닫는 데 6년이나 걸렸다고 한다. 무문은 어느 날 재齋를 알리는 큰 북소리를 듣고 문득 깨달았는데, 이때의 상황을 "청천백일青天白日에 천지를 진동하는 뇌성雷聲이 울렸다"라고 표현하고 있다.

그러나 큰 북소리에 깨달음이라는 그 무엇이 있는 것은 아니며, 무문의 수행이 이미 무르익어 있었기 때문에, 단지 큰 북소리와 더불어 깨달음이 열렸을 뿐인 것이다.

이후 그는 이 깨달음을 바탕으로 제자들의 자질에 따라 알맞다고 생각되는 몇 개의 화두를 가지고 수행시켜 오다가 그것들이 어느덧 48개나 쌓이게 되자, 1228년 남송 이종황제理宗皇帝의 즉위를 기념하여 이것들을 모아 선 수행의 지침서로서 『무문관』을 엮게 된 것이다.

일반적으로 우리나라의 대학에서 중국어나 중어학, 중문학을 강의한다고 하지만 대부분 유가나 도가의 작품을 읽을 뿐, 불교의 작품은 거의 읽지 않는다. 그러나 중국어에 있어서 최초의 외국어는 범어梵語라고 할 수 있을 것이며, 이것으로 말미암아 중국어는 크게 변화하였고 중국어의 표현이 풍부해졌기 때문에, 중국어는 불교를 떠나서 이야기할 수 없으며, 또한 불교가 중국인들의 사상에 미친 영향은 결코 유가나 도가의 것에 미치지 못하는 것이 아니기 때문에, 중국문학 역시 불교를 떠나서 이야기할 수 없을 것이다.

상황이 이러함에도 불구하고 중문학계에서는 불교 자체에 대하여 별로 관심을 쏟지 않았고, 불교학계에서는 그 연구의 대상을 주로 불교철학에 두고 있을 뿐 언어를 따지는 것은 마치 불립문자不立文字를 손상시키는 것이라고 여겨, 중국언어학에 크게 관심을 두지 않은 것이 사실이다.

다행히 제주대학교 중어중문학과 대학원에서는 여러 해 전 '조기백화연구早期白話研究'를 개설한 이래로, 최근에는 '선시특강', '선어록연구', '돈황언어연구', '불경음의연구' 등과 같이 불전佛典과 관련된 과목을 추가 개설하여, 불교와 근대한어의 사휘詞彙와 문법 등을 강의하고 있다.

이 책은 강의 중 텍스트로 사용했던 것으로, 문법에 관한 것은 안재철 교수가 정리하였고, 수암 스님은 그것에 강의를 붙여, 출가·재가자 모두에게 유용하게 쓰이고자 하였다.

이 책을 출판함에 있어서 본래의 의도와는 달리 수행자들에게 크게 도움이 되지 않는 그저 그런 헛소리를 더하고 있는지 몰라 두려울 뿐이다. 혹 잘못되어 헛디딘 곳이 있거든 가차 없이 질정해주기 바란다.

선종무문관

禪宗無門關

無門關

서문序文

說道無門이면 盡大地人得入하고 說道有門이면 無阿師分第一이라 强添幾箇注脚이 大似笠上頂笠이어늘 硬要習翁贊揚하니 又是乾竹絞汁이라 著得這些哮本이니 不消習翁一擲[1]이나 一擲하니 莫教一滴落江湖이라 千里烏騅가 追不得이로다

紹定改元七月晦習菴陳塤寫

【한자】 添(더할 첨), 笠(우리 립), 贊(도울 찬), 揚(오를 양), 絞(목맬 교), 汁(즙 즙), 哮(으르렁거릴 효), 消(사라질 소), 擲(던질 척), 滴(물방울 적), 騅(오추마 추), 紹(이을 소), 晦(그믐 회), 菴(풀이름 암), 陳(늘어놓을 진), 塤(질나발 훈), 寫(베낄 사)

〔깨침의〕 길에 〔들어갈 수 있는 정해진〕 문이 없다고 말하면 온 천하의 사람들이 모두 들어갈 수 있고, 〔깨침의〕 길에 〔들어갈 수 있는 정해진〕

---

1 一擲: ① 생명을 내던짐. ② 금전을 아낌없이 씀.

문이 있다고 말하면 첫 번째〔의 자리〕를 차지하는 스님도 〔들어갈 수〕 없을 것이다. 〔지금〕 억지로 몇 개의 각주脚注를 더하는 것이, 마치 삿갓 위에 삿갓을 머리 위에 놓는 것과 매우 흡사하거늘, 억지로 습옹習翁의 찬양을 바라니, 또 마른 대에서 즙汁을 짜는 것이라. 〔이미〕 이 효본(哮本, 웅변을 토한 책)을 저술하였으니, 〔이 보잘 것 없는 늙은이인〕 습옹의 〔내 생명을 던지는 말인〕 일척一擲은 필요하지 않을 것이나, 〔굳이〕 일척한 것은 아마도 한 방울의 물이 강호에 떨어지는 것일 것이다. 〔이 책은 워낙 훌륭하여〕 천 리를 달릴 수 있는 〔매우 빠른〕 오추마조차도 쫓을 수 없도다.

소정 원년(1228년) 칠월 그믐 습암진훈 씀

【문법해설】

▪ 盡大地人得入: (1) '盡'은 많은 뜻이 있다. 특히 ① 형용사로 '전부의, 모든', ②부사로 '전부, 모두', ③또는 '극치에 달하다, 최고에 달하다'라는 뜻으로 극한에 도달한 것을 나타내기도 한다.

〔예문〕 ② 我們班裏盡是小伙(우리 반은 모두 젊은이들뿐이다.)

③ 山窮水盡(막다른 골목에 다다르다.) / 有以爲未始有物者, 至矣盡矣, 不可以加矣. 『莊子·齊物論』(처음부터 사물이 있다고 생각하지 않는 사람은 지극하고 극진하여 더 보탤 수가 없다.)

(2) '大地'의 '地'는 ①현대한어의 '的'과 같은 뜻으로 고대한어의 '之'에 해당한다. ②'大地'를 '普天'과 같이 '온 천하'로 해석할 수 있다. 만약 ①을 따른다면 '盡大地人'은 '가장 큰 사람'이라고 해석되고, ②를 따른다면 '온 천하의 사람'이라고 해석할 수 있다. 여기서는 ②를 따르기로 한다.

- 無阿師分第一 强添幾箇注脚……: (1) ①'第一'을 '無阿師分'의 뒤에 붙여 '無阿師分第一'로 읽는다면, 有無동사의 목적어(阿師)를 꾸미는 말(分第一)은 목적어의 뒤에 오므로 '첫 번째 자리를 차지하는(分) 스님도 〔들어갈 수〕 없을 것이다'라고 해석하고, ②'第一'을 '强添幾箇注脚'의 앞에 붙여 '無阿師分 第一强添幾箇注脚'라고 읽는다면, '第一'은 '정도가 가장 심한 것을 형용하거나, 가장 중요하다'라는 뜻이므로 '大善知識의 몫(分)도 없다. 〔지금〕 가장 중요하다고 하여 억지로 몇 개의 注脚을 더하는 것이……'라고 해석해야 한다. 여기서는 '說道無門④, 盡大地人得入⑥, 說道有門④, 無阿師分第一⑥, 强添幾箇注脚⑥, 大似笠上頂笠⑥……'과 같이 전체 문장의 글자 수를 4·6자로 번갈아 맞추고 있기 때문에 ①을 따르기로 한다. (2) '阿師'에서 '阿'는 친밀감을 나타내는 접두사이며, '阿師'는 '스님'이라는 뜻이다.
- 著得這些哮本: (1) '得'은 동사 뒤에서 가능이나 완료를 나타낼 수 있으며, 여기서는 완료를 나타내는 것으로 해석한다. (2) '這'는 '此'와 같다. (3) '些'는 量詞로 확정적이 아닌 적은 수량을 나타내는 말로 '조금, 약간'이라는 뜻이다.
- 不消習翁一擲: '消'는 ①消失되어 다시는 存在하지 않다, ②享受하다(즐거이 받다), ③구하다(需要) 등의 뜻이 있다.
- 莫教一滴落江湖 : (1) '莫教'는 '莫非'와 같다고 하며, '莫非'는 ①'아닌 것이 하나도 없다'라는 뜻이다. ②부사로 추측(揣測)이나 반문을 표시하여, '아마도'라고 해석된다. 따라서 ②를 따라 '아마도 한 방울의 물이 강호에 떨어지는 것일 것이다'라고 해석할 수 있다. ③또한 '教'를 사역동사로 본다면 '한 방울의 물을 강호에 떨어지게 하는 것이지 않겠는가?'라고 해석할 수도 있을 것이다. 설명과 같이 ②와 ③의 해석이 모두

가능하지만, 어떤 경우에도 '敎'를 '가르치다'라는 뜻으로 해석하여서는 안 된다.

〔예문〕 ①溥天之下, 莫非王土; 率土之濱, 莫非王臣. 『詩·小雅·北山』(온 하늘 아래 왕의 땅 아닌 것이 하나도 없고, 온 땅 끝까지 왕의 신하 아닌 것이 하나도 없다.)

▪ 追不得: '得'은 현대한어에서 사용되는 가능보어의 한 형태로, 그 긍정형은 '동사+得'이며, 이것의 부정형은 '동사+不得'이다.

【講義】

서문을 쓴 습암진훈習庵陳塤도 당시 저명한 문인이었음을 쉽게 짐작할 수 있다. 이 책의 저자 무문 스님은 '무자화두無字話頭'를 들어서 '일대사인연一大事因緣'을 마친 사람이니, '무자無字'에 대한 애정과 감회가 남다를 수밖에 없을 것이다. 그래서 '무자화두'야말로 도道를 깨치는 관문關門임을 강조하여 책 이름을 『무문관』이라고 하였을 것이다.

무문관無門關의 '무無'자는 '무자화두'를 뜻하고, '문門'은 '열려 있는 문'을 뜻하며, '관關'은 '닫혀 있는 문'을 뜻한다. 이 관문을 통과하는 데 있어서 마음이 닫혀 있으면 들어갈 수 없고, 마음이 열려 있어야 비로소 들어갈 수 있는 '대도무문大道無門'임을 찬양한 것이다.

무문관의 48칙 공안公案에 평창評唱과 송頌을 이리저리 붙이고 말한 무문 스님의 실력이 뛰어난 것을 다 아는데, 여기에 내가 몇 마디 주각注脚을 첨부하는 것은 삿갓 위에 삿갓을 쓰는 격이라, 구태여 이 하잘 것 없는 습암이라는 노인 따위의 찬양하는 말이 필요하겠는가?

『무문관』이란 책을 찬양하는 서문을 써 줄 것을 요청하였지만 그것은 참으로 무모한 일이다. 한창 젊은 시절에는 아이디어가 왕성하여 아름다운 문장을 지었지만, 지금은 메마른 대나무를 비틀어 한 방울의 물을 짜는 것처럼 문장과 표현이 고갈되어 졸작拙作의 서문을 쓸 수밖에 없는데 무슨 이야기를 부탁하는가? 모두 소용없는 일이다. 이렇게 훌륭한 책에 간신히 한 방울 한 방울 뽑아내어 변변치 않은 몇 마디 글을 보탤 것이 있겠는가? 넣지 말게.

'막교일적낙강호莫教一滴落江湖'에서 막교莫教……를 시중에 통용되는 대부분의 해석들이 '가르치지 말게' 등으로 해석하고 있으나 이는 문맥상 맞지 않는 표현이다. 막교莫教는 막비莫非와 같이 '아마도' 또는 '~아닌 것이 없다'는 뜻이 있으므로, '이 한 방울의 물(서문)을 천하(江湖, 世上)에 떨어뜨리게 하는 것 아닌지 모르겠다'라고 해석할 수 있고, '교教'를 사역동사로 보고 '한 방울의 물을 강호에 떨어지게 하는 것이지 않겠는가?'라고 해석할 수 있을 것이다. 즉 대무문관大無門關이라는 넓고 넓은 강호에 내가 한 방울의 물을 떨어뜨려본들 그것이 무슨 보람이나 있겠는가? 문자·언구에 가득 찬 갈등 많은 세상에서 내가 쓴 이 서문을 던져서 더욱 복잡하게 만드는 씨앗이 되고 싶지 않다는 의미이다.

'천리오추추부득千里烏騅追不得'에서 오추烏騅는 초나라 항우項羽가 아낀 천 리를 달리는 명마名馬 이름이다.

추부득追不得은 '쫓을 수 없다'라는 뜻이다. 따라서 '천 리를 달릴 수 있는 오추마조차도 쫓을 수 없도다'라고 해석할 수 있다. 무문혜개라는 천하 명마를 감히 쫓아갈 수 있겠는가? 쫓아도 쫓을 수 없다고 습암진훈은 『무문관』과 무문 스님을 극구 찬양한 것이다.

표문表文

紹定二年 正月初五日에 恭遇天基[2]聖節[3]하여 臣僧慧開는 預於元年十二月初五日에 印行[4]拈提[5]佛祖機緣[6] 四十八則하여 祝延[7]今上皇帝聖躬 萬歲萬歲萬萬歲하옵고 皇帝陛下는 恭願 聖明齊

---

2 天基: 황제의 탄생이나 卽位를 가리킨다.

3 聖節: 원래 唐 開元 17년(公元 729년) 八月五日 玄宗의 생일이다. 左丞相 源乾曜과 右丞相 張說 등이 表를 올려 이날을 千秋節로 삼기를 청하자 허락하여, 이후 역대 황제의 생일이나, 정해지거나 정해지지 않은 것을 막론하고 모든 기념일을 성절이라고 부르게 되었다.

4 印行: 인쇄하여 세상에 펴다(印刷行世).

5 拈提(염제): 집어 듦. 게시함. 설명하여 들려줌. 선종에서 학인들을 깨우치기 위하여 古則, 공안, 機緣語句 등을 제기하여 평하는 일.

6 機緣: ① 時機因緣의 준말. 동기 또는 기회라는 뜻. ② 중생을 가리킴. 부처님 측에서 말하면 기연, 우리들 측에서 말하면 機根이지만, 모두가 중생을 가리키며 根性이라고도 한다. ③ 수행자가 부처님이나 스승의 가르침에 접하여 얻은 인연을 말한다. ④ 禪宗에서 機에 임하고, 緣에 응하는 스승의 솜씨(作略). ⑤ 公案과 거의 같은 뜻.

7 祝延: 장수를 축하함.

日月하고 **叡算**[8]**等乾坤**하사 **八方歌有道之君**하고 **四海**에 **樂無爲之化**하노이다

慈懿皇后功德報因[9]**佑慈禪寺 前住持 傳法**[10] **臣僧慧開謹言**하노이다

【한자】 紹(이을 소), 拈(집을 념〔점〕), 提(끌 제), 延(끌 연), 叡(밝을 예), 算(셀 산), 懿(아름다울 의), 謹(삼갈 근)

소정 2년 정월 초 5일에 삼가 〔황제의 탄생일이나 즉위일인〕 천기天基의 성절聖節을 만나, 신승臣僧 혜개慧開는 미리 원년 12월 초 5일에 설명하여 들려준(拈提한) 부처님과 조사님의 기연 48칙을 인쇄하여 세상에 펴 축연祝延합니다.

금상今上 황제의 성체聖體는 만세, 만세, 만만세하옵고, 황제폐하는 삼가 원하건대, 황제의 밝은 지혜(聖明)가 일월과 같고, 황제의 운명(叡算, 聖壽)이 건곤(乾坤, 天地)과 같아서, 팔방에서 도道가 있는 임금을 노래하고, 사해에서 무위無爲의 교화를 즐길지어다.

자의황후가 공덕보인功德報因을 위한(위해 세운) 우자선사佑慈禪寺의

---

8 叡算: 예전에 임금의 나이를 높여 이르던 말. 聖壽.

9 報因: 원인이 다른 종류의 것을 결과로서 낳는 것. 선한 행위가 樂을 낳고, 악한 행위가 괴로움을 일으킨다는 것과 같은 인과관계를 말한다. 고락의 과보를 느끼는 선악의 원인. 異熟因과 동일. 習因의 대응어.

10 傳法: ①법을 주어 전하는 것. 선종에서는 이것을 중시하여 正法傳授의 징표로 袈裟를 준다. ②선종에서는 제자가 스승에게서 불법의 속뜻을 전해 받는 것. 또는 嗣法이라고 한다.

전 주지로 전법(嗣法)한 신승 혜개가 삼가 아뢰옵나이다.

【講義】

이 글은 『무문관』을 써서 천자에게 올릴 때의 표문表文이다. 옛날 천자의 축일에는 신하들이 여러 가지 물품을 선사했던 풍습에 따라 스님들도 경전을 서사書寫하여 축원祝願을 올렸던 것이다.

신승臣僧이란 중국에서 흔히 쓰는 말이다. 인도 율부律部에 의하면 일단 출가한 사람은 천자에 대해서도 '신臣'이란 말을 쓰지 않고, 부모에 대해서도 자식이란 말을 쓰지 않게 되어 있다.

무문혜개無門慧開는 미리 소정紹定 원년元年(1228년) 11월 5일에 이 글을 지었다. 즉 불조의 48칙을 올려 황제폐하의 만세를 축원했다. 황제폐하는 그의 성체聖體가 해와 달과 같이 밝고, 또한 성수聖壽가 무궁하여 하늘과 땅과 같이 만만세萬萬歲이기 때문에, 팔방에 황제의 덕이 두루 퍼져 그의 유도有道의 덕을 기뻐하고 노래하지 않는 사람이 없고, 천하가 모두 그 덕화를 입어 인정을 즐기지 않는 사람이 없다고 하여 황제의 덕을 찬양하였다.

이종황제의 어머니 자의황후慈懿皇后가 공덕을 위해 세운 우자선사佑慈禪寺의 전 주지였던 전법의 신승臣僧 혜개가 삼가 말을 올린다고 했다.

무문자서無門自序

禪宗無門關

佛語 心으로 爲宗하고 無門을 爲法門하니 旣是無門인댄 且作麽生透오 豈不見道아 從門入者는 不是家珍[11]이요 從緣得者는 始終成壞라 恁麽說話도 大似無風起浪이요 好肉剜瘡이어니 何況滯言句하고 覓解會리요 掉棒打月이오 隔靴爬痒이라 有甚交涉[12]고 慧開는 紹定戊子夏에 首衆于東嘉龍翔하니 因衲子[13]請益[14]하여 遂將古人公案하여 作敲門瓦子하여 隨機引導學者러니 竟爾抄錄하여 不覺成集이라 初不以前後敍列이나 共成四十八則일새 通曰無門關이라하노라 若是箇漢[15]인댄 不顧危亡임 單刀直入하면 八

---

11 家珍: 自家의 보배. 즉 인간 모두가 태어날 때부터 지니고 있는 佛性.

12 交涉: ① 관계. ② 접촉, 왕래. ③ 상대방과 협상하여 어떤 문제를 해결하는 것을 말한다.

13 衲子: 衲衣를 입은 자로서 스님의 다른 말. 주로 수행하는 선승을 말한다.

14 請益: 수행자가 자신을 유익하게 하기 위하여 스승에게 교시를 청하는 것.

臂那吒[16]가 **攔他不住**라고 **縱使西天四七**과 **東土二三**이라도 **只得望風乞命**이어니와 **設或躊躇**하면 **也似隔窗看馬騎**라 **貶得眼來**하면 **早已蹉過**[17]로다

【한자】 剜(깎을 완), 瘡(부스럼 창), 滯(막힐 체), 覓(찾을 멱), 掉(흔들 도), 棒(몽둥이 봉), 隔(사이 뜰 격), 靴(신 화), 爬(긁을 파), 痒(앓을 양), 涉(건널 섭), 紹(이을 소), 戊(다섯째 천간 무), 嘉(아름다울 가), 翔(빙빙 돌아 날 상), 遂(이를 수), 敲(두드릴 고), 瓦(기와 와), 抄(노략질할 초), 顧(돌아볼 고), 臂(팔 비), 那(어찌 나), 吒(꾸짖을 타), 攔(막을 란), 乞(빌 걸), 躊(머뭇거릴 주), 躇(머뭇거릴 저), 騎(말 탈 기), 貶(떨어뜨릴 폄), 蹉(넘어질 차)

선종무문관

부처님께서 "마음을 종宗으로 삼고, 무문無門을 법문으로 삼아라"라고 말씀하셨거늘, 이미 무문인데(문이 없는데) 또한 무엇 때문에 뚫고 들어가겠는가? 어찌 "문으로 들어가는 자는 가진(家珍, 보배)이 아니요, 연緣을 따라 얻은 자는 늘(始終) 이루어지거나 깨진다(항상 변화한다)"라고 말하는 것을 듣지 못하였는가? 이와 같이 말하여도 마치

---

15 漢: ① 漢水, 長江의 가장 긴 지류. ② 銀河. ③ 남자.

16 那吒(나타): 북방 비사문천왕의 다섯 아들 가운데 맏아들. 얼굴이 셋, 팔이 여덟이고, 큰 힘을 가진 귀신이라고 한다. 『五燈會元』에 "나타태자가 살은 깎아서 어머니에게 돌리고, 뼈는 아버지에게 돌린 뒤에, 본 몸을 나타내어 큰 신통을 부리면서 부모를 위하여 설법하였다"라고 하였다.

17 蹉過(차과): (기회, 대상, 시기 등을) 잃다, 놓치다, 지나가 버리다. 你不要輕易蹉過好機會(너는 좋은 기회를 경솔하게 놓치지 마라.)

바람이 없는데 파도를 일으키고, 아름다운 살결에 상처를 내는 것과 〔같이 긁어 부스럼 내는 꼴과〕 매우 비슷하거니와, 하물며 언구言句에 빠져 이해하여 알 수 있기를 구하는 것에 있어서랴!(이해하여 알 수 있기를 구하는 것은 말하여 무엇 하겠는가?) 몽둥이를 바로잡아 달을 치고, 신발로 사이를 떼고(신발을 신고) 가려움을 긁으니, 무슨 관계가 있겠는가?

〔본인〕 혜개는 소정의 무자년 여름에, 동가東嘉에 있는 용상사龍翔寺에서 대중의 수좌가 되었는데, 납자들이 교시를 청하였기(請益하였기) 때문에, 마침내 옛 사람의 공안을 가지고 문을 두드리는 기왓장으로 삼아 근기에 따라 배우는 자를 인도하였는데, 마침내 간추려 기록하니 어느새 집集이 되었노라. 처음부터 앞뒤 순서를 따르지 않았는데, 모두 48칙이 되었으니, 통칭하여 『무문관』이라 하노라.

만약 한 젊은이가 위험을 무릅쓰고 한 손에 칼을 들고 곧장 들어가면 8개의 팔을 가진 나타도 막지 못하고, 설사 서천의 28조와 동토의 6조라도 부득이 위풍만을 바라보고 목숨을 구걸할 것이지만, 만약 머뭇거리면 또 창을 사이에 두고 말이 달리는 것을 보는 것과 같은지라, 눈을 깜박이면 이미 지나가리로다.

【문법해설】

- 佛語 心爲宗 無門爲法門: '語'는 '말씀하시다'라는 뜻이다.
- 且作麽生透: '作麽生'은 현대한어의 '干嗎'(무엇 때문에, 어째서)와 같은 뜻으로 쓰였다. 따라서 '또 무엇 때문에 透하겠는가?'라고 해석할 수 있다.

- 豈不見道 從門入者 不是家珍 從緣得者 始終成壞: (1) '道'는 '말하다'라는 뜻으로, 그것의 목적어는 '從門入者 不是家珍 從緣得者 始終成壞'이며, '道' 이하 '道 從門入者 不是家珍 從緣得者 始終成壞'는 다시 전체문장의 술어인 '見'의 목적어가 된다. 따라서 "어찌 '從門入者 不是家珍 從緣得者 始終成壞'를 말하는 것을 見하지 못하는가?"라고 해석한다. (2) '見'은 本義가 '보다'이지만 이것으로부터 引伸되어 ① 알다(知道, 覺得), ② 변별하다, ③ 듣다(聽說, 聽見, 聽到) 등의 뜻도 있다. 여기서는 ③의 뜻을 따라 해석한다.
- 恁麽說話: '恁麽'는 '如此, 這樣'(이와 같이)'이라는 뜻이다.
- 覓解會: '解會'에서 '會'는 동사(解) 뒤에 쓰여 그 결과 '會'한 것을 나타낸다고 할 수 있다. 즉 현대한어에서 '學會'라고 하면 '배워서 그 결과 할 수 있다'라는 뜻인 것과 같다.
- 有甚交涉: '甚'은 ① 무슨(何, 什麽), ② 어떻게, 왜(怎麽, 爲什麽) 등의 뜻이 있다. 여기서는 ①을 따른다.
- 因衲子請益: '因'은 ① 連詞로 '~때문에'(因爲, 由於)라는 뜻이 있다. ② 介詞로 '~에 의거하여'(依照, 根據)라는 뜻이 있다. 여기서는 '衲子請益'을 주어와 술어를 갖춘 문장으로 간주하고 ①을 따른다.

〔예문〕 ②法者, 見功而與賞, 因能而授官. 『韓非子·外儲說左上』(법이란 공에 따라 상을 주고, 능력에 따라 벼슬을 주는 것이다.) / 因材施教, 因地制宜(근기에 따라 교육하고, 실정에 맞게 대책을 세우다.)

- 遂將古人公案: '將'은 '가지다'라는 동사로 쓰이던 것이, 개사로 虛化되어, 고대한어의 '以'와 같이 '~을 가지고'라는 뜻이 되기도 하고, 근대한어에서는 마치 현대한어의 '把'와 같이 목적어를 술어 앞으로 옮기는 작용도 한다.

- 作敲門瓦子: '瓦子'는 '기와조각'(瓦片)이란 뜻이며, '子'는 접미사로 쓰인 것이다.
- 竟爾抄錄: '竟爾'의 '爾'는 어떤 단어의 뒤에 쓰여 형상화된 색채를 증가시키며 상태형용사를 만들어 부사어 등이 된다.

〔예문〕 率爾應戰(경솔하게 싸움에 응하다.)

- 若是箇漢: '若是'는 ①'이와 같이'(如此, 這樣)라는 뜻이 있다. ②'만약 ~라면'(如果, 要是)이라는 뜻도 있다. 여기서는 ②를 따른다.

〔예문〕 ② 他若是不來, 咱們就找他去(그가 오지 않는다면 우리가 그를 찾으러 가자.) / 我若是他, 決不會那麽辦(내가 만약 그라면 절대로 그렇게 하지 않을 텐데.)

- 只得望風乞命: '只得'은 현대한어에서와 같이 '부득이, 할 수 없이'로 해석한다.
- 攔他不住: 가능보어의 부정형으로 보아 '그를 막지 못하다'라고 해석한다. 이때 '住'는 '거주하다'라는 뜻이 아니고, 확대된 의미로 '고정'의 의미를 갖는다. 그러나 이 경우에도 현대한어에서는 '攔不住他'라고 쓴다. 아마도 당시는 목적어의 위치가 동사의 뒤에 놓인 시기로, 아직 제2동사(住)가 虛化되지 않은 것으로 보인다.
- 也似隔窗看馬騎: '也'는 '또'라는 뜻이다.
- 貶得眼來: '得'은 동사의 뒤에 쓰여 동작이 이미 완성된 것을 나타낸다.

〔예문〕 出得門來(문을 나섰다.) / 回得家來(집에 돌아왔다.)

頌曰:

大道는 **無門**이라 **千差有路**하니 **透得此關**하면 **乾坤獨步**하리라

대도는 무문이다. 천 가지로 길은 있지만, 이 관을 투과할 수 있으면 건곤(천지) 간에 홀로 걸으리라.

【문법해설】

- 千差有路: 종류가 매우 많고 차이가 매우 큰 것을 이른다. '千差萬別'과 같은 뜻이다.
- 透得此關: '得'은 동사 뒤에 쓰여 가능을 나타내어 '~할 수 있다'라고 해석되기도 한다.

〔예문〕 她去得, 我爲什麽去不得(그녀가 갈 수 있다면 내가 왜 갈 수 없겠어?)

【講義】

일반적으로 선禪이라고 하면 마음에서 마음으로 전한다는 이심전심以心傳心이고 불립문자不立文字이므로 문자를 세워서는 안 된다고 한다. 그래서 선어록禪語錄을 우리말로 해석한다든지 또는 화두를 풀이해서는 안 되는 것이라고 한다.

중국 송나라 시대에 『경덕전등록景德傳燈錄』을 만들 때 많은 사람들이 반대했다고 한다. 선사들이 마음에서 마음으로 전한 것을 어찌 책으로 만드느냐는 것이다. 이러한 비난에 대하여 정앙鄭昻 스님은 "부처님과 조사 스님들이 아무리 전하는 것 없이 전했다고 하더라도 전해 주는 상황이나 연유를 몰라서야 된단 말인가?"라고 하였다. 선사들이 깨닫게 된 상황이나 전후사연은 전해야 한다는 말이다.

이와 같이 선사들이 깨닫기까지의 수행과 깨달은 순간들의 상황을 기록한 것이 선어록이다. 선어록은 바로 선사들의 '선의 체험'을 언어로 표현한 것이다. 그들은 선의 체험을 드러내 보이려고 몽둥이질도 마다하지 않았고, 끝까지 언어로 표현하려고 애를 썼다. 그리하여 경청도부鏡淸道怤 스님은 "번뇌로부터 벗어나기는 그래도 쉽지만 번뇌에서 벗어난 체험을 있는 그대로 고스란히 말로 표현하기는 더 더욱 어렵다"라고 하여 표현이 얼마나 어려운가를 고백하기도 하였다. 이러한 어려움을 뚫고 나온 대화들이 훗날 선어록으로 엮어진 것이니, 여기에는 헛된 말이 있을 수 없다.

깨달은 선사 스님들의 말씀을 고스란히 적어놓은 책이 『무문관』이다. 이 책은 강을 건너가기 위한 뗏목에 불과한 것이며, 이 책 속에 깨달음이 있다고 고집하는 어리석은 사람은 아무도 없을 것이다.

서문의 내용을 간략히 살펴보면, 무문혜개 스님은 서문에 선의 핵심과 편집 의도, 그리고 깨달음의 방법까지 자세히 밝혀 놓은 것을 볼 수 있다.

첫 문장에는 '불어심위종 무문위법문佛語心爲宗 無門爲法門'이라는 중요한 대목이 나온다. 이 말은 『능가경楞伽經』「아발다라보일체불어심품阿跋多羅寶一切佛語心品」의 경의經義를 취한 것으로 『조당집祖堂集』, 『마조어록馬祖語錄』, 『종경록宗鏡錄』, 『경덕전등록』 등에도 나오는 말이다.

예를 들면 『경덕전등록』 제6권 '마조도일 선사'에서 『능가경』을 인용하여 "부처님 말씀은 마음이 조종祖宗이요. 문門이 없음으로써 법문을 삼는다"라고 한 것을 들 수 있다. 여기에서 종宗이란 근본종지, 핵심을 말한다. 그러므로 '부처님이 설하신 가르침 가운데 핵심은 마음'이라는 것이다. 또한 여기에서 법法이란 수행인의 수행 기본원리가 되는 것이기 때문에 법이라 하였고, 수행인이 그것을 통하여 깨달음에 들어가므로 문이라고 하였다. 즉 법문이란 진리의 다른 표현이라고 할 수 있다. 그러므로 진리로 들어가는 데는 고정된 문이나 특정한 문이 있을 수 없다. 진리의 문은 무문無門인 것이다.

깨달음이란 언어나 문자에 의지하지 않으며 마음의 법을 스스로 깨치는 것이지, 남에게 의지해서 얻어지는 것이 아니다. 수많은 경전이 있지만 그것은 다만 참고 삼아 뒤적이는 것에 불과하다. 경전의 가르침을 등불 삼아 진리를 찾는 것은 모래를 쪄서 밥을 짓고, 기왓장을 갈아 거울을 만드는 것처럼 어리석은 일이라고 한다. 언구言句에 매달려 진리를 구하지 말아야 한다는 메시지이다. 상황이 이러한데도 무문 스님은 왜 공안의 문자를 고르고 거기에 사족蛇足까지 붙였을까? 깨닫는 일이야 자기 자신이 주체적으로 해야 하지만 그것을 유발시키게 하는 계기는 있어야 한다는 것이다. 깨달음의 계기를 마련해 주기 위하여 이정표로 만들어 놓은 것이니 조심하게 다루어 공부하라는 의미라고 할 것이다.

지혜가 담긴 말이나 문자는 학인學人들에게 수련을 위한 방편으로 제시된 것이기 때문에 문을 두드리는 기와조각일 뿐이다. 공안을 실참실구實參實究하여 자신의 본래면목本來面目을 체득하면 온 천하를 홀로 걷는 대장부가 되겠지만, 언구에 미혹되고 자성自性과 유리遊離되면 또 다시 생사윤회生死輪廻 속에 떨어질 것이다.

자! 너절하게 흩어놓은 지푸라기 같은 말들을 한꺼번에 휘어잡아 새끼줄을 꼬듯 한마디로 요약한 게송을 들어보자.

대도大道는 문門이 없다.

문이 없는 까닭에 대도로 들어가는 문은

천 갈래 만 갈래의 길로 나누어진다.

그래서 무문관을 뚫는 사람은 천지를 활보할 수 있으리라.

제1칙 조주구자趙州狗子

本則

趙州和尙이 **因 僧問 狗子還有佛性也無**니까 **州云 無**하다

조주 화상께 승僧이 "개〔따위〕에게도 역시 불성이 있습니까?"라고 묻기에, 조주께선 "없다"라고 말씀하셨다.

【문법해설】

▪ 因: ①개사로 동작행위의 조건이나 시기를 나타내어 '~에 근거하여', '~에 의하여', '~한 기회를 틈타(趁, 乘)' 등으로 해석된다. ②개사로 동작행위의 원인이나 이유를 나타내어 '~ 때문에' 등으로 해석된다. ③개사로 동작행위의 매개체나 기점을 나타내어 '~을 통하여', '~로 말미암아' 등으로 해석된다. ④連詞로 '이에, 곧, 즉' 등으로 해석된다. 여기서는 ②를 따른다.

〔예문〕 ①因其無備, 卒然擊之(그것이 방비하지 않은 틈을 타서 갑자기 공격하였다.)

- 狗子: '子'는 접미사로 쓰인다. ①명사 뒤에 붙는다. 모자, 탁자. ②동사나 형용사 뒤에 붙어 명사화된다. 矮子(난장이), 刷子(솔), 騙子(사기꾼). ③사람이나 물건의 뒤에 붙어 경시함을 나타낸다. 破盆子(깨어진 대야 따위), 老頭子(영감탱이).
- 還有佛性也無: (1) '還'은 '~도 역시'라는 뜻이다. (2) '也無'는 문장 끝에 쓰여 의문을 나타낸다. '也未', '以不', '已否' 등도 같다.

評唱

無門曰 參禪은 須透祖師關이요 妙悟는 要窮心路[18]絶이라

무문이 말하였다. 참선은 반드시 조사의 관문을 꿰뚫어야 하고, 묘오妙悟[를 얻는 것]는 심로(心路, 思量分別)가 끊어지는(분별심이 없어지는) 것(경험)을 궁구하여야 한다.

【문법해설】

- 須透祖師關……要窮心路絶: '須'와 '要'는 각각 '透'와 '窮'을 앞에서 도와주는 조동사로서 '반드시 ~하여야 한다'라는 뜻이다.

祖關不透하고 心路不絶하면 盡是依草附木[19]精靈[20]이니

---

18 心路: 마음의 움직임, 思量分別.

19 依草附木: 원래는 죽어서 혼의 안식을 얻지 못하여 다음 생이 결정되지 않은 사람이 초목에 머물러 사람에게 탈이 생기는 것으로부터 생겨난 말이었지만, 禪家에서는 언어나 문자 또는 고정관념에 안주하여 참된 깨달음의 경지에 이르지 못하는 것을 비유한다. 즉 마음을 바로 잡지 못하여 쓸모가 없는 것을 말한다.

조사의 관문을 뚫지 못하고, 심로를 끊지 못하면 모두가 〔언어나 문자 또는 고정관념에 안주하여 참된 깨달음의 경지에 이르지 못하는〕 쓸모없는 정령精靈이니

【문법해설】

▪ 盡是依草附木精靈: '盡'은 '전부, 整個'라는 뜻이다.

且道하라 **如何是祖師關**고 **只者一箇無字**가 **乃宗門一關也**라 **遂目之曰禪宗無門關**이라하니

【한자】 遂(이를 수)

자! 말하여 보라! 무엇이 조사의 관문인가? 단지 이 한 가지 '무無'자가 곧 종문宗門의 하나의 관문이니라. 그리하여 이것을 보고 선종의 무문관이라고 말하느니라.

【문법해설】

▪ 且道: (1) '且'는 ① 부사로 '姑且, 暫且(잠시)'라는 뜻이라고 할 수 있다. 그러나 ② 부사로 '何'와 같은 뜻으로 쓰여 反問을 나타내기도 하고, ③ 조사로 '夫'의 쓰임과 같이 문장의 맨 앞에 쓰여 아래의 문장을 끌어들이는 역할을 한다. 따라서 ③에 의해 해석하면, '자! 〔말하여

依草附葉이라고도 한다.

20 精靈: ① 중생의 영혼. ② 죽은 사람의 영혼.

보라!〕'라고 해석하는 것이 좋다고 본다. (2) '道'는 '길'이 아니고 '말하다'라는 동사이다.

- 如何是祖師關: '如何'는 일반적으로 ①'어떻게〔하면〕' ②'어떠한가?' ③'왜, 어째서' 등의 뜻이 있는데, 『무문관』에서는 많은 경우 '무엇'이라는 뜻으로도 해석된다.

〔예문〕 ① 不知如何是好(어떻게 하면 좋을지 모르겠다.)

② 近況如何?(최근 상황은 어떠한가?)

③ 如何不歸(왜 돌아오지 않는가?)

- 只者一箇無字: (1) '只'는 '단지'라는 뜻이다. (2) '者一箇'에서 '者'는 指示代詞로 '이것'이라는 뜻이다. 한어에서 '이것'에 해당하는 지시대사는 '此, 是, 這' 등을 들 수 있는데, 불전에서는 '者, 遮' 등도 보인다. 이것은 범어를 음역한 글자이기 때문이다.
- 乃宗門一關也: '乃'는 '바로 ~이다'라는 뜻이다.

〔예문〕 失敗乃成功之母(실패는 곧 성공의 어머니이다.)

- 遂目之曰禪宗無門關: (1) '遂'는 '그리하여 아래의 결과가 생겼음'을 나타낸다. (2) '目之曰'은 '그것을 지목하여 ~라고 말하다'라고 해석한다.

透得過者는 非但親見趙州라 便可與歷代祖師와 把手共行하고 眉毛廝(厮)結하여 同一眼見하고 同一耳聞하리니 豈不慶快리요

【한자】 廝(하인 시)

꿰뚫어 지나갈 수 있는 사람은, 다만 조주만을 친견할 뿐 아니라

바로 역대조사와 손잡고 함께 다니고, 눈썹을 서로 맞대어 〔역대조사와〕 같은 눈으로 보고, 같은 귀로 들을 수 있을 것이니, 어찌 경사스럽고 유쾌하지 않을 수 있겠는가?

【문법해설】

- 透得過者: '得'은 현대한어와 같이 동사 '透'와 보어 '過' 사이에 쓰이는 구조조사로 가능을 나타낸다.
- 非但親見趙州 便可與歷代祖師: (1) '非但~ 便~'은 현대한어의 '不但~ 而且~'와 같이 '~할 뿐 아니라 또한 ~하다'라고 해석한다. (2) '可'는 ①'~할 수 있다' ②'~할 만하다' ③부사로 '대략' ④형용사로 '좋다' 등과 같이 해석되거나 ⑤강조를 나타내기도 ⑥반문의 어기를 강하게 하기도 ⑦의문의 어기를 강하게 하기도 하며 ⑧'적합하다' ⑨'전부 사용하다' ⑩'온, 전부' 등으로 해석되는 등 수많은 뜻이 있다. 단 ①의 경우 주어는 '~할 수 있는 주체'가 아니고 '대상'이 된다. 따라서 이곳에서는 ①을 따랐으나, ②를 따르면 '꿰뚫어 지나갈 수 있는 사람은 ~같은 눈으로 보고 같은 귀로 들을 만한 자이니'라고 해석할 수도 있을 것이다.
- 眉毛廝結: '廝(시)'는 '相'과 같은 뜻이니, '眉毛廝結'은 '眉毛相結'과 같은 뜻으로, '서로 눈을 맞대다'라는 의미로 상대방과 친밀함을 나타낸다. *相結: 서로 친교를 맺다.
- 豈不慶快: '豈'는 의문이나 반문을 표시하는 것으로 두 가지의 의미가 있다. ①현대한어 '難道(설마 ~하겠는가)'와 일치한다. ②현대한어의 '何況(하물며~)'과 일치한다. 여기서는 ①을 따라 해석한다.

〔예문〕 ①其實我豈不知道這老頭子是劊子手扮的! 魯迅『吶喊·狂人日

記』(사실 내가 설마 이 노인이 사형집행자로 분장한 자임을 모르겠는가!')
② 偭蟂獺以隱處兮, 夫豈從蝦與蛭螾? 『漢書·賈誼傳』(〔龍은〕 蟂獺을 등지고 숨는데, 하물며 두꺼비와 거머리 따위를 따르겠느냐?)

莫有要透關底麼아 **將三百六十骨節**과 **八萬四千毫竅**로 **通身起箇疑團**하여 **參箇無字**하여 **晝夜提撕**[21]하되

【한자】 毫(가는 털 호), 竅(구멍 규), 提(끌 제), 撕(쪼갤 시, 훈계할 서)

설마 관문을 뚫고자 하는 자가 없겠는가? 〔만약 있다면〕 360개의 골절과 팔만사천 개의 털구멍으로, 온몸에 의단(疑團, 의심덩어리)을 일으켜, '무無'자를 참구하여 밤낮으로 부단히 수행하되

【문법해설】

- 莫有要透關底麼: (1) '莫'은 ①代詞로 '~한 누구도 없다', '~한 장소나 사물도 없다'라는 뜻이다. ②부사로 부정을 표시하며, '不'이라는 뜻이다. ③부사로 '삼갈 것을 권하는 것'을 표시하며, '~하지 말라, ~해서는 안 된다'라는 뜻이다. ④부사로 추측을 표시하며, '설마 ~아니겠는가?'라는 뜻이다. 여기서는 ④를 따른다.

〔예문〕 ①莫益之, 或擊之. 『易·益』(누구도 그것을 유익하게 하지도 않았고, 혹은 누구도 그것을 공격하지도 않았다.) / 在天者, 莫明於日月. 『荀子·天論』(하늘에 있는 것에서 무엇도 해와 달보다 밝은 것은 없다.)

---

21 提撕: 손을 들어 올리다. ①스승이 수행자를 분기시켜 인도하는 것. 친절한 지도. 提唱과 같음. ②전심으로 공부하여 부단히 수행하는 것.

② 桀死於鬲山, 紂縣於赤旆, 身不知先, 人又莫之諫, 此蔽塞之禍也. 『荀子·解蔽』(걸은 격산에서 죽고 주는 적패에서 교수형에 처해졌으나, 스스로는 옛것을 모르고 사람들은 그것을 諫하지 않았으니, 이것이 〔언론을〕 막아버린 재앙이다.) / 高帝旣出, 其計祕, 世莫得聞. 『史記·陳丞相世家』(고제가 이미 나왔지만, 그 계략이 너무나 은밀하여 세간에서는 들을 수 없었다.)

③ 我不懂這裏的規矩, 請莫見怪(나는 이곳의 규칙을 모르니 부디 책망하지 마십시오.) / 秦惠王車裂商君以徇, 曰: '莫如商鞅反者!' 『史記·商君列傳』(진혜왕이 상군을 사지를 수레에 묶어 찢어 죽이며 군령을 내려 이르기를 "상앙과 같이 반역하지 말라!"라고 했다.)

④ 文, 莫吾猶人也. 躬行君子, 則吾未之有得. 『論語·述而』(학문에 있어서는 설마 내가 남과 같지 않겠는가? 〔그러나〕 군자〔의 道〕를 몸소 실천하는 데 있어서는, 곧 내가 아직 얻은 것이 없다〔부족함이 많다〕.)

(2) '要'는 동사 '透' 앞에 쓰이는 조동사로서 '~하고자 하다'라는 뜻이다.

(3) '莫有要透關底麽'는 원래 '莫有要透關底人麽'에서 '人'이 생략된 형태라고 볼 수 있다. 즉 '底'는 현대한어의 '的'과 같은 용법으로, 수식어와 피수식어 사이에 쓰이지만 뒤의 피수식어가 생략되면 '~한 사람'이나 '~한 것'을 나타낸다.

▪ 將三百六十骨節 萬四千毫竅: '將'은 '~을 가지고(拿)'라는 뜻으로 고대한어의 '以'나 현대한어에서는 '把'와 유사하다.

〔예문〕 將鷄蛋碰石頭(계란으로 바위치기)

▪ 通身起箇疑團: '通身'은 '全身'이라는 뜻이다.

〔예문〕 通身是汗(온몸이 땀이다.)

莫作虛無會[22]하며 **莫作有無**[23]**會**하라

〔이 無를 老莊的인〕 허무라고 이해하지도 말며, 있다고도 없다고도 이해하지 말라.

【문법해설】

- 莫作虛無會 莫作有無會: '莫'은 '~하지 말라'라는 뜻이다.

如呑了箇熱鐵丸相似하여 **吐又吐不出**이라 **蕩盡從前惡知惡覺**하고 **久久純熟**하면 **自然內外**가 **打成一片**하니라

【한자】 呑(삼킬 탄), 鐵(쇠 철), 丸(알 환), 蕩(쓸어버릴 탕), 純(생사, 순수할 순)

뜨거운 쇠공을 삼켜버린 것 같아, 토하려고 하여도 토할 수 없다. 종전의 잘못된 지식과 잘못된 깨달음을 완전히 쓸어버리고, 오랫동안 잘 익히면, 저절로 안(主觀)과 밖(客觀)이 한 덩어리를 이루니라.

---

22 虛無會: 잘못하여 老莊的인 허무라고 이해하는 것. 無門은 趙州의 無를 老莊의 허무의 무로 이해해서는 안 된다고 훈계하였다. 그것은 無爲에 떨어져 禪的으로 살아 있는 작용이 없기 때문이다.

23 有無: ①有와 無, 存在와 비존재, 불교에서는 이 극단의 견해를 물리친다. ②사물을 있다고 간주하고, 또 없다고 간주하는 것. 있다고 하는 견해도 없다고 하는 견해도 모두 잘못된 견해라고 한다.

【문법해설】

- 如吞了箇熱鐵丸相似: (1) '如~相似'는 현대한어의 '好像~似的'과 같이 '마치 ~와 같다'라는 뜻이다. (2) '了'는 완료를 나타낸다.
- 吐又吐不出: 현대한어에서는 동사와 방향·결과보어 사이에 '得'을 쓰면 가능보어의 긍정이 되고, '得'을 '不'로 고치면 부정이 된다. 즉 '吐不出'에서 '吐'는 동사, '出'은 보어이기 때문에, 그 사이에 '得'을 써서 '吐得出'이라고 하면 가능보어의 긍정이 되어 '토할 수 있다'라고 해석되고, '得'을 '不'로 고쳐 '吐不出'라고 하면 '토할 수 없다'라고 해석되는 가능보어의 부정이 된다.
- 蕩盡從前惡知惡覺: '蕩盡'의 '盡'은 결과보어로 '모조리 끝낸 것'을 표시한다.
- 自然內外 打成一片: (1) '打成'에서 '打'의 특수한 용법 몇 가지를 정리한다. ① 어떤 언어나 가락을 이용하여 말하는 것을 이른다. ② 특정한 어구를 목적어로 하여 그 일에 종사하거나 그 행위를 하는 것을 나타낸다. ③ 일정한 수단을 거쳐 어떤 임무를 완성하는 것을 표시한다. ④ 어떤 동사의 앞에 쓰여 진행을 나타낸다. ⑤ 이 외에도 連詞로 쓰여 '及, 和'로 해석되거나, 처소나 방향, 시간 등을 표시하는 개사로 쓰여 '自, 從'으로 해석되기도 한다.

〔예문〕 ① 燕青放下籠子, 打著鄕談說道: "你做甚麼當我?" 『水滸傳·第八一回』(연청이 광주리를 놓고, 고향의 말투로 말하기를 "너는 무엇을 하여 나를 감당하려느냐?"라고 하였다.)

② 打工(일을 하다) / 打魚(물고기를 잡다) / 打飯(밥을 먹다.)

③ 打介紹信(소개편지를 쓰다) / 打地鋪(바닥에 잠자리를 펴다)

④ 打掃(청소하다) / 打扮(분장하다) / 打坐(좌선하다) / 打睡(자다)

(2) 그러나 '打成一片'은 ① 원래 불교 용어로서 '천차만별의 사물을 일률적으로 똑같이 대우하다'는 뜻으로, 주로 생각이나 감정이 융합하는 것을 나타내고, ② '주로 생각·감정이 하나가 되다, 한 덩어리가 되다, 한데 뭉치다, 혼연일체가 되다' 등의 뜻이다. 이것은 일반적으로 '和·跟·同·与' 등을 써서 '某人·事物+和·跟·同·与+某人·事物+打成一片'과 같은 형태로 써서 '某人·事物과 한 덩어리가 되다, 某人·事物과 혼연일체가 되다'라고 해석된다.

〔예문〕 他跟同事們打成一片(그는 동료들과 한 마음이 되었다.) / 忽於次月十六夜夢中 忽憶斷橋和尙 室中所擧 萬法歸一 一歸何處話 自此疑情頓發 打成一片 直得東西不辨 寢食俱忘.『禪要 28』(문득 다음달 16일 밤 꿈속에서, 홀연히 단교 화상께서 방안에서 들어준 "만법은 하나로 돌아가니, 하나는 어느 곳으로 돌아가는가?"라는 화두가 생각나니, 이로부터 의정이 갑자기 생겨 한 덩어리가 되니, 반드시 동서를 구분하지 못하고 침식을 함께 잊을 수밖에 없게 되었습니다.)

如啞子得夢하야 只許自知니라

【한자】 啞(벙어리 아)

마치 벙어리가 꿈을 꾸어 단지 스스로 알 수 있을 뿐인 것과 같으니라.

【문법해설】

- 只許自知: '許'는 허가하여 가능한 것을 나타낸다고 할 수 있다.

驀然打發면 驚天動地호대 如奪得關將軍大刀入手하여 逢佛殺佛하고 逢祖殺祖하야 於生死岸頭에 得大自在하여 向六道[24]四生[25]中하야 遊戲三昧하리라

【한자】 驀(말 탈, 갑자기 맥), 奪(빼앗을 탈)

갑자기 〔無의 경지가〕 폭발하면 경천동지하되, 마치 관우 장군의 큰 칼을 빼앗을 수 있어 손에 넣고, 부처님을 만나면 부처님을 죽이고, 조사를 만나면 조사를 죽이는 것과 같아, 생사의 언덕에서 대자재를 얻어, 육도사생 중에서 유희삼매하리라.

【문법해설】

- 驀然打發: '打發'에서 '打'는 일정한 수단을 거쳐 어떤 임무를 완성하는 것을 표시한다.
- 如奪得關將軍大刀入手: '奪得'에서 '得'은 '얻다'라는 동사가 虛化되어 완성을 나타내는 동태조사가 된 것이다. '得'은 이런 과정을 거쳐 결국 나중에는 보어를 이끌게 된 것이라고 생각된다.
- 向六道四生中: '向'은 개사로 동작지점을 표시하여 '在'의 용법과 같다.

且作麼生提撕[26]오 盡平生氣力하여 擧箇無字하대 若不間斷하면

---

24 六道: 중생이 업에 따라 향해가는 6가지 세계. 즉 지옥, 아귀, 축생, 아수라, 인간, 천상을 말한다.

25 四生: 生類를 출생하는 형태에 따라 4가지로 분류한 것. 즉 胎生, 卵生, 濕生, 化生을 말한다.

好似法燭一點便著하리라

【한자】 提(끌 제), 撕(쪼갤 시, 훈계할 서)

자아! 어떻게 〔전심으로 공부하여 부단히〕 일깨우겠는가? 평생의 기력을 다하여 '무'자를 들되, 만약 끊어지지 않는다면, 마치 법촉이 점화되면 곧 드러나는 것(확 붙는 것)과 같으리라.

【문법해설】

- 且作麽生提撕: 앞 참조. '且'는 ①부사로 '姑且, 暫且(잠시)'라는 뜻이라고 할 수 있으나, ②부사로 '何'와 같은 뜻으로 쓰여 반문을 나타낸다. 따라서 이것에 의해 해석하면, '어떻게 일깨우겠는가?'로 해석할 수 있고, ③조사로 '夫'의 쓰임과 같이 문장의 맨 머리에 쓰여 아래의 문장을 끌어들이는 역할을 한다. 따라서 이것에 의해 해석하면, '대저(자) 어떻게 일깨우겠는가?'라고 해석할 수 있다.
- 好似法燭一點便著: (1) '好似'는 '마치 ~과 같다'라고 해석된다. (2) '一~便~'은 현대한어의 '一~就~'와 같이 '~하자 곧 ~하다'와 같이 해석한다.

頌曰

狗子佛性이여 全提正令[27]이니 纔涉有無하면 喪身失命하리라

---

26 提撕: 손을 들어 올리다. ①스승이 수행자를 분기시켜 인도하는 것. 친절한 지도. 提唱과 같음. ②전심으로 공부하여 부단히 수행하는 것.

27 正令: ①올바른 法令, 올바른 가르침, 佛法. ②禪林에 있어서 教外別傳의 입장에

【한자】 纔(겨우 재)

개의 불성이여! 〔이것은〕〔敎外別傳의 입장에 근거하여 棒·喝 이외에 어떤 것에도 의지하지 않고〕 바른 가르침(바른 불법)을 전체 그대로 나타내는 것이니, 만약 유무有無〔의 견해〕를 건넌다면 목숨을 잃으리라.

【문법해설】

▪ 纔涉有無: '纔'는 '만약 ~한다면(若, 如其)'이라는 뜻이 있다.

〔예문〕 一念纔乖 喪身失命. 『禪要 7』(한 생각이라도 만약 어긋나면 목숨을 잃을 것이니.) / 良醫治病 先究其根 纔得其根 無病不治 『禪要 18』(훌륭한 의사는 병을 치료할 때 먼저 그 근원을 찾아내나니, 만약 그 근원을 찾을 수 있으면 치료할 수 없는 병이 없느니라.)

【講義】

"개에게도 불성佛性이 있습니까?" "무無!" 이것이 조주의 "무"자 공안 전부이다. 이때의 "무"는 "없다"라는 뜻으로 보아서는 안 된다. 만약 조주가 "없다"라고 대답했다면 조주는 일체중생一切衆生 실유불성實有佛性도 모르는 것이 된다. 그러면 "무"란 무엇을 말하는 것인가? 머리로 이것일까? 저것일까? "무"를 생각으로 분석하면 이것은 망상이며 잡념이 된다. 내 스스로가 "무"가 되어야 한다.

학문은 사량분별思量分別로써 이루어지지만, 선禪은 그렇지 않아

근거하여 棒·喝 이외에 어떤 것에도 의지하지 않는 것을 말한다.

모든 사량분별을 끊어 없애버려야 이루어진다.

선은 사량분별을 털어내어 하나도 남김없이 없애버리는 과정을 거쳐야 묘오妙悟로 들어간다. 곧 참선은 선에 들어서기 위해 수행하는 과정이며, 묘오는 깨달음을 얻은 결과를 말한다. 무문 스님은 "참선은 모름지기 조사관祖師關을 꿰뚫어야 한다"라고 강조하신다. 조사관은 조사들이 만들어 놓은 1,700공안을 말하며 여기에서는 무자화두無字話頭를 가리킨다. 1,700공안 모두가 무자 하나 속에 함축되어 있기 때문이다.

"묘오妙悟는 심로心路를 궁窮하고 절絶함을 요要한다"라고 했다. 심로心路란 마음이 가는 길이니, 어떠한 논리와 사유 등의 사량분별을 말한다. 이 사량분별을 초월할 때 조사관이 터득되는 것이다. 무無니 유有니 하는 것을 몽땅 버린 뒤에, 즉 궁지窮地에 이르렀을 때 비로소 관문이 열리게 된다는 것이다. 조사관을 통하지 못하고 사량분별하는 마음의 길을 끊지 못한 사람은 형체만 사람일 뿐, 실은 짚으로 만든 허수아비와 같다고 한다. 즉 자신이 철저하게 수행하여 스스로 깨달아 정법을 볼 수 있는 안목을 갖추지 못하고 부처나 조사에 의존하여 자신의 주체성을 상실하고 살아가는 모습을 말한 것이다.

그렇다면 어떤 것이 조사관인가? 조사관은 별것이 아니다. 무자화두無字話頭 하나만 통하면 1,700공안을 다 통하게 되는 것이니, 참으로 무無의 문門을 통하지 않고는 말할 수 없어 선종의 무문관이라고 하였다.

부처님이 깨치신 도리가 무자無字를 통한 경지와 같다. 만약에 그것과 조금이라도 다르면 진리가 아니다. 부처님께서 깨치신 도리가 오늘날까지 면면히 이어져 내려오고 있으니, 무자 하나의 가치가 이만저만 큰 것이 아니다. 무자화두를 통하기만 하면 부처님이나 역대 조사들의 대열에 함께 서게 되는 것이니 통쾌하지 않을 수 없다.

"개에게 불성이 있습니까? 없습니까?" 하고 묻는 것과 '일체중생一切衆生 개유불성皆有佛性'이라고 한 것에 대하여 다시 한 번 생각해 볼 필요가 있다.

불성佛性이란 그 마음이 맑아지고 깨끗해지기 전에는 있는 것이 아니다. 있게 하여야 있을 수 있는 것이 불성이다. 보통 '불성이 있다'고 하면 어떤 때 어떤 곳에 보이는 물건처럼 있는 것은 아니다. 불성이란 하나의 가능성, 곧 부처가 될 수 있는 가능성으로서 존재하는 것이다. 따라서 있게 하여야 있을 수 있는 것이지, 있게 하지 않아도 있는 것은 아니다. 그러므로 개에게 불성이 있다고 할 수 없고, 불성이 없다고도 할 수 없다. 왜냐하면 개가 개로 남아 있는 한, 그것은 부처가 될 수 없다. 개가 자각自覺하여 참선을 한다거나, 무자 도리를 안다거나, 모든 생각을 끊어 침묵을 통해서 깨닫는다거나 했을 때 가능한 일이다. 즉 조주 스님께서 "개에게는 불성이 없다"라고 한 말은 옳다고 할 수 있다.

왜냐하면 일체중생이 실유불성이지만 중생이 중생으로 남아 있는 동안에는 부처가 될 수 없으므로, 불성이 없다고 할 수 있을 것이다. 중생 노릇을 하지 않아야 불성이 있게 되는 것이다.

그렇다! 무자를 통하면 성인이 되고, 통하지 못하면 범부가 아니겠는가? 무자화두로 관문關門을 뚫고자 하는 자는 반드시 대의단大疑團, 대신근大信根, 대용맹大勇猛을, 360 골절과 팔만사천 털구멍을 전부

동원하여 전심전력을 다하여, 자나 깨나 밤낮없이 그 무자화두를 들어야 하는 것이다.

'무無! 무無! 무無!'라고 하여, '무'를 '텅 비어서 아무것도 없다'는 허무의 뜻으로 해석해서는 안 된다. 즉 '있거나 없다'는 의미의 '유무有無'라는 뜻으로 무를 해석해서도 안 된다.

무無는 오묘하다. 무의 마음가짐에서 훌륭한 부처님이 생겨나는 것이다. 그러므로 조주의 무자화두를 마치 뜨거운 쇳덩어리 공을 삼킨 것과 같이, 토하려 해도 토할 수 없이 입에 문 것처럼 하여야 하는 것이다. 이것은 뜨거우리만큼 아주 열렬하게 의문을 품은 상태이므로, 토하고 싶은 생각이 많겠지만 절대로 토하지 말라는 뜻이다.

'무!'란 다 잊어버리라는 이야기가 아니다. 옛날의 잘못된 지견知見과 생각을 모두 없애버리고 오랫동안 천천히, 그리고 끊임없이 의문을 일으키면 자연히 열려, 마침내 벙어리가 꿈을 꾼 것과 같이 남모르게 알게 된다는 것이다. 이와 같으면 하늘이 놀라고 땅이 움직일 정도의 기쁨을 얻게 될 것이다. 마치 관우 장군의 큰 칼을 빼앗아 부처님을 만나면 부처님을 죽이고 조사를 만나면 조사를 죽인다. 관우 장군의 큰 칼이 번쩍일 때 적군은 마치 이슬이 햇볕에 사라지듯이, 일단 깨치면 부처님과 한 몸이 되고 조사 스님들과 한 몸이 된다. 죽인다는 것은 한 몸이 되어 부처도 없고 자신도 없는 경지를 말한다. 부처의 깨침이나 조사 스님들의 깨침이나 자기의 깨침이 각각 다르다면 그것은 불법이 아니다. 깨친 경계는 어느 누구를 막론하고 똑같아야 되는 것이다.

그렇다. 부처님이나 조사 스님들과 똑같은 경지라면 삶과 죽음의 바다에서 크나큰 자재를 얻는데, 육도六道의 어느 곳에서 무엇으로 태어나거나 아무런 걸림이 없게 된다.

그러면 어떻게 무자를 공부할까? 평생의 모든 기력을 다하여 '무! 무!' 해보라. 끊임없이 계속하면 어느 때인가 깨치는 날이 올 것이다. 깨칠 때면 법장法藏의 광명이 일시에 환하게 천지를 비추니 통쾌하지 않을 수 없다.

마지막 게송偈頌도 무문이 지었다. '개의 불성이여! 바른 가르침을 전체 다 나타낸 것이니, 만약 유무를 건넌다면 목숨을 잃으리라'라고 송하였다. 조사께서 "개와 불성, 이 두 가지를 가지고 생각해 보아라"라고 하셨으니, 잠깐이라도 어수룩하게 생각이 유무에 사로잡히면 몸과 목숨이 모두 의미 없는 것으로 상실되고 말 것이다.

제2칙 백장야호百丈野狐

本則

百丈和尙이 **凡參次**에 **有一老人**이 **常隨衆聽法**하되 **衆人退**하면 **老人亦退**러니 **忽一日不退**할새

백장 화상이 〔많은 스님들이〕 모두가 〔모여〕 참례參禮할 때에, 어떤 노인이 항상 청중을 따라 법을 듣되, 청중들이 물러나면 노인도 역시 물러나더니, 돌연 하루는 물러나지 않았다.

【문법해설】

- 凡參次: (1) '凡'은 '모두(皆, 都)'라는 뜻이다. (2) '次'는 '~때(間, 際), 기회'라는 뜻이 있다.
- 有一老人: '有'는 '某'와 같은 뜻으로 '어떤'이라고 해석된다.

師遂問하되 **面前立者**는 **復是何人**고하니 **老人云 諾**하고 **某甲**은

非人也라 **於過去迦葉佛時**에 **曾住此山**이러니 **因 學人問**하되 **大修行底人**이라도 **還落因果也無**니까 **某甲對云**하되 **不落因果**라하고 **五百生**에 **墮野狐身**이로소이다 **今請和尙代一轉語**[28]하여 **貴脫野狐**니이다

【한자】 墮(떨어질 타), 狐(여우 호)

선생께서는 마침내 물으시되 "면전에 서 있는 자는 도대체 누구인가?" 하니, 노인이 "예, 저는 사람이 아닙니다. 과거 가섭불 시대에 일찍이 이 산에 머물렀습니다. 학인이 묻되 '크게(매우 잘) 수행한 사람이라도 역시 인과에 떨어집니까?' 하여, 제가 대답하기를 '인과에 떨어지지 않는다'라고 하였기 때문에 오백 생 동안을 여우의 몸으로 태어났습니다. 지금 화상께 〔저를〕 대신하여 〔깨달음을 열리게 하는〕 한마디의 말씀을 청하오니, 바라옵건대 여우의 몸을 벗어나게 하소서" 하였다.

【문법해설】

▪ 復是何人: '復'는 ① 의문의 어기를 나타내어 '도대체'라고 해석된다. ② 어기사로 쓰이며, '爲復(爲當)'('~인가 또는 ~인가'로 양자택일을 묻는다), '亦復', '雖復', '時復', '還復' 등과 같이 사용된다. 여기서는

---

28 一轉語: 心機를 一轉시키고 깨닫게 하는 힘이 있는 말, 진실을 정확히 표현하는 한 구절, 눈앞의 사태 그대로 眞如의 깨달음을 열 수 있는 계기를 이루는 말이다. 轉에는 두 가지 뜻이 있다. ①轉機의 轉. 간명한 한마디로 급소를 찌르고 수행자의 심기를 일전시켜 방황을 끝내게 하고 깨달음을 열리게 한다. ②轉은 轉身의 뜻. 진퇴양난에 빠졌을 때 한마디로 몸을 굴려 새로운 경지를 열리게 한다.

①을 따른다.

- 某甲: '某甲'이나 '某乙'은 모두 일반적인 사람을 나타내는 代詞로 사용되거나, 특히 自稱을 나타내는 대사로 사용된다.
- 大修行底人: '底'는 고대한어의 '之', 현대한어의 '的'과 같이 수식어와 피수식어 사이에 사용되어 '~한 ~'라는 의미이다.
- 貴脫野狐: '貴'는 '欲'이나 '想要'와 같은 뜻으로 '~하고자 하다'라고 해석한다.

〔예문〕 帝乃泣下曰: "卿爲我陳成敗之理, 朕貴知也." 宋劉斧『靑瑣高議後集·隋煬帝海山記下』(임금은 곧 아랫사람에게 울면서 말하기를 "경은 나를 위하여 성패의 이치를 진술해 주시오. 짐은 알고자 합니다"라고 하였다.)

遂問하되 **大修行底人**도 **還落因果也無**니까 **師云**하되 **不昧因果**[29]니라하니 **老人於言下**에 **大悟**하고 **作禮云**하되 **某甲**이 **已脫野狐身**하여 **住在山後**니이다 **敢告和尙**하노니 **乞依亡僧事例**하소서

【한자】 遂(이를 수), 乞(빌 걸)

마침내 묻되 "크게(매우 잘) 수항한 사람도 역시 인과에 떨어집니까?" 하니, 스님은 답하여 "인과에 어둡지 않으니라" 하니, 노인은 즉시 크게 깨닫고 예배하여 말하기를 "저는 이미 여우의 몸을 벗어나 산 뒤에 있습니다. 감히 화상께 고하노니 죽은 승려의 사례에 의거하여

29 不昧因果: 인과율을 감추지 않고 인과를 인과로서 그대로 인식하는 것. 인과의 세계에 따르는 것.

〔장사지내〕 주시기를 빕니다"라고 하였다.

【문법해설】

- 老人於言下: '言下'는 '말하는 바로 그때', '말 한마디에', '즉시'라는 뜻이다.

〔예문〕 變化生言下, 蓬瀛落眼前. 唐劉禹錫『和東川王相公新張驛池八韻』(변화는 말하는 바로 그때 일어나고, 신선이 산다는 봉래와 영주 같은 선경은 눈앞에 펼쳐진다.)

師令維那[30]로 **白槌**[31]**告衆**하고 **食後送亡僧**이라하니 **大衆言議**하되 **一衆皆安**이요 **涅槃堂**에 **又無人病**이어늘 **何故**로 **如是**오

【한자】 槌(망치 퇴〔추〕), 涅(개흙 열, 앙금흙 날), 槃(쟁반 반)

스님께서 유나에게 흰 나무판을 두들겨 대중에게 고하게 하여 "공양 후에 죽은 승려를 보내려 한다(장사 지내려 한다)" 하니, 대중이 언의言議하되 "온 대중이 모두 평안하고, 열반당에는 또 병든 이가 없거늘 어떤 연유로 이와 같은 〔말을 하는〕가?" 하였다.

---

30 維那: 梵語 karmadāna에서 온 말인데 karmadāna에서 karma는 의식, 규범을 나타내고, dāna는 그것을 주는 사람이라는 뜻이다. 유나에서 維는 일종의 실이므로 질서를 유지한다는 의미를 나타내는 것이고, 那는 dāna의 na이므로 사람이라는 뜻을 나타낸다고 할 수 있다. 따라서 유나는 한 사찰의 질서를 유지하는 사람, 즉 衆僧을 통솔하고 기강을 바로잡는 스님을 일컫는 말이다.

31 槌(망치 퇴〔추〕): 절에 매달아 놓은 통 같은 것인데, 우리나라에는 없고 대신 목탁을 친다. 본래는 대나무 통과 같은 것을 매달아 놓고 쳤다고 한다.

【문법해설】

▪ 師令維那 白槌告衆: (1) '令'은 사역동사로 '~로 하여금 ~을 시키다'라는 뜻이다. (2) '白槌告衆'는 ①'以白槌告衆'에서 '以'가 생략된 것이라고 할 수 있거나 ②'白槌'를 명사가 동사로 쓰인 것으로 보아 '흰 나무판을 두들기다'라는 뜻으로 해석할 수 있다. 한문은 품사가 결정되어 있지 않고 문장의 위치에 따라 그 품사를 결정한다. 즉 '雲集'과 같은 예에서 '雲'이 명사가 아니라 부사로 사용된 것도 좋은 예라고 할 것이다.

▪ 一衆皆安: '一'은 ①'하나하나 각각(每個)', ②'온(全, 滿)'이라는 뜻이다.

〔예문〕 ①一人一個火把. 『三國演義·第二七回』(한 사람 한 사람에 각각 하나의 횃불.)

②一國之人皆若狂, 賜(子貢)未知其樂也. 『禮記·雜記下』(온 나라 사람이 모두 미친 것 같았으나, 사(子貢)는 아직 그 음악을 알지 못하였다.)

▪ 涅槃堂 又無人病: (1) '又'와 '再'는 모두 '또'라는 의미이지만, '又'는 과거를, '再'는 미래를 나타낸다.

〔예문〕 又來了(또 왔다.) / 再來把(또 오거라.)

(2) '無人病'에서 '無'는 유무를 나타내는 동사이므로, 그것의 목적어를 꾸미는 말인 '病'은 목적어 '人'의 뒤에 온다.

食後只見師領衆하고 **至山後巖下**하여 **以杖挑出一死野狐**할새 **乃依火葬**하다

【한자】 巖(바위 암), 挑(휠 도)

〔대중들은〕 공양 후에 단지 '스님께서 대중을 인솔하여 산 뒤의 바위

아래에 이르러, 지팡이를 가지고 한 마리 죽은 여우를 메고 나와 곧 옛날〔스님들의 장례〕과 같이 화장하는 것'을 보았다.

【문법해설】

- 以杖挑出一死野狐: '一死野狐'로 보아 量詞가 아직 발달하지 않았음을 알 수 있다.
- 乃依火葬: '依'는 '例에 따라(依舊)'의 뜻으로 본다.

師至晚上堂하여 **擧前因緣**한데 **黃蘗**이 **便問**하되 **古人錯**이라 **祇對一轉語**로 **墮五百生野狐身**하니이까 **轉轉不錯**이면 **合作箇甚麼**오

【한자】 擧(들 거), 蘗(황경나무 벽, 승검초 폐), 錯(섞일 착), 祇(토지의 신기, 마침 지), 轉(구를 전), 墮(떨어질 타)

스님이 저녁이 되자 당에 올라 앞의 인연을 거론하였는데, 황벽이 곧 묻기를 "고인은 잘못하였습니다. 다만 〔깨달음을 열리게 하는〕 한마디의 말에 〔잘못〕 대답하여, 오백생 동안을 여우의 몸에 떨어졌습니까? 한마디 한마디에 잘못이 없었다면 마땅히 무엇이 되었을까요?" 하였다.

【문법해설】

- 古人錯祇對一轉語: '祇'는 '다만(只), 겨우(僅)'라는 뜻으로 해석한다.
- 轉轉不錯: '轉'은 양사로 쓰일 때는 〔道家에서 體氣를 丹田에 모아 몸과 마음을 수양하는 방법인 煉丹과 같은 것의〕 횟수를 세는 단위로도

쓰인다. 또한 현대한어에서 '個個'와 같이 양사를 중첩하면 '하나하나 모든'이라는 뜻이 된다. 따라서 '돌리고 돌리는 모든 말 한 마디 한 마디'라는 뜻이라고 볼 수 있다.

- 合作箇甚麽: (1) '合'은 '마땅히 ~해야 한다(應該, 應當)'라는 뜻이 있다.

〔예문〕 然則受命之符, 合在於此矣. 『史記·司馬相如列傳』(그러한즉 命을 받잡는 符信은 마땅히 이곳에 있어야 한다.)

(2) '作'은 '~을 맡다, ~로 되다'

(3) '甚麽'는 '무슨'이라는 뜻이다.

〔예문〕 對江煙火更大, 江橋被煙包圍著, 甚麽也看不見. 楊朔 『三千里江山·第三段』(강 맞은편의 煙火는 더욱 커, 강다리가 연기에 싸여 아무것도 보이지 않았다.)

師云하되 **近前來**[32]하라 **與伊道**하리라 **黃蘗遂近前**하여 **與師一掌**하니 **師拍手笑云**하되 **將謂胡鬚赤**이러니 **更有赤鬚胡**로다

【한자】 鬚(수염 수)

스님이 말하되 "가까이 다가오너라! 〔여우였던〕 그 사람에 대하여 말하리라" 하니, 황벽이 마침내 가까이 다가가 스승을 한차례 치니, 스승이 박수를 치며 웃으며 말하되 "대개 오랑캐(달마)의 수염이 붉다고 말하려고 했더니, 더욱이 붉은 수염의 오랑캐가 〔또〕 있구나" 하였다.

---

32 近前來: 가까운 곳에 나갔다 온다는 의미로, 스승이 수행자를 시험해 볼 때 말한다고 한다.

【문법해설】

- 與伊道: (1) '伊'는 ①代詞로 쓰여 명사 앞에서 지시작용을 하며, 這(이)·那(저)'라는 뜻이 있다. ②3인칭 대사로 쓰여 '他(그)·她(그녀)'라는 뜻이 있다. ③2인칭 대사로 '너(你)'라는 뜻이 있다.

  〔예문〕 ①伊年暮春(이해 늦봄.)

  ③勿學汝兄, 汝兄自不如伊. 南朝宋劉義慶. 『世說新語·品藻』(너의 형을 배우지 말라, 너의 형은 본래부터 너와 같지 않다.)

  (2) '與'는 ①개사(전치사)로 '於(于)'와 같이 동작행위의 장소나 관련된 대상을 나타내어 '~에서', '~에 대하여'라고 해석한다. ②동사로 '주다, 베풀다'라는 뜻이다.

  〔예문〕 ②與人方便(남을 편하게 해주다.)

  (3) '與伊道'에서 '與'는 '(2)-①'을, '伊'는 '(1)-②'를 따르면, '〔여우였던〕 그 사람에 대하여 말하리라'라고 해석할 수 있고, '與'는 '(2)-②'를, '伊'는 '(1)-③'을 따르면, '너에게 말하여 주리라'고 해석할 수 있다.

- 與師一掌: '與'는 동사, '師'는 목적어, '一掌'은 동사 '與'의 動量詞에 해당한다. 여기서 '一掌(한 손바닥만큼)'이라고만 하고, 한 손바닥만큼 준(與) 장소를 언급하지 않았으므로 확실하게 알 수 없으나, 뺨을 한 차례 갈겼던지 아니면 손바닥을 내밀게 하여 손바닥을 살짝 쳤는지는 모른다. 유교식으로 스승에게 감히 뺨을 칠 수가 없다고 생각한다면 손바닥을 쳤다고 하면 옳을 것이고, 선사들은 깨달음의 길에 서서 師弟의 분별이 있을 수 없다고 생각한다면 뺨을 쳤다고 하여도 옳을 것이다.

- 將謂胡鬚赤 更有赤鬚胡: '將謂'와 '更有'는 配對하였다. '將'은 동사 '謂' 앞에 쓰였으므로 부사이거나 조동사가 된다. 따라서 '就要, 將要(곧 ~하다)', '欲, 打算(~할 생각이다)', '大概', '豈, 何(어찌)', '姑且(또한)'

등의 뜻으로 쓰일 수 있으며, 이것 중에서 '대개'나 '~할 생각이다'를 따라 해석한다면 '(대개)~라고 말하려고 했더니, 더욱 ~이 있었구나' 라고 해석할 수 있다. 이와 비슷한 것으로 '將謂~元來(却是)'가 있는데, 이것은 '대개 ~라고 말하였더니, 원래(오히려 반대로) ~였구나'라고 해석한다.

評唱

無門曰 不落因果는 **爲甚墮野狐**며 **不昧因果**는 **爲甚脫野狐**오 **若向者裡**하여 **著得一隻眼**[33]하면 **便知得前百丈**하여 **贏得風流五百生**하리라

【한자】 贏(이익을 얻을, 승리할 영)

무문이 말하기를 "불락인과不落因果라고 하여 왜 여우로 떨어졌으며, 불매인과不昧因果라고 하여 왜 여우를 벗어났는가? 만약 여기에서 〔心眼으로〕 실마리를 잡을 수 있다면 전백장(前百丈, 백장 스님 앞의 노승)이 오백 생을 풍류風流롭게 누릴 수 있었음을 곧 알게 되리라" 하였다.

【문법해설】

- 爲甚墮野狐: '爲甚'는 '왜(爲甚麽)'라는 뜻이다.

---

33 一隻眼: 한 개의 눈이라는 뜻. 보통 사람이 가진 좌우의 양쪽 눈 이외의 한 눈으로, 진실을 꿰뚫어보는 心眼을 말한다. 일반적으로 一能一藝에서 見識을 가진 사람을 가리켜 일척안을 갖추었다고 한다.

- 若向者裡: '者裡'는 '這裏(여기)'와 같다.
- 著得一隻眼: '得'은 가능을 나타내는 조사이다.
- '贏得'은 ①이익을 얻다, ②동사로 〔좋지 못한 결과를〕 초래하다, ~하는 지경에 이르다(落得), ③〔호감·동정 등을〕 얻다(≒博得↔失去) 등의 뜻이 있다.

頌曰

不落不昧여 兩采一賽요 不昧不落이여 千錯萬錯이로다

【한자】 采(캘 채), 賽(굿할 새)

〔깨달으면 먼저〕 불락不落하고 〔뒤에〕 불매不昧하는 것이 두 가지 다른 주사위 눈금이라도 같은 주사위이고, 〔깨닫지 못하면 먼저〕 불락하고 〔뒤에〕 불락이라도 천 가지 만 가지로 모두 틀리는 것이로다.

【문법해설】

- 兩采一賽: 賽는 주사위, 采는 숫자눈금이라는 뜻이다. 즉 '주사위는 이리저리 굴림에 따라서 서로 다른 눈금(采)을 나타내지만 결국은 같은 주사위(賽)이다'라는 뜻이다.

【講義】

'백장야호百丈野狐'는 불교의 인연법因緣法과 인과율因果律, 인과응보因果應報를 토대로 학인들에게 선禪에서 이 문제를 어떻게 이해하여야 하는가를 제시하여 이해토록 하고 있다. 선이라 하여 아무것도 없는 백지 상태에서 시작할 수 있겠는가? 아무리 화두선이라고 하더라도 교학적 이해는 반드시 병행되어야 하는 것이다.

여우와의 문답은 사실이라 할 수 없지만, 학인들은 인과법칙과 정법正法의 안목을 가지고 인과의 고리를 끊고 인과에서 자유롭게 수행하여야 한다고 하고 있다.

'백장야호'는 불락인과不落因果와 불매인과不昧因果의 낙落과 매昧의 두 단어를 둘러싸고 전개되는 이야기이다.

고대 중국신화에는 요괴妖怪나 여우의 정령精靈 등이 많이 나오는데, 특히 미녀 여성으로 나타난다. 여우는 총명하고 영민한 것을 상징하거나 교활한 것을 비유하기도 한다.

위진魏晉 시기 지괴志怪소설인 『현중기玄中記』에는 다음과 같은 기록이 있다.

> 여우가 오십 세일 때는 부녀자로 변화할 수 있다. 백 세일 때에는 미녀가 될 수도 있고, 무당(神巫)이나 장부가 되어 여자와 교접할 수도 있다. 〔이들은〕 천리 밖 일도 알 수 있으며, 〔사람을〕 잘 현혹시키고, 사람으로 하여금 미혹되거나 지혜를 잃게 한다. 천 세가 되면 하늘과 통하여 천호가 된다.(狐五十歲, 能變化爲婦人. 百歲爲美女, 爲神巫或爲丈夫, 與女人交接. 能知千里外事, 善蠱魅, 使人迷惑失智. 千歲卽與天通, 爲天狐.)

백장 화상 앞에 나타난 여우의 정령이 바로 노인이다. 그는 스스로 가섭불이 이 산에서 법을 설할 때의 한 청중〔某甲〕이라고 하고 있다.

그는 과감하게 불교의 인과윤회설因果輪回說을 부정했다가 '축생도畜生道'에 떨어져 여우가 되었고, 오백 생을 여우의 정령이 되어야 했다.

'모갑某甲'은 여우의 정령이 되어 백장 선사가 자신에게 전어轉語해 주길 원하고 있다.

일전어一轉語는 바로 전기轉機를 마련해 주는 것이다. 깨닫게 해주는 한마디를 말한다.

우리는 생활 속에서 종종 이러한 일들을 만나곤 한다. 한마디 말로 인해 다른 이와 다투기도 하고, 한마디 말로 인해 생활, 애정, 사업 등에 커다란 변화가 생기기도 한다.

'불락인과不落因果'가 틀린 것이라면 분명 정확한 답안이 있다는 것이다.

'모갑某甲'은 들 여우의 몸으로 축생도를 윤회하는 것을 벗어나고자 하여, 재차 "크게 수행하는 사람도 인과윤회에 떨어질 수 있습니까?"라고 묻는다.

백장 선사는 그의 영혼을 구해 주기 위해 '불매인과(不昧因果, 인과에 어둡지 않다)'라고 대답한다.

'불락인과'는 단순한 부정인 반면, '불매인과'는 인과라는 교의에 엎드려 절하지도, 몽매하지도 않는 것을 가리킨다.

'모갑'은 활연豁然히 대오大悟했고, 이에 윤회가 끝나면서 인간으로 돌아갔으며, 사람들은 산 밑에서 한 마리의 죽은 여우를 발견하게 된다. 이 공안이 바로 '야호선野狐禪'이라고 불리는 바로 그것이다. 야호선이란 선의 경지에 이르지 못한 자가 깨달은 척하며 선지식 흉내를 내는 엉터리 선을 말한다. 말 한마디 잘못해서 오백 생을 여우로 사는 것과 같은 것이 야호선이다. 여우 몸을 벗지 못한 노인은 본래 매우 교만하여 불법조차도 경시했으나, 본질적으로는 '진리를 대단히 갈망하는' 구학자求學者인 것 같다. 바로 이 윤회의 징벌로 말미암아 부처에 대한 그의 태도가 바뀐 것이다.

여우 노인은 "불락인과"에 여우 몸을 받고 "불매인과"에 여우 몸을 벗는다. 여기에서 "불락인과"란 무엇인가? 이것은 인과의 법을 무시한 처사이므로 여우의 몸을 받는 것이 당연하다. "불매인과"란 인과의 이치에 우매하지 않는 것이다. 깨달은 자는 인과를 잘 알아서 인과 그대로 산다는 것이다.

예를 들면 꽃은 바로 가지에서 땅으로 떨어져 말라 죽으면서도, 다시 이듬해 봄이 되면 새롭게 꽃으로 피어나는데, 이것이 바로 '불매不昧'이다. 여우의 장례를 치른 후, 저녁에 백장은 낮에 일어난 사건의 전말을 말하고 대중을 바라본다.

백장회해 선사는 본성本姓이 왕王이며 복건福建 사람으로, 강서江西 마조도일馬祖道一 선사의 가장 유명한 입실入室 제자이다. 이후 강서 백장산百丈山에 머물렀고, 세칭 '백장 선사'라고 불렀다. 그는 지혜가 탁월하여 사방의 선승들이 모두 그에게 가르침을 청하였고, 문하에는 이후 일대의 종사宗師가 된 위산영우潙山靈祐, 황벽희운黃檗希運 등과 같은 인재들이 넘쳐났다. 그가 강학講學할 때는 심지어 여우의 정령精靈인 '모갑'까지도 왔던 것이다. 그 자리에 황벽희운이 있었다.

황벽은 황벽산의 황벽희운(?~850)으로 당대唐代 승려이며, 본적은 복당이나 성씨는 확실치 않다. 그가 바로 백장 선사를 모셨다. 황벽희운의 말은 매우 날카롭다. 그는 '야호선野狐禪'을 들은 후, 돌연 다음과 같은 질문을 한다. "한마디 말을 잘못해서 인과윤회에 떨어졌다면, 반대로 만약 그가 한마디 올바른 대답을 했다면, 그 노인은 어떻게 되었을까요?"

백장은 분명하게 말하지는 않았으나, 그가 계란 속에서 뼈를 고르고 있음을 분명하게 알고, 그를 가까이 오라고 하여 분명하게 가르침을 주고자 하였다.

이때 희운 또한 백장 선사의 말을 들었을 때 먼저 손을 내밀어 그를 쳤다. 두 사람은 말할 필요도 없이 마음으로 이해하여 큰소리로 웃었다. 중국인들이 종종 말하는 '화불투기반구다(話不投機半句多: 마음이 맞으면 반 마디 말도 많다)'라는 말이 바로 선사들의 '선기행위禪機行爲'인 무언無言에서 온 것이다.

무문혜개는 더욱 대단하여, 오백 년 축생도畜生道를 본래부터 '풍류생風流生'이었다고 말하고 있다.

무문은 대자연을 열렬히 사랑하는 서정시인과 같이 거리낌 없고 낭만적인 모습을 보이고 있다. 한 마리의 여우가 되어 산속에서 살아간다는 것은, 여러 짐승들과 해와 달을 벗하며 바람·돌·물 등을 이웃 삼아서 살아가는 풍류로운 삶이 아니겠는가! 『불본생경佛本生經』에서 석가모니 부처님도 한 마리의 사슴, 한 마리의 원숭이, 한 마리의 공작이 아니었던가?

선종은 대단히 투철한 사상이며, 절대 긍정이자, 시공時空을 건너고 심령心靈을 꿰뚫는 자연주의에 가깝다.

무문의 송을 풀어보자

불락 불매여! 하나의 주사위로 두 번 가려냄이요. 불매 불락이여!

천 번 틀리고 만 번 틀림이로다.

불락인과는 무엇이고 불매인과는 무엇인가? 여기에서 불락인과는 틀리고 불매인과는 옳다고 하면 큰 잘못이다. 여기에서 사량분별로 접근하는 것은 용납지 않는다. 불락이든 불매이든, 사유하는 순간 진리와는 천양지차로 벌어진다. 여기에서 불락 불매를 모두 초월하면 이 공안의 참뜻을 알 것이다.

선종은 언어의 유희 같으나 그 속에는 심령心靈을 흔드는 것이 있다. 이는 장기를 두는 사람과 같이 종종 긴장하여 땀으로 등을 흠뻑 적시기도 하고, 심지어는 피가 거꾸로 흘러, 마치 일만대군一萬大軍과 혼전混戰하는 것처럼 느끼기도 한다. 그러나 사실을 알고 보면 모든 것은 다만 하나의 조그만 장기판에서 일어나는 환영幻影일 뿐이다.

제3칙 구지수지俱胝竪指

本則

俱胝和尚이 **凡有詰問**하면 **唯擧一指**러니

【한자】 胝(굳은 살 지), 詰(물을 힐)

구지 화상은 모든 질문에 대하여 〔언제나〕 오직 손가락 하나를 세우니

【문법해설】

- 凡有詰問: '凡有'는 '所有(一切)'와 같이 '모든'이라고 해석된다. 따라서 '凡有詰問'은 '모든 질문에 대하여'라고 해석한다.

〔예문〕 凡在地球之上, 無間有生無生, 決無差別, 空間凡有, 悉歸於一. 魯迅 『墳·人之曆史』(무릇 지구상에는, 생명이 있는 것과 생명이 없는 것에는 간격이 없고, 결코 차별이 없으며, 모든 것에는 간격이 비어서 모두가 하나로 돌아간다.)

後有童子가 **因 外人問**하되 **和尙說何法要**[34]오하니 **童子亦竪指頭**라 **胝聞**하고 **遂以刃斷其指**하다 **童子負痛**[35]**號哭而去**어늘 **胝復召之**하니 **童子迴首**할새 **胝卻竪起指**하니 **童子忽然領悟**[36]니라

【한자】 竪(더벅머리 수), 遂(이를 수), 召(부를 소), 迴(돌 회)

후에 〔한〕 동자가 있었는데, 〔절을 지나던 어떤〕 외인이 "스님은 어떤 가르침을 설하시느냐?" 하고 물으니, 동자도 역시 손가락을 세웠기 때문에, 구지가 듣고 마침내 칼로 그의 손가락을 잘라버렸다. 동자가 고통을 참고 울면서 나아가거늘, 구지가 다시 부르니 동자가 머리를 돌릴 때, 구지가 역시 손가락을 세우니 동자가 홀연히 깨달았다.

【문법해설】

- 童子亦竪指頭: '指頭'에서 '頭'는 접미사이다.
- 胝卻竪起指: '却'은 ① 후퇴하다 ② 물러나게 하다 ③ 사절하다 ④ 동사 뒤에서 보어가 되어 동작의 완성이나 강조의 뜻을 나타내어 '~해버리다' 등의 뜻으로 쓰인다. 또 부사로 쓰일 때는 ⑤ 도리어, 그러나 ⑥ 뜻밖에, 의외로 ⑦ 早期白話에서 '~한 후에, ~하고 나서' ⑧ 역시 ⑨ 바로 ⑩ 어찌 ⑪ '~보다 ~하다' ⑫ 결국, 도대체 ⑬ 똑같은 동사나 형용사의 사이에 쓰여 양보를 나타낸다.

---

34 法要: ① 진리의 본질. 교법. 가르침. 불교의 요지. 가르침의 요점. ② 현재는 일반적으로 불교의식이라는 뜻으로 사용한다.

35 負痛: 상처의 고통을 받다. 고통을 참다.

36 領悟: 마음속 깊게 깨닫는 것.

〔예문〕 ⑥再細數一次, 不想差了兩張(다시 한 번 자세히 세어보니 뜻밖에도 두 장이 부족하였다.)

⑦且去買些酒吃了, 却做說話(또 가서 술을 좀 사서 마시고 나서 말을 했다.)

⑧重到故鄕交舊少, 凄凉, 却恐他鄕勝故鄕(다시 고향에 가 보니 옛 친구는 적고 쓸쓸하니, 역시 아마도 타향이 고향보다 나은가 보다.)

⑨歸路非關北, 行舟却向西(귀로는 관북이 아니고, 배는 바로 서쪽으로 향하였다.)

⑩張先生, 你少吃一盞, 却不好!(장 선생, 좀 덜 드시는 것이 어찌 나쁘겠습니까!)

⑪誰道太山高, 下却魯連節(태산이 높다고 하지만, 魯連의 절조보다는 낮다.)

⑫這位却是誰?(이분은 도대체 누구인가?)

⑬好却好, 可是~(좋기는 좋은데, 그러나~)

▪ 胝卻豎起指: '豎起'에서 '起'는 동사가 아래에서 위로 향하는 것을 나타내는 방향보어이다.

胝將順世[37]하여 **謂衆曰**하되 **吾得天龍一指頭禪**하여 **一生受用**[38] **不盡**이라하고 **言訖示滅**하다

---

37 順世: 示寂·遷化·示滅과 같이 선승이 돌아가시는 것. '세상의 이치에 따라서' 죽는다고 하는 데에서 온 말이다. 禪者에게 삶과 죽음은 없지만 세간의 이치에 순응한다는 의미.

38 受用: ①감관이 대상을 향수하는 것. 경험하는 것. ②受持活用의 뜻. 활용하는 것. ③受用身(四種法身의 제2)의 준말.

구지가 막 죽으려 할 때, 대중에게 말하기를 "나는 천룡 스님의 한 손가락 선을 얻어 일생 동안 모두 쓰지를 못하였다" 하고, 말을 마치자 멸하는 모습을 보이셨다(입적하셨다).

【문법해설】

- 一生受用不盡: '受用不盡'은 가능보어의 부정이다.
- 言訖示滅: '訖'은 '了'와 같이 '마치다'라는 의미이다.

評唱

無門曰 俱胝幷童子는 **悟處**가 **不在指頭上**하니 **若向者裡見得**하면 **天龍同俱胝**와 **幷童子與自己**를 **一串穿卻**하리라

무문이 말하기를 "구지와 동자는 깨달은 곳이 손가락에 있지 않다. 만약 여기에서 〔이것을〕 이해할 수 있다면 〔시대와 장소를 달리하여 살았던〕 천룡과 구지, 또한 동자와 자기를 한 막대로 꿰뚫어버리는 것이다"라고 하였다.

【문법해설】

- 若向者裡見得: (1) '向者裡'에서 '向'은 '在'와 같고, '者'는 '此', '是' 등과 같이 '이곳'이라는 近稱指示代詞이다. (2) '見得'에서 '得'은 가능을 나타낸다.
- 一串穿卻: '卻'은 동사 뒤에서 결과보어가 되어 동작의 완성이나 강조의 뜻을 나타내어 '~해버리다'로 해석된다.

頌曰

俱胝鈍置[39]老天龍이여 利刃單提[40]勘小童이라 巨靈[41]擡手無多子[42]하여 分破華山千萬重이로다

【한자】 鈍(무딜 둔), 置(둘 치), 提(끌, 들 제), 勘(헤아릴 감), 靈(신령 령), 擡(들 대)

구지가 천룡을 바보로 보고, 예리한 칼로 〔손가락을 자름으로써〕 가볍게 죄를 지어 소동小童을 시험함이라. 거령신이 손을 들어 별 노력 없이 대수롭지 않게(無多子) 화산〔과 首陽山〕을 천만 겹으로 나누어 버렸도다.

【문법해설】

- 俱胝鈍置老天龍: '老天龍'에서 '老'는 노인이라는 의미가 아니고 친근함을 나타내는 접두사이다.

---

39 鈍置(鈍致): 바보, 어리석고 완고한 것.

40 單提(=單墮): 小乘律에서 지극히 가벼운 죄를 말한다. 타인에게 참회하는 것으로 허용되는 죄. 사소한 망어라든지 거짓말 등을 범한 자는 3명의 대중 앞에서 참회하여야 한다. 이 죄에 해당하는 것은 가벼운 정도의 거짓말을 한다거나 고의로 벌레를 죽인다거나 부인과 동숙하는 등으로, 비구에게는 90조, 비구니에게는 178조를 열거한다. 조의 수는 律에 따라 일정하지 않다.

41 巨靈: 황하의 물귀신을 나타낸다. 옛날 황하의 물길이 東溟山에 막혀 물줄기가 흐르지 못하자 거령이 동명산에 올라가 손으로 밀어내어 산을 두 동강이 냄으로써, 하나는 華山, 하나는 首陽山으로 쪼개졌다고 한다.

42 無多子: 큰일은 없음. 그다지 대단하지 않음. 원래 黃蘗의 佛法無多子.

- 分破華山千萬重 (1) '分破'에서 '破'는 결과보어로서 '分한 결과 破되었다'라는 의미이다. (2) '分破華山千萬重'을 巨靈이 東溟山을 나누어 華山을 만든 것에 근거하여 '천만 겹의 산을 화산으로 나누어 버리다'라고 해석하지만, 이런 해석이 올바르다면 '分千萬重山成華山'과 같이 쓰는 것이 옳다. 그러나 본문의 순서라면 마땅히 '分破'를 동사술어, '화산'을 목적어, '千萬重'을 보어로 보아, '화산〔과 首陽山〕을 천만 겹으로 나누어 버리다'라고 해석하여야 하며, 그것은 거령이 동명산을 나누면서 손으로 밀고 발로 밟으면서 화산과 수양산이 여러 겹으로 나뉜 것을 표현하였다고 보는 것이 옳을 것이다.

【講義】

구지 화상은 『경덕전등록』 11권 '무주婺州 금화산金華山 구지화상俱胝和尙'에 의하면 천룡天龍 화상의 법을 이었을 뿐 행적을 알 수 없다.

내용을 보면 구지의 한 손가락 세우는 이야기가 기록되어 있다.

처음에 암자에 살기 시작했는데, 실제實際라 부르는 비구니가 삿갓을 쓰고 와서 주장자를 들고, 대사를 세 번 돌고 난 뒤에 말했다.

"바로 말하면 삿갓을 벗으리다."

이렇게 세 번 물었으나 대사가 모두 대답치 못하니 비구니가 그대로 떠났다. 이때에 대사가 말했다.

"해가 이미 저물었으니 하룻밤 묵어가라."

"바로 말하면 자고 가겠소."

대사가 대답이 없으니 비구니가 떠났다. 나중에 탄식하였다.

"나는 비록 대장부의 형체를 갖추었으나 대장부의 기개가 없다."

그리고는 암자를 버리고 제방으로 참선을 하러 떠나려 하니, 그날 밤에 산신이 나타나서 말했다.

"이 산을 떠나지 마시오. 오래지 않아 큰 보살이 와서 화상께 설법을 해주실 것이오."

과연 불일佛日 천룡天龍 화상이 암자에 오니, 대사가 나가 맞이하고 앞의 일을 자세히 이야기하자, 천룡이 한 손가락을 세워 보였다. 이에 대사가 당장에 깨달았다. 이로부터 배우는 학인이 오면 대사는 손가락 하나만을 세울 뿐, 따로 말하는 일이 없었다.

구지 화상은 그 뒤로 대중들에게 "내가 천룡 화상에게 일지선一指禪을 얻은 뒤로 평생 동안 사용해도 다 사용하지 못한다"라고 말했다.

구지 화상은 항상 구지관음다라니(칠구지불모심다라니경)를 외우고 있었기 때문에 '구지 화상'이라고 불렀다고 한다.

『전등록』 11권에서는 일지선에 대한 이야기가 계속된다.

사람들이 구지에게 와서 불법에 대해서 물으면 아무런 말도 없이 손가락 하나만을 세웠다. 구지는 도를 묻고 구하는 사람들에게는 손가락 하나를 세웠기 때문에, 사람들은 그 손가락에 깊은 뜻이 있다고 믿게 되었다. 구지 밑에 동자승이 있었는데, 스승인 구지가 손가락 하나 세우는 것을 늘 보았다. 그리하여 구지를 찾아오는 사람이 있으면 아예 자기가 손가락 하나를 세워 보였다. 사람들은 동자승의 선답禪答에 질려 구지도 만나보지 않은 채 돌아가 버리곤 하였다. 뒤늦게 이 사실을 알게 된 구지는 동자승을 불러 찾아온 손님들에게 뭐라 했느냐고 물었다. 동자승은 손가락 하나를 세웠다. 구지는 동자승이 자기를 흉내 내고 있는 것을 알고는 칼로 동자승이 세운 손가락을 잘라버렸다. 깜짝 놀라 비명을 지르며 동자승은 피 흐르는 손가락을 움켜잡고 뛰쳐나갔다. 구지가 달려가는 동자승을 불렀는데, 동자승이 멈추어 돌아보자 구지는 예의 손가락을 세웠다. 동자승도 따라서 손가락을 세웠으나 이미 그 손가락이 잘려 세울 손가락이 없었다. 그때 동자승이 무언가 머리에 스치는 것이 있었다. 깨달음의 문이 열리기 시작한 것이다.

일一과 영零은 두 개의 절대적 극단이다. 이것이 바로 유有와 무無이다. 손가락을 펼친 것이 유有이면, 손가락을 자른 것이 무無인 것이다.

다시 펼치면 유有이며, 자르면 무無이며…… 손가락은 결코 중요한 것이 아니다. 소유한 것은 언젠가는 사라지기 마련이다.

나의 육체가 분명 나의 것인가? 백년 후면 모두 먼지로 돌아갈 것이 아닌가! 하물며 손가락 하나는 더 말할 것이 있겠는가?

구지의 손가락이나 동자승의 손가락이나 똑같은 손가락임에 틀림없다. 그런데 어찌하여 구지 자신은 손가락을 세워도 되고, 동자승의 손가락은 세우면 안 되는 것일까? 구지의 손가락은 깨침의 손가락, 곧 법신法身의 손가락이라면, 동자승의 한 손가락은 육신의 손가락인 것이다. 그래서 구지 화상은 동자승의 거짓 아我, 즉 가아假我인 자아自我를 자른 것이다. 자아를 잘라 없애야 무아無我인 참 나(眞我)를 깨달을 수 있기 때문이다.

그러나 선에서는 스승이 제자의 자아를 직접 잘라줄 수는 없다. 제자 스스로 깨달아야 하는 것이다.

만일 그가 가리키는 손가락만 본다면 그가 가리키는 것은 볼 수 없을 것이다. 만일 가리키는 것을 볼 수 있다면 그의 손가락은 잊을 것이다.

그래서 무문은 말한다. "손가락 끝에다 시선을 고정시키지 말라. 손가락을 통해 그 너머의 소식을 서 있는 그 자리에서 곧 붙잡아라. 그리하면 손가락을 전한 천룡과 그것을 전해 받아 쓴 구지와 손가락을 잘린 동자, 그리고 지금 그 소식을 읽는 내가 한 줄에 꿴 듯 동일한 눈으로 보고, 동일한 귀로 들으며 동일한 공간에 참여할 것이다"

그렇다! 손가락이 가리키는 곳을 확실히 본다면 일지선을 하는 이 몇 사람들, 그리고 내 자신까지 모두 시대에 한 획을 긋는 동일한 지혜 속에서 하나로 섞일 수 있으리라.

명조明朝 문학가 원굉도袁宏道가 "성인은 때가 없으니, 때가 없다는 것은 고금이 한때라는 것이다. 그러므로 복희·신농이 지금까지도 있는 것과 같으니라!(聖人無時 無時者 古今一時 故伏羲農至今猶在!)"라고 한 것과 같다.

아! 분명 이러한 것이리라. 모든 시간은 사실 하나(一)일 뿐이다. 영원히 하나일 뿐이다.

제4칙 호자무수胡子無鬚

本則

或庵曰 西天胡子가 **因甚無鬚**오

【한자】 庵(암자 암), 鬚(수염 수)

혹암이 말하기를 "인도의 야만인(달마)은 왜 수염이 없는가?" 하였다.

【문법해설】

- 西天胡子: 중국을 기준으로 하여 인도는 서쪽에 있으므로 '西天'은 인도를 말한다. 중국인은 자신들은 문화의 중심지에 산다고 여겨 주변국을 모두 오랑캐라고 생각하였는데, '胡子'란 그곳의 살았던 세존이나 달마를 나타내는 것으로, 여기서는 달마 대사를 말한다.
- 因甚無鬚: (1) '因'은 ①'원인' ②개사로 '依照, 근거' ③개사로 '爲, 爲了' 등으로 쓰인다. (2) '甚'은 '甚麽(무엇)'이다. 따라서 '因甚'은 '무엇 때문에, 왜, 어째서(爲甚麽)'라는 뜻이다.

評唱

無門曰 參須實參하고 **悟須實悟**하여 **者箇胡子**를 **直須親見一回**하야사 **始得**다 **說親見**하면 **早成兩箇**하리라

무문이 말하기를 "참선은 반드시 진짜로 참선하여야 하고, 깨달음은 반드시 진짜로 깨달아야 하여, 〔그에게 수염이 있는지 없는지 알기 위하여〕 이 야만인은 반드시 한 번 친견하지 않으면 안 된다. 〔그러나 내가 그를〕 친견한다고 말하면 〔나와 그가 분별이 생겨〕 일찍이 둘이 되어버린다"고 하였다.

【문법해설】

- 者箇: '者'는 '此, 這'와 같이 '이'라는 지시대사이다.
- 直須親見一回始得: '直須~始得'은 '끝내 ~해야 비로소 괜찮다(~하지 않으면 안 된다)'라는 뜻으로 현대한어의 '必須~才好'와 흡사하다. 따라서 '모름지기 ~하여야 비로소 얻는다'라고 해석하지 않는다.

〔예문〕 直須迷悟兩忘 人法俱遣 衲僧門下 始有語話分. 『禪要 24』(반드시 미혹함과 깨달음을 모두 잊고, 나와 경계를(人法을) 함께 버려야, 납승의 문하에서 비로소 말을 할 만한 명분이 있게 되리라.) / 此事 極不容易 須生慚愧 始得. 『書狀』(이 일은 지극히 쉽지 않으니, 반드시 〔부처님과 조사님 앞에〕 부끄러움을 내어야 비로소 옳다.)

頌曰

痴人面前에 **不可說夢**이니 **胡子無鬚**에 **惺惺**[43]**添懵**이로다

【한자】 痴(어리석을 치), 惺(영리할 성), 添(더할 첨), 懵(어리석을 몽)

어리석은 사람의 면전에서는 꿈 이야기를 해서는 안 된다. "야만인에게 수염이 없다"라고 말하는 것은 깨달아 맑고 밝은 것에 어리석음을 더하는 것과 같다.

【講義】

"달마 스님은 왜 수염이 없는가?"라고 질문한다. 이것이 뚫어야 할 관문이다. 수염으로 얼굴을 덮다시피 한 달마 스님을 무엇 때문에, 왜 그랬을까? 엄연히 있는 수염을 왜 없다고 하였을까? 이것은 유有·무無의 분별에 헤매는 학인들에게 유무를 초월한 진리에 눈을 뜨라는 가르침이다.

'서천호자西天胡子'에서 서천은 중국에서 볼 때 인도는 서쪽에 있기 때문에 서천이라 하였으며, 호자는 오랑캐라는 말인데 여기에서는 달마 스님을 말하기도 하고 석가를 지칭하는 말로 해석하기도 한다. 달마를 지칭하거나 석가를 지칭하거나 이것은 문제가 아니다. 여기에서 문제 삼는 것은 수염이 있건 없건 유와 무의 차별심과 분별심을 모두 여의고 그 너머에 있는 참된 서천호자를 친견해야 된다는 의미이다. 다시 말하면 석가이건 달마이건 그림이나 조각의 상대적 존재를 보지 말고 무상無相의 달마나 석가로 보라는 것이다. 즉 유무를 초월한 실상實相을 보라는 것이다.

이러한 경계는 그냥 얻어지는 것이 아니다. 실참實參, 실구實求를

43 惺惺: 분명히 함. 스스로 경계하여 깨닫는 것.

통해 실오實悟할 수 있다고 무문은 강조한다. 깨달음은 반드시 직접 몸으로 행하는 실참이어야 하고, 깨달음은 반드시 직접 체득한 실오이어야 한다는 것이다. 선 수행은 자신이 직접 몸으로 행해야 참다운 수행인 실참이 되고, 이를 통해 진실한 깨달음인 실오를 증득한다는 것이다.

다음, 달마를 알려면 한 번 친견하라고 한다. 이어서 친견한다고 말하면 일찍이 둘이 되어버린다고 한다. 달마의 수염이 있는지 없는지 말로만 말고 직접 만나보라는 것이다. 어떻게 하면 직접 만날 수 있을까? 목숨을 걸고 이 관문을 뚫으면 내가 달마가 되고 달마가 내가 되어 만날 수 있다. 그러나 내가 달마를 만났다 하면 유무의 분별에 떨어져 달마와는 영원히 멀어진다. 그래서 무문을 친견한다고 말하면 이미 무분별지에서 벗어나 둘이 되어버린다고 강조한다.

게송을 풀어보자.

어리석은 사람의 면전에서는 꿈 이야기를 해서는 안 된다. 달마에게 수염이 없다고 말하는 것은 깨달아 맑고 밝은 것에 어리석음을 더하는 것이다.

범부凡夫는 꿈 얘기를 하면 그것이 정말인 것으로 안다. 수염이 없다고 하면 없는 줄로 알고, 있다고 하면 있는 줄로만 안다. 얼마나 부자유不自由한가? 이 부자유를 벗어나서 자유로운 몸이 되려면 있다든가 없다든가 하는 데 걸려서는 안 된다.

혹암 스님이 범부인지 아닌지를 감정해 보려고 "달마 스님은 왜 수염이 없는가?"라고 물어보았던 것이다. 범부는 없다고 하면 없는 줄 알지만, 범부가 아닌 자는 수염이 없다고 해서 곧이곧대로 듣지는 않는다. 곧이곧대로 듣지 않으니 성성惺惺이고, 곧이곧대로 들으면 몽懵이라고 하지 않을 수 없다. 성惺은 각覺을 뜻하고 몽懵은 매昧를 뜻한다. 그러나 성과 몽이 따로 분리되는 것이 아니라, 성이면서 몽이고 몽이면서 성인 이 도리를 알면 선사의 대열에 함께 하리라.

제5칙 향엄상수香嚴上樹

本則

香嚴和尙云하되 **如人上樹**하여 **口啣[44]樹枝**하고 **手不攀枝**하고 **脚不踏樹**일때 **樹下有人**이 **問西來意**하되 **不對旣違他所問**이고 **若對**면 **又喪身失命**함이면 **正恁麼時**에 **作麼生對**할꼬

【한자】 啣(재갈 함), 攀(더위잡을 반), 脚(다리 각), 踏(밟을 답), 恁(생각할, 이같이 임), 麽(잘, 어찌 마)

향엄 화상이 말하되 "만약 〔禪을 말하자면〕 사람이 나무에 올라 입으로는 나뭇가지를 물고, 손으로는 가지를 붙잡지 않고, 발로는 나뭇가지를 딛지 않을 때, 나무 아래의 한 사람이 〔달마가〕 서쪽에서 온 뜻을 묻되, 대답하지 않으면 곧 그가 묻는 것을 어기는 것이고, 혹 대답하면 〔나무에서 떨어져〕 또 몸뚱이와 생명을 잃는 것과 같다면, 바로 이와

---

44 啣: 銜(재갈 함, 머금다, 받다)의 속자.

같은 때에 어떻게 대답할꼬?"라고 하였다.

【문법해설】

▪ 如人上樹 口啣樹枝 手不攀枝 脚不踏樹 樹下有人 問西來意 不對旣違他所問 若對 又喪身失命: (1) '如'는 ①동사로 '같다'라는 뜻 외에 ②連詞로 '만약(假如, 如果)'이라는 뜻도 있다. 여기서는 동사 '如'의 목적어가 '人上樹 口啣樹枝 手不攀枝 脚不踏樹 樹下有人 問西來意 不對旣違他所問 若對 又喪身失命'이라고 하든지, 연사 '如'가 이끄는 分句가 '人上樹 口啣樹枝 手不攀枝 脚不踏樹 樹下有人 問西來意 不對旣違他所問 若對 又喪身失命'이라고 하든지, 그것이 모두 '如'의 영향을 받는 것으로 해석한다.

〔예문〕 如你不來, 那麽誰來(만약 네가 오지 않는다면 누가 오겠니.)

(2) '若'은 連詞로 '혹은(或, 或者)'이라는 뜻이 있다.

〔예문〕 以木若泥爲鐘則無聲, 聲果在虛器之中乎? 宋歐陽修『六一筆記·鍾莛說』(나무나 혹은 진흙으로 종을 만들면 소리가 없으니, 소리는 과연 빈 그릇 중에 있는가?)

▪ 不對旣違他所問: '所'는 동사 앞에 쓰여 名詞性詞組를 만들어 '동사한 바'라고 해석된다.

▪ 正恁麽時: (1) '正'은 부사로 '바로, 마침, 꼭'이라는 뜻으로, 어떤 경우나 시기가 꼭 알맞음을 나타내기도 한다. 이것은 주어 뒤에만 쓸 수 있다.

〔예문〕 第三 要有大疑情 如暗地 做了一件極事 正在欲露未露之時. 『禪要 16』(세 번째는 대의정이 있어야 하니, 마치 남이 알지 못하는 곳에서 하나의 지극한 일을 하여, 바로 드러나지 않은 것이 막 드러나려는 때에 있는 것과 같으니라.) / 正欲在彼 終身侍奉. 『禪要 28』(마침 거기에서

종신토록 시봉코자 했더니.)

(2) '恁麽'는 ①'이와 같이(這様, 如此)' ②'어떻게(怎麽様), 무슨(什麽)'이라는 뜻이 있다. 여기서는 ①의 뜻으로 쓰였다.

〔예문〕 ① 白曰: "三歲孩兒也解恁麽道" 『景德傳燈錄·道林禪師』(白이 "삼세의 아이도 이와 같은 도를 안다"고 하였다.)

② 哭恁麽? 沒有銀子便哭, 有了銀子又會撒漫起來. 『警世通言』(왜 울어? 돈이 없으면 곧 울고, 있으면 또 뿌리고 다니겠지.)

- 作麽生對: '作麽生'은 현대한어의 '干嗎(做什麽)'가 '① 무엇 때문에, 어째서, 왜, ② 무엇을 하는가?, ③ 뭣하면' 등과 같이 의문을 나타내는 것과 같다. 여기서는 '어떻게'라고 해석하는 것이 좋을 것이다. 또 '作麽'는 '어떻게, 어째서(怎麽), 왜(爲什麽)'라는 뜻이기도 하다.

評唱

無門曰 縱有懸河[45]之辨도 **總用不著**이고 **說得一大藏教**도 **亦用不著**이리라 **若向者裡**에 **對得著**하면 **活卻從前死路頭**하고 **死卻從前活路頭**이리라 **其或未然**이면 **直待當來**하여 **問彌勒**하라

【한자】 懸(매달 현), 辨(분별할 변), 總(거느릴, 모두 총)

무문이 말하였다. 설령 폭포수가 떨어지듯 거침없는 변설이 있다고 하여도 전혀 쓸 수가 없을 것이고, 온 대장경의 가르침을 설할 수 있다고 하여도 역시 소용이 없을 것이리라. 만약 여기에서 〔알맞게〕

45 懸河: ①瀑布. ②傾瀉不止(뒤집어 쏟아 그치지 않다). ③論辯이 滔滔하여(그득하여) 끊이지 않거나 文辭가 流暢하고 奔放한 것. ④높게 솟은 지면의 河를 가리킨다.

대답할 수 있다면 종전에는 죽음의 길을 완전히 살려 버리고, 종전에는 삶의 길을 완전히 죽여 버리리라. 만약 혹 그렇지 않으면 직접 미래를 기다려 미륵보살에게 물으라.

【문법해설】

- 縱有懸河之辨 總用不著: (1) '縱'은 '설령 ~라도'라는 뜻의 양보를 나타내는 連詞이다. (2) '總'은 '전혀'라는 뜻의 부사이다. (3) '用不著'에서 '著(着)'은 동사 뒤에 놓여 목적이 달성되었거나 결과가 있음을 나타낸다. 즉 동사 뒤에서 결과보어가 되는 것이다. 이렇게 동사 뒤에 쓰이는 결과보어는 동사와 그것 사이에 '得'을 써서 가능보어의 긍정 형태가 되는데, 이것의 부정형태는 '得' 대신 '不'을 쓴다. 따라서 '用不著'은 '쓸 수 없다'라는 뜻이다. 이때 '著'은 마땅히 '착'으로 읽어야 한다.
- 說得一大藏教 亦用不著: (1) '說得'에서 '得'은 가능을 나타낸다. (2) '一大藏教': 앞 제2칙 참조. '一'은 '하나하나 모든'의 뜻으로 본다.
- 若向者裡 對得著: '對得著'는 '用不著'가 가능보어의 부정형태인데 반하여 가능보어의 긍정형태이다.
- 活卻從前死路頭 死卻從前活路頭: (1) '活卻'에서 '卻'은 동사 뒤에 쓰여 그 동사가 완료된 것을 나타내며, 마치 현대한어의 '了'와 유사하다. 따라서 '~을 도리어 살릴 수 있고, ~을 도리어 죽일 수 있다'라고 해석하면 안 된다. 만약 '~을 도리어 살릴 수 있고, ~을 도리어 죽일 수 있다'라고 해석코자 한다면 마땅히 '卻活~, 卻死~'와 같이 써야 한다. (2) '路頭'의 '頭'는 접미사이다. 즉 현대한어의 '石頭(돌)'나 '木頭(나무)'가 각각 '돌 머리'와 '나무 머리'로 해석되지 않듯 '길머리'로 해석되지 않고 단지 '길'일 뿐이다.

- 其或未然: '其或'는 '其'나 '其如' 등과 같이 連詞로 가설을 나타내어 '만약 ~가 된다면'이라고 해석한다.
- 直待當來: '當來'는 '미래, 장래'라는 唐宋 시대의 속어이다.

頌曰

香嚴眞杜撰[46]하고 **惡毒無盡限**하여 **啞卻衲僧口**하고 **通身迸鬼眼**이로다

향엄 화상은 참으로 황당무계하고 악독함이 끝이 없어 선승의 입을 벙어리로 만들어 버렸고, 온몸이 솟아나는 귀신의 눈이 되었도다.

【문법해설】

- 通身迸鬼眼: (1) '通身'의 '通'은 형용사로 '온, 모든, 전체의'라는 의미이다.

  〔예문〕 通夜(온 밤) / 通國皆知(온 나라가 다 알다.)

  (2) '迸(흩어져 달아날 병)'은 ①'흩어질, 달아날' ②'솟아나올' ③'물리칠' 등의 뜻이 있는데, 그 본의를 살펴보면 '辶(辵)'은 '길을 걷는 것(달리는 것)'을 그린 것이며, '幷'은 '두 사람이 나란히 서 있는 것'을 그린 것이므로 '나란히 서서 일제히 달려가다'라는 것이 그 본래의 뜻이다. 따라서 여기서는 그 본의를 살펴 '나란히 일제히 鬼眼으로 되다'라는 뜻으로 풀이한다.

---

46 杜撰: 옛날 杜默이라는 시인이 시를 지을 때 격에 맞지 않은 시를 지은 까닭에 황당무계하거나 틀린 것이 많은 저작, 또는 그러한 사람을 두고 하는 말이다.

【講義】

나무 위에 올라 입으로 가지만 물고 매달려 있을 때 '조사의 서래의西來意'를 묻는 자가 있었다. 바로 대답하면 떨어져 죽고, 대답하지 않으면 상대를 무시하게 된다. 이럴 때 어떻게 하겠는가?라는 화두이다.

옛날 말에 죽는 일을 제외하고는 대사大事가 없다는 말이 있듯이, 사람에게 있어서 생사를 제외하면 다른 어떤 것도 문제되지 않는다. 이것저것 두렵다고 하더라도, 죽음보다 두려운 것은 없다.

그러나 부처님은 과거세에 설산동자로 보살행을 닦으실 때, '제행무상諸行無常 시생멸법是生滅法 생멸멸이生滅滅已 적멸위락寂滅爲樂'이라는 설산게雪山偈를 모두 듣기 위해서 몸을 허공에 던져 목숨을 바치려 했었다고 한다.

깨달음을 얻기 위해서는 목숨은 상관이 없다. 선문을 얻었는데 죽음이 두려울까? 천년을 윤회하면서 축생으로 사는 것은 죽음만 못하다. 지옥을 종횡하고 형벌을 받고 산다면 죽는 것이 사는 것만 못하다.

입에 가지를 물었건 물지 않았건, 나뭇가지를 디뎠건 디디지 않았건, 이런 생각들은 선문禪門에서는 아무런 가치가 없다. 그래서 떨어지거나 죽는 따위의 문제는 이미 사라진 지 오래다. 그렇다면 삶·죽음과 비교해서 어느 것이 더 큰 고통일까?

변론을 잘하는 사람도 소용없고 일대장교一大藏教를 꿰뚫은 사람도 소용없다.

죽음 가운데 삶이 있고, 삶 가운데 죽음이 있는 것은 분명한 지혜이리라. 매달려 있거나 떨어지거나 한 생각도 분별심을 내지 말라, 이 생각 저 생각을 버리고 오직 이 순간에 철저하여 현 상황 그 자체가 되어야 한다. 이때 비로소 시비是非와 선악善惡을 초월하고 만물이 모두 진리임을 안다.

무문이 미래불인 미륵에게 물어야 한다고 한 것은, 금세에 깨치지 못하고 내세에라도 기대를 걸어 보는 것은 미련한 사람의 일이라는 것이다. 선문禪門은 전후의 여유를 두지 않는다. 그래서 '직지인심直指人心 견성성불見性成佛'이라고 가르쳤다. 당장 떨어져 죽을 입장에서 보류란 있을 수 없기 때문이다.

먼저 향엄 선사에 대하여 알아보자. 향엄지한(香嚴知閑, ?~898)은 위산영우(潙山靈佑, 771~853)의 제자로 임제 스님과 암산 스님과 거의 동시대에 살았다. 향엄의 전기는 『조당집祖堂集』 19권, 『송고승전宋高僧傳』 13권, 『경덕전등록景德傳燈錄』 11권, 『연등회요聯燈會要』 8권, 『오등회원五燈會元』 9권 등에 전하고 있다.

『경덕전등록』에 전하는 것을 보면, 향엄은 청주靑州 사람으로, 속세를 싫어하여 부모를 하직하고 사방으로 다니면서 도를 흠모하다가 위산의 선회禪會에 의지했다.

위산은 그가 법기임을 알고 지혜의 광명을 일깨워 주기 위하여 어느 날 이렇게 말했다. "나는 그대가 평생 배워서 안 견해와 경전이나 책에서 기억한 것을 묻지 않는다. 그대가 아직 태에서 나오기 전과 동서를 분간하기 전의 본분의 일구一句를 이르면 내가 그대에게 수기하겠다"라고 하자, 대사가 어리둥절하고 대답을 못하였다.

이후 오랜 생각 끝에 몇 마디의 견해를 말했지만 위산이 모두 허락하지 않으니, 대사가 말하기를 "화상께서 말씀해 주십시오"라고 하였다.

위산이 말하기를 "내가 말하면 나의 견해일 뿐이니, 그대의 안목에 무슨 도움이 되랴"라고 하였다.

대사가 곧 방으로 돌아가서 수집해 놓은 제방諸方의 어구語句들을 뒤져보았으나 대꾸할 만한 것이 한마디도 없었다. 이에 대사는 "그림의 떡으론 시장기를 면할 수 없구나"라고 탄식하고, 모두 태워버리면서 말했다. "금생에 불법을 배우지 못할 바엔 죽과 밥이 되어 마음의 괴로움이나 면하리라."

그리고는 위산을 하직하고 남양南陽 혜충 국사慧忠國師의 옛터에 가서 머물렀다. 어느 날 산에서 잡초를 베다가, 던진 기왓장이 대나무에 부딪쳐 소리가 나자, 그 찰나에 자기도 모르게 미소를 지으며 확연하게 깨닫고는, 바로 돌아와서 목욕하고 향을 피우며 멀리 위산을 향해 절을 하면서 찬탄했다. "화상의 대비하신 은혜는 부모의 은혜보다 높습니다. 그때에 만일 저에게 설명하셨더라면 어찌 오늘의 통쾌함이 있었겠습니까?" 하고는, 게송偈頌 하나를 지었다.

한 번 부딪치는 소리에 전에 알았던 것을 잊어버리고,
다시는 닦을 때를 의지하지 않게 되었네.
거동과 표정은 〔모두〕 옛 길에서 드날려,
〔다시는〕 초연기(悄然機, 소승경지)에 떨어지지 않네.
곳곳에는 자취가 없고, 경계는 위의의 밖에 있으니,
제방의 도를 아는 이들은 모두가 상상기라 말하리라.
(一擊忘前知, 更不假修時, 動容揚古路, 不墮悄然機.
處處無蹤跡, 聲色外威儀. 諸方達道者, 咸言上上機)

대사가 상당하여 말했다. "도는 깨닫는 데에 있으며, 말에 있지 않다. 하물며 밀밀密密하고 당당堂堂하여 빈 공간이 없거늘, 마음과 뜻을 괴롭힐 것이 있겠는가? 빛을 돌이키면 나날의 씀이 온전한 공용功用인데, 미혹한 무리가 스스로 등질 뿐이다."

이 공안은 진실을 언어문자나 말로 표현하기보다는 말없이 마음으로 계합하는 것이 훨씬 진실에 가깝다는 사실을 제시하고 있음을 알 수 있다.

제6칙 세존염화世尊拈花

本則

世尊이 **昔在靈山會上**에서 **拈花示衆**하니 **是時**에 **衆皆默然**한데 **惟迦葉尊者**만 **破顔微笑**하다

세존이 옛날 영취산의 집회에서 꽃을 들어 대중에게 보이니, 이때 대중이 모두 침묵하였는데 오직 가섭존자만이 활짝 얼굴을 펴고 살며시 웃었다.

【한자】 默(묵묵할 묵), 顔(얼굴 안), 微(작을 미)

世尊云하되 **吾有正法眼藏**[47] **涅槃妙心 實相無相**[48]이란 **微妙法門**

---

47 正法眼藏: 正法眼이란 眼·耳·鼻·舌·身·意의 육체적인 色眼이 아니라 일체를 照破하는 法眼의 眼을 말하고, 正法藏이란 일체를 收藏하므로 藏이라고 한다. '照見五蘊皆空(五蘊이 모두 허깨비 같은 것을 환히 비추어 보는 것)'은 물질적인 색안이 아니라 마음의 눈인 것이다.

이라 不立文字 教外別傳으로 付囑摩訶迦葉하노라

세존이 말씀하시되 "나에게 정법안장, 열반묘심, 실상무상이라는 미묘법문이 있다. 불립문자, 교외별전〔이라는 방편〕으로 마하가섭에게 부촉하노라" 하셨다.

【한자】 涅(개흙 열, 앙금흙 날), 槃(쟁반 반), 微(작을 미), 囑(부탁할 촉), 摩(갈 마), 訶(꾸짖을 가), 迦(막을 가)

評唱

無門曰 黃面의 瞿曇[49]은 傍若無人하여 壓良爲賤하고 懸羊頭하여 賣狗肉이니 將謂多少奇特이로다

【한자】 瞿(볼 구), 曇(흐릴 담), 傍(곁 방), 壓(누를 압)

무문이 말하였다. 누런 얼굴의 부처님은, 옆에 마치 사람이 없는 듯이 〔행동〕하여, 〔깨달음은 상품과 같이 팔 수 있는 것도 함부로 전할 수 있는 것도 아닌데〕 양민을 억눌러서 천민으로 삼고, 양의 머리를 걸어 개고기로 파니, 매우 특별한가 했더니 〔겨우 이런 정도였구나.〕

---

48 實相無相: 만유의 진실된 相은 상대적 차별의 상을 떠난 것이라는 뜻.

49 瞿曇: Gotama의 음역. ①인도의 姓이름. 가장 훌륭한 소라는 뜻. ②釋尊의 성명. ③고타마 선인의 후예. ④여래의 동의어.

【문법해설】

- 將謂多少奇特: (1) '將謂'는 앞의 제2칙의 '將謂胡鬚赤 更有赤鬚胡……'에서 설명한 것과 같이 '將'을 부사용법 중의 하나인 '대개'나 '겨우'로 해석하여, '대개(겨우) ~라고 말하였더니, 더욱 ~이었구나'라고 해석한다. (2) '多少': '少'는 마치 '緩急'의 '緩'과 같이 무의미한 첨자이다. (3) '奇特'은 '보통이 아닌 것, 특별한 것'이라는 뜻이다.

只如當時大衆都笑였더라면 **正法眼藏**을 **作麼生傳**고 **設使迦葉不笑**인들 **正法眼藏**을 **又作麼生傳**고

다만 만약 당시에 대중들이 모두 웃었더라면 정법안장은 어떻게 전했을 것이고, 설사 가섭이 웃지 않았던들 정법안장은 또 어떻게 전했을 것인고?

【문법해설】

- 只如當時大衆都笑: '如'는 '如果'와 같이 '~한다면'이라는 가정을 나타낸다. 따라서 '~과 같은 것은' 따위로 해석하지 않는다.

若道正法眼藏 有傳授라하면 **黃面老子**는 **誑謼閭閻**[50]이오 **若道無傳授**라하면 **爲甚麼獨許迦葉**고

---

50 閭閻: ①閭門(里門), 즉 마을 입구의 문이란 뜻. ②轉하여 시골사람(서민)이라는 뜻이 되었다.

【한자】 誑(속일 광), 謼(부를 호), 閭(이문 려), 閻(이문 염)

만약 정법안장은 전수할 것이 있다고 말한다면 황면노자(석존)는 서민들을 속인 것이요, 만약 전수할 것이 없다고 말한다면 왜 홀로 가섭만을 허가(인가)하였는가?

【문법해설】

- 爲甚麽獨許迦葉: '爲甚麽'는 원인이나 목적을 묻는 말이다.

頌曰

拈起花來에 **尾巴已露**라 **迦葉破顔**은 **人天**[51]의 **罔措**[52]로다

【한자】 罔(그물 망), 措(둘 조)

꽃을 들어 올리니 꼬리가 이미 드러났음이라. 가섭이 활짝 웃었으나 인천은 어찌할 줄을 몰랐도다.

【문법해설】

- 拈起花來: '起來'는 동사 뒤에 쓰인 복합방향보어이며, 이와 같이 동사가 動賓構造(동사목적어구조)의 복합동사일 때는 목적어의 앞뒤에 나뉘어 쓰이기도 한다.

---

51 人天: 인간계와 천상계에서 당시 석존의 설법을 듣던 모든 대중.

52 罔措: 나아갈 바가 없는 것을 비유한 말. 둘 곳을 모르다.

【講義】

이 공안은 삼처전심三處傳心의 하나이며, 선종의 기원이면서 동시에 선의 생명이라 할 수 있다.

세존께서 왕사성 영취산에서 법회를 하고 계실 때 대범천왕大梵天王이 연꽃 하나를 부처님께 드렸다. 백만 대중이 부처님께서 전법의 설법을 하신다고 하니, 손에 식을 땀을 쥐고 눈만 반짝거리고 숨 하나 쉬지 않고 잠잠히 기다리고 있었다. 그런데 부처님은 대범천왕이 드린 꽃가지를 들고 법상에 오르자마자 그 꽃가지를 번쩍 들어 대중에게 보일 뿐, 일언반구의 말 한마디 없었다.

이때 백만 대중은 그것이 무슨 영문인지 알지 못하여 모두가 잠잠하였지만, 그 중 단 한 사람 가섭이 그 이치를 알았다는 표정으로 빙긋이 웃었다. 가섭 한 사람이 미소하는 것을 본 세존은 "아! 백만 대중 가운데서 가섭 한 사람만이 나의 뜻을 알았구나" 하시면서, 나에게 "정법안장正法眼藏이 있는데 열반의 묘한 마음이며, 참 모습이되 모습이 없다. 미묘한 법문이라 문자를 세우지 않고 교敎 밖에 따로 전한다. 이것을 마하가섭에게 부촉한다"라고 하여 법회는 끝났다.

무문혜개는 이 공안에서 그의 예리함을 남김없이 드러내고 있다. "세존께서는 널리 중생을 제도한다면서 또 어째서 정법안장을 숨기려 하는가? 숨겨 놓고 모두에게 보여주지 않으면서 또 어째서 가섭에게만은 보여주는 것인가? 아마도 '정법안장'이란 애초부터 없는 것은 아닌가? 만일 일체가 모두 공空이라면, 정법안장은 어찌하여 공하지 않은가? 만일 정법안장도 공이라면 전할 것은 또 무엇이란 말인가? 양머리를 걸어 놓고 개고기를 파는 것이지 않은가?" 오직 무문혜개만이 숨김없이 말하고 있는 것이다.

어떤 한 철학과 교수가 이 방법을 시험해 본 적이 있다고 한다. 어느 날 그는 석가모니의 방법 그대로 꽃 한 송이를 들고 교실로 들어가 강단에 섰다. 그리고는 석가모니의 '염화미소'를 따라하며 몇 분 정도의 시간을 침묵하였다. 그런 다음 그는 학생들에게 그의 행동에 대한 느낌을 한 단어로 정의하여 종이에 쓰도록 하였다. 학생들 중 많은 수가 불교에 대해 무지한 터라 교실에 있던 이들은 모두들 이상하게 여겼지만 모두가 그 느낌을 적었고, 이를 교수에게 건네주었다.

이어서 교수는 종이에 적힌 단어를 하나하나 칠판 위에 적었는데 '정신병', '우습다', '멋있다', '아름답다', '바보스럽다', '신비하다', '거드름 피운다', '인상 깊다', '변태', '알기는 힘들고 하기는 쉽다', '사랑', '배불리 먹다', '마귀', '올바르지 않다', '예술가'…… 등등으로 천태만상이었다고 한다.

칠판에 다 쓰고 난 교수는 "보아라! 너희들이 말한 것이 이렇게 모두 다르지만, 모두들 옳다! 왜냐하면 진리에는 정론이 없으며, 단지 이해하는 것이 다를 뿐이기 때문이다"라고 하였다.

진리에는 옳고 그름이 없으니, 양 머리를 걸어놓고 개고기를 팔수도 있는 것이다. 왜냐하면 하나는 보는 것이요, 하나는 먹는 것이기 때문이다. 그러므로 그 꽃에도 일체가 포함될 수 있는 것이다!

영국 시인 윌리엄 블레이크William Blake의 시에 이러한 시구가 있다.

한 알의 모래 속에서 세계를 보며,

한 송이 들꽃 속에 천국이 있네.
무한無限을 당신의 손 안에 쥐고,
찰나刹那 속에 영원을 담아 두네.

그렇다! 그 꽃가지를 번쩍 든 그 가운데는 만고불역萬古不易의 진리가 잠겨 있으니 말이다. 누가 뭐라고 해도 이 하나로써 전 우주의 진리를 표현했던 것이다.

꽃가지를 번쩍 들 때 전 우주가 그것에 뭉쳐진다. 뭉쳐질 때 꽃가지를 든다는 의식은 물론, 세존 자신의 존재의식조차 없어진다. 즉 꽃가지를 들 때 그 꽃가지와 자기가 한 몸이 되어 '나'라는 존재를 망각한다. 망각할 때 전 우주가 자기 아닌 것이 없다. 즉 '사물과 한 몸이 되는 경지'를 말한다.

세존께서 가섭의 미소가 자기 뜻에 계합된다고 "나에게 정법안장, 열반묘심, 실상무상, 미묘법문, 불립문자, 교외별전이 있으니 이를 부촉한다"고 했다. 그러면 정법안장이란 꽃가지를 든 내용이고, 열반묘심도 역시 같은 의미인데, 그의 내용이 또한 실상무상이다. 실상은 차별差別과 유有인 현상계이고, 무상은 평등平等과 무無인 본체를 말한 것으로, 실상이면서 무상이고 무상이면서 실상이다. 이것을 바꾸어 말하면 색즉시공色卽是空 공즉시색空卽是色이다. 색이 공과 다르지 않고, 공이 색과 다르지 않다는 점이 우리 일반에서 잘 이해되지 않으니 미묘법문이 아닐 수 없다. 즉 이심전심할 뿐인데 가섭만이 미소를 지은 것은, 세존이 꽃가지를 든 이유를 알아차렸으므로 가섭에게만 전할 수밖에 없었던 것이다.

무문은 다음과 같이 말하였다. "만일 석가모니가 '염화미소'를 지으실 때 모두가 웃고 가섭존자만이 홀로 웃지 않았다면 어찌 되었을 것인가? 정법正法이 모두에게 전해졌을 것인가? 전해지지 않았을 것인가?"

그러나 무문 또한 너무 진지했으니……, 내가 보기에는 그렇게까지 볼 필요는 없는 것 같다. 전하든 전하지 않든, 그것이 그것 아니겠는가? 왜냐하면 전하는 것이 곧 전하지 않는 것이요, 전하지 않는 것이 곧 전하는 것이기 때문이다.

아마도 석가모니와 가섭존자는 전 인류에게 생각하도록 한 것은 아니겠는가? 모두들에게 2천 년 동안 풀어보도록 말이다.

제7칙 조주세발趙州洗鉢

本則

趙州가 **因 僧問 某甲**이 **乍入叢林**이니 **乞師指示**하라 **州云**하되 **喫粥了也未**야 **僧云**하되 **喫粥了也**니다 **州云**하되 **洗鉢盂去**아한데 **其僧**이 **有省**하니라

【한자】 喫(마실 끽), 粥(죽 죽)

조주는 〔한〕 승려가 묻기를 "저는 막 총림에 들어왔으니 스님의 가르침을 구합니다" 하였기 때문에, 조주가 말하되 "죽을 먹었느냐?" 하시니, 승려가 말하되 "죽을 먹었습니다" 하니, 조주가 말하기를 "발우를 씻었느냐?" 한데, 그 승려가 깨달았다.

【문법해설】

- 某甲: 1인칭 대사로 '나'라는 뜻이다.

- 喫粥了也未: (1) '了'는 동사 뒤에 쓰여 완료를 나타낸다. (2) '未'는 의문을 나타내는 語氣詞이다.
- 洗鉢盂去: '洗……去'에서 '去'는 방향보어로 동사의 동작이 화자로부터 떨어져 나가는 것을 나타낸다.
- 有省: '大悟'와는 구별되는 것으로 '앗, 하고 알아차리다'라는 뜻이라고 한다.

評唱

無門曰 趙州開口見胆[53]에 **露出心肝**하나 **者僧聽事不眞**하여 **喚鐘作甕**이로다

【한자】 胆(어깨 벗을 단)

무문이 말하였다. 조주는 입을 열어 쓸개를 내보이고, 심장과 간을 노출시켰다고 하나, 이 승려는 〔그〕 일을 옳게 듣지 못하여 종을 일러 항아리라고 하도다.

【문법해설】

- 趙州開口見胆: '見'은 '내보이다'라는 뜻으로 보며, 이때 이것은 '現'과 같으므로 '현'으로 읽는다.
- 者僧聽事不眞: '聽事不眞'은 현대한어의 '聽不眞事'와 같은 것으로 이해한다. 즉 현대한어에서는 가능보어를 쓸 때 그것의 목적어는 가능보어의

---

53 胆: 어깨 벗을 단, 膽(쓸개 담)의 俗字. 여기서는 膽의 俗字로 쓰였다.

뒤에 위치하지만('聽不懂你的話'에서 목적어 '你的話'가 '聽不懂'의 뒤에 온다), 早期白話에서는 아직 가능보어의 형식이 완성되지 않아 동사(聽) 뒤에 목적어(事)가 오고, 그것(聽事)이 주어가 되어 그 주어를 술어(不眞)가 설명하는 형식이다. 그러나 현대한어에서는 그 위치가 바뀌었다고 본다. 따라서 '그 승려가 〔그〕 일을 옳게 듣지 못하다'라고 해석한다. 만약 '진실한 사실을 듣지 못하다'라고 해석하려면 '不能聽眞事'라고 써야 옳다.

頌曰

只爲分明極하여 **翻令所得遲**하니 **早知燈是火**오 **飯熟已多時**로다

【한자】 翻(날 번), 遲(늦을 지), 燈(등잔 등), 熟(익을 숙)

단지 너무나 분명하였기 때문에, 도리어 얻어진 바가(깨달은 바가) 더디게 〔얻어지게(깨달아지게)〕 하였으니, 등이 불인 것을 일찍 알았다면 밥이 잘 지어진 것이 이미 많은 시간이 되었을 것이로다.

【문법해설】

- 只爲分明極: (1) '爲'는 이유를 나타내는 連詞로 '~하기 때문에'라고 해석한다.
  (2) '分明極'에서 '極'은 부사로 '아주, 지극히, 몹시'라는 뜻이 있다. ①이때는 보통 부사어가 되지만, ②보어로 쓰일 수도 있다. 단 보어로 쓰일 때는 앞에 '得'을 쓸 수 없고, 뒤에는 대체로 '了'를 쓴다. 따라서 비록 '極' 뒤에 '了'가 쓰이지는 않았지만 '매우 분명하다'라고 해석할

수 있으므로, 종래의 '분명함을 極하다'나 '분명한 것이 極에 달하다' 등의 해석을 취하지 않는다.

〔예문〕 ① 天氣極冷(날씨가 매우 춥다.)

② 忙極了(매우 바쁘다.)

- 翻令所得遲: (1) '令'은 사역동사로 본다. (2) '所得'은 '得한 대상'을 가리킨다.
- 早知燈是火 飯熟已多時: 중국의 한 어리석은 사람이 아궁이에 불씨가 없어서, 자기의 등불에 불이 있는데도 옆집으로 불을 구하려 다니다가 밥이 늦어진 것을 비유한 설명이다.

【講義】

조주 선사의 '끽다거喫茶去', '세발거洗鉢去' 등 화두는 일상생활이 자각적인 선 생활이 되도록 가르치는 공안들이다.

선은 행주좌와行住坐臥, 어묵동정語默動靜 등 매일 일상생활을 하는 가운데에서 깨닫도록 제시하고 있는 것이다.

조주세발趙州洗鉢은 총림叢林에서 그냥 일상생활을 걸림 없이 잘해 나가는 가운데 불법이 이루어진다는 가르침이다.

본칙을 보면 어떤 학인이 조주 선사에게 "제가 이곳에 처음 왔습니다. 잘 지도해 주십시오" 하고 가르침을 청하니, 조주 선사는 "죽을 다 먹었느냐?"고 물었고, 학인이 "예! 다 먹었습니다"라고 대답하자, "그렇다면 발우를 씻었느냐?" 하고 되물어 '해야 할 일을 했느냐?'고 물으신 것인데, 조주 선사의 이 말씀에 그 학인은 깨달았다.(혹자는 '그 학인은 자기를 돌아보게 되었다'라고 해석하기도 한다.)

여기에서 조주 선사는 "발우를 씻었느냐?" 하고 냉정하게 잘라서 말함으로써 학인으로 하여금 바로 코앞에 닥친 작고 평범한 일에 관심을 돌려 집중하게 하였다.

항상 자기성찰에 소홀함이 없게 하고, 자신에게 머물게 함으로써 관심이 밖으로 새어 나가는 것을 차단한 것이라고 할 수 있다.

본칙의 마지막 구절 '기승유성其僧有省'의 해석이 문제이다. '자기 성찰이 있었다' 또는 '깨달았다' 등으로만 해석하면 이 해석은 어정쩡한 해설로 마무리가 안 되는, 묘한 여운을 남기는 대목이다.

여기에서 성省은 완전한 깨달음인 대오大悟를 했다는 것이 아니라고 본다. 무문 스님은 결론적으로 그 학인은 확실한 깨달음을 얻지 못했고, 이제야 시야를 넓혀 깨달음의 세계를 향했을 뿐이라고 하였다. 이 문제는 무문 스님의 평창에서 본의本意가 확실하게 드러난다.

무문 스님이 보기에는 "조주 선사는 자기 속을 다 드러내어 쓸개와 심장, 그리고 간까지 모두 보여주었으나, 도리어 그 학인은 이 일을 잘못 알아듣는구나"라고 탄식한다. 그 스님은 비록 조주 선사의 말을 듣고 이해하는 듯하였으나, 무문 선사가 보기에는 쇠로 만든 종을 진흙 항아리로 잘못 알아들었다고 말한다. 다시 말하면 종을 정확하게 종으로 보는 수준까지는 아직 이르지 못하고, 종을 항아리로 보는 경지 정도까지 왔다는 의미이다.

무문 선사는 후대의 사람들에게 이 화두가 잘못 전해질까 보아 노파심으로 평창을 붙이고, 다시 게송으로 마무리를 짓는다.

이렇게도 또렷하고 분명(歷歷分明)하였기 때문에

도리어 조사의 얻음을 더디게 한다.
일찍이 등燈이 곧 불인 줄 어찌 알지 못하였던가?
밥은 익은 지 이미 오래되었던 것을.

도대체 무슨 까닭에 "발우를 씻었느냐?"라는 조사의 말씀이 그리도 분명하다고 한 것인가? 음식을 먹은 후이니 음식 담았던 그릇 씻는 일만큼 분명한 것이 어디에 또 있단 말인가? 밥 먹은 후에 밥그릇 씻고, 잠자리에서 일어나 이불을 개고, 언제나 자신의 가장 가까운 주위를 잘 정리하듯이 자기성찰에 여념이 없는 사람이야말로 지극한 도리道理를 행하는 사람이다. 자기 성찰 없이 조사 스님이 시키는 대로 밥그릇이나 씻는다면 '조사의 말씀'에 빠져 죽고 만다. 언어에 따라 이리저리 끌려 다니면, 천길 만길 물속으로 멍청하게 잠겨 들어가고 말 것이다. 그렇다! 내가 지금껏 어디에서 무슨 짓거리를 하며 돌아 다녔던가? 다시는 밖으로 눈을 돌리지 않으리라고 다짐해야 할 것이다.

게송의 마지막 두 줄은 고사故事를 인용한 것이다.

옛날 중국에 한 어리석은 사람이 있었다. 마침내 해가 저물어 밥을 지으려고 보니 아궁이에 불씨가 없었다. 그래서 등불을 들고 먼 길을 걸어 이웃에 불을 구하러 갔었다. 이웃은 불씨를 건네주며 이 어리석은 사람을 조롱했다. 등잔이 곧 불인 줄 알았더라면 밥은 익은 지가 벌써 오래되었을 것이다.

"밥그릇이나 씻으라"라는 조주 스님의 말씀이 너무 가까이 있는 것을 지적해 보이는 까닭에 도리어 알아차리는 것이 늦어졌다는 것이다. 즉 조주 선사는 너무나 일상적인 일을 가지고 제시하고 있기 때문에, 도리어 불법의 진의를 체득하기 힘들었다는 의미이다.

도道는 가까이 있다. 이것을 모르고 우리는 밖을 향하여 진리를 추구하려고 하는 것이다.

제8칙 해중조차奚仲造車

本則

月庵和尙이 **問僧**하되 **奚仲**이 **造車一百輻**에 **拈卻兩頭**하고 **去卻軸**하니 **明甚麼邊事**오

【한자】 庵(암자 암), 奚(어찌 해), 輻(바퀴살 복), 拈(집을 념〔점〕), 卻(물리칠 각), 軸(굴대 축)

월암 화상이 스님에게 묻되 "해중은 수레 100대를 만들었는데, 양쪽 바퀴를 집어 들어 〔그〕 축을 제거해 버렸으니, 어떤 일을 밝히려는 것인가?" 하였다.

【문법해설】

- 造車一百輻: (1) '輻(복, 폭)'은 원래 '바퀴살'을 의미하지만, 여기서는 양사로 쓰였다. 軸(굴대 축), 轂(바퀴 곡), 輞(바퀴 테 망). (2) '車一百輻'은 현대한어에서는 '一百輻車'라고 표현한다. 원래 고대한어에는

양사가 없었으므로 '一百車'라고 하였을 것이나, 뒤에 양사가 생기면서 '車一百輻'의 형식을 따르다가, 다시 그 통사구조가 바뀌어 '一百輻車'와 같이 된 것이다.

評唱

無門曰 若也直下[54]에 明得하면 眼似流星하고 機[55]如掣電하리라

【한자】 掣(끌, 당길 체〔철〕)

무문이 말하기를 "만약 곧장 밝힐 수 있다면 눈은 마치 유성과 같고, 선기禪機는 번개와 같으리라" 하였다.

【문법해설】

- 若也直下 明得: (1) '若也'는 '만약에'라고 해석되는 복합사이다. (2) '明得'에서 '得'은 가능을 나타내는 조사로, '得明'이라고 써도 그 뜻은 같다.
- 機如掣電: '掣電'은 '번쩍하는 번개, 전광'을 말하는 것으로 '찰나'나 '電光石火'를 비유한다.

〔예문〕 掣電似地過去了(번개 치듯 지나갔다.)

---

54 直下: 바로, 곧장.

55 機: 여기서는 동작, 機用, 禪機의 뜻. 마음의 機緣(시기·因緣), 변화하여 마음가짐이란 뜻으로도 쓰인다. 禪語에서 유래하였다.

頌曰

機輪[56]轉處에 **達者**도 **猶迷**니 **四維上下 南北東西**니라

수레바퀴와 같은 선기禪機가 굴러가는 곳은 달인達人도 오히려 헤매듯이(모르듯이), 사유·상하·남북·동서 등〔十方의 전 공간〕으로 〔자유자재로 굴러〕간다.

【한자】 機(틀 기), 輪(바퀴 륜), 轉(구를 전), 猶(오히려 유)

【講義】

해중奚仲은 중국 고대 하夏나라 사람으로 수레(車)를 처음으로 만든 사람이다.

월암月庵은 송나라 사람으로 무문 스님의 상노上老 스님이시다. 생평生平에 대해서는 자세하지 않다.

이 공안은 『오등회원』 20권 '월암선과月菴善果'에 나온다. 전문을 인용하면 다음과 같다.

> 해중이 일백 폭의 수레를 만들어, 수레의 양 바퀴를 집어 수레의 중심축을 떼어냈다. 주장자를 가지고 일원상一圓相을 그리며 말했다. 자! 잘못하여 정반성定盤星을 인정하지 말라. 주장자를 세우고 법좌에서 내려왔다.(奚仲造車一百輻. 拈却兩頭除却軸. 以拄杖打一圓

56 機輪: 스승(師家)이 수행자를 지도하는 태도·수단의 奔放自在한 것을 수레에 비유한 말.

相曰. 且莫錯認定盤星. 卓一卓. 下座.)

무문관 제8칙인 해중조차奚仲造車는 월암 스님께서 해중의 수레를 인용하여 선 법문을 펼치시는 것이다. '조차일백폭造車一百輻'에서 폭은 지금의 자동차나 비행기를 세는 단위와 같은 양사量詞이다. 다시 말하면 해중이 수레를 일백 대를 만들었다는 말인데, 여기에서의 '일백'은 꼭 '일백'이라는 숫자라기보다는 '많다'는 뜻이다. 마치 팔만대장경에서 '팔만'이란 꼭 '팔만'이라는 숫자가 아니라 '많다'라는 뜻인 것과 같다. 즉 '오만 것이 다 있다'라고 하면 '여러 가지 모든 것이 다 있다'는 말인 것처럼, 일백이 숫자 일백을 이르는 것은 아니다. 그저 '해중이 수많은 수레를 만들었는데'라는 뜻으로 이해할 수 있다.

'염각양두拈却兩頭 거각축去却軸'이란 말을 어떻게 번역할 것인가? 많은 사람들이 "수레의 양 바퀴를 떼어내고 수레의 중심축도 떼어냈다"라고 번역한다. 이 의미는 수레를 만들 때 바퀴틀, 바퀴살 등 기타 여러 가지 부품을 결합하여 수레가 완성되는데, 만약에 수레의 부품들을 분리해서 각자 하나씩 흩어버린다면 수레라고 할 수 없을 것이다.

마치 "끌어 모아서 엮어 매면 한 칸의 모옥茅屋이요, 풀어 흩트리면 본래의 들판이라" 하는 것처럼, 수레의 두 바퀴와 고정시키는 축을 제거하고 분해해 버렸을 때 수레라는 기능은 없어지고 만다.

그러나 수레가 어디로 가버린 것은 아니고, 다시 조립하면 본래 그대로 있게 된다. 여기에서는 이 문제를 밝히려고 한 것은 아니다.

처음에 문제를 제기한 월암 스님은 가상적假想的으로 질문한 것이기 때문에, 여기에서는 관점을 다르게 보아야 한다. "양쪽 바퀴는 그대로 남겨두고 양쪽 바퀴를 꿰고 있는 중심축을 제거해 버리면 수레는 어떠한 현상이 생길 것인가?"에 있다.

즉 "해중이 수레를 많이 만들었는데, 수레의 중심축을 제거해 버리면 수레는 어떻게 될 것인가?"라고 상상의 나래를 펼쳐 보라는 것이다. 이것을 분명하게 밝혀 보라는 것이다. 그러나 느릿느릿한 안목으로는 안 된다. 별똥별이 흐르듯, 번갯불이 번쩍하듯이 재빨리 밝혀야 한다. 우물쭈물하다가 직하直下에 명득明得하지 못하면 윤회의 굴레에 얽혀 쳇바퀴 돌듯 하게 된다.

선의 입장에서는 우물거리는 것을 허락하지 않는다. 그래서 무문은 눈은 유성과 같고, 기는 번쩍이는 번개와 같이 하라고 하며 지혜와 민첩할 것을 주문했다.

우리가 유성과 같이 예리하고 날카로운 눈을 갖거나, 저 섬광과 같이 신속하다면, 우리는 바로 깨달은 사람이 되는 것이다.

이러한 일은 누가 가르칠 수도 없고, 배울 수도 없는 일로서 자신의 힘으로써만이 이루어지는 것이다.

무문의 송을 들어보자.

기륜機輪에서 '기機'는 이런 일, 저런 일, 좋은 일, 나쁜 일, 일상생활에서의 모든 집착의 굴레를 벗어난 일종의 사상해방이라고 할 수 있다. '윤輪'은 수레바퀴이니 모든 집착에서 해방된 마음의 수레바퀴인 것이다.

앞에서 수레바퀴의 가운데 축을 제거한다고 한 것은, 수레바퀴가 자유자재하게 굴러갈 수 있게 한 것이다. 수레바퀴가 축에 묶여 있으면 앞뒤로밖에 굴러갈 수 없지만, 모든 상에서 벗어난 마음의 수레바퀴는 동서·남북, 상하·사유를 마음대로 굴러다닐 수 있는 대자유를 얻게 된다.

이런 수레바퀴가 굴러가는 곳에서는 현명한 사람이라거나 도통道通한 사람이라고 자랑하던 사람들도 바보처럼 동서남북으로 갈피를 못 잡고 헤맨다는 것이다.

결국 우리는 부귀영화·권력·명예 등 너무나 많은 것에 집착하면서 살고 있다. 그러나 이러한 집착이야말로 죽음에 닥쳤을 때는 얼마나 허망한 것인지를 알게 되고, 그것이 괴로움의 근원인 것을 뼈저리게 느끼게 된다. 이러한 즉, 모든 집착을 털어버리고 세세생생世世生生 윤회에서 벗어나는 것이 우리의 본분사가 아니겠는가?

제9칙 대통지승大通智勝

本則

興陽讓和尚이 **因 僧問**하되 **大通智勝佛**이 **十劫**을 **坐道場**이나 **佛法不現前**이라 **不得成佛道**하니 **時如何**니꼬 **讓曰 其問甚諦當**[57]하니라

【한자】 讓(사양할 양), 甚(심할 심), 諦(살필 체〔제〕, 울 제)

흥양의 청양淸讓 화상이, 〔어떤〕 스님이 묻기를 "대통지승불이 십겁 동안을 도량에 앉아 좌선했으나, 불법이 현전하지 않아 불도를 이룰 수 없었으니, 〔성불할 수 있는 그〕 때는 언제입니까?" 하고 물었기 때문에, 청양이 말하기를 "그 질문은 아주 정확히 정곡을 찌르는 것이다" 하니라.

---

57 諦當(=確當, 恰當): 정곡을 찔러 확실하게 맞추다.

【문법해설】

▪ 因: 앞에서도 설명한 바와 같이 因: ①개사로 동작행위의 조건을 나타내어 ~에 근거하여', '~에 의하여'라고 해석된다. ②개사로 시기를 나타내어 ~한 기회를 틈타(趁, 乘)'로 해석된다. ③개사로 동작행위의 원인이나 이유를 나타내어 '~때문에' 등으로 해석된다. ④개사로 동작행위의 매개체나 기점을 나타내어 '~을 통하여', '~로 말미암아' 등으로 해석된다. ⑤連詞로 '이에, 곧, 즉' 등으로 해석된다. 여기서는 ③을 따른다. 따라서 전체 문장은 "어떤 스님이 '大通智勝佛 十劫 坐道場 佛法不現前 不得成佛道 時如何'라고 물었기 때문에 청양 화상이 '其問甚諦當'이라고 대답하였다"라고 해석한다.

〔예문〕 ①法者, 見功而與賞, 因能而授官. 『韓非子·外儲說左上』(법이란 공에 따라 상을 주고, 능력에 따라 벼슬을 주는 것이다.) / 因材施敎, 因地制宜(근기에 따라 교육하고, 실정에 맞게 대책을 세우다.)

②因其無備, 卒然擊之(그것이 방비하지 않은 틈을 타서 갑자기 공격하였다.)

僧云하되 **旣是坐道場**이어늘 **爲甚麼不得成佛道**니꼬 **讓曰 爲伊不成佛**[58]이니라

【한자】 伊(저 이)

---

58 爲伊不成佛: 모든 혼란은 네가 知를 떠나 會를 일으킴으로써 야기되었다. 成佛했는지의 여부를 따지는 너의 分別智가 오히려 대통지승의 不思議한 三昧를 교란시키고 있으니, 오직 너의 망념을 쉬면 일체법계는 한맛의 평등을 되찾을 수 있을 것이다.

스님이 말하기를 "이미 도량에서 좌선하였거늘 왜 불도를 이룰 수 없습니까?" 하니, 청양이 말하기를 "네(그)가 성불하지 못했기 때문이니라" 하셨다.

【문법해설】

- 旣是坐道場: '旣是'는 '旣然'과 같이, '본래(이미) 이와 같은 바에야'라는 뜻이다.
- 爲伊不成佛: '伊'는 ①지시대사로 '이'(是, 此)라는 뜻이 있다. ②인칭대사로 '그'(他)라는 뜻이 있다. ③3인칭인 여성을 지칭한다('她') ④2인칭대사로 쓰인다('你') ⑤이 외에도 뜻 없이 발어사로 쓰이기도 하고, 句中에서 뜻 없이 조사로 쓰이기도 하며, 현대한어의 '旣, 就是'와 같이 쓰여 '곧 ~이다'라고 해석되기도 하며, '또'(且, 又)라는 뜻으로 쓰이기도 한다. 여기서는 ②나 ④를 따르기로 한다.

評唱

無門曰 只許老胡[59]知하고 **不許老胡會**하니 **凡夫若知**하면 **旣是聖人**이요 **聖人若會**하면 **旣是凡夫**니라

무문이 말하기를 "단지 달마의 〔반야〕 지혜만은 허락하지만, 달마의 분별지는 허락하지 않으니, 범부라도 만약 〔반야의 지혜로〕 안다면 곧 성인이요, 성인이라도 만약 〔분별지로〕 이해한다면 곧 범부이니라" 하였다.

---

59 老胡: 늙은 오랑캐. 외국인. 특히 선종에서는 釋尊이나 達磨를 나타낸다.

【문법해설】

- 只許老胡知 不許老胡會: 여기에서 '知'는 般若의 無分別智를, '會'는 범부의 분별지를 가리킨다고 할 수 있다. 흔히 '知'는 분별지를, '智'는 무분별지로 구분할 수 있을 것 같으나, 여기에서는 '知'와 '會'를 각각 무분별지와 분별지로 나누고 있는 것으로 보인다. 사실 '知'는 '智'와 혼용하기도 하고, '能'은 태어나면서부터 할 수 있는 능력을 나타내는 것에 쓰이고, '會'는 배워서 할 수 있는 것을 나타내는 것에 쓰여 구분되기도 한다. 여기에서는 '사람이 태어나면서부터 가지고 있는 지능과 지혜'라는 말로 '良知'나 '良能'이라는 단어를 사용하는 것으로 미루어 '知'는 무분별지를 나타내고, 배워서 할 수 있는 것을 '會'라고 하는 것으로 미루어 지식에 의해 분별하는 것을 '會'로 나타내었다고 생각된다.

頌曰

了身何似了心休오 **了得心兮身不愁**로다 **若也身心俱了了**하면 **神仙何必更封侯**[60]오

몸을 깨닫는 것이 어찌 마음을 깨닫는 것에 비하겠는가? 마음을 깨달을 수 있게 되면 몸은 걱정이 없도다. 만약 몸과 마음을 모두 함께 깨달았다면 〔이미〕 신선이니, 어찌 반드시 다시 작위를 내려야 하겠는가?

---

60 封侯: ①侯爵의 벼슬을 내리다. 여기서는 속가의 작위가 아니라 법사나 선사 등을 말한다. ②의미가 확장되어 혁혁한 功名을 나타내기도 한다.

【문법해설】

- 了身何似了心休: '休'는 조기백화에서 '의문, 주의, 반문, 나무람, 찬의, 금지, 명령, 정돈' 등을 나타내는 文末의 어기사로 쓰이기도 한다. 또 현대한어의 '了', '啊', '吧', '嗎' 등의 의미를 나타낸다. 따라서 굳이 '몸을 깨닫는 것이 어찌 마음을 깨달아 쉬는 것에 비하겠는가?'라고 해석할 필요는 없다.

〔예문〕 莫更問人休(다시 남에게 묻지 마라.)

- 了身何似了心休: '何似'는 현대한어의 ①'比~怎麽樣'과 같은 뜻으로 '~에 비하면 어떠한가?'라고 해석한다. ②반문의 어기를 써서 같지 않음을 나타낸다. ③무슨(甚麽) ④어떻게(怎樣), 여기서는 ②를 따른다.
- 了得心兮身不愁: '了得心兮'에서 '得'은 가능을 나타내는 조사이다.
- 若也身心俱了了: '了了'는 붙여서 (1) ①'총명하고 지혜롭고, 사리에 통한다'(聰慧, 通曉事理)라는 뜻이다. ②'알다, 분명하다'(明白, 淸楚)라는 뜻이다.

〔예문〕 ①了了自小時, 長大或恐否. 淸 唐孫華『憶頤兒時就婚外家』詩 (어려서는 총명하나, 커서는 그렇지 않을 수 있다.)

②朋友來信說, 他讀這本書, 不很了了, 拿給孩子讀, 孩子也說不懂. 巴金『關於長生塔』(친구가 편지로 말하기를 "그는 이 책을 읽었는데, 확실히 이해할 수 없어서 아이에게 가져다주어 읽혔으나, 아이도 이해하지 못하겠다고 말했다"고 했다.)

(2) 앞의 '了'는 '了達하다'라는 동사이고, 뒤의 '了'는 완료나 변화를 나타내는 조사라고 할 수도 있다. 여기서는 (1)의 ①과 ②, (2) 등이 모두 통한다고 할 수 있다.

【講義】

'대통지승불大通智勝佛'은 본래 아미타불과 석가모니불의 아버지이기도 하다. 그는 성불하기 전 힘겹게 수행하였지만, '십겁十劫'이 지나도록 정과正果를 이루지 못하였다.

석가모니는 『묘법연화경妙法蓮華經』에서 다음과 같은 말씀을 하셨다.

> 대통지승불은 나이가 540만억조겁이다. 이 부처는 본래 도량에 앉아 마군을 물리쳐서 아뇩다라삼먁삼보리를 드리우셨다. 그럼에도 제불의 법이 앞에 드러나지 않았다. 이와 같은 즉 1소겁에서 10소겁에 이르기까지 결가부좌를 하고 신심을 움직이지 않았지만, 제불의 법이 여전히 앞에 드러나지 않았다.(大通智勝佛, 壽五百四十萬億那由他劫. 其佛本坐道場, 破魔軍已, 垂得阿耨多羅三藐三菩提, 而諸佛法不現在前, 如是一小劫乃至十小劫, 結跏趺坐, 身心不動, 而諸佛法猶不在前.)

어떤 학인이 이 경전의 이야기를 내세워 흥양 선사에게 "대통지승불은 십겁이나 되는 그토록 오랜 세월을 게으름을 피우지 않고 열심히 공부하셨는데도 불법을 깨치지 못하여 부처가 되지 못했다고 하니, 도대체 어찌된 일입니까?" 하고 질문하였다.

이에 청양은 "그 질문을 듣고 보니 그럴싸하구나!"라고 하면서, 학인의 질문에 마음속으로는 은밀히 질책하면서 살짝 맞장구를 쳐 준다.

이러한 청양의 말뜻을 알아채지 못한 학인은 다시 반복하여 질문을 한다. "그렇게 오래 참선하였는데도 부처가 되지 못하였다면 깨닫는다는 것이 보통 문제가 아니지 않습니까?" 그러자 스님은 한심하다는 듯 한마디를 던진다. "바로 네가 성불하기 못했기 때문이다."

수행한답시고 무작정 오래 앉아 있다고 깨칠 수 있는 것은 아니다. 꾸벅꾸벅 졸거나 잡념이나 망상을 하면서, 제 아무리 긴 세월을 앉아 보아도 아무 소용이 없다. 지금도 어떤 스님은 "면벽面壁을 몇 년 했네", "장좌불와長坐不臥를 몇 년 했네" 하고 도력道力을 판가름하지만, 이처럼 허황된 말은 없다. 오랫동안 앉아 눕지 않는다고 깨닫는다면 누가 깨닫지 못하겠는가? 벽만 바라보고 몇 년 동안 앉아 있어야 깨닫는다면 누가 못하겠는가? 가부좌를 하고 앉아 있는 것이 나쁘다는 뜻은 아니지만, 중요한 것은 마음속의 탐貪·진瞋·치癡를 제거하고 단 한 시간이라도 똑똑히 공부하면 깨칠 수 있는 것이 선禪인 것이다.

대통지승불이 십겁을 앉아 있다든지, 아니면 단 일초를 앉아 있다든지 하는 것은 중생의 세계, 곧 속계俗界에서 나누는 일이지, 깨달음의 세계, 곧 법계에서는 십겁이니 일초이니 하는 것이 없다. 깨달으면 찰나가 영겁永劫이고, 영겁이 찰나인 것이다. 깨달음을 얻는 순간 십겁과 일초는 하나가 되는 것이요, 범부와 성인이 하나인 것이다.

무문혜개는 "노호老胡가 알았다는 것만 허락할 뿐, 노호가 이해했다는 것은 허락지 않네. 범부가 알았다면 성인이요. 성인이 이해하면 범부이니"라고 말함으로써 '자기 마음이 부처이며, 중생심과 불심이 하나라는 사실을 깨닫고 차별이 없음을 아는 것(知)이 성인이며, 자신이 대통지승불을 대상으로 이해하는 것(會)은 범부가 된다'고 주장하고 있다.

무문은 다시 송한다.

대통지승불은 왜 그렇게 많은 겁난劫難을 겪고도 성불하지 못했던 것일까? 그것은 세속적인 것들에 대해 '요(了: 끝마치다. 깨닫다)'하지 못했기 때문이다. 현대한어로 중요하거나 위대한 행위를 하여 '놀랍고 훌륭한 것'을 '요불기了不起'나 '요부득了不得'이라고 하는 것은, 이것이 그만큼 많은 사람들이 해내기 힘든 행위이기 때문이다. 신身과 심心은 둘이다. 하나를 '요了'할 수 있어도 대단한 것인데, 이 둘을 모두 '요了'하는 것은 좀처럼 이루기 어려운 일인 것이기 때문에, 무문은 "몸과 마음을 함께 깨달으면 신선이나 부처도 부러울 것이 없다"라고 하셨다.

제10칙 청세고빈淸稅孤貧

本則

曹山和尙이 **因僧問云**하되 **淸稅孤貧**하니 **乞師賑濟**[61]하노이다 **山云**하되 **稅闍梨 稅應諾**하니 **山曰 靑原白家酒**를 **三盞喫了**하고 **猶道未沾脣**이로다

【한자】 稅(구실 세), 乞(빌 걸), 賑(구휼할 진), 濟(건널 제), 闍(망루 도), 梨(배나무 리), 諾(대답할 낙), 盞(잔 잔), 喫(마실 끽), 沾(더할 첨)

조산 화상이, 〔어떤〕 스님이 묻기를 "〔말하는 스님 본인인 저〕 청세는 외롭고 가난하니, 스님(曹山和尙)께서 구제해 주실 것을 구합니다" 하였기 때문에, 조산이 "세稅 사리야!" 하고 부르니, 세가 "예" 하고 응답하였다. 조산이 "청원의 백씨 집 술을 〔이미〕 세 잔이나 마시고서는 오히려 '아직 입술을 적시지 않았다'고 말한다"고 하였다.

---

61 賑濟: 베풀어 구함. 재물로써 재해나 기근을 구제하는 것.

【문법해설】

- 乞師賑濟: '師'는 '乞'의 목적어이자 '賑濟'의 주어가 되는데, 이러한 문장을 겸어식 문장이라고 한다.
- 稅闍梨: '闍梨'는 ācārya(阿闍梨아사리)의 음역으로 '師僧', '高僧'이라는 뜻인데, 선문에서는 승려의 이름 아래에 붙여서 가벼운 경칭으로 쓴다. '闍'의 한글 독음은 흔히 '도'라고 하는데, 『廣韻』에 기록된 反切이 '當孤切'과 '視遮切'이므로, 한국한자음으로는 '도'나 '사'로 읽히는 것을 볼 수 있고, 더군다나 중국의 상고시기에는 舌上音이 없어서 그 당시 중국음으로는 모두 /t-/, /t'-/, /d'-/ 등으로 읽히는 것을 볼 수 있다.
- 青原白家酒: '青原'은 江西 廬山 동남쪽에 있는 山名이라고 한다.
- 猶道未沾唇: '道'는 '말하다'라는 동사이고, '未沾唇'은 이 동사의 목적어에 해당하는 內包文이다.

評唱

無門曰 淸稅輸機는 **是何心行**[62]고 **曹山具眼**하여 **深辨來機**[63]로다 **然雖如是**나 **且道**하라 **那裡是稅闍梨**의 **喫酒處**요

【한자】 輸(나를 수), 深(깊을 심), 辨(분별할 변)

---

62 心行: ①마음의 활동. 마음의 상태. 마음의 작용. 생각. ②마음의 對境. 마음의 작용이 미치는 범위. ③뜻. 願心. 의욕. 성향. 願望. ④수행. 보살행. ⑤마음에 일어나는 분별의식. 망상. 計較分別. ⑥安心과 起行.

63 來機: '機'는 '機根' 스승의 곁에 와서 참례하는 學人. 수행자. 對機, 즉 상대의 것을 말한다.

무문이 말하기를 “청세의 바보 같은 행동은 어떤 마음의 작용이었을까? 조산은 안목을 갖추어 〔스승의 곁에 와서 참례하는〕 수행자를 깊이 꿰뚫어본다. 비록 이와 같다고는 하나, 〔나의 말을 듣고 있는 너희들은〕 말하여 보라! 어디가 세 사리가 술을 마신 곳인가?”라고 하였다.

【문법해설】

- 淸稅輸機: ‘輸’는 ‘승부에서 패하다’라는 뜻이 있으며, ‘輸機’는 ‘어떤 일을 당하여 결단을 내리지 못하고 앉아서 기회를 잃는 것’을 말한다. 즉 여기서는 ‘淸稅의 매끄럽지 못한 바보 같은 행동(몸가짐)’이라고 해석한다.

〔예문〕 你是個婦人家, 這般輸機話. 明 無名氏『白兎記·說計』(너는 이미 결혼한 사람인데, 이런 바보 같은 말을 하는구나.)

- 然雖如是: ‘雖然如是’와 같이 ‘비록 이와 같다고 하지만’이라고 해석한다.
- 那裡是稅闍梨 喫喫酒處: ‘那裡’는 ‘어디’라는 뜻의 의문사이다.

頌曰

貧似范丹이나 氣如項羽라 活計雖無나 敢與鬪富로다

【한자】 范(풀이름 범), 鬪(싸울 투)

가난〔하지만 안락〕하기는 〔고결한 선비〕 범단과 같고, 기개는 항우와 같도다. 살 방도는 비록 없으나 감히 〔조산 스님과〕 더불어 부를 다투도다.

【講義】

청세고빈清稅孤貧은 『경덕전등록』 17권 '무주撫州 조산본적선사曹山本寂禪師'전 등에 나온다.

『전등록』 원문을 소개하면 아래와 같다.

> 청예라는 스님이 물었다. "저는 외롭고 가난하니, 스님께서 구제해 주십시오." 스님이 말씀하시기를 "예銳 아사리야! 이리 가까이 오너라." 예가 가까이 오자, 스님이 말씀하시기를 "〔『무문관』에서는 青原으로 된〕 천주泉州의 백씨 댁에서 술 석 잔을 주었는데, 도리어 아직 입술도 적시지 않았다고 한다"고 하셨다.(僧淸銳問. 某甲孤貧乞師拯濟. 師曰, 銳闍梨近前來. 銳近前. 師曰, 泉州白家酒三盞猶道未沾脣)(『무문관』에서는 淸銳가 淸稅로 쓰였다)

『무문관』의 내용과는 약간 다르게 기록되어 있다.

청세에 대해서는 자세히 알 수 없고, 조산 화상의 조실 자리에 도전한 수행승의 한 사람이라고만 전한다.

원래 수행승은 삼의일발三衣一鉢 이외에는 가진 것 없이 제방諸方을 유랑하면서 가난을 통하여 도道를 성취하는 삶을 사시는 분들이다.

청세도 이러한 삶을 살면서 어느 정도 수행을 성취했다고 자부하면서 조산본적을 찾아가서 자신의 행적을 모두 숨기고 그의 도력을 떠 보려고 "저는 외롭고 가난하니(孤貧) 구제하여(賑濟) 주십시오"라고 말하였다.

여기에서 '고빈'이라고 함은 '외롭고 굶주린다'는 뜻만은 아닐 것이다. 아마도 '깨닫지 못하여 선禪에 목마르고 배고프니 인정해 달라'는 뜻일 것이다.

그렇다! 장사꾼은 이익을 많이 남겨야 즐거울 것이고, 정치가는 백성이 잘 살아야 만족할 것이고, 선승은 깨달아 인정을 받아야 배부르고 외롭지 않을 것이다.

이와 마찬가지로 청세는 수행을 할 만큼 했으니, 어디 내어놓아도 부끄럽지 않을 정도가 되었다고 생각하여, 이제는 인정을 받고 싶었던 것이다. 그러나 조산의 반응은 참으로 냉정하였다.

조산은 당대의 고승으로 청세의 선기禪機를 탐색해 볼 수 있는 안목을 가졌으리라 생각된다.

청세가 스스로 가난하다고 자랑하는 건방진 마음을 내는 것은 아직 진정한 선지禪旨를 성취하지 못한 것을 반증한다. 그래서 조산은 "청세 사리여!"라고 하여 정신 차리라고 크게 불렀더니, 청세는 "예" 하고 정신이 번쩍 들게 대답하였던 것이다. 사리는 스님을 존칭하는 말이다.

'가난을 성취한 경지'라고 할 수 있는 '무일물無一物의 경지'에 있어야 할 사람이 "청세야"라고 이름을 부르자, 그것에 끌려 "예!" 하고 대답한 것은 가난을 결코 성취하지 못했음을 드러낸 것이라고 할 수 있다.

두말할 필요 없이 "청세"라고 부르고, 이에 대답한 두 사람 사이의 선문답은 극치를 이루어 선지를 다할 때로 다했는데 "무엇 때문에 외롭다거나, 가난하다거나, 배고프다거나 하는 이러저러한 잔소리를 하느냐"는 말이다.

조산은 청세가 대단한 재산가인 것을 확인하고 이렇게 면박을 준다. "보시오. 우리 모두 대선승의 법맥을 이은 적손嫡孫으로, 분명히 그들에게 그 유명한 청원백가주青原白家酒 석 잔을 얻어먹었거늘, 어찌하여 빈곤하다고 말합니까?" 여기서 조산이 말하는 술 석 잔이란 '정신의 술'이요. '선종의 술'이다.

무문의 말을 들어보자. 청세가 행적을 숨긴 것은 무슨 심통인가? 조산은 안목을 이미 다 갖추고 있어서, 그의 앞에 온 수행자들의 기틀을 판단한다. 비록 이와 같다고 하지만 "대중들이여! 말해 보아라. 청세가 술을 마신 자리는 도대체 어디인가?"

청세고빈이라는 화두의 핵심은 바로 여기에 있다.

송頌을 들어보자. "청세가 하는 짓이 범단 같이 가난한 것 같더니, 속은 항우 같은 대장부로구나. 활기가 없는 줄 알았는데, 이제 보니 조실 자리를 다툴 만하구나!"

제11칙 주감암주州勘庵主

本則

趙州到一庵主[64]**處問**하되 **有麽有麽**아 **主豎起拳頭**어늘 **州云**하되 **水淺不是泊舡處**라하고 **便行**하다

【한자】 庵(암자 암), 豎(더벅머리, 세울 수), 泊(배 댈 박), 舡(오나라 배 강)

조주가 한 암주의 처소에 가서 묻기를 "〔누구〕 있습니까? 〔누구〕 있습니까?" 하니, 암주가 주먹을 들거늘, 조주가 말하기를 "물이 얕아 배를 정박시킬 만한 곳이 아니로군" 하고 곧 갔다.

【문법해설】

- 有麽有麽: '麽'는 의문어기사이다.

---

64 庵主: 수행을 성취하여도 한 절의 주지로서 세상에 나오지 않고 小庵에 살면서 조용히 몰래 도를 즐기는 도인. 宗師의 법을 계승한 사람. 혹은 한 암자의 주인인 비구니를 말한다.

▪ 主竪起拳頭: (1) '竪起'의 '起'는 동사 뒤에 붙은 방향보어로 동사에 '아래에서 위로'라는 부가적 의미가 첨가된다. (2) '拳頭'에서 '頭'는 명사 뒤에 붙는 접미사이다.

又到一庵主處云하되 **有麼有麼 主亦竪起拳頭**한데 **州云**하되 **能縱能奪**하고 **能殺能活**이라 하고 **便作禮**하다

【한자】 縱(늘어질 종), 奪(빼앗을 탈)

또 한 암주의 처소에 가서 말하되 "〔누구〕 있습니까? 〔누구〕 있습니까?" 하니, 암주 역시 주먹을 드는데, 조주가 말하기를 "놓아줄 수도 빼앗을 수도 죽일 수도 살릴 수도 있도다" 하고, 곧 예의를 갖추었다(절을 하였다).

【문법해설】

▪ 能縱 能奪 能殺 能活: 동사 '縱', '奪', '殺', '活'을 하는 주체는 암주이다. '能'이나 '可'는 모두 조동사로 '清銳할 수 있다'라고 해석되지만, '能'은 주어가 행위를 하는 주동자이며, '可'는 주어가 행위의 대상이 되는 피동자이다. 따라서 '能縱, 能奪, 能殺, 能活' 등을 '可縱, 可奪, 可殺, 可活'로 바꾼다면, '암주가 놓아줄 수도 빼앗을 수도 죽일 수도 살릴 수도 있는 능력이 있는 사람이 아니라, 놓아줄 수도 빼앗을 수도 죽일 수도 살릴 수도 있는 대상의 사람이다'라는 의미가 된다.

評唱

無門曰 一般竪起拳頭어늘 **爲甚麼肯一箇**하고 **不肯一箇**오 **且道**하라 **誵訛在甚處**오 **若向者裡下得一轉語**하면 **便見趙州舌頭無骨**하고 **扶起放倒**에서 **得大自在**하리라

【한자】 誵(말 공손치 못할 효, 殽〔섞일 효〕와 같은 글자 효), 訛(그릇될 와), 轉(구를 전), 扶(도울 부)

무문이 말하였다. 같이 주먹을 들었거늘, 왜 하나는 긍정하고 하나는 긍정하지 않았는가? 자아 말하여 보아라! 말이 공손히 못해 어긋난 곳은 어디인가? 만약 여기에서 한마디의 말을 할 수 있다면, 곧 '조주는 혀에 뼈가 없는 것(趙州가 말을 막힘이 없이 마음대로 하는 것)'을 보고, 〔조주를〕 붙들어 일으키든지 넘어뜨리든지 하여(긍정하든지 부정하든지 하여), 매우 자재롭게 할 수 있을 것이다.

【문법해설】

- 一般竪起拳頭: '一般'은 '똑같이(一樣, 同樣)'라는 뜻이다.
- 肴訛在甚處: (1) '誵訛'에서 '誵'는 '말 공손치 못한 것'을 '訛'는 '그릇된 것'을 뜻하므로, '誵訛'는 '말이 공손하지 못하고 그릇되다'라고 해석한다. (2) 甚處: '何處'에서와 같이 '甚'은 '어디'라는 뜻의 의문사이다.
- 便見趙州舌頭無骨: (1) '便見'에서 '見'의 목적어는 '趙州舌頭無骨'이다. (2) '舌頭無骨'은 '막힘없는 변설'을 형용한 것이라고 할 수 있다. 숭산스님(1927~2004)은 전두환에게 보낸 편지에서 "大道無門, 舌頭無骨.

到處春色, 柳錄花紅. 我有彼有, 我滅彼滅(큰길에는 문이 없고, 혓바닥에는 뼈가 없네. 이르는 곳마다 봄빛깔이니 버들은 푸르고 꽃은 붉더라. 내가 있으면 너도 있고, 내가 없으면 너도 없다.)"라고 말하고 있다. 즉 여기에서의 '舌頭無骨'은 '혀에는 뼈와 같이 막는 것이 없기 때문에 입을 열어 어떤 말이든 할 수 있다'는 의미라고 할 것이다.

- 扶起放倒: 현대한어에서는 '起'와 '倒'가 각각 동사 '扶'와 '放'의 보어가 되어 각각 '扶'의 방향이 '起(아래에서 위로 향하는 것)'인 것을, '放'의 결과가 '倒(위에서 아래의 방향으로)'인 것을 나타낸다. 따라서 여기서도 굳이 두 개의 동사로 볼 필요는 없다.
- 得大自在: '得'은 ①'얻다'라는 동사로 쓰인다면, '매우 自在로운 것을 얻다'라고 해석하고, ②'大自在'를 '매우 자재롭게 행하다'라는 동사로 보고 그것을 꾸미는 조동사로 본다면, '매우 자재롭게 할 수 있을 것이다'라고 해석할 수 있다. 여기서는 ②를 따른다.

雖然如是나 **爭奈趙州卻被二庵主勘破**오 **若道二庵主**가 **有優劣**이라도 **未具參學眼**이오 **若道無優劣**이라도 **亦未具參學眼**이니라

【한자】 奈(어찌 내), 卻(물리칠 각), 勘(헤아릴 감)

비록 이와 같으나, 조주가 오히려 두 암주에게 감파勘破당한 것을 어찌하겠는가? 만약 "두 암주가 우열이 있다"고 말하여도 아직 참선 공부하는 안목을 갖추고 있지 못하고 있는 것이요, 만약 "우열이 없다"고 말하여도 역시 참선 공부하는 안목을 아직 갖추고 있지 않는 것이니라.

【문법해설】

▪ 爭奈趙州卻被二庵主勘破: (1) '爭奈'는 ① 조기백화에서 보이는 '怎奈'와 같은 용법으로, 뒤에 나오는 단어가 서술하는 것에 대해 방법이 없는 것을 나타내어, '~에 대해 어찌하랴'라고 해석된다. ②'無奈'와 같은 뜻으로 해석되기도 한다. '無奈'는 ②-①'어찌할 도리가 없다' ②-②'유감스럽게도, 공교롭게도' 등으로 해석된다.

〔예문〕 ②-① 無奈(何)只得去一趟(어찌할 수 없이 가야 한다.)

②-② 我們本當去看他, 無奈天色太晚了(우리는 마땅히 그를 보러 가야 하는데 유감스럽게도 날이 저물었다.)

(2) 앞 제3칙 참조. '卻'은 ① 후퇴하다 ② 물러나게 하다 ③ 사절하다 ④ 동사 뒤에서 보어가 되어 동작의 완성이나 강조의 뜻을 나타내어 '~해버리다' 등의 뜻으로 쓰인다. 또 부사로 쓰일 때는 ⑤ 도리어, 그러나 ⑥ 뜻밖에, 의외로 ⑦ 조기백화에서 '~한 후에, ~하고 나서' ⑧ 역시 ⑨ 바로 ⑩ 어찌 ⑪'~보다 ~하다' ⑫ 결국, 도대체 ⑬ 똑같은 동사나 형용사의 사이에 쓰여 양보를 나타낸다. 여기에서는 ⑤를 따라 해석한다.

(3) '被'는 被動文을 나타내는 표지이다. '被'를 써서 피동문을 만들 때는 '被' 바로 다음에 主動者를 쓰고 동사는 주동자의 뒤에 쓴다. 그러나 주동자가 생략되면 '被'의 바로 뒤에 동사가 오기도 한다. 여기서는 주동자(二庵主)가 동사(勘破)의 앞에 쓰였다.

(4) '勘破'에서 '破'는 동사의 결과가 철저하게 끝까지 되었다는 의미를 나타내는 결과보어이다.

頌曰

眼流星하고 **機掣電**하니 **殺人刀**요 **活人劍**이로다

【한자】 機(틀 기), 掣(끌, 당길 체〔철〕), 劍(칼 검)

눈(관찰력)은 〔반응하는 것이〕 유성과 같〔이 빠르게 대처하〕고, 기지는 번쩍이는 번개와 같으니, 사람을 죽이는 칼이 될 수도 있고, 사람을 살리는 검이 될 수도 있음이로다.

【문법해설】

- 機掣電: 앞 제8칙 참조.

【講義】

주감암주州勘庵主에서 '주州'는 조주 스님을 말하고, '감勘'은 선승이 서로의 깨달음의 진위眞僞와 체험의 정사正邪와 견해의 심천深淺을 점검하는 문답 행위를 말한다.

암주는 한 소식 깨달았지만 세상에 나오지 않고 암자에 은거하며 사는 도인을 말한다.

조주종심(趙州從諗, 778~897) 선사는 늦깎이로 출가하여 행각行脚을 일삼았으며, 80세에 이르러서야 조주 동쪽 관음원觀音院에 거처를 정하였고, 이후에도 틈만 나면 여기저기 편력하다가, 120세에 원적圓寂하였다고 한다.

조주는 선문답의 일인자로 수많은 화두를 남기신 분이며, 본인이

모자람이 있으면 어린이에게 묻기도 하고, 조실이라도 아는 것이 없으면 야단을 쳤다고 한다.

주감암주州勘庵主 화두는 조주가 행각할 때, 이 암자와 저 암자를 돌아다니면서 참선학인參禪學人에게 지혜의 문을 열어주고, 깨달음을 체득하도록 하기 위하여 두 암주庵主를 시험해 보이신 것이다.

본칙에서, 조주 스님이 하루는 한 암자를 찾아가서 "안에 누구 없소? 주인 계시오?" 하고 주인을 찾으니, 그 암주가 아무 말 없이 주먹을 불쑥 올렸다. 이때 조주 스님은 "물이 얕아 배를 댈 곳이 없구나!", 즉 '도력道力이 미숙하여 상대가 되질 않는다' 하고 되돌아왔다.

여기에서 조주가 암주를 찾은 것은, 겉으로는 안부를 묻는 것이지만, 속으로는 칼을 내밀며 '수행을 제대로 했는가?' 하고 점검하는 것이며, 두 주먹을 드러내 보인 것은, 자기 자신의 선기禪機에 대한 안목을 드러내 보인 것이라고 할 수 있다.

그길로 또 다른 암자를 찾아가서 지난번과 똑같이 "안에 누구 없소? 주인 계시오?" 하고 주인을 찾으니, 이 암주 역시 주먹을 불쑥 올렸다. 이에 조주는 "들었다, 놓았다, 죽였다, 살렸다, 자재롭다"라고 칭찬하며 큰절까지 올렸다.

여기에서 가장 신기한 점은, 두 암주는 모두 주먹을 들어 올리는 똑같은 동작으로 대답하고 있지만, 반면 이에 대한 조주의 반응은 전혀 다르다는 것이다. 조주는 똑같은 주먹을 들었는데도 처음은 나무랐고, 나중은 극구 칭찬하였다.

두 사람의 주먹에 어떤 차이가 있단 말인가?

두 암주의 들어 올린 주먹은 조금도 다를 바가 없다. 보는 사람의 견해가 다를 뿐이다. 선의 경지는 절대평등의 경지이다. '나'도 없고 남도 없고 주먹을 들거나 들지 않은 것도 없고, 물이 얕거나 깊은 것도 없고, 나무랄 것도 없고 칭찬할 것도 없다. 일체의 사물은 차별이 있을지라도, 그것을 보는 본성本性은 차별이 있을 수 없다.

무문 스님의 말씀을 들어보자

처음 찾아간 암주의 주먹도 주먹이고, 다음 찾아간 암주의 주먹도 주먹이다. 두 암주가 똑같이 주먹을 들었는데 어째서 하나는 좋다고 하고, 하나는 나쁘다고 했느냐? 두 주먹의 어디에 잘잘못이 있을까? 만약 이 공안을 해결하면 혓바닥에 뼈가 없는 것 같이 자유롭게 말하는 조주의 마음을 훤히 들여다볼 수 있을 것이다.

조주설두무골趙州舌頭無骨은, 조주가 '두 암주의 똑같은 대답에 거침이 없이 꾸짖기도 하고 긍정하기도 하여, 말을 거리낌이 없이 마음대로 한다'는 의미이다.

조주의 주감암주 화두를 깨치면 조주를 부축해 일으켜 세우기도 하고, 조주를 넘어뜨리기도 하고 마음대로 할 수 있을 것이다.

그러나 비록 그렇다 할지라도, 조주가 "있나? 없나?"라고 했을 때, 두 암주가 모두 아무 말도 안하고 주먹을 세운 것이 오히려 두 암주로부터 '조주가 어느 정도 공부가 됐는가?'라고 시험을 당하고 있다고 볼 수 있다. 이렇게 되면 두 암주의 우열을 가릴 수 없을 것이다.

두 암주 사이에 우열이 있다고 말해도 아직 참선 수행이 덜 된 사람이고, 우열이 없다고 말해도 참선 수행이 덜 된 사람이라고 하였다.

우리의 본성은 긍정과 부정, 우와 열의 차별을 초월해 있어 조주도 없고 두 암주도 없다. 오직 한 주먹의 지혜작용만이 있을 뿐이다.

두 암주의 우열에 대한 차별심을 갖는다면 참선 학인의 안목이 아니라는 말이다.

그렇다. 주먹을 들어 보인 두 암주에 대하여 조주의 행동과 언어에 기준을 두고 두 암주의 우열과 행동을 판단하려고 해서는 안 된다.

무문 스님의 노래를 풀어보자.

안류성眼流星은 흐르는 별과 같이 신속하게 작용하는 조주의 안목眼目이며, 기철전機掣電은 번쩍이는 번갯불 같이 신속하게 발동하는 조주의 선기禪機이며, 살인도殺人刀는 첫 번째 암주가 주먹을 세운 것에 대해 그것을 인정하지 않고 떠난 것이며, 활인검活人劍은 두 번째 암주가 주먹을 세운 것에 대해 그것을 인정하고 큰절을 한 것이다.

선에는 두 가지 얼굴이 있는데 살인도는 부정적이며 파괴하는 얼굴이고, 활인검은 긍정적이며 건설적인 얼굴이다.

살인도는 구습舊習에 젖은 것, 그리고 중생의 생멸심生滅心과 분별심分別心을 제거하는 지혜의 칼이고, 활인검은 본래 청정한 불심의 지혜를 회복하여, 반야지혜般若智慧로 하여금 보살도의 삶으로 활발하게 작용하게 하는 방편의 칼이다.

제12칙 암환주인巖喚主人

本則

瑞巖彦和尙이 **每日自喚主人公**하여 **復自應諾**하고 **乃云**하되 **惺惺著**하라 **諾**하다 **他時異日**에 **莫受人瞞**하라 **諾諾**하다

【한자】 瑞(상서 서), 巖(바위 암), 彦(선비 언), 喚(부를 환), 諾(대답할 낙), 惺(영리할 성), 著(분명할 저, 붙일 착), 瞞(속일 만)

서암언 화상은 매일 스스로 "주인공아!" 하고 부르고는, 다시 스스로 "예!" 하고 응답하고, 곧 말하되 "깨어 있어라!" 하고 "예!"라고 대답하였고, "다른 날(후일)에도 사람들에게 속지 말라" 하고 "예! 예!"라고 대답하였다.

【문법해설】

- 惺惺著: '著'은 명령문의 끝에 놓여 강조·催促(독촉)·商量(의논)·청구 등의 어기를 나타내는 어기사이다. 따라서 '放下着'의 '着'과 같은 용법의

글자이므로 '착'으로 읽어야 한다.

評唱

無門曰 瑞巖老子가 **自買自賣**하여 **弄出許多神頭鬼面**하니 **何故**오 **聻! 一箇喚底 一箇應底 一箇惺惺底 一箇不受人瞞底**는 **認著**하나 **依前還不是**라 **若也傚他**하면 **總是野狐見解**리라

【한자】 瑞(상서 서), 巖(바위 암), 買(살 매), 賣(팔 매), 弄(희롱할 롱), 聻(부적 적, 가리키는 모양 니), 瞞(속일 만), 認(알 인), 傚(본받을 효), 總(거느릴 총), 狐(여우 호)

무문이 말하기를 "서암 노스님은 스스로 사고 스스로 팔아, 많은 귀신 얼굴을 만들고 있으니(도깨비장난을 하고 있으니) 무슨 까닭이오? 자아, 보아라! 부르는 자, 대답하는 자, 깨어 있는 자, 사람들에게 속지 않는 자 등은 〔설령 그것들이 있다고〕 인정한다 해도 옛날과 같이 여전히 옳지 않다. 만약 그(서암)를 모방한다면 결국 모두가 여우의 견해〔와 같이 진정한 견해가 아니〕니라" 하였다.

【문법해설】

- 弄出許多神頭鬼面 何故: (1) '弄出'에서 '出'은 동사(弄) 뒤에 쓰인 방향보어로 '동사의 동작이 밖으로 드러나는 것을 나타낸다'고 할 수 있다. 따라서 '만들어 나오다'라고 해석하지 않는다. (2) '許多'는 '많은'이라는 뜻이다. (3) '神頭鬼面'은 ①다투어 기이하게 하다, ②고대 雜劇 十二科

目의 하나, ③'神頭鬼臉'와 같이 불유쾌한 안색, ④머리를 흩트려 꾸미지 않은 모양 등이다.

▪ 聻(부적 적, 가리키는 모양 니): ①'何故'의 語調를 돕는 의문조사. ②주의를 끄는 말로 '야!'나 '저것!'에 해당하는 말.

▪ 一箇喚底 一箇應底 一箇惺惺底 一箇不受人瞞底: '底'는 현대한어의 '的'과 같이 뒤에 명사가 와서 '~의'라는 뜻이 되지만, 명사가 생략되어 '~한 사람, ~한 것'의 뜻이 되기도 한다. 많은 경우 "하나는 부르고, 하나는 대답하고, 하나는 깨어 있으라고 하고, 하나는 남에게 속지 말라고 한다"고 해석하지만, 이렇게 해석되려면 반드시 "一箇喚 一箇應 一箇惺惺 一箇不受人瞞"와 같이 '底'가 생략되어야 한다.

〔예문〕 送信的(우체부) / 賣買的(상인)

▪ 認著 依前還不是: '著'는 동사의 뒤에서 조건을 나타내는 수식성분으로 쓰여 '~하고 보니 곧 ~이다'라고 해석된다.

〔예문〕 吃著好吃(먹어보니 맛있다.) / 這件衣服, 我穿著瘦一點兒(이 옷은 내가 입으니 약간 끼인다.)

▪ 總是野狐見解: '總是'는 複音節詞로 ①'반드시, 꼭' ②'결국, 아무튼, 아무래도' ③'늘, 줄곧, 언제나' 등의 뜻으로 해석될 수 있으며, '總'과 '是'를 각각 단음절사로 나누어 '모두 ~이다'라고 해석할 수도 있다.

〔예문〕 ①一再相勸, 他總是不聽(재삼 권고하지만, 그는 절대로 듣지 않는다.)

②總是裝不好(아무래도 잘 담아지지 않는다.)

③他總是那樣謙虛(그는 늘 그렇게 겸허하다.)

頌曰

學道之人이 **不識眞**은 **只爲從前認識神**[65]이로다 **無量劫來生死本**이어늘 **痴人喚作本來人**[66]이로다

【한자】 痴(어리석을 치), 喚(부를 환)

도를 배우는 사람이 진실을 알지 못하는 것은, 단지 종전부터 〔상대적인〕 분별식을 〔일으키는 自我를 진실이라고〕 인정하기 때문이로다. 〔상대적인 분별식을 일으키는 자아는〕 무량겁 동안 생사〔輪廻를 일으키는〕 근본이거늘, 어리석은 사람들은 본래인(본래의 자기)이라고 부르고 있는 것이로다.

【문법해설】

- 只爲從前認識神: (1) '爲'는 원인을 나타내는 連詞이다. (2) '識神'은 사전에 따르면 '선에서는 정신작용, 의식작용을 일으키는 것'이라고 한다. 선에서 말하는 정신작용, 의식작용이라는 것은 바로 범부의 분별식을 말한다고 할 수 있다.
- 無量劫來生死本: '來'는 '以來'의 뜻이다.
- 癡人喚作本來人: 목적어가 필요 없는 자동사 '作'은 타동사 뒤에 붙어 결과보어가 된다.

---

65 識神: ①마음, 영혼. ②사람, 살아 있는 것. ③禪에서는 정신작용, 의식작용을 일으키는 것.

66 本來人: '主人公'으로 '無分別의 분별'로 살아가는 '無位의 眞人'을 말한다.

【講義】

암환주인巖喚主人에서 '암'은 '서암사언瑞巖師彥 선사'를 말하며, '환'은 '부르다'란 뜻이고, '주인'은 우리의 참마음을 비유한 것이다. 즉 '암환주인'이란 '서암사언 선사가 자신의 참마음을 부르다'라는 뜻이다.

본칙은 서암은 날마다 자신에게 "주인공!"이라 부르고, 스스로 "예!" 하고 대답한다. 이것이 화두이다. "주인공아!" "예!" "주인공아!" "예!" 하는 자문자답이 전부다.

『경덕전등록』 17권에 의하면 아래와 같다.

> 태주 서암사언 선사는 민월 사람으로, 성은 허씨이다. 어려서부터 스님이 되어 계를 지키는 데 조금도 흐트러짐이 없었다. 처음으로 암두에게 예를 올려 여쭙기를 "어떤 것이 본래부터 변함없는 이치입니까?" 하니, 암두가 대답하기를 "움직인다"고 했다. "움직일 때는 어떠합니까?" 하니, 암두가 말하기를 "본래부터 변함없는 이치가 아니다"라고 하였다. 대사가 한참 동안 생각에 잠겨 있으니, 암두가 말하기를 "긍정하면 육근과 육진은 벗어나지 못하고, 긍정하지 않으면 영원히 생사에 잠긴다"라고 하니, 대사는 마침내 깨달아 몸과 마음이 밝아졌다고 한다.(台州瑞巖師彥禪師閩越人也, 姓許氏. 自幼披緇秉戒無缺. 初禮巖頭致問曰, 如何是本常理. 巖頭曰, 動也. 曰動時如何. 巖頭曰, 不是本常理. 師沈思良久, 巖頭曰, 肯卽未脫根塵, 不肯卽永沈生死. 師遂領悟身心皎如.)

또한 『오등회원』 제7권 '서암화상전'에 의하면, 서암 화상은 매일 남이 보면 우인愚人처럼 반석 위에 앉아서 스스로 "주인공아!"라고 부르고, 또 스스로 "예!"라고 대답하며, 스스로 "정신 차리고 있는가?" "예!" "다른 때, 다른 날 남에게 속임을 당해서 안 된다"라고 스스로 경계시키고, 또 스스로 "예! 예!"라고 대답하였다고 전한다.

이와 같이 서암 선사가 늘 주인공을 불렀다는 것은 오후선悟後禪, 즉 깨달은 뒤에 그 깨달음을 공고히 하기 위하여 노력하신 것을 말한다.

서암 스님은 자기를 대표하는 것이 주인공主人公이라고 한다. 그래서 매일 앉으나 서나 주인공을 불렀고, 대답할 사람이 없으니 자기 스스로 "예!" 하고 대답하였으며, 스스로가 스스로에게 "주인공아! 확실하게 눈을 뜨고 있거라"라고 말하고는 "알았다"라고 하며 자문자답하였고, 또 "남에게 속아서는 안 된다"라고 말하고 "잘 알았다"고 대답도 하였다.

여기에서 속지 말라는 뜻은 자신의 불성을 어둡게 하고 있는 탐·진·치 삼독의 번뇌에 유혹당하지 말라는 뜻이다. 얼른 듣기에는 얼빠진 사람 같기도 하지만, 서암 스님으로서는 자기의 본성(깨침 자리)을 놓칠세라 되새긴 것이다.

한 번 깨쳤다고 해서 그냥 버려두면 녹슬어 버리기 쉽다.

서암사언 스님이 "주인공아!" 하고 부르고 "예!" 하고 대답한 것은 그 중심점을 놓치지 말라는 것이지, 주인공과 나를 구별하되 주인공이 주主가 되고, 내가 객客이 되는 것은 아니다.

선의 세계란 무심無心·무아無我의 경계, 즉 너와 나의 모든 분별을 떠난 무의 세계로, 일체를 초월한 자리가 아니겠는가!

무문의 평창을 들어보자

"서암사언 선사가 주인공을 스스로 부르고 스스로 대답하는 것이 바로 자기의 물건을 자기가 팔고 자기가 사는 것과 같다네. 정신 빠진 늙은이가 하는 짓이 귀신 도깨비장난을 하고 있는 것 같네"라고 하였다. 도대체 무슨 까닭에 이렇게 비평을 했을까?

간화선에서 조주趙州의 '무자無字' 화두를 참구한다는 것은, 자신이 무無라고 마음의 목소리를 내고, 자신이 무라는 목소리를 듣고 자각하는 수행으로, 이러한 수행은 마음속에 있는 번뇌와 망념과 같은 분별작용을 완전히 봉쇄하고 본래면목을 드러내는 부적과 같은 것이다.

그래서 무문 스님은 서암의 주인공 찾는 행위를 도깨비놀음이라고 평가 절하하였지만, 서암 스님은 참된 자기의 본래심인 주인공에 의해 살려고 노력한 그 정신을 후학들에게 심어주려고 하신 것이다.

무문 스님은 "'하나는 부르는 역할을 하고, 하나는 대답하는 역할을 하고, 하나는 정신 똑바로 차리라는 역할을 하는 것들이 따로따로 존재한다'고 그대로 인정하면 중생심衆生心의 차별경지를 초월하지 못한 것이니, 서암 스님의 자문자답은 옳지 못하다"고 했다.

후학들이 서암 스님을 본받아서 주인공을 불러내는 작태를 연출해서는 안 된다는 것으로, 만약 서암 주인공을 본받으려는 사람들이 있다면 그것을 못하도록 말려야 한다는 것이다.

옛 스님들의 수행하는 모습만 모방하여 흉내 내는 것은 사이비선似而非禪이요, 야호선野狐禪이 되고 만다.

정正과 사邪를 잘 파악하여 자기의 참된 주인공을 자각하고, 자기에서 탈피하여야 무애자재한 선지禪旨를 얻을 수 있을 것이다.

송왈頌曰에서는 "도를 닦는 사람은 자기의 참 불성을 알지 못하고,

다만 종전의 심의식心意識을 가지고 불성이라고 잘못 생각하고, 어리석은 사람은 무량겁에 걸쳐서 생사윤회의 근본인 분별심을 주인공으로 착각하여 부르고 있다"라고 마무리하였다.

제13칙 덕산탁발德山托鉢

本則

德山이 **一日**에 **托鉢下堂**이라가 **見雪峰問**하되 **者老漢**이 **鐘未鳴**하고 **鼓未響**이어늘 **托鉢向甚處去**니꼬 하니 **山**이 **便回方丈**하다

【한자】 托(밀 탁), 鉢(바리때 발), 峰(봉우리 봉), 鐘(종 종), 鳴(울 명), 鼓(북 고), 響(울림 향)

덕산이 하루는 발우를 받쳐 들고 〔方丈에서 食〕당으로 나오다가, 설봉이 "이 노스님이, 종도 아직 울리지 않고 북도 아직 울리지 않았거늘, 발우를 받쳐 들고 어디로 가는가?"라고 묻는 것을 보고, 덕산이 곧 방장으로 돌아갔다.

【문법해설】

- 見雪峰問: ①'見'은 '雪峰問 者老漢 鐘未鳴 鼓未響 托鉢向甚處去'를 목적어로 한다. 즉 "雪峰이 '者老漢 鐘未鳴 鼓未響 托鉢向甚處去'라고

〔혼자말로 중얼거리면서〕 묻는 것을 보았다"라고 해석한다. ②'見'을 피동표지로 볼 수도 있겠지만, 본래 '見'이 피동을 나타내는 표지로 쓰일 때는 '見問於雪峰'과 같이 '於'를 써서 주동자를 나타내어야 한다. 그러나 굳이 주동자를 피동표지 뒤에 곧바로 붙여 쓰는 '被'의 영향으로 '見雪峰問'과 같이 썼다고 하여 "雪峰에게 '이 노스님아! 종도 북도 아직 울리지 않았거늘, 발우를 받쳐 들고 어디로 갑니까?'라고 묻는 것을 당하니"라고 해석한다면 어색한 점이 있다. 따라서 ①을 따라 해석한다.

- 托鉢向甚處去: '向'은 介詞목적어 '甚處'와 介詞結構를 이루어 동사 '去' 앞에서 부사어가 된다.
- 便回方丈: '方丈'에서 '方(모 방)'이란 '圓(둥글 원)'과 대비되는 말로 '네모진 모습'이고, '丈'은 길이의 단위로, '方丈'은 '한 평 남짓한 방'을 말한다.

峰이 **擧似巖頭**한대 **頭云**하되 **大小德山**이여 **未會末後句**로다 **山**이 **聞**하고 **令侍者**로 **喚巖頭來**하여 **問曰 汝不肯老僧那**아 **巖頭密啓其意**어늘 **山**이 **乃休去**하다

【한자】 擧(들 거), 似(같을 사), 侍(모실 시), 汝(너 여), 啓(열 계)

설봉이 〔이 일을〕 암두에게 고하니, 암두가 말하기를 "〔그렇게〕 대단한 덕산이지만, 아직도 말후구(최후의 말, 究極의 말)를 알지 못하는구나!" 하였다. 덕산이 듣고 시자로 하여금 암두를 불러오게 하여 묻기를 "네가 노승을 긍정하지 않는 것이냐?" 하니, 암두가 비밀스럽게 그의 뜻을 말하므로, 덕산이 곧 그만두었다.

【문법해설】

- 峰 擧似巖頭: ①'似'는 '擧示(들어 보여주다)'라는 뜻을 나타내는 동사 뒤에 쓰여 '向, 與, 給(~에게)' 등과 같은 뜻으로 해석된다거나, ②또 '擧似'는 禪林用語로서, 언어로 고칙을 제시하거나, 사물을 사람에게 보여주는 것을 말한다. 즉 '擧似'는 '삼가 받들어 말하다(=奉告)'라는 뜻이다. 이때 '似'는 '示'와 雙聲관계의 通假字이므로 같이 쓴다고 할 것이다. 따라서 ①이든 ②든, 어떤 경우에도 '擧似巖頭'는 '암두에게 들어 보여주다'라고 해석할 수 있다.

〔예문〕 趙州 因有一婆子 施財請轉大藏經 師 下禪床 繞一帀云 轉藏已了 人 回擧似婆子 婆云 比來 請轉大藏 如何和尙 只轉半藏. 『佛祖直指心體要節』(조주가 한 노파가 재물을 보시하며 대장경 독송을 청하니, 스님께서 선상에서 내려와 한 바퀴 돌고 "이미 대장경을 굴렸느니라"라고 말씀하셨다. 한 사람이 돌아가 노파에게 보여주자, 노파가 "지금 대장경을 독송해 달라고 하였거늘, 어찌 화상은 단지 반만 굴리십니까?" 하였다.)

- 大小德山: '大小'는 ①大와 小 ②尊卑와 長幼 ③크고 작은 정도 ④大와 小의 어느 한편 등을 나타낸다. 혹자는 여기서의 '대소'는 북방에서 사람을 얕잡아 매도할 때 쓰는 말이라고 하여 '하찮구나, 덕산이여!'라고 해석하지만, ④에서와 같이 어느 한편인 '大'만을 따라 '〔그렇게〕 대단한 덕산이라도~'라고 해석하는 것이 좋다고 생각된다.
- 未會末後句: '會'는 배워서 아는 것을 말한다. 따라서 '知'를 여래의 무분별지로, '會'를 범부의 '분별지'로 구분하기도 한다. 그러나 여기서는 오랜 수도의 끝에 스스로 깨닫는 것을 말한다고 할 것이다.
- 喚巖頭來: '來'는 앞 동사의 동작이 화자 쪽을 향한다는 의미를 나타내는 방향보어이다.

- 汝不肯老僧那: '那'는 '耶'와 같이 文末의 의문어기사이다.
- 乃休去: '去'는 앞 동사의 동작이 화자로부터 떨어져 나가는 것을 나타내는 방향보어이다.

明日陞座한대 **果與尋常**[67]**不同**이라 **巖頭至僧堂前**하여 **拊掌大笑云**하대 **且喜得 老漢會末後句**하나니 **他後天下人**이 **不奈伊何**하리라

【한자】 陞(오를 승), 尋(찾을 심), 拊(어루만질, 가볍게 두드릴 부), 奈(어찌 내), 伊(저 이)

다음날 〔덕산이〕 법좌에 올랐는데 과연 평소와는 달랐다. 암두는 승당 앞에 이르러 손뼉을 치고 크게 웃으며 말하되 "어떻든 기뻐할 수 있구나! 노스님이 말후구를 아시다니. 이후 천하의 〔모든〕 사람이 그를 어떻게 하지 못하리라" 하였다.

【문법해설】

- 且喜得老漢會末後句: (1) '且'는 많은 뜻 중에서 이곳에서 취할 수 있는 것을 보면, ①'자아, 어떻든 간에', ②어기사로 句의 첫머리에 쓰여 이유를 잘 설명하는 것을 나타내지만 해석할 필요가 없는 것 등이 있다. (2) '喜得'에서 '得'은 가능을 나타낸다.
- 他後天下人: '他後'는 '今後'의 뜻으로 해석한다.
- 不奈伊何: '奈何'는 '如何(若何)' 등과 같이 원래 '~을 어떻게 처리하느

---

67 尋常: 평소, 평온함. ※ 尋常茶飯(家常茶飯): 일상생활에서 차도 마시고 밥도 먹는다는 뜻에서, 언제든지 있는 일로 조금도 이상하지 않다는 말.

냐'라고 수단을 묻는 의문사이다. 外典에서는 그러한 예가 없는데 불전에서는 '云何'도 같은 뜻으로 쓰인다. 만약 이때 그것의 목적어를 쓰게 되면 그것의 목적어는 '奈'와 '何'의 사이에 넣는다. 여기서 '伊'는 '저'라는 3인칭 대사로 목적어로 쓰이고 있다.

〔예문〕 如人非木石何(사람은 목석이 아닌 것을 어찌하랴.)

評唱

無門曰 若是末後句인댄 **巖頭**와 **德山**이 **俱未夢見在**라 **撿點將來**하니 **好似一棚傀儡**로다

【한자】 撿(단속할 검), 棚(시렁 붕), 傀(클 괴), 儡(영락할 뢰)

무문이 말하기를 "만약 〔앞에서 말한 이야기가〕 말후구라면 암두와 덕산이 모두 아직도 꿈속에서조차 보지 못한 것이다. 잘 살펴보면 한 번의 꼭두각시극과도 같다"고 하였다.

【문법해설】

- 俱未夢見在: '在'는 ①文末에 쓰이는 어기사로 '哉'와 통한다. ②조사로 행위동작의 지속이나 정황의 존재를 표시한다.

  〔예문〕 ② 未夢見在 何故. 『禪要 13』(아직 꿈에서도 보지 못했으니, 무슨 까닭인가?) / 遁曰成就久矣 只欠點眼在. 『佛祖直指心體要節』(거둔이 말하기를 '성취한 것은 오래되었는데, 다만 점안이 부족합니다'라고 하였다.)

- 撿點將來: (1) '將'은 조기백화에서 동사와 進來·出去 등의 방향을

나타내는 보어의 중간에 쓰여, 동작의 시작이나 지속을 나타낸다.

〔예문〕 唱將起來(노래 부르기 시작하다.) / 走將進來(걸어 들어오다.)

(2) 또한 '將來'는 ① 未來 ② 가져오다(帶來, 拿來) ③ 현대한어의 방향보어 '下來, 起來'와 같이 동사 뒤에 쓰여, '동사가 과거에서 지금까지 계속되거나, 처음부터 끝까지 계속되는 것'으로 쓰이거나, ④ 현대한어의 방향보어 '下來, 起來'와 같이 동사 뒤에 쓰여, '동작의 완성 또는 결과'를 나타내거나, ⑤ 현대한어의 방향보어 '下來, 起來'와 같이 형용사 뒤에 쓰여, '상태나 정도가 계속 증가하거나 심해지는 것'을 나타낸다. 여기에서는 (1)과 같이 '將'을 동사(撿點)와 보어(來) 사이에 쓰인 구조조사로 간주하거나, (2)-③·④·⑤와 같이 '將來'를 현대한어의 방향보어 '下來, 起來'와 같이 하나의 고정된 詞組로 볼 수도 있을 것이다. 따라서 결코 (2)-②와 같이 '가져오다(帶來, 拿來)'라는 동사로 사용된 것이 아니다.

〔예문〕 ③ 這些都是從古代流傳下來的文化遺產(이들 모두는 고대로부터 전해져 내려온 문화유산이다.)

④ 漫天的飛雪漸漸停了下來(온 하늘에 흩날리던 눈이 차차 멈추었다.)

⑤ 緊張的局勢就緩和下來了(긴장된 국면은 진정되었다.)

▪ 好似一棚傀儡: (1) '好似'는 '~와 똑같다'라는 뜻이다. (2) '棚'은 ①〔천〕막, 차양 ②〔짐승의〕 우리 ③ 천장 ④ 가볍게 덮다 ⑤〔경사나 장례식 등의〕 차례(번), 장면 등의 뜻이 있는데 여기서는 ⑤를 따른다.

頌曰

識得最初句하면 **便會末後句**라 **末後與最初**이면 **不是者一句**리라

최초구를 알 수 있으면 곧 말후구도 알 수 있다. 〔그러나 이것을 각각〕 말후구와 최초구라고 한다면 〔모두가〕 이 한 구는 아니다.

【문법해설】

- 최초의 구 따로, 마지막 구 따로 각각 분별하여 상대적으로 이해하는 것은 결코 궁극적인 당체인 '者一句'가 아니다.
- 末後與最初 不是者一句: '末後與最初'가 주어 '不是'가 술어, '者一句'가 목적어의 형식을 취하고 있어서, '말후구와 최초구가 이 한 구가 아니다'라고 해석하면 그 의미를 이해할 수 없다. 따라서 '末後與最初'는 비록 명사결구의 형식을 취하고 있으나 술어의 형식으로 해석하고, '不是者一句'의 앞에는 주어 '其(그것들은)'가 생략된 것으로 이해한다.

【講義】

덕산선감(德山宣鑑, 782~865) 선사는 선종의 유명한 교의인 '덕산봉德山棒'의 창시자이다. 그는 주周씨로 『금강경』을 자주 설했기 때문에 당시 사람들이 '주금강周金剛'이라고 불렀다. 이러한 이야기는 『경덕전등록』 등 여러 서적에 기재되어 있다. 덕산의 문하에는 암두(巖頭, 828~887)와 설봉(雪峰, 822~908) 등 유명한 제자가 있다.

이 화두가 나온 3년 후에 덕산 스님이 입적하셨다고 하니, 이때 덕산은 81세, 설봉은 41세, 암두는 35세였다. 암두는 설봉보다 여섯 살이나 어리지만 설봉이 배울 정도로 그 선기가 뛰어났다고 한다.

여기에서의 탁발은 보통 걸식을 위한 것이 아니라, 식사를 위해 방장실에서 식당으로 발우를 들고 내려오시는 것을 말한다.

이 화두는 설봉이 덕산 문하에서 반두(飯頭, 공양주)로 있을 때 일이다. 본래 선원에서는 공양 준비가 거의 되면 식당에 모이라는 준비종을 치고, 완전히 준비가 끝나면 북을 쳐서 식탁에 모이게 한다. 이렇게 공양시간이 되면 당연히 북을 울리거나 종을 치는 데도 불구하고, 하루는 덕산이 때에 맞지 않게 발우를 들고 설봉이 있는 식당으로 나섰다.

이 모습을 본 설봉은 "이 늙은이가 망령이 나지 않았나. 발우를 들고 어디로 가는가?"라고 중얼거린다. 이 말을 들은 덕산은 말없이 곧바로 방장실로 되돌아갔다.

왜! 덕산은 종도 치지 않고 북도 울리지 않았는데 발우를 들고 나섰을까? 공양시간을 몰라서 그렇게 했을까?

아니다. 덕산은 제자의 불법의 견처見處가 어느 정도인지를 점검하여 발우에 담아 보려고 일부러 발우를 들고 나섰건만, 이 뜻을 설봉은 알아차릴 수 있는 국량局量이 부족하였다. 설봉은 이 사실을 암두에게 자랑삼아 전하였다.

이 이야기를 들은 암두는 덕산의 경계를 알아보지 못하는 설봉의 미숙함이 가여웠다. 이 기회에 설봉의 선심禪心에 불을 붙여 눈뜨게 해주고 싶었다.

암두는 설봉이 덕산의 뜻에 계합하지 못했음을 알고는, 설봉을 꾸짖지 않고 도리어 스승인 덕산을 향해 "대단한 덕산 노장께서 말후구末後句를 모르시네"라고 의도적으로 험담을 하였다.

말후구를 모른다는 것은 아직 궁극적인 진리에 이르지 못했다는 뜻이다. 이 사실이 선방에 널리 퍼져서 덕산의 귀까지 들어갔다.

하루는 덕산이 암두를 불러 "네가 나를 뭘로 보느냐?"라고 따지자, 암두는 덕산에게 다가가서 그렇게 한 자기의 속뜻을 귓속말로 속삭였다. 그러자 덕산은 더 이상 말하지 않고 고개를 끄덕이고 그만두었다.

도대체 암두가 덕산에게 뭐라고 귓속말을 했기에 마음이 누그러졌을까? 아마도 "스님을 업신여긴 것이 아니옵고, 설봉은 근기만 터트려 주면 크게 될 사람인데, 그렇지 못하여 일부러 암두를 깨우쳐 주려고 그렇게 했습니다. 용서하십시오. 스님께서는 설봉을 위해 방망이를 휘두르는 방법보다 원칙적이고 여법한 방법을 한번 써 보시는 것이 좋을 것 같습니다"라고 하였을 것이다.

설봉과 덕산 사이에 조작극을 연출할 것을 약속했다고 할 수 있다.

이 일이 있은 다음날 덕산이 법상에 올랐는데, 다른 때와 그 태도가 달랐다. 그러자 암두가 법당 앞에서 손뼉을 치고 웃으며 "기쁘다. 우리 노스님이 말후구를 아는구나, 이후에는 세상 사람이 저분을 어찌하지 못할 것이다"라고 하였다. 덕산의 이러한 변화는, 곧 자신은 어떻게 됐건 개의치 않는 제자를 위한 자비심의 극치이다. 범부의 잣대로는 헤아릴 수 없는 높은 경지이다. 또한 암두는 덕산을 매도해, 설봉에게 말후구(궁극적인 한마디) 공안을 던져 주고, 이번에는 승당 앞에서 손뼉을 치며 설봉이 이 공안에 빠져들도록 잡아끌고 있다. 그러나 설봉은 덕산과 암두의 진의를 알지 못한다.

선가에서는 '덕산의 방棒'과 '임제의 할喝'이라는 교화방편을 써서 제자들을 지도하기도 하였다. 그러나 설봉은 이러한 덕산의 방망이를 사용하는 변칙적인 방법으로는 깨달음을 줄 수 있는 그런 대상은 되지 못했다.

제자를 위해 자신의 추한 행동도 마다않은 덕산, 사제를 눈뜨게 하려고 애쓴 암두, 참으로 둘이면서 하나이며 하나이면서 둘인 것이다.

이제는 덕산을 향해 발우를 들고 나선 것에 대해 이러쿵저러쿵 시시비비是是非非하는 입들을 모두 막아버린 것이다.

무문의 평창을 풀어보자.

"덕산이 발우를 들고 식당으로 향하던 일, 덕산의 귀에 속삭이던 일, 손뼉을 치면서 '말후구를 얻었다'고 하던 일, 만약 이러한 일들을 '말후구'라고 한다면, 암두도 덕산도 모두 꿈속에서 깨어나지 못하고 있는 존재들이다. 진리의 본체에는 말후구라는 것은 없는 것이니, 없는 말후구를 굳이 설할 필요가 있겠는가? 그러므로 암두와 덕산이 설봉을 가르치기 위하여 연극을 꾸민 것이, 모두 무대 위에 올려진 한바탕 꼭두각시놀음과 같다"고 평하고 있다.

무문의 송을 풀어보면 "말후구의 진리는 세상에서 가장 본질적인 것으로, 최초구라거나 말후구라거나 구분할 것이 없으니, 결국 말후와 최초를 나누어 말하면 이것은 궁극적인 한마디가 아니다"라고 한 것이다.

제14칙 남전참묘南泉斬貓

本則

南泉和尙이 **因 東西兩堂**에 **爭貓兒**하여 **泉乃提起云**하되 **大衆**아 **道得**하면 **卽救**요 **道不得**하면 **卽斬卻也**라 **衆無對**하니 **泉**이 **遂斬之**러니

【한자】 泉(샘 천), 貓(고양이 묘), 提(끌 제), 救(건질 구), 斬(벨 참), 卻(물리칠 각), 遂(이를 수)

남전 화상은 동서 양당〔의 운수들〕이 고양이를 〔두고 서로 자기들 것이라고〕 다투고 있었기 때문에, 〔그래서〕 남전이 곧 〔그 고양이를〕 들고 말하되 "대중들아! 말할 수 있으면 구할 것이요, 말할 수 없으면 베어버릴 것이다" 하였다. 대중들이 대답이 없으니, 남전이 끝내 그것을 베어버렸다.

【문법해설】

- 爭貓兒: '貓兒'에서 '兒'는 접미사이므로 '고양이 새끼'라고 해석하여서는 안 된다.
- 泉乃提起云: '起'는 동사 뒤에 쓰여 그 동작이 위로 향하는 것을 표시한다.
- 道得 卽救 道不得 卽斬卻也: (1) '道得'과 '道不得'의 '得'은 동사 뒤에 쓰여 '가능'이나 '완료'를 나타낸다. 여기서는 '가능'을 나타낸다고 할 것이고, '不得'은 동사 뒤에 붙어서 ①'~해서는 안 된다', ②'~할 수가 없다' 등을 나타낸다. (2) '卻'은 동사 뒤에서 동작의 완성이나 강조의 뜻을 나타내어 '~해버리다'로 해석한다.

晚趙州外歸어늘 **泉擧似州**한대 **州**가 **乃脫履安頭上**하고 **而出**하니 **泉云**하되 **子**가 **若在**런들 **卽救得貓兒**라하다

【한자】 擧(들 거), 履(신 리)

밤에 조주가 밖에서 돌아왔거늘, 남전이 조주에게 말한대, 조주가 이에 신발을 벗어들고 머리 위에 안치시키고는 나가버리니, 남전이 말하기를 "그대가 만약 있었더라면 고양이를 구할 수 있었을 텐데"라고 하였다.

【문법해설】

- 泉擧似州: '擧似'의 용법에 대해서는 앞 제13칙 참조. '남전이 조주에게 들어 보여주다'라고 해석할 수 있다.

〔예문〕 一日 擧似姑蘇永中上人 欣然欲募緣鋟梓 且俾喬祖爲之序.『高峰和尙禪要序』(하루는 고소산 영중사의 스님에게 보였더니, 기쁘게 시주 인연을 모아 판목에 새기기를 원하였고, 또한 교조〔저〕로 하여금 서문을 쓰게 하거늘.)

- 子若在: (1) '子'는 2인칭 대사로 쓰인다. (2) '若'은 假定을 나타내는 連詞로 쓰여 '假如, 如果(만약 ~라면)'라고 해석된다.
- 卽救得貓兒: '救得'에서 '得'은 동사 뒤에 붙어 '가능'이나 '완료'를 나타내며, 여기서는 '가능'을 나타낸다.

評唱

無門曰 且道하라 **趙州頂草鞋意**가 **作麼生**고 **若向者裡**에 **下得一轉語**하면 **便見南泉令不虛行**하리라 **其或未然**인댄 **險**

【한자】 頂(정수리 정), 鞋(신 혜), 轉(구를 전), 險(험할 험)

무문이 말하기를 "자, 말하여 보아라! 조주가 짚신을 머리에 얹은 의도는 무엇인가? 만약 여기에서 한마디 말을 할 수 있다면, 곧 남전의 명령이 헛되이 행해진 것이 아니었음을 알게 되리라. 만약 그렇지 않다면 위험하지"라고 하였다.

【문법해설】

- 趙州頂草鞋意 作麼生: '趙州頂草鞋意'는 전체 문장의 주어가 되고 '作麼生'은 전체 문장의 술어가 되고, 전체 문장의 주어에서 '趙州頂草鞋'는 '意'의 한정어이며, 한정어 중에서 주어인 '趙州'는 '頂'과 '草鞋'를 각각

술어와 목적어로 한다.

- 若向者裡 下得一轉語: (1) '向者裡'에서 '向'은 '在'와 같고, '者'는 '此', '是' 등과 같이 '이곳'이라는 近稱指示代詞이다. (2) '下'는 동사로 '시행·사용하다'라는 뜻이며, '得'은 '~할 수 있다'라는 뜻이다. 따라서 '若向者裡'와 '下得一轉語'로 끊어 읽어야 하며, '若向者裡下'와 '得一轉語'로 나누어 읽으면 안 된다. (3) '一轉語'는 원래 선종에서 참선할 때 轉變시킬 수 있는 날카로운 한마디의 말이다. 후에 한마디의 말로 계발시켜 恍然大悟케 하는 것을 가리키게 되었다.
- 便見南泉令不虛行: '見'은 결코 '그저 감각적으로 눈에 보이는 것'이 아니고 '자기의 주관에 비추어 이성적으로 판단하여 알다'라는 의미이다. 흔히 TV를 시청한다고 하고, 견문을 넓힌다고 하지, 그 반대로 말하지 않으며, '見性成佛'이라고는 하지만, '視性成佛'이라고는 하지 않는다.
- 其或未然: '其或'는 '其'나 '其如' 등과 같이 連詞로 假設을 나타내어 '만약 ~가 된다면'이라고 해석한다.

頌曰

趙州若在런들 **倒行此令**하여 **奪卻刀子**하면 **南泉乞命**하리라

【한자】 倒(넘어질 도), 奪(빼앗을 탈), 卻(물리칠 각), 乞(빌 걸)

조주가 만약 〔그곳에〕 있었다면 도리어 이 명령을 실행하여, 〔남전이 가지고 있는〕 칼을 빼앗아 버리면 남전이 목숨을 구걸했으리라.

【문법해설】

▪ 奪卻刀子: '奪卻'에서 '卻(却)'은 동사가 완전히 끝난 것을 나타낸다.

【講義】

선사들은 제자의 심안心眼을 열어주기 위하여 과격한 행동을 한 예가 있다. 자신의 팔뚝을 자른 신광神光, 아이의 손가락을 자른 구지俱胝, 법당의 목불을 태운 단하丹霞, 그리고 여기 고양이의 목을 자른 남전南泉 등이 있다. 이러한 공안들이 섬뜩하게 느껴지는 이유는, 세상에서 가장 착한 사람들이 모인 사찰에서 일어나는 비상식적인 고승들의 행동이기 때문이다.

본 공안의 출처는 『조당집』 등 여러 선적에 있으나, 『경덕전등록』 제8권 '지주남전보원선사池州南泉普願禪師'에 의하면 아래와 같이 기록되어 있다.

> 대사께서 동·서 양당에서 각기 고양이 〔한 마리〕를 〔두고〕 다투는 것으로 말미암아, 대사께서 우연히 그것을 만나 외쳤다. "말하면 고양이를 살리겠지만, 말하지 못하면 목을 베리라." 대중이 〔아무도〕 대답하지 못하니, 대사는 곧 목을 베었다. 〔때마침〕 조주가 밖에서 돌아오자, 대사가 앞의 이야기를 들어 말하여 주니, 조주는 곧 신을 벗어서 머리에 이고 나갔다. 대사가 말하기를 "네가 방금 있었더라면 고양이를 죽이지 않았을 것이다"라고 하였다.(師因東西兩堂各爭猫兒. 師遇之白衆曰, 道得卽救取猫兒. 道不得卽斬却也. 衆無對, 師便斬之. 趙州自外歸, 師擧前語示之, 趙州乃脫履安頭上而出. 師

曰, 汝適來若在, 卽救得猫兒也.)

남전 스님의 문하에는 동당·서당의 승당이 있는 것으로 보아 많은 사람들이 참선하고 있었던 것으로 짐작할 수 있다.

본문에는 고양이를 다투고 있었다고 하였으나, 선원에서 어째 속세에서와 같이 고양이 소유권 때문에 싸운 것 같지는 않고, 당시에는 조주의 공안에 '구자무불성拘子無佛性'이라는 화두가 있었던 것을 보아, 아마도 '고양이에게 불성이 있느냐? 불성이 없느냐?'를 두고 대중들이 다투었다고 할 수 있을 것이다.

선 수행의 본래 목적은 선정을 통하여 중생들에게 시비是非의 근본을 없애주는 것에 있다. 곧 선은 '마음 비우기'라고 할 수 있다. 욕망과 집착에서 벗어나기 위해서는 참선을 통해 모든 것이 부질없음을 깨닫고, 욕망을 덜어내고 마음을 비우는 공부를 해야 한다. 그래야 집착에서 벗어나 진정한 행복과 대자유를 얻을 수 있는 것이다.

이 공안은 도를 닦는 수행자들이 마음을 비우지 못하고 시비에 휩싸여 있기에, 이를 지켜본 남전이 나서서 정리한 것이다.

남전은 동·서 양당의 수행자들 앞에서 고양이를 잡아들고 "누구라도 좋으니 한마디 깨달은 말만 하면 고양이를 살릴 것이요, 그렇지 못하면 죽이겠다"고 다그쳤다. 그러나 누구도 대답하는 자가 없었던 것이다.

그러자 남전은 칼로 고양이 목을 베고 말았다. 바로 시비是非의 핵심, 곧 근원을 제거한 것이다. 이를 지켜본 대중들은 자기들 마음속에 있던 고양이에 대한 집착이라는 것이 얼마나 허망한 것인가를 깨닫게 되었으리라.

선 수행자들이 세속에서 하는 일처럼 너와 나를 구별하고, 동과 서를 차별하고서야 어찌 깨달음을 성취할 수 있겠는가?

남전은 수많은 제자들에게 충격요법을 씀으로써, 수행에 박차를 가하게 하기 위함이었다.

이 일이 있은 후 저녁이 되어 밖에 나갔던 조주가 돌아왔다. 남전은 낮에 일어났던 일을 "만약 너라면 고양이를 살릴 수 있었을까?"라고 묻듯이 조주에게 들려주었다. 이에 조주는 말없이 짚신을 벗어 머리에 이고 밖으로 나가버린다.

남전은 조주가 진실을 알고 있음을 보았다. 만약 조주가 낮에 그 자리에 있었더라면, 나 역시 그렇게 쓸데없이 지나친 행동을 하지 않았어도 될 것을 하고 아쉬워한 것이다.

짚신을 머리 위에 올려놓고 나간 것은, 출가 수행자가 본분을 잃고 고양이를 가지고 다투는 행위나 남전이 불살생계不殺生戒를 범한 행위나 모두가 전도된 행위임을 행동으로 보여주면서 비판하고 있는 것이다.

무문의 평창을 들어보자.

조주가 짚신을 머리에 이고 문밖으로 나간 것은 무슨 수작인가? 우리에게 말해 보라고 한다.

고양이의 소동, 또 그것을 해결하려는 남전의 방법은 마치 발에 신어야 할 신발을 머리에 이는 것과 같은 짓이다. 그렇다! 불성의 실체는 자기 자신의 내부를 분별심 없이 들여다보아야 할 자리인 것이다. 그 자리는 언어도단言語道斷, 심행처멸心行處滅의 자리이다. 이러할진대 불성에 대하여 다투는 것은 소용없는 짓거리이다.

이 속을 분명히 알아야 한다는 것이다 그래야 남전이 칼로 고양이를 베겠다는 명령이 올바르다는 것을 알 수 있다는 것이다. 만약 이 속을 모르면 여전히 마음에 대한 성찰 없이 '나와 나의 것'을 따지는 혼돈 속에 살게 되어 위험하다고 경고한다.

또 무문의 송을 들어보자

만약 조주 스님이 그곳에 있었다면 명령은 거꾸로 시행되어졌을 것이다. 오히려 남전에게 "고양이에 대하여 한마디 해보라"고 하였을 것이다. 조주는 남전의 칼을 빼앗아 스승을 겨누지 않았을까? 그러면 남전이 오히려 목숨을 살려달라고 구걸했겠지.

무문은 송頌을 통하여 '조주가 스승의 과격함에 대하여 반발을 하였을 것이며, 또한 좀 더 온건하고 점잖은 방법이 있었을 것'이라고 제기하고 있다.

제15칙 동산삼돈洞山三頓

本則

雲門 因 洞山[68]**參次**에 **門**이 **問曰 近離甚處**오 **山云**하되 **查渡**로소이다 **門曰 夏在甚處**오 **山云**하되 **湖南報慈**니다 **門曰 幾時離彼**오 **山云**하되 **八月二十五**니다 **門曰 放汝三頓棒**하노라

【한자】 查(사실할 사), 渡(건널 도), 慈(사랑할 자), 頓(조아릴 돈), 棒(몽둥이 봉)

운문 스님이, 동산수초가 참하였을 때 운문이 묻기를 "최근 어디를 떠났느냐?" 하니, 동산수초가 "사도查渡로소이다"라고 대답하였고, 운문이 묻기를 "하안거는 어디에서 지냈는가?" 하니, 동산수초가 "호남의 보자사입니다" 했으며, 운문이 묻기를 "어느 때 그곳을 떠났는가?" 하니, 동산수초가 "8월 25일입니다" 하였기 때문에, 운문이 "너에게

---

68 洞山: 洞山守初(910~990)를 말한다. 雲門文偃의 法을 이어받았으며 양주 동산에 살았기 때문에 동산이라고 불렀다.

삼돈봉三頓棒을 때리고 싶지만 용서하겠노라" 하였다.

【문법해설】

▪ 雲門因洞山參次: '因'은 ①개사로 사용되어 '〔시간·기회 등을〕 틈타다(趁, 乘)'라는 뜻으로 쓰이기도 한다. ②그러나 여기에서는 개사로 사용되어 '~때문에'라는 뜻으로 쓰인 것으로 볼 수 있으며, 그것의 목적어(介詞賓語)는 "洞山參次~八月二十五"이다.

〔예문〕 ①一日 因澡身 命靈去垢. 『佛祖直指心體要節·古靈神贊 禪師』(어느 날 〔은사 스님이〕 목욕을 하려는 틈을 타서 고령 선사에게 때를 밀어달라고 했는데.)

▪ 洞山參次: '次'는 '間, 際(즈음, 때)'라는 뜻도 있다.

〔예문〕 君子無終食之間違仁, 造次必於是, 顚沛必於是(군자는 식사를 끝내는 사이에도 仁을 어겨서는 안 되고, 눈 깜짝할 사이에도 넘어지는 사이에도 반드시 이것을 따라야 한다.)

▪ 放汝三頓棒: ①'放'은 동사로 '〔한쪽에〕 제쳐 두다, 내버려 두다, 손 놓다' 등의 뜻이 있다. 이러한 뜻으로 해석하면, '너에게 三頓棒만큼을 내버려 두겠다(용서해 주겠다)'라는 의미이므로 "삼돈봉을 갈기고 싶지만 용서해 주지"라고 해석된다. ②또 특이한 용법으로, 동사로 쓰여 자신의 행동을 제어하여 어떤 태도를 취해 어떤 범위에 이르게 하는 것을 말하는 것으로, '~하게 하다(使)'라는 뜻으로도 쓰인다.

〔예문〕 ①你就是什麽事都看得太重了, 什麽都放不下(너는 무슨 일이든 너무 심각하게 보니까, 무슨 일이든 손을 놓지 못하는 거야.)

②但深處 放教淺 淺處 放教深 生處 放教熟 熟處 放教生. 『書狀』(다만 깊은 때는 얕게 하고, 얕은 때는 깊게 하고, 생소한 때는 익숙하게 하고,

익숙한 때는 생소하게 하십시오.)

山이 **至明日**하여 **卻上問訊**[69]하고 **昨日蒙和尙放三頓棒**하니 **不知過在甚麼處**오 **門曰 飯袋子**야 **江西湖南**에 **便恁麼去**하라한데 **山**이 **於此**에 **大悟**하다

【한자】 訊(물을 신), 蒙(입을 몽), 袋(자루 대), 恁(생각할 임)

산山이 다음날이 되어, 도리어 〔운문 스님이 계신 곳에〕 나아가서 여쭈어 보기를 "어제 스님께서 삼돈봉三頓棒을 용서해 주신 것을 받았는데(용서해 주셨는데), 잘못이 어느 곳에 있는지 알 수가 없습니다" 하니, 운문이 말하기를 "밥통아! 강서로, 호남으로 〔아무 생각도 없이〕 멋대로 그와 같이 다녔느냐?" 하니, 산이 여기에서 크게 깨달았다.

【문법해설】

- 卻上問訊: '上'은 ① 동사로 쓰여 '~로 가다', ② 개사로 쓰여 '~로' 등의 뜻이 있다. 물론 스승이 계신 곳이니까 '올라간다'라고 하면 무리는 없겠으나, 반드시 '올라간다'라고 해석하여야 옳은 것은 아니며, 단지 '나아가서'로 해석하여도 된다.
- 昨日蒙和尙放三頓棒: '蒙'은 '입다(받는다, 당하다)'라는 뜻으로 동사가 이미 피동의 의미를 나타내고 있어서 흔히 피동문이 일종으로 보기도

---

69 問訊: ① 방문. ② 스승을 공경하여 안부를 묻는 행위. ③ 〔법을〕 문의하는 것. ④ 禪門에서의 법으로, 합장하고 머리를 숙여 윗사람에게 경의를 표함과 동시에 안부를 묻는 것. 지금은 간단하게 合掌低頭한다.

한다.

▪ 便恁麽去: (1) '便'은 ①선어록에서는 많은 경우 '곧, 즉시(卽)'로 해석된다. ②그러나 여기에서는 '편리한대로, 멋대로(隨便)'의 뜻으로 보아 "아무 생각도 없이 멋대로 그렇게 다니다"라고 해석하던지 ③또는 '민첩하게(靈便)'의 뜻으로 보아 "〔江西로 湖南으로〕 바쁘게도 그렇게 다니다"로 해석할 수 있다. (2) '恁麽'는 '그와 같이'라는 뜻이다.

評唱

無門曰 雲門이 **當時**에 **便與本分草料**[70]하여 **使洞山別有生機一路**런들 **家門**이 **不致寂寥**어늘

【한자】 料(되질할 료), 機(틀 기), 致(보낼 치), 寂(고요할 적), 寥(쓸쓸할 료)

무문이 말하였다. 운문은 당시에 곧장 〔본래의 모습(本分)으로 되돌아가게 하기 위하여 적절하게〕 지도하여 주어, 동산으로 하여금 특별히 한 무더기의 생명력을 갖추게 하고, 가문(선문)이 적요(쇠퇴)하지 않게 하였거늘

---

70 本分草料: 수행자를 인간 본래의 모습(本分)으로 되돌아가게 하기 위하여 선승이 수행자에게 주는 적절한 교훈·지도(草料)를 말한다. 예를 들면 棒喝. 수행자를 말이나 소에, 스승의 교훈을 飼料에 비유한 것. ※本分: ①태어나면서 佛性을 가지고 있다는 인간 본래의 모습. 미혹함이나 깨달음에 관계없는 절대적 경지. ②본래의 마음. 마음의 본성.

【문법해설】

- 使洞山別有生機一路: (1) '使'는 사역동사로 "동산으로 하여금 '別有生機一路'하게 시키다"라고 해석한다. (2) '生機'는 ① 생리기능 ② 생존의 희망 ③ 생명력, 활력 ④ 발전성, 전도, 장래성이 있는 것 등의 뜻이 있다. (3) '生機一路'에서 '一路'는 수량사로 해석한다. 고대한어에서는 원래 양사가 없어서 '一人'과 같이 표현했으나, 나중에 양사가 생기면서, 처음에는 '人一個'와 같이 명사의 뒤에 수량사를 썼으나, 현대한어에서는 '一個人'과 같이 수량사의 위치가 명사 앞으로 옮겨졌다. 아마 이곳에서는 중간 단계의 어순을 따르고 있는 것으로 보인다.
- 不致寂寥: '不致'는 '어떤 결과를 가져오지 않다, 정도에 이르지 않다'라는 뜻이다.

〔예문〕 事前做好準備, 就不致臨時手忙脚亂了(사전에 준비를 잘하면 그때 가서 허둥대지는 않을 것이다.)

一夜在是非海裡에서 **著倒**하고 **直待天明再來**하니 **又與他注破**하여 **洞山**이 **直下悟去**하나 **未是性燥**로다

【한자】 著(분명할 저), 倒(넘어질 도), 待(기다릴 대), 注(물 댈 주), 破(깨뜨릴 파), 燥(마를 조)

하룻밤 동안 〔동산이〕 시비의 바다에서 넘어져, 오직 새벽이 다시 오기를 기다렸으므로, 또 그에게 풀이하여 주었다. 〔그리하여〕 동산이 그 자리에서 깨달아버렸다고 하나, 아직 영리한 것은 아니로다.

【문법해설】

- 著倒: '著'은 많은 뜻이 있는데 이곳과 어울리는 것을 몇 가지 찾아보면 ①조기백화의 공문서에서 명령의 말투를 나타내는데 쓰여 '해라, 하시오'라고 해석되거나, ②사역동사 '教, 使'와 같이 '~을 시키다'라는 뜻이 되며, ③개사로 피동을 나타내기도 한다(被, 讓). 여기서는 ③의 뜻으로 해석하는 것이 가장 합당해 보인다.

〔예문〕 ①着卽施行(즉시 실행하시오.)

②我既爲了張郎婦, 又著我做李郎妻, 那裏取這般道理. 元石德玉『秋胡戲妻·第二折』(나는 이미 장랑의 아내가 되었는데, 또 나로 하여금 이랑의 처가 되게 하니, 어찌 이런 도리를 한단 말인가?)

③二馬才交, 顔聚便著李信一刀斬了, 喪命歸泉.『秦併六國平話·卷中』(두 마리의 말이 만나자, 안취가 곧 이신의 단칼에 베어져, 목숨을 잃게 되어 샘으로 돌아갔다.)

- 直待天明再來: (1) '直'은 부사로 '다만'이라는 뜻이 있다.

〔예문〕 直不百步耳.『孟子』(다만 백 걸음을 가지 않았을 뿐이다.)

(2) '天明'은 ①새벽, ②동틀 무렵, ③동이 트다 등의 뜻이 있다.

- 又與他注破: '注破'에서 '破'는 동사의 뒤에 쓰여 동작행위가 철저한 것을 나타낸다.
- 直下悟去: (1) '直下'는 부사로 쓰여 '즉시, 단도직입적으로'라는 뜻이 있다. (2) '去'는 동사 뒤에 붙어 그 동사가 말하는 사람에게서 반대편으로 진행되는 것을 나타내는 보어이다.
- 未是性燥: '性燥'라는 말의 뜻은 근거를 찾기가 힘들다. 따라서 '燥'는 '快速(빠르다)'이란 뜻이 있는 것을 참조하여, '性이 빠른 것'을 '영리한 것'으로 보아 해석하기로 한다.

〔예문〕 設使向聲前辨得, 截斷天下人舌頭, 亦未是性懆漢(설령 언어 이전에 분별하여 천하 사람들의 혀를 〔머리에 얹어〕 꼼짝 못하게 했다 해도 아직 영리한 놈은 아니다.)

且問諸人하노니 **洞山三頓棒**을 **合喫**가 **不合喫**가 **若道合喫**이라하면 **草木叢林**도 **皆合喫棒**이오 **若道不合喫**이라하면 **雲門**이 **又成誑語**로다 **向者裡明得**하면 **方與洞山出一口氣**하리라

【한자】 喫(마실 끽), 叢(모일 총), 誑(속일 광)

자, 여러분에게 묻노니, 동산의 삼돈봉은 당하는 것이(맞는 것이) 합당한가, 맞는 것이 합당하지 않는가? 만약 '맞는 것이 합당하다'고 말하면 초목총림도 모두 몽둥이를 맞는 것이 합당하고, 만약 '몽둥이를 맞는 것이 합당하지 않다'고 말하면 운문이 또 허튼 소리를 한 것이로다. 여기에서 알 수 있다면 바야흐로 동산에게 한차례 기(氣, 울분)를 토하게 하리라.

【문법해설】

- 合喫 不合喫: ①'喫'는 '〔~에게〕 ~당하다'라는 뜻이 있다. ②'合喫'를 '合契(서로 일치하다)'의 다른 書寫法으로 볼 수 있다면 그러한 해석도 적합하다.

  〔예문〕 ①吃人羞辱(남에게 치욕을 당하다.) / 吃經理一頓猛批(지배인으로부터 한바탕 호된 비판을 받다.)

▪ 向者裡明得: (1) '向者裡'는 현대한어의 '在這裡'와 같은 뜻이다. (2) '得'은 동사 뒤에서 가능보어로 쓰인다.

頌曰

獅子敎兒迷子訣하되 **擬前跳躑早翻身**이요 **無端再敍當頭著**하니 **前箭猶輕後箭深**이로다

【한자】 獅(사자 사), 迷(미혹할 미), 訣(이별할 결), 擬(헤아릴 의), 跳(뛸 도), 躑(머뭇거릴, 뛰어오를 척), 翻(날 번), 端(바를 단), 敍(차례 서), 箭(화살 전), 深(깊을 심)

사자가 새끼를 가르칠 때에는 새끼를 유혹하는 비결로 한다. 앞으로 뛰어 오르려는가 싶더니 어느새 몸을 뒤집는다. 끝없이(쉴 새 없이) 다시 설명하고서 임박하여 적중하니, 앞의 화살은 여전히 가벼우나 뒤의 화살은 깊[게 꽂혔]도다.

【문법해설】

▪ 擬前跳躑早翻身: (1) '擬'는 ①'계획하다' ②'~하려 하다', '~할 예정이다' ③'모방하다', ④'재다', '헤아리다' ⑤'비교하다' 등의 뜻이 있다. (2) '跳躑'은 ①위 아래로 도약하다 ②세월이 매우 빠른 것을 비유한다. [예문] ②光陰本跳躑, 功業勞苦辛. 唐元稹『遣興·詩之十』(세월은 본시 빠르고, 공업은 헛되이 수고롭도다.)

▪ 無端再敍當頭著: (1) '端'은 ①'바르다' ②'실마리', '발단' ③'근본' ④'오로지' 등의 뜻 외에도 ⑤'끝(가장자리, 限)'이라는 뜻이 있고, (2) '無端'은

①바르지 않는 것을 이르기 때문에 '이치에 맞지 않는 것' ②실마리가 없는 것이기 때문에 '발단이 없는 것', '내력이 없는 것' 등의 뜻이 있다. (3) '當頭'는 ①'直下'와 같이 '만나는 순간에, 그대로' ②'바로 정면에 부딪치다(임박하다)' ③'적합하다, 합치하다' ④'최초, 벽두' 등의 뜻이 있다. (4) '著'은 ①'교묘하게 적중하다' ②'적합하다, 가치가 있다' 등으로 해석한다. 여기서는 ①을 따른다.

▪ 前箭猶輕後箭深: '猶'는 ①'마치 ~과(와) 같다.' ②부사로 '아직, 여전히' 記憶猶新(기억이 아직 새롭다) ③'~조차, ~까지도' 등의 뜻이 있다. 여기서는 ②를 따른다.

〔예문〕 ③ 困獸猶鬪, 況怨敵乎(궁지에 처한 짐승조차도 발악하는데, 하물며 원한 맺힌 적을 대하여서야 어떠하랴?)

【講義】

이 공안은 동산이 운문 회상에게 공부하러 찾아갔다가 깨달음을 체득한 동기를 제시한 공안이다.

운문문언(雲門文偃, 864~949)은 중국 선종 5가7종 중 운문종雲門宗의 비조로 선종 역사상 위대한 선승이다.

동산수초(洞山守初, 910~990)는 "부처가 무엇이냐?"는 질문에 "마삼근麻三斤"이라고 한 공안으로 유명한 선승으로, 조동종曹洞宗을 창시한 동산양개(洞山良介, 807~869)와는 다른 인물이다.

이 공안은 『경덕전등록』 23권 '양주동산수초종혜대사襄州洞山守初宗慧大師'편 등의 여러 선적에 보인다.

동산은 제방의 선지식을 참문參問하면서 불법을 배우고 익히는 구도

求道 행각行脚을 하고 있었다.

어느 날 동산은 운문을 찾아가서 가르침을 구하자, 운문은 동산의 실력을 시험해 본다. "어디서 오는 길이냐?" "사도입니다." "하안거는 어디서 지냈느냐?" "보자사입니다." "언제 떠났느냐?" "8월 25일입니다."

선가에서는 이와 같이 문답으로써 공부가 얼마나 되었는지를 가늠해 보는 것이 예사이다. 그러나 동산은 안타깝게도 운문이 드리운 낚시를 물지 못했다. 운문은 세 번씩이나 기회를 주었는데도 딴소리만 하자, 참다못해 소리를 질렀다.

"이놈아! 내가 세 번 방망이질을 하려고 하였는데, 네놈은 때릴 가치도 없구나! 방망이질을 그만두겠다." 이것은 방망이로 깨우침을 줄 자격도 가치도 없다는 말이다.

이러한 말을 듣고 동산은 밤이 새도록 내가 그렇게 수행을 했는데도 아무런 가치가 없었단 말인가? 무엇이 잘못인가? 허물이 무엇인지? 더듬고 또 더듬었다.

실로 화두는 대신심(大信心, 大信根)을 발하고, 대분지大憤志를 내며, 대의단(大疑團, 大疑情)을 일으켜, 목마른 자가 물을 찾고, 배고픈 자가 밥을 찾으며, 굶주린 고양이가 쥐를 잡고, 닭이 알을 품듯이 간절하고 간단間斷 없이 궁구窮究하여야 하는 것이다. 어설프게 질문을 알아듣는 척하다가는 진리의 문은 닫혀버리고 만다.

다음날 아침, 동산은 운문에게 나아가 밤새도록 아무리 생각해보아도 자신이 무엇을 잘못했는지, 허물이 무엇인지를 모르겠으니 알려 달라고 조른다.

이에 운문은 "이 밥통아! 그런 꼴로 강서니, 호남이니 이곳저곳을 기웃거리고 돌아다녔느냐?" 이 말에 동산은 깨침의 눈이 열렸다고 한다.

운문 스님이 정말로 듣고 싶었던 대답은 "사도를 떠났다"거니 "보자사에서 하안거를 지냈다"느니 "8월 25일 떠나왔다"는 것들이 아니다. 하안거를 하는 동안 "마음에 헐떡거림이 사라져 과연 편안해졌는지?" "언제부터 그렇게 됐는지" 등을 알고자 하였던 것이다.

그런데 동산은 그런 공부에 대해서는 한마디도 없이, 곧이곧대로 대답한 것이다. 일반적으로는 통과할 수 있는 대답이지만 선禪의 입장에서는 어긋나도 한참 어긋난 대답이다.

불교에서는 과거불·현재불·미래불이라는 말을 많이 한다. 부처는 계시지 않은 곳이 없고 계시지 않을 때도 없거늘, 어찌 강서와 호남을, 운문과 동산을, 과거와 미래를 운운하는가? 이런 밥통들 같으니. 이곳을 떠나면 저곳으로 가고, 저곳을 떠나면 집으로 돌아가는 것이다. 어디로 간들, 그가 누구인들 불성을 벗어날 수 있고, 선기禪機를 벗어날 수 있겠는가?

다음은 무문 스님의 평을 풀어 보면, 운문은 먹기 싫다는 풀을 소에게 먹이려고 갖가지로 애를 썼으나, 워낙 동산이 무지하다 보니 그를 먹일 수 없었다는 것이다.

그래도 운문은 꼭 알맞은 먹이를 주어, 동산에게 특별히 생생한 기운이 감도는 수행의 한 길을 가도록 함으로써 그 가문이 쓸쓸하지 않도록 해주었다. 또한 밤새도록 동산을 시비의 바다 속으로 빠트려 놓더니, 다음날 동산이 운문의 처소에 다시 이르자 자세히 설명해

주었다.

그러므로 동산은 곧바로 깨달았다고 하지만 진짜 깨달은 것인가? 어쨌든 똑똑한 인물이라고는 할 수 없을 것이다.

이에 무문은 동산삼돈洞山三頓 공안을 보는 학인으로 하여금 의정을 일으키게 하려고 질문을 던진다.

"동산이 삼돈방을 맞아야 되는가, 아닌가? 만약 맞아야 된다고 하면 모든 초목 총림이 맞아야 될 것이요, 맞아서는 안 된다고 한다면 운문이 또한 미친 소리를 한 것이 될 것이다. 이 문제를 밝힌다면 동산과 같은 깨달음의 경지를 체득할 수 있을 것이다"라고 하였다.

무문의 송을 풀어보면, 사자가 새끼를 기를 때 새끼를 깊은 절벽 아래로 떨어뜨려 놓고, 어미를 찾아 바락바락 기를 쓰고 기어 올라오는 놈은 젖을 먹여 기른다고 한다.

이와 마찬가지로 운문도 제자를 가르치는 데 있어서 악독한 수단을 썼다는 것이다. 그런데 뜻밖에도 운문이 무심코 던진 두 번째 설법은 동산의 마음을 정통으로 명중시켰던 것이다.

첫 번째 화살은 "몽둥이를 그만두겠다"는 것이고, 두 번째 화살은 "이 밥통아!"라고 한 것인데, 이 두 번째 화살이 아주 깊이 박혔다고 노래하였다.

운문은 사자와 바둑, 그리고 화살의 비유를 들어 조화롭게 게송을 지은 것이다.

제16칙 종성칠조鐘聲七條

本則

雲門曰 世界恁麽廣闊이어늘 **因甚向鐘聲裡**에 **披七條**오

【한자】 恁(생각할, 이 같은 임), 麽(잘, 무엇, 어찌 마), 闊(트일 활), 甚(심할 심), 披(나눌, 옷을 입을 피), 條(가지 조)

운문이 말하기를 "세계가 이처럼 광활하거늘, 무엇 때문에 〔소리에 좌우되어〕 종이 울리는 시간이면 〔형식에 좌우되어〕 칠조七條〔의 가사〕를 입〔고 부산을 떠〕는가?" 하였다.

【문법해설】

- 世界恁麽廣闊: '恁麽'는 ① 이와 같이(這樣, 如此) ② 어떻게(怎麽樣) 등으로 해석된다. 여기서는 ①을 따른다.
- 因甚向鐘聲裡 披七條: (1) '因'은 ① 원인 ② 개사로 '~에 의거하여(依照, 根據)' ③ '~을 위하여(爲, 爲了)' 등의 뜻이 있고, '甚'은 ① 무엇(何,

什麽) ② 왜(爲什麽) 등의 뜻이 있으므로, '因甚'은 '무엇 때문에, 왜, 어째서'라고 해석할 수 있다. (2) '向鐘聲裡'에서 '向'은 ① 동작의 시간을 표시하여 마치 '至'와 같이 쓰이거나 ②'向者裡'에서와 같이 '在'와 같은 뜻으로 쓰인다. 여기에서는 ①을 따르면 '종이 울리는 시간이 되어서'라고 해석하고, ②를 따르면 '종이 울리는 시간에'라고 해석될 수 있다. (3) '條'는 현대한어에서 기다란 물건을 세는 데 쓰이는 양사이다. 즉 가사의 헝겊이 기다란 것을 생각해 보면 굳이 '條'를 쓴 이유를 알 수 있다.

評唱

無門曰 大凡參禪學道인댄 **切忌隨聲逐色**이니라 **縱使聞聲悟道**라고 **見色明心**이라도 **也是尋常**이라 **殊不知衲僧家**에 **騎聲蓋色**하여 **頭頭上明**하고 **著著上妙**로다

【한자】 切(끊을 절), 忌(꺼릴 기), 隨(따를 수), 逐(쫓을 축), 縱(늘어질 종), 尋(찾을 심), 殊(죽일 수), 衲(기울 납), 騎(말 탈 기), 蓋(덮을 개)

무문이 말하였다. 무릇 참선하여 도를 배우고자 할진댄, 성聲을 따르거나 색色을 쫓는 것을 절대로 피해야 하느니라. 설사 〔향엄처럼〕 소리를 듣고 도를 깨닫거나, 〔靈雲처럼〕 색을 보고 마음을 밝혔더라도, 또한 〔세속적인〕 보통〔의 일〕이다. '〔그렇지만 그렇게 소리를 듣고 도를 깨닫거나 색을 보고 마음을 밝힌 정도로 만족하는 사람은〕 〔누더기 옷을 입고 참선하는 선가의〕 납승들이 〔자기의 마음이 뜻하는 바대로

성색聲色에 끌려가지 아니하고 오히려〕 소리를 타고 색을 덮어, 〔만나는 하나하나의 중생들〕 모두가 밝게 되고, 〔하는 일 한 가지 한 가지가〕 모두 미묘하게 된다'는 것을 전혀 알지 못한다.

【문법해설】

- 無門曰: '曰'의 목적어는 다음 문단의 '……眼處聞聲方始親'까지이다.
- 大凡參禪學道: '大凡'은 '무릇'이라는 뜻이다.
- 切忌隨聲逐色: (1) '切忌'는 '극력 피하다, 극력 삼가다, 힘써 피하다'라는 뜻이다. (2) '隨聲逐色'은 주체성을 잃고 色聲香味觸法과 같은 경계에 따라 휘둘리는 것을 말한다.
- 縱使聞聲悟道: '縱使~(=縱~, 使~)'는 양보를 나타내는 連詞로 '설사'라고 해석한다.
- 也是尋常: (1) '也'는 고어의 '亦'에 해당한다. (2) '尋常'은 ① 형용사로 '평범하다, 예사롭다' ② 부사로 '항상, 언제나'라는 뜻이다.
- 殊不知衲僧家: (1) '殊不知'는 ①'전혀 모르다' ②'생각지도 않게, 의외로, 뜻밖에' 등의 뜻이 있으며, 여기서는 ①을 따르며, 그것의 목적어는 '衲僧家……著著上妙'이다.

  (2) '家'는 명사 뒤에 쓰여 동류의 사람을 나타낸다.

  〔예문〕 學生家(학생들) / 小孩子家別插嘴!(애들은 말참견하지 마라!)
- 騎聲蓋色: 주체성을 가지고 色聲香味觸法 등의 경계를 자유롭게 부리는 것을 말한다.
- 頭頭上明 著著上妙: (1) 현대한어에서 양사(일부 명사 포함)를 중첩하면 '하나하나의 모든'이라는 뜻이 된다. 예를 들면 '天天'(매일, 每天), '年年' 등이 그것이다. 흔히 '頭頭物物'을 '모든 종류의 여러 가지(가지가

지)'라고 해석하고, 어떤 이는 '事事物物'과 같은 뜻이라고 한다. 그러나 '頭頭'는 '衆生間의 모든 것'이라는 뜻이, '物物'은 '器世間의 모든 것'이란 뜻이 이미 그 말속에 내포되어 있는 것으로 생각되며, 엄밀한 의미에서 '事事物物'과는 그 뜻이 다르다고 본다. (2) '上'은 '일정한 정도나 수량에 이르다'라는 뜻이 있으므로 '頭頭가 明의 수준에 이르고, 著著이 妙의 수준에 이른다'는 뜻으로 해석한다. 즉 '騎聲蓋色'하면 만나는 상대방이나 하는 일들이, 다른 사람의 눈에는 좋지 않을지라도, '騎聲蓋色'할 수 있는 마음을 가진 사람은 '頭頭가 부처님과 같이 밝은 사람으로 보이고, 著著이 미묘한 일로 보인다'는 의미로 해석한다. (3) '著著'은 '하나하나, 한 걸음 한 걸음'이라는 뜻이다.

然雖如是나 **且道**하라 **聲來耳畔**인가 **耳往聲邊**인가 **直饒響寂雙忘**이라도 **到此如何話會**[71]오 **若將耳聽**하면 **應難會**니 **眼處聞聲方始親**하리라

【한자】 畔(두둑 반), 饒(넉넉할 요), 響(울림 향), 寂(고요할 적)

비록 이와 같으나 자, 말하여 보라! 소리가 귓전으로 오는 것인가? 귀가 소리 곁으로 가는 것인가? 설사 음향과 정적을 함께 잊어버리〔는 경지가 되〕더라도, 여기에 이르러서는 어떻게 이해하겠는가? 만약 귀를 가지고 듣는다면 마땅히 이해하기가 어려울 것이니, 그곳을 〔정법의〕 눈으로 보고 소리를 들어야 비로소 친근하리라.

---

71 話會: 공안을 이해하는 것.

【문법해설】

- 直饒響寂雙忘: '直饒'는 ①'설사 ~하더라도(卽使, 縱使)'라는 뜻으로 쓰이는 連詞로 가설과 양보를 나타내며, 흔히 '也', '還' 등의 부사와 함께 쓰인다. ②연사로 모종의 극단적인 상황을 나타내기도 한다.
〔예문〕 ①退之又退 直饒退到大洋海底 掇轉船頭 決欲又要向彼中撑上. 『禪要 9』(물러나고 물러나, 설사 대양의 해저까지 물러나더라도, 뱃머리를 가려〔잡아〕 돌려서 결정코 또 저 가운데에서 위로 배를 젓고자 한다.)
②卽使(直饒)看一眼也行(설령 단 한 번만 볼 수 있더라도 좋다.)
- 若將耳聽: '將'은 고어의 '以'와 같이 수단과 도구를 나타내는 전치사가 되어 '~로서'라고 해석한다.
- 眼處聞聲方始親: (1) '眼處聞聲'에서 '眼處'와 '聞聲'은 서로 對를 이루고 있으므로, '眼'과 '聞'은 각각 동사로 '處'와 '聲'은 그것의 목적어로 보고, '그곳을 눈으로 보고, 소리를 듣다'라고 해석한다. 만약 대부분의 다른 해석과 같이 '눈으로 소리를 듣다'라고 해석하려면 '以(將)眼聞聲'이라고 써야 옳을 것이며, 이러한 해석들은 모두 '處'의 의미를 살리지 못한 것이다.
(2) '方始'는 '方才', '方' 등과 같이 '겨우, ~해서야 비로소'라는 뜻이다.
〔예문〕 等到天黑, 他方才回來(어두워져서야 비로소 돌아왔다.)

頌曰

會則事同一家요 不會萬別千差며 不會事同一家요 會則萬別千差하리라

깨달으면 〔드러난 현상인 각각의〕 사事가 똑같이 하나요, 깨닫지 못하면 모든 것이 제각각이며, 깨닫지 못하여도 사事가 똑같이 하나요, 깨달아도 모든 것이 제각각이리라.

【문법해설】

▪ 會則事同一家: '事'는 아마도 일체법의 본질과 현상을 나타내는 말인 '理'와 '事'에서, '理'와 대비되는 '事'인 '현상'을 나타내는 것으로 본다.

【講義】

운문문언은 앞에서 중국 선종 5가7종 중 운문종의 비조로 선종 역사상 위대한 선승이라고 설명했다. 선 수행에서는 소리에 끌리고 형상에 집착하는 것을 단호히 피해야 한다는 것이다. 그래서 주객을 초월하여 어느 것에도 걸리지 않아야 한다는 가르침이다.

이 공안은 절에서 종소리가 나면 가사를 걸치고 법당으로 가서 예불을 드리는 것과 같이 규칙적인 생활을 하지만, 이렇게 타성에 젖어 있는 수행 자세를 타파하고 본분사本分事를 자각할 것을 제시한 공안이다.

절에서는 새벽에 기상하여 아침예불, 공양, 울력, 법문과 참선, 그리고 저녁이 되면 잠자리에 드는 등의 일과가 계속 반복될 뿐이니, 절 생활이 이와 같이 반복되다 보면 쉽게 익숙해지고, 결국 그 본래의 목표를 잊어버리기 쉽다.

운문은 지금 수행자들에게 이런 나태하고 안일한 생활을 깨우쳐 주고 있는 것이다.

그렇다. 외부의 규칙 생활보다 내면의 규제, 즉 내면적인 자기규제에 의해 자율적이고 자주적으로 사는 것이 진정한 깨달음의 삶이 될 것이다.

운문은 수행자가 남에게 끌려 다니는 타율적인 삶이 아니라, 스스로 당당하게 사는 사람, 그러면서도 세상과 갈등하지 않는 삶을 요구하고 있다.

여기에서는 도를 깨닫는다거나 부처를 만난다는 등 쓸데없이 말만 해서는 안 되고, 그렇다고 세상과 격리된 채 문을 걸어 잠그고 참선 수행만 해서도 안 된다는 사실을 알리고 있다.

무문이 말한다.

대개 참선 수행을 하며 불도를 닦은 사람들이 가장 주의해야 할 것은, 주위에서 일어나는 소리에 따르고, 모양을 좇는 등 경계에 집착하지 않아야 하는 것이라고 했다.

수행자가 소리와 모양에 끌려, 일상적인 습관에 젖어 있어서야 되겠는가? 일찍이 소리나 모양 등의 경계에 갇힌 철통을 타파하여 그 너머를 본 사람들이 있다.

향엄지한香嚴智閑은 우연히 대나무에 부딪친 자갈 소리를 듣고 눈을 떴으며, 영운지근靈雲志勤은 길가에 핀 복사꽃을 보고 귀가 열렸으며, 부처님도 새벽에 뜬 별을 보고 정각正覺을 성취했다.

선종에서는 정묵靜默, 무언無言, 공적空寂을 중시한다. 그러나 이런 것들은 매우 인위적인 의식으로 보고 있다. 그러므로 마지막에는 정묵, 무언, 공적조차도 모조리 던지라고 말한다. 무문 스님이 말한 '향적쌍망響寂雙忘'이 바로 이러한 것이다. 이는 순수한 공空이요, 이 공조차도 없는 공이어야 한다. 이러한 경지에 이르면 형상이니 언어니

하는 것들은 완전히 잊게 된다.

세상은 참으로 크다. 불법 또한 그러하다. 출가해서 종소리나 듣고 가사나 입으면서 일상적인 습관에 젖어 있다면 도를 깨닫기는 더욱 어려울 것이니, 어디로 가서 부처를 찾아야 한단 말인가?

무문이 송한다.

깨달으면 천지가 온통 한집이요, 깨닫지 못하면 천차만별이다. 깨닫지 못하여도 본래가 한집이요, 깨달아도 완연히 천차만별이라.

진리를 깨달으면 모든 것이 같다. 세상이든 절이든 침묵이든 종소리든 상관없이 모두가 같아, 우리는 이 속에서 불성을 찾을 수 있다.

진리를 깨닫지 못해도 모든 것이 같을 수 있다. 왜냐하면 우리는 여전히 세상을 돌아다닐 수 있고, 또 출가해서 종소리를 들을 수도 있으며, 계속하여 부처에게 쓸데없는 소리를 늘어놓을 수도 있기 때문이다.

제17칙 국사삼환國師三喚

本則

國師三喚侍者하니 **侍者三應**하다 **國師云**하되 **將謂吾辜負**[72]**汝**러니 **元來卻是汝辜負吾**로다

【한자】 辜(허물 고), 負(질 부)

〔혜충〕 국사가 시자를 3번 불렀더니, 시자는 3번 응답하였다. 국사가 말하기를 "바야흐로 막 내가 너를 저버렸다고 말하려 했더니, 원래 오히려 네가 나를 등진 것이로구나" 하였다.

【문법해설】

- 國師三喚侍者: '三喚'이라고 하였지만 결코 세 번만 부른 것은 아니며 여러 차례 불렀다는 의미이다. 중국인은 三이라는 숫자로 많은 것을

---

72 辜負(=孤負): 등을 돌림.

대신하기도 한다. 예를 들면 '衆'이라는 글자는 '태양 아래 세 명의 사람을 그린 것'으로 여기서 三은 많은 것을 대신하고 있으며, '又'는 본래 사람의 손을 그린 글자이나 손가락은 다섯 개를 그린 것이 아니고 세 개만을 그렸다.

▪ 將謂吾辜負汝 元來卻是汝辜負吾: '將'은 ① 부사로 행동이나 정황이 오래지 않아 발생되는 것을 나타내어 '就要, 將要(~하게 될 것이다)'라는 뜻으로 쓰인다. ② 부사로 쓰여 '~하고자 하다(欲, 打算)'라는 뜻으로 쓰인다. ③ 부사로 수량이 일정한 정도에 접근한 것을 나타내어 '將近(거의)'이라는 뜻으로 쓰인다. 여기서는 ②를 따라 해석한다. 혹자는 '將爲"는 '元來'와 호응하여 '이러이러하다고 생각했는데, 이건 뭐야. 그런 것이었는가'라는 어투를 나타낸다고 하였는데, 이때 '將爲'는 '將爲', '將作' 등으로 쓸 수 있어서 '잘못 생각하다'라는 뜻이라고도 한다.

〔예문〕 ②'汝能報殺父之仇, 我將歸死'(네가 아비를 죽인 원수에게 보답할 수 있으면, 내가 돌아가 죽겠다.)

▪ 元來卻是汝辜負吾: (1) '卻是'는 '오히려 ~이다'라는 뜻이다. (2) '吾'는 문장에서 주어나 한정어로 쓰이며 목적어로 쓰일 때는 부정문이다. 그러나 본 문장은 긍정문이면서도 '吾'를 목적어로 쓴 예외라고 할 수 있다.

評唱

無門曰 國師三喚하여 **舌頭墮地**한대 **侍者三應**하여 **和光吐出**[73]하니

---

73 和光同塵: ① 빛을 감추고 티끌 속에 섞여 있다는 뜻으로, 자기의 뛰어난 智德을 나타내지 않고 세속을 따름을 이르는 말. 老子의 『道德經』에 나오는 말이다. 줄여서 '和光'이라고 한다. ② 불교에서는 부처나 보살이 중생을 구제하기 위하여

【한자】 墮(떨어질 타)

무문이 말하였다. 국사가 세 번이나 〔시자를〕 불러 혀가 〔썩어〕 땅에 떨어졌는데(말을 지나치지 많이 했는데), 시자는 세 번을 대답하여 빛(본심, 근본)까지도 토해내니

【문법해설】

▪ 舌頭墮地: (1) '舌頭'에서 '頭'는 명사 뒤에 붙는 접미사이므로 '혀 머리'라고 해석하여서는 안 된다. (2) '舌頭落地'라고도 하며 '〔말을 많이 하여〕 혀가 〔썩어서〕 땅에 떨어지다', 즉 '말이 지나치다'라는 의미이다.

▪ 和光吐出: (1) '和光'은 원래 노자 『도덕경』의 '和其光, 同其塵'에서 온 말로, 불교에서는 부처나 보살이 중생을 구제하기 위하여 俗人과 인연을 맺는 일을 이른다. 이것은 부처나 보살이 갖가지 몸으로 현시하여 德光을 나타내고 모든 악인과 가깝게 지내 인연을 맺으나 악에 물들지 않는 것이다. (2) 또 '和'는 여러 가지 뜻이 있는데, 그중 이 문장과 가장 유사한 용법을 찾아보면 ① 개사로 '連'과 같은 뜻으로 쓰여 어떤 詞나 詞組를 강조하거나, ② 동사 앞에 쓰여 '~한〔인〕 채로'라고 해석될 수 있다. 따라서 여기서는 (2)-①을 따라 '빛(光)조차도(和) 토해내다(吐出)'라고 해석하는 것이 가장 합당하다고 생각된다.

〔예문〕 ① 大衆 旣是和自己颺了 又將甚麽 喫棒. 『禪要 1』(대중들아! 이미 자기조차 날려버렸는데, 또 무엇을 가지고 방망이를 맞겠는가?) / 崖來崖去 和遮省力處 亦不知有時不爭多也 但只看箇無字 莫管得不

俗人과 인연을 맺는 일. 갖가지 몸으로 현시하여 德光을 나타내고 모든 악인과 가깝게 지내 인연을 맺으나 악에 물들지 않는다.

得. 『書狀』(이리저리 〔본분심지의〕 가장자리 끝까지 〔참구하여〕 다잡으면, 이 힘들지 않은 곳조차도 또한 부지불식간에 많은 것(많이 얻을 것)을 다투지 않은 때가 있을 것이니, 단지 무자화두만 들지언정, 얻고 얻지 못하는 것은 관여하지 마십시오.)

② 和衣而臥(옷을 입은 채로 눕다.)

國師年老心孤하여 **按牛頭喫草**하니 **侍者未肯承當**[74]이라 **美食不中飽人飡**이로다

【한자】 孤(외로울 고), 按(누를 안), 喫(마실 끽), 承(받들 승), 飽(물릴 포), 飡(저녁밥 손)

국사가 연로하고 마음이 외로워, 소머리를 〔억지로〕 눌러서 풀을 먹이지만, 시자는 아직 기꺼이 받아들이지 않느니라. 〔이것은 아마도〕 맛있는 음식도 배부른 사람의 식사로는 맞지 않기 때문이로다.

【문법해설】

- 美食不中飽人飡: '食'는 명사이므로 '사'로 읽는다.

且道하라 **那裡是他辜負處**오 **國清才子貴**요 **家富小兒嬌**로다

---

74 承當: ①사물을 승낙하는 것. 수긍·合點·터득·진실을 그대로 받아들이는 것. ②스스로 터득하여 깨닫는 것. 다 깨닫는다는 뜻. ③어떤 일을 담당하다. 這般事件我承當, 不要你多說多言空著忙(이번 사건은 내가 담당할 터이니, 너는 말이 많아 공연히 조급해하지 말라.)

【한자】 辜(허물 고), 負(질 부), 嬌(아리따울 교)

자, 말하여 보아라! 어디가 그가 〔국사를〕 등진 곳인가? 나라가 조용하면(평화로우면) 재간꾼들이 〔지나치게〕 귀〔한 생활을〕 하고, 집안이 부유하면 어린아이가 어리광을 부린다.

【문법해설】

- 國清才子貴 家富小兒嬌: (1) '清'은 여기서는 '靜'과 같아 '조용하여 평화롭다'라는 의미로 해석한다. (2) '國清才子貴'와 '家富小兒嬌'는 짝을 이루므로 '나라가 평화로우면 재주 있는 사람이 높은 신분에 앉고~'라고 해석하여서는 안 된다.

頌曰

鐵枷無孔要人擔하니 累及兒孫不等閑이로다 欲得撐門幷拄戶인댄 更須赤脚上刀山하라

【한자】 鐵(쇠 철), 枷(도리깨, 칼 가), 孔(구멍 공), 擔(멜 담), 撐(버팀목 탱), 拄(떠받칠 주)

무쇠 목칼에 구멍이 없으나 사람으로 하여금 매도록 하니, 누累가 자손에까지 미쳐 대수롭게 여길 수가 없도다. 〔선종의〕 문호를 지키고자 하면 더욱이 맨발로 칼산(刀山劍水의 지옥)을 올라야 한다.

【문법해설】

- 鐵枷無孔要人擔: (1) '無'의 목적어(孔)를 수식하는 말(要人擔)은 그 목적어의 뒤에 온다. 혹자는 '鐵枷無孔'을 '구멍이 없는 무쇠 목칼'이라고 해석하지만 이때는 '無孔鐵枷'라는 어순이 옳다. (2) '要'는 '使, 讓, 叫'와 같이 '~에게 ~시키다'라는 뜻이 있다. 따라서 전체 문장은 ①'무쇠 목칼에 사람이 매도록(擔) 하는 구멍(孔)이 없으니'라고 해석하거나, ②'鐵枷無孔'과 '要人擔'로 나누어 '무쇠 목칼에 구멍이 없으나 사람으로 하여금 매도록 하니'라고 해석해야 한다. 여기서는 ②를 따른다.
- 欲得撐門并拄戶: (1) ①'得'을 '동사 뒤에 쓰여 가능을 나타내는 것'으로 해석하면 '〔선종의〕 문호를 지킬 것을 바랄 수 있으려면'이라고 해석되어 좀 어색하다.

  (2) '欲得'은 複音節詞로 ①'탐욕(貪得)' ②'하려고 하다(想要)' ③'반드시 ~하여야 한다, ~할 필요가 있다(須要)' 등의 뜻이 있다. 따라서 '欲得'을 (2)-②를 따라서 '欲待(欲要)'와 같이 '~하려 하다'로 해석한다.

  〔예문〕 ① 咎莫大於欲得. 『老子』(허물은 탐욕보다 큰 것은 없다.)

  ② 薛簡曰京城禪德 皆云 欲得會道 必須坐禪習定 若不因禪定 而得解脫者 未之有也. 『佛祖直指心體要節·慧能大師』(설간이 말하기를 "서울의 선덕들이 모두 말하기를 '도를 알 수 있고자 한다면 반드시 모름지기 좌선해서 정을 익혀야 될 것이니, 만약 선정으로 말미암지 않고도 해탈할 수 있다면, 〔그런 일은〕 있을 수 없다'고 합니다.)

  ③ 種禾豆, 欲得逼樹. 北魏賈思勰. 『齊民要術·種桑柘』(벼와 콩을 심으면 초목은 억제시켜야 한다.)

  (3) '撐門并拄戶'는 '撐拄門戶'의 다른 표현방식이다.
- 更須赤脚上刀山: '赤脚'은 '벗은 발, 맨발'이라는 뜻이다.

〔예문〕 赤裸裸(발가벗은, 적나라하다, 알몸이다.) / 赤子之心(어린애와 같이 순순한 마음)

【講義】

여기의 공안은 남양혜충南陽慧忠과 그 시자인 탐원응진耽源應眞의 이야기이다. 『경덕전등록』 제5권 '혜능의 제자인 서경西京 광택사光宅寺 혜충국사慧忠禪師'편에 나오며, 『오등회원』 등 다른 선적에서도 전하고 있다.

남양혜충은 청원행사靑原行思, 남악회양南嶽懷讓, 하택신회荷澤神會, 영가현각永嘉玄覺과 더불어 혜능慧能 문하의 5대 종장宗匠으로 꼽히고 있다. 여기서 말하는 국사는 당나라 혜충慧忠 국사(?~775년)를 가리킨다.

혜충은 월주越州 제기諸曁 염冉씨의 아들로, 선종 6조 혜능의 심인心印을 받고, 40여 년을 남양南陽 백애산白崖山 향엄사香嚴寺에서 수행하였다.

그는 혜능 문하의 가장 유명한 문도門徒 중 한 명이다. 그의 명성은 사해四海에 자자했으며, 행사行思, 회양懷讓 등의 고승과 더불어 선종 남종의 중심이 되었고, 조동종曹洞宗과 임제종臨濟宗의 원류가 바로 여기에서 시작된다.

그의 행적을 높이 평가했던 당 숙종肅宗은 상원上元 2년(761년) 내급사內給事 손조孫朝를 보내어 혜충을 입궐토록 하였고, 그에게 스승의 예우를 하였다. 이에 혜충은 나라와 백성을 다스리는 이치에 대해 왕에게 상주하였다. 이를 들은 숙종은 깊은 감명을 받고, 그를 천불사千佛寺에 머물도록 하면서 국사에 봉하였다.

여기서 시자는 탐원응진 스님을 말한다. 탐원의 전기는 잘 알려지지 않고 있으나 『오등회원』, 『벽암록』 등에 국사의 시자로 전하고 있으며, 이미 깨달음의 경지를 체득한 인물이라 하였다. 대만 불광출판사에서 간행한 『성운설게星雲說偈』에는 다음과 같이 기술되어 있다.

> 혜충 국사는 어느 날 그를 삼십 년간 보필해 준 시자侍子에게 고마움을 전하기 위해 그를 불렀다. 시자가 말했다. "국사님, 뭐 필요하신 거라도 있으십니까?" 국사가 말했다. "없다." 잠시 후 그가 다시 시자를 불렀다. 또 방금과 같은 문답이 한차례 오갔다. 마지막에는 국사가 돌연 입을 열었다. "불조佛祖여! 불조여!" 시자가 깜짝 놀라며 말했다. "국사님, 방금 누구를 부르신 겁니까?" 국사가 말했다. "너를 불렀다." 시자가 말했다. "전 불조가 아닌데요." 국사는 탄식하며 말했다. "나중에 널 저버렸다고 날 탓하지 마라. 사실 네가 날 저버린 것이니." 시자가 대답했다. "국사님, 제가 국사님을 저버릴 일은 영원히 없을 겁니다." 국사가 말했다. "넌 이미 날 저버렸느니라!"

이 공안의 이해를 돕기 위하여 잠깐 소개해 본다.

국사삼환은 국사가 세 번 부르니, 시자가 세 번 "예! 예!" 하고 대답했고, 국사는 "내가 아무 일도 없는데 쓸데없이 상좌를 세 번씩이나 불러댔으니 이렇게 실없는 짓을 하였다. 그래서 내가 너를 배반하는 줄 알았더니 도리어 네가 나를 배반하는구나"라고 하였다.

시자가 건성으로 "예! 예!"라고 대답한 것을, 국사는 자신이 불법을 잘못 가르쳐서, 시자가 나의 뜻을 등지고 외면한 것이 아닌가라고 생각했었는데, 그것이 아니고 이제 보니 시자가 "예! 예!"라고 건성으로 대답하였던 것은 시자 자신이 불법을 체득하여, 스승의 간절한 마음도 필요 없기 때문인 것을 이제야 알게 되었다는 것이다.

시자는 자신의 깨달음에 보임補任을 하고 있었기 때문에, 국사의 자비심을 살펴 받아들일 여유가 없었다는 것이다.

이 화두에 있어서 의단疑團을 일으켜야 할 초점은, 국사가 세 번 부르니, 시자는 세 번을 답한 것이 '왜 잘못인가? 어디에 잘못이 있는가?' 하는 데에 있다.

부르고 대답하는 일에 무슨 잘못이 있는가? 그럼에도 불구하고 혜충은 잘못이라고 탓한다. 이 무슨 소린가? 어떻게든 이 의심을 요리해 보라고 권유한다.

무문의 말을 들어 보자.

무문은 국사가 시자를 세 번 부른 것을 평해서 "한 번 불러도 충분할 것을 세 번이나 불렀으니 얼마나 친절하냐. 혀도 녹아 땅에 떨어질 지경이다"라고 평하며, 은근히 제자를 사랑하고 찬탄하는 마음을 드러내고 있다.

국사는 늘그막에 혼자 외롭고 고적한 나머지, 시자가 빨리 눈을 뜨면 편안한 마음으로 뒷날을 맡기고 싶었을 것이다. 시간만 나면 시자인 탐원응진을 불러서 가르쳤다. 얼마나 자상하게 가르쳤는지 혓바닥이 다 닳을 지경이었다.

국사는 시자를 이끌고 선의 여물을 먹이려고 머리를 눌러댔지만, 시자는 전혀 먹을 기색을 보이지 않았다. 아무리 맛난 음식이어도 배가 고파야 생각이 동動하는 법이다. 무문은 국사가 시자에게 진리에의 허기를 느끼게 해주지 않았다는 것을 은근히 나무란다.

우격다짐으로 풀을 먹이려 하니 되겠느냐는 것이다. 무문의 입장에서는, 국사와 시자의 경우 선문이 기울고 있는 모습을 걱정하고 있다. 무문은 "나라가 태평스러워 재주 있는 사람이 존경받고, 가정이 부유하여 어린애가 버릇이 없다"라고 한 『명심보감』 태공망太公望의 말을 인용하여 "나라가 평화로울 때는 재주 있는 사람이 높은 자리에 올라 도도하게 굴며, 웬만한 관직은 거들떠보지도 않고, 부잣집 아이들은 어지간한 물건에는 눈도 주지 않으니, 이미 경지에 올라 부족한 것이 없는 시자에게 억지로 풀을 먹이려 한들 먹을 리가 없다"고 비유를 들어 말한다.

또 무문은 노래를 한다.

선문의 종지를 세우려면, 강과 산에 모두 칼이 세워진 지옥인 검수도산(劍水刀山, 刀山劍水)에 맨발로 올라가 수행하는 정신이 있어야 한다고 주장한 것이다. 즉 불조의 자손으로서 선문을 바로 세우려면 맨발로 검수도산에 오르는 기백으로 어떠한 고난이라도 참고 견디는 정신으로 수행하지 않으면 안 된다는 것이다.

국사가 시자를 세 번이나 부른 것이 쇠사슬에 구멍 없이 죄인의 목을 걸자는 것과 다름없는 수작이었고, 후대까지도 누를 끼치게 되었다고 나무란다.

선문의 본분을 발휘하려면 맨발로 칼날 위에 설 수 있는 대신심大信心과 대용기(大勇氣, 大憤志)와 대의단(大疑團, 大疑情)을 일으키는 그러한 결심이 없으면 안 된다는 것이다.

제18칙 동산삼근洞山三斤

本則

洞山和尙이 **因 僧問**하되 **如何是佛**이니꼬 **山云**하되 **麻三斤**이라하니

동산 화상이, [어느] 스님이 묻기를 "무엇이 부처입니까?" 하였으므로, 동산이 말하기를 "마삼근이다"라고 하니

評唱

無門曰 洞山老人이 **參得些蚌蛤禪**[75]하여 **纔開兩片**하고 **露出肝腸**이로다 **然雖如是**나 **且道**하라 **向甚處**에서 **見洞山**고

【한자】 蚌(방합 방), 蛤(대합조개 합), 纔(겨우 재), 露(이슬 로), 肝(간 간), 腸(창자 장)

---

75 蚌蛤禪: 무문 화상이 만든 말로 조개가 입을 열면 속살이 다 드러나 보이는 것을 비유한 것이다. 즉 '麻三斤'이라는 한마디로 자기의 간장을 노출해 보이는 선풍을 말한다고 한다.

무문이 말하기를 "동산 노인이 사소한 방합선에 참례할 수 있어서, 비로소 두 편〔의 껍데기〕를(두 입) 열고 뱃속을 노출하였다. 비록 이와 같으나 자아, 말하여 보아라! 어디에서 동산〔의 뜻〕을 보는가?"라고 하였다.

【문법해설】

- 參得些蚌蛤禪: '參得'에서 '得'은 가능을 나타내는 조사이다.
- 纔開兩片 露出肝腸: '纔'는 부사로 사용되어 ①'〔어느 시점, 조건, 상황에〕 이르러서야 비로소' ②〔수량이나 능력이 부족하여〕 '겨우, 근근이' ③강조를 표시하여 '참으로' ④〔주어를 강조하여〕 ~이야말로' 등의 뜻이 있다. 여기서는 임의로 ①을 따라 해석한다. 혹자는 '~하자마자'라는 뜻으로 보고 '조개의 두 껍데기를 열자마자 조개 뱃속을 끄집어내었다'라고 해석하고 있으나, 그 해석에 맞는 어순은 '開兩片 纔露出肝腸'이어야 한다. 한문은 똑같은 詞나 詞組를 나열한다고 같은 뜻이 되는 것은 아니다. 반드시 대응하는 통사구조가 있다. 예를 들면 '我愛你'와 '你我愛'는 같은 문장이 아니다.
- 向甚處見洞山: '向甚處'는 '向'은 장소로 '~에서', '甚處'는 의문사이므로 '어디에서'라고 해석된다.

頌曰

突出麻三斤이여 **言親意更親**이라 **來說是非者**가 **便是是非人**이니라

【한자】 突(갑자기 돌)

갑자기 드러낸 마삼근〔으로 말할 것 같으면〕! 말도 친절하지만 뜻은 더욱 친절하니라. 〔적극적으로〕 시비를 말하는 자가 곧 시비인(시비에 걸린 사람)이니라.

【문법해설】

- 來說是非者 便是是非人: '來'는 동사 앞에 쓰여 어떤 일을 하고자 하는 적극성이나 상대방에게 어떤 일을 하게 하는 어감을 나타낸다. 따라서 '적극적으로 시비를 말하는 자'라는 의미이지, 결코 '쫓아와서 시비를 말하는 자'라고 해석하지 않는다.
- 便是是非人: '便是'는 '곧 ~이다'라는 뜻이다.

【講義】

동산수초洞山守初에 대해서는 무문관 15칙 '동산삼돈洞山三頓'에 언급되어 있다.

이 공안은 『경덕전등록』 22권 '수주쌍천산명교대사隨州雙泉山明教大師'장에 나오고, 이 외에 『오등회원』, 『고존숙어록』, 『벽암록』 등에 수록되어 어구는 달라도 한 가지 내용을 담고 있다.

어느 날 동산수초가 삼(麻)을 손질하고 있었는데 한 스님이 와서 "어떤 것이 부처입니까?" 즉 "부처님께서 깨치신 도리가 어떤 것입니까?" 하고 물으니, 동산은 "마삼근麻三斤"이라고 세 마디로 대답하였다.

동산은 선의 물음에 풍자로 답한 것이 틀림없다.

끝없는 불법의 세계에서, 그렇게 많은 불경을 사람들마다 다르게 해석하는 상황에서, 어떻게 그 짧은 대화를 통해 일일이 해석할 수 있었겠는가? 해석할 수 없는 바에야 차라리 '마삼근'이란 세 글자로 대답하는 것이 나왔으리라.

문자학적으로 옳은 설명은 아니지만, 혹자는 선禪이란 글자는 보일 시示변에 홑 단單자로 되어 있으니, 복잡하게 보지 않고 단순하게 보는 것이 선이라 하였듯이, 집안 가득 물건이 많아지면 숨이 막히는 법이고, 마음 가득 생각이 많아지면 혼란스러운 법이다.

선종은 다른 종파와 달리 문답하는 것이 특색이다. 그런데 문답이라야 보통 일문일답으로 끝낸다. 이 공안은 최소한의 표현 수단으로 최대한의 선지를 드러내고 있다고 볼 수 있다.

'마삼근'이란 한 뭉치 마사麻絲의 무게로, 당시 세 근이 가사 한 벌(승복)의 재료였다고 한다.

그때는 마포로 가사나 승복을 만들어 입었다. 즉 "부처란 무엇인가?"라는 질문에 "세 근의 마사로 만든 가사(승복)를 걸친 한 사람의 스님"이라고 대답한 것이기 때문에, 어쩌면 "그대가 바로 부처일세!"라는 뜻이라고 할 수 있다.

부처는 밖에서 찾아도 찾을 수 없고 얻을 수도 없으며, 또한 부처란 어떤 형태가 있는 존재도 아니다. 결국 '부처란 자기 자신에게서 체득해야 하는 것'이라고 동산은 친절하게 가르치고 있는 것이다.

무문의 이야기를 음미해 보자

동산의 대합조개선(방합선)이란 어떤 특별한 선을 말하는 것이 아니다. 조개가 껍질을 닫고 있다가 입을 벌리면 그 속의 살이 모두 드러나는 것처럼, '마삼근'이라고 대답한 것이 바로 조개가 입을 연 것처럼 학인에게 그대로 열어 보여주었고, 간장肝腸을 다 드러내 보여주었다는 것이다.

무문은 동산이 '마삼근'이라고 대답한 것은, 무슨 까닭이 있을 것이다. 그 까닭이 무엇인지를 빨리 알아내라고 독촉한다.

무문의 게송은 더욱 날카로워진다.

갑자기 들이댄 "마삼근으로 말할 것 같으면 말도 친절하지만 뜻은 더욱 친절하니라"라고 한 것은, '말도 마삼근과 하나 되고 그 뜻도 마삼근과 하나 되어, 온몸이 마삼근 그 자체가 되어 그 속에 자기는 없다'는 것을 나타낸 것이다.

시비를 하는 사람이야말로 '시비하는 자'라고 한 것은, 시비하는 자는 언제나 옳으니 그르니 말이 많지만 마삼근에는 아무런 영향을 주지 않는다는 것이다. 마삼근 자체에는 시비가 없다. 사람이 시비를 걸어서 다툴 뿐이다.

"무엇이 부처입니까?"라고 묻는다고 구구절절 대답하게 되면, 그는 도리어 사견邪見을 낼 것이다. 만일 대답하지 않는다면, 진리를 구하려는 그의 마음을 저버리는 것이 될 것이다. 그러니 차라리 그에게 "생각해 보라"고 하는 편이 나을 수도 있다.

제19칙 평상시도平常是道

本則

南泉이 因 趙州問하되 如何是道니꼬 泉云하되 平常心이 是道니라 州云하되 還可趣向否이까 泉云하되 擬向旣乖하니라 州云하되 不擬 爭知是道이리까 泉云하되 道不屬知하고 不屬不知하니 知는 是妄覺이요 不知는 是無記라 若眞達不疑之道하면 猶如太虛 廓然洞豁하리니 豈可强是非也리요 州於言下에 頓悟하다

【한자】 擬(헤아릴 의), 屬(엮을 속, 이을 촉), 廓(둘레 곽, 클 확), 洞(골 동, 밝을 통), 豁(뚫린 골 활)

남전은, 조주가 묻기를 "무엇이 도입니까?" 하였기 때문에, 전泉이 말하기를 "평등하고 항상한 마음이 도이니라" 하였다. 주州가 말하기를 "또한 〔뜻을 세워 그것을〕 향하여 갈 만합니까?" 하니, 전泉이 말하되 "〔무엇인가에 집착하여〕 헤아려 향하고자 하면 곧 어긋나느니라" 하였

다. 주州가 말하되 "헤아려 〔向〕하고자 하지 않으면 〔이것이〕 도인 것을 어찌 알겠습니까?" 하니, 전泉이 말하되 "도는 지知에 속하는 것도 아니고, 부지不知에 속하는 것도 아니니, 지는 〔알지 못하는 것을 안다고 생각하는〕 망각妄覺이요, 부지는 〔마음에 의식함이 없는 백지와 같은〕 무기無記라. 만약 의심할 바 없는 도를 진실로 요달한다면 마치 태허가 확연하게 탁 트인 것과 같으리니, 어찌 〔그 의심할 바 없는 도가〕 억지로 시비를 가릴 수 있겠는가?" 하였다. 주州는 그 자리에서 곧장 깨달았다.

【문법해설】

- 平常心: '평상심'은 '일상적인 마음'이라고 단순히 해석할 수는 없다고 본다. 조주(778~897) 스님이 '평상심'이라는 단어를 쓸 때의 그 '평상'이라는 단어의 의미가 과연 오늘날 사용되는 '일상적인'이라는 의미였을까? 현대한어의 複音節詞는 일본제 한자가 상당히 많다. 따라서 '평상심'이라는 단어는 서양문물이 일본을 거쳐 중국에 수입된 후 형성된 것일 수도 있다(정확한 근거를 제시하기 위해 연구해 보아야 하겠지만……), 그렇다면 마땅히 '平'은 '平等'으로, '常'은 '恒常'으로 해석되어야 한다고 본다.
- 還可趣向否: (1) '還'은 ① 동작이나 상태가 지속되는 것을 나타내어 '아직, 여전히' ② '더욱' ③ 수량·항목이 증가하거나 범위가 확대되는 것을 나타내어 '또, 더' ④ '~뿐만 아니라 ~도' ⑤ '그런대로, 꽤, 비교적' ⑥ 반문의 어기를 나타내어 '조차, 까지도' ⑦ '일찍이, 벌써' ⑧ 어기를 강하게 하여 '역시, 과연'이라는 뜻 등이 있고, ⑨ 의외의 의미를 지닌 부사나 '眞' 등과 같은 부사를 수반하여 의외라는 어감을 두드러지게

한다. (2) '可'는 많은 뜻이 있는데, 이곳에서는 ①'~할 수 있다' ②'~할 만하다'로 해석될 수 있을 것이다. 단 ①로 해석될 때는 주어가 '~할 수 있는 대상'이 된다. (3) '趣向'은 뜻을 가지고 나아가다(志趣, 志向)라는 뜻이다.

- 不擬 爭知是道: (1) '爭'은 '어찌 ~이겠는가(怎)'라는 뜻으로 반문을 나타내어 '~아닌 것'을 강조한다. (2) '不擬 爭知是道'는 '不擬向 爭知這是道'에서 '向'과 '這'가 생략된 것으로 본다. '是'는 이것 자체가 '이것'이라는 지시대사가 될 수 있으나, 후에 繫詞가 되었으므로 '這'가 생략된 것으로 본다.
- 無記: 差別을 두지 않는다는 뜻으로, 선도 아니고 악도 아닌 성질을 이르는 말. 스토아 철학에서 현인의 철학적 생활 태도를 반영하는 개념이다.
- 若眞達不疑之道: '疑'는 『조당집』을 참고하여 '擬'를 쓰기도 하는데, '擬'는 ①'기초하다, 계획하다' ②'~하려 하다, ~할 예정이다' ③'모방하다' ④'재다, 헤아리다, 추측하다' ⑤'비교하다, 견주다' 등의 뜻이 있으므로, 이때는 '만약 진실로 계획하지 않은 道(길)에 도달했다면'이라고 해석하는 것이 좋을 것 같다.
- 豈可强是非也: (1) ①'豈可'는 '어찌 ~인가, 어찌(감히) ~할 수 있는가'라고 해석될 수 있다. 이것을 따라 해석하면 "만약 〔어떤 사람이〕 진실로 '의심할 바 없는 도'를 요달한다면 〔그 사람의 마음은〕 마치 태허가 확연하게 탁 트인 것과 같으리니, 어찌 억지로 시비를 가릴 수 있겠는가?"라고 해석하고, ② 만약 '豈可'를 각각 '豈'와 '可'로 나누어 해석한다면, '豈'는 '어찌 ~인가'로 해석하고, '可'는 '주어가 ~할 수 있는 바의 대상인 것'을 나타낸다고 할 수 있다. 여기서는 ②를 따라 해석한다. (2) '强是非'

에서 '强'은 동사 '是非(시비를 가리다)'를 꾸미는 부사라고 할 수 있다.

評唱

無門曰 南泉이 **被趙州發問**하여 **直得瓦解冰消**할새 **分疏不下**로다 **趙州縱饒悟去**라도 **更參三十年始得**하리라

【한자】 冰(얼음 빙), 消(사라질 소), 疏(트일 소), 縱(늘어질 종), 饒(넉넉할 요)

무문이 말하기를 "남전은 조주에게 질문을 당하여, 기와와 같이 부서지고 얼음과 같이 녹아서 해명할 수 없게 되었도다. 조주가 설사 깨닫게 되었더라도, 다시 30년을 참하여야 비로소 괜찮으리라(參하여야만 하리라)" 하였다.

【문법해설】

- 被趙州發問: '被'는 제11칙의 '爭奈趙州卻被二庵主勘破'에서 설명한 바와 같이 피동문을 나타내는 표지이다.
- 直得瓦解冰消: (1) '直得'은 ① 동사로 '〔어떤 시간이나 단계에 이를 때까지〕 계속(줄곧) 기다리다(=直待)', 주로 시간을 가리켜 '쭉 ~에 이르다(=直到)'라는 뜻이다. ②'直得'은 '致得(=致使, 以致)'의 가차라고 한다. 즉 '由于~致使'와 같은 뜻으로 '~하여 ~이 되다, ~한 탓으로 ~이 되다'라는 뜻이다. 사실 이것은 ①의 뜻에 원인 설명된 경우이므로 ①과 크게 다르지 않으며, 주로 부정적인 결과에 도달한 것을 나타낸다고 할 것이다. 이때 '直得'와 '致得'는 각각 그 발음기호를 한어병음으로 적으면 /zhí dé/와 /zhì dé/이 되어 비록 성조는 다르나 성모와 운모가

동일한 것을 볼 수 있다. ③連詞로 '오직 ~해야만 〔~하다〕'라는 뜻으로 유일한 조건을 표시한다. 이것은 이어지는 구절에 주로 '才'·'方' 등의 부사를 써서 호응한다(=只有, 必須). ④동사로 '〔값에〕 상응하다', '〔값이〕 ~할 만하다'라는 뜻이다. ⑤동사로 '~할 가치가 있다', '~할 만하다(=値得)'라는 뜻으로, 이렇게 하면 좋은 결과가 있을 것임을 가리킨다. 여기에서는 ①②③의 해석이 모두 가능하다고 하겠다.

〔예문〕 ①主 直得遍体通身汗流 歸寺 謂衆曰我一生功夫 將謂無人過得 今日 被馬祖 一問 平生功夫 氷釋而已. 『佛祖直指心體要節』(좌주가 온몸에 땀이 흘러내리는 것에 이르러, 절에 돌아가 대중에게 말하기를 "나의 일생 동안의 공부는 〔나를〕 넘어설 수 있는 사람이 없을 것이라고 말하려고 했더니, 오늘 마조가 한 번 묻는 것을 당하여 얼음이 녹듯이 녹아 버렸다.")

②至第六日 不期 觸發仰山老和尙 所中之毒 直得魂飛魄散 絶後再蘇. 『禪要 2』(엿새 째 되는 날, 기대하지도 않았는데 앙산 노화상께서 〔과녁을 맞추듯〕 적중해 주신 독이 촉발되어, 줄곧 혼비백산하기에 이르러서야 죽었다가 다시 살아났다.)

③到者裏 直得無言可對 無理可伸. 『禪要 28』(여기에 이르러, 대답할 수 있는 말이 없을 수밖에 없었고, 펼칠 수 있는 이치가 없을 수밖에 없었습니다.)

⑤向都司道: "爲一女子, 直得如此著急?" 『二刻拍案驚奇』(도사에게 말하기를 "한 여자 때문에 이와 같이 조급할 필요가 있느냐?"라고 했다.)

(2) '瓦解冰消'에서 '瓦'와 '冰'은 각각 동사 '解'와 '消'를 꾸미는 부사로 해석하는 것이, 동사 '解'와 '消'를 행하는 주체자로 해석하는 것보다 자연스럽다고 본다.

- 分疏不下: '分疏(分踈)'는 '(자신이) 변명하다, 해명하다, 결백을 주장하다(辯白, 訴說)'라는 뜻이 있으며, '分疏不下'은 '分疏得下'라는 가능보어의 부정형이라고 할 수 있다.
- 趙州縱饒悟去: (1) '縱饒(縱, 饒, 縱使, 縱然)'는 '설사 ~일지(하더)라도'라는 뜻이다. (2) '去'는 동사의 뒤에 쓰여 ① 동작이 말하는 사람으로부터 멀어진 것을 나타내거나 ② 동작의 지속을 나타낸다. 여기서는 ②가 더욱 합당하다고 할 것이다. 따라서 여기에서는 ②의 의미를 두드러지게 하기 위하여, '조주가 설사 깨달았더라도'라고 해석하지 않고 '조주가 설사 깨닫게 되었더라도'라고 해석하여 계속 진행되는 의미를 부가시킨다.
- 更參三十年始得: 제4칙의 '直須親見一回始得'에서 '直須~始得'은 '끝내 ~해야 비로소 괜찮다(~하지 않으면 안 된다)'라는 뜻으로 현대한어의 '必須~才好'와 흡사하다고 설명한 것을 참조한다. 따라서 '得'을 절대로 '얻다'라고 해석해서는 안 된다.

頌曰

春有百花秋有月하고 夏有涼風冬有雪하니 若無閑事挂[76]心頭하면 便是人間好時節이니라

봄에는 백화가 만발하고, 가을에는 달이 있네. 여름에는 서늘한 바람이 불고, 겨울에는 눈이 내리네. 만약 마음에 걸어둔 쓸데없는 일들이 없으면 〔그것이〕 바로 인간세계의 좋은 시절이니라.

---

76 挂: 掛와 같은 글자.

【문법해설】

- 若無閑事挂心頭: (1) 有無동사의 목적어를 꾸미는 한정어(挂心頭)는 목적어의 뒤에 온다. (2) '心頭'에서 '頭'는 접미사이다. 따라서 '마음과 머리' 등으로 해석해서는 안 된다.

【講義】

이 공안은 『조당집』 권18 '조주화상趙州和尙'과 『고존숙어록古尊宿語錄』 권13 '조주진제선사어록병행장趙州眞際禪師語錄幷行狀' 권상, 그리고 『경덕전등록』 권10 '조주관음원종심선사趙州東院從諗禪師'에 같은 내용이 기록되어 있다.

무문은 이들을 인용해서 본칙 문장을 만든 것으로 생각된다. 왜냐하면 조주는 세속 나이 60세가 되어서 스님이 되었다고 하는데, 이 공안의 내용이 어린 사미시절 이야기로 꾸며져 있기 때문이다.

"평상심이 도이다"란 말은 『마조도일선사어록馬祖道一禪師語錄』에 처음 보이며, 이 말은 마조馬祖→남전南泉→조주趙州로 이어지는 법문이다.

『경덕전등록』 권28에 있는 마조 스님의 말을 들어보자.

평상심은 조작이 없고, 시비가 없고, 취사가 없고, 단상이 없고, 범凡도 성聖도 없다는 것을 말한다. 『경』에 말하기를, 범부행이 아니고 현성행이 아닌 것이 보살행이다. 단지 지금의 행주좌와하는 행위와 근기에 따라 중생을 응접하는 모든 것이 도이다. 도는 곧 법계이며, 나아가서 항하사와 같은 묘용은 법계에서 나오지 않는다. 만약 그렇지 않다면, 어떻게 심지법문을 말하며, 어떻게 무진등을 말하겠는가? 일체법이 모두 심법이며, 일체명이 모두 심명心名이고, 만법은 모두 마음에서 생기니, 마음은 만법의 근본이다.(謂平常心無造作無是非無取捨無斷常無凡無聖. 經云, 非凡夫行非賢聖行是菩薩行. 只如今行住坐臥應機接物盡是道. 道卽是法界, 乃至河沙妙用不出法界. 若不然者云何言心地法門, 云何言無盡燈. 一切法皆是心法, 一切名皆是心名, 萬法皆從心生. 心爲萬法之根本.)

'조작하는 것이 없다'는 것은 극히 자연주의이다. 그렇다고 이것이 '시비가 없다'거나, '선악이 없다'거나, '그럭저럭 지낸다'거나, '못 본 체 한다'거나 '어지럽힌다'거나 하는 것들을 의미하지는 않는다. 진정한 '평상심'이라 함은 근원적인 우리들의 청정한 본래의 마음, 곧 청정심淸淨心·진여자성眞如自性·불성을 가리킨다. 이러한 청정심이 우리들의 본래심本來心이라는 것을 자각하는 그 깨달음의 마음이 불도佛道라는 것이다.

다시 말하면 우리 보통사람들의 번뇌·망념이 일어나기 전의, 인간이 본래부터 가지고 있던 청정한 본래심이 바로 불도란 것이다.

우리는 진리를 깨닫기 위하여 수행한다. 간경, 좌선, 염불, 그리고 불보살님의 명호나 진언眞言을 일념으로 염송하는 주력 등을 하고, 이것을 통하여 불도를 얻으려고 한다.

그런데 평상심이 도라는 남전 스님의 말은 이러한 것들을 부정하는 것이다. 이에 확신이 서지 않는 조주는 평상심이 도라고 한다면, 먹고 자고 옷을 입고 말하는 등의 모든 것이 도라는 말인데, 그렇다면

"어떻게 수행할 수 있을까?" 또 평상심이 도(진리)라면 "어떻게 그곳에 갈 수 있을까?" 하고 반문하자, 이에 남전은 "그곳을 향해 헤아리려고 하면 이미 어긋난다"라고 말하였다.

선가에서는 바퀴의 축처럼 방향이란 게 있을 수 없다. 어떠한 방향이든 상대적이기 때문이다. 만약에 방향이 있다고 한다면 치우치게 되는 것이다.

이 공안의 핵심은 남전의 말에 있다.

"도는 지知에 속하지도 부지不知에 속하지도 않는다. 지는 망각이요. 부지는 무기無記이다. 진정으로 의혹됨이 없는 도에 이른다는 것은 태허太虛가 확연히 열리는 것과 같은 것이니, 어찌 시비是非를 따지겠는가."

여기에서 말하는 지知에 속하지 않는다고 하는 지는 지식을 가리킨다. 지식은 사량분별思量分別, 즉 높거나 낮고, 길거나 짧으며, 맵거나 달고, 쓰거나 짠 것 등을 차별하는 것이며, 선에서는 이러한 차별은 발톱에 낀 때만큼도 그 가치를 인정하지 않는다.

부지不知에도 속하지 않는다고 하는 부지란 아무것도 모른다는 뜻인데, 아무것도 몰라서야 '도'를 어떻게 이룰 수 있겠는가?

부지란 궁극적으로 이것이나 저것, 이곳이나 저곳 등과 같이 어느 것이나, 어디에도 치우치지 않고 평등하게 서로 다른 현상들을 받아들이고, 서로 다른 의견에 귀를 기울이되 의심하지 않는 것을 이른다.

진정으로 의심할 바 없는 도를 깨달으면 태허와 같이 환할 터인데, 괜히 이러쿵저러쿵 잔소리만 할 것이더냐? 이 말에 조주가 크게 깨쳤다.

원래 본래심에는 짧거니 길거니, 높거니 낮거니와 같이 시비할 것이 없다는 것을 조주는 깨달았던 것이다.

마지막에 무문은 말한다.

"조주가 비록 깨달았다고 해도, 다시 삼십 년을 참구해야만 비로소 얻으리라." 이것은 흔히 말하는 "스승은 문으로 들어오게 이끌어 주지만, 수행은 본인에게 달려 있다"는 것과 같은 경우이다. 조주는 남전의 지도가 있었기에 잘못된 길로 빠지지 않았다. 그러나 이는 평소 조주가 끊임없이 꽃·달·바람·눈과 같은 일상의 사물을 하나도 놓치지 않고 받아들였기에 가능한 일이었다. 가장 위대한 아름다움이란 사실 세세한 모든 부분 하나하나를 소홀히 여기지 않고 받아들이는 것이다.

끝부분에 나온 무문의 송頌처럼 말이다.

'마음에 걸어놓은 일 없다 한다면, 이것이 인간의 가장 좋은 시절이다.' 즉 만물은 서로를 살게 할 뿐 서로 해치지 않으며, 도道는 함께 행해도 어긋나지 않는다고 했으니, 이는 모두 포용을 이야기하고 있는 것이다.

제20칙 대력량인大力量人

本則

松源和尚이 **云**하되 **大力量人**이 **因甚擡脚不起**오 **又云**하되 **開口不在舌頭上**이니라

【한자】 擡(들 대), 脚(다리 각)

송원 화상이 말하되 "큰 힘이 있는 사람이 왜 다리를 들 수 없는가?" 하고, 또 말하되 "말을 하는 것이 〔왜〕 혀에 있지 않은가?(왜 말을 혀로 하는 것이 아니라고 하는가?)"라고 하였다.

【문법해설】

▪ 因甚擡脚不起: (1) '因甚'에서 '甚'은 '甚麽'이다. 따라서 '因甚'은 '왜, 어째서(爲甚麽)'라는 뜻이다. (2) '擡脚不起'는 현대한어에서 말하는 가능보어의 부정형태라고 말할 수 있다. 현대한어의 가능보어는 동사(擡)와 결과보어나 방향보어(起)의 사이에 '得'을 써서 긍정형태(擡得脚

起)를 만들고, 긍정형태에서 '得'을 '不'로 바꾸면 부정형태(擡不起)가 된다. 현대한어의 統辭構造에 의하면 가능보어의 목적어는 그것의 뒤에 오기 때문에 '擡不起脚'이 옳지만, 이 글을 쓸 때 당시는 '起'가 아직 보어로 虛化되지 않고 동사의 성질에 더욱 가까워서 연동식 문장이라고 할 수도 있었을 것이므로, 앞 동사 '擡'에 목적어 '脚'이 직접 붙고, 뒤의 동사 '起'가 그 뒤를 연결하는 형태가 된 것이다. 만약 연동식 문장으로 보고 해석한다면 "~ 다리를 들고 안 일어나는가?"라고 해석하여야 옳고, 가능보어로 해석한다면 "~ 다리를 들 수 없는가?"라고 해석하여야 하는데, 여기서는 가능보어로 해석하고자 한다.

▪ 開口 不在舌頭上: '舌頭'에서 '頭'는 접미사로서 어휘적 의미가 없으므로 '혀 머리', '혀 끝' 등으로 해석하지 않고 단지 '혀'라고 하면 된다.

評唱

無門曰 松源可謂 傾腸倒腹이나 只是欠人承當이라 縱饒直下承當이라도 正好來無門處하면 喫痛棒하리라 何故聻오 要識眞金인댄 火裡看하라

【한자】 傾(기울 경), 腸(창자 장), 倒(넘어질 도), 腹(배 복), 欠(하품, 모자랄 흠), 承(받들 승), 縱(늘어질 종), 饒(넉넉할 요), 喫(마실 끽), 棒(몽둥이 봉), 聻(부적 적, 가리키는 모양 니)

무문이 말하기를 "송원은 내장을 쏟아 부었다고(드러내 보였다고) 말할 만하나, 단지 담당할(깨달아 받아들일) 사람이 부족하였다. 설사 곧장 받아들일지라도, 무문(자신)이 있는 곳에 와서 한바탕 몽둥이를 맞기

에 꼭 알맞으리라. 무슨 까닭인가? 진금을 식별하려면 불 속에서 보아야 하느니라"라고 하였다.

【문법해설】

- 松源可謂 傾腸倒腹: (1) '可'는 '~할 수 있다', '~할 만하다' 등으로 해석할 수 있다. '~할 수 있다'와 같이 가능으로 해석될 때는 주어(松源)가 동사의 객체(대상)가 되며, '能'과 같이 주어가 동사의 주체가 될 수 없다. (2) '傾腸倒腹'는 '露出心肝'(제7칙), '露出肝腸'(제18칙) 등과 같이 '자기의 모든 것을 바쳐서 성의를 다하다'라는 의미이며, '傾倒腸腹'이라고 쓸 수도 있다.
- 只是欠人承當: (1) '只是'는 ① 부사로 '다만, 오직' ② 連詞로 '그러나' 등의 뜻이 있다. 여기서는 ①을 따른다.

  (2) '欠'은 有無동사의 일종이므로, 목적어(人)를 수식하는 수식어(承當)는 목적어의 뒤에 온다.

  (3) '承當(=承担, 担當, 担負)'은 ① 동사로 '〔어떤 일을〕 맡다, 담당하다, 책임지다' ② 동사로 '허락하다, 승낙하다' ③ '사물을 승낙하여 수긍하고 터득하여 진실을 그대로 받아들이다' ④ '스스로 터득하여 깨닫는다'는 등의 뜻이 있다.

  〔예문〕 ① 你應該承當罪責(넌 반드시 죄과에 대해 책임을 져야 한다.)

  ② 我已經承當了他(나는 이미 그를 허락했다.)

  ④ 不得向擧起處 承當. 『書狀』(〔화두를〕 드는 곳에서 깨달으려 하지 말며.)
- 縱饒直下承當: (1) '縱饒': '縱饒(縱, 饒, 縱使, 縱然, 縱令, 卽使)' 등은 모두 '설사 ~일지(하더)라도'라는 뜻이다. (2) '直下': '當下'와

같이 '곧, 바로, 당장'과 같은 뜻이 있다.

▪正好來無門處 喫痛棒: (1) '正好'는 ① 형용사로 '(시간·위치·체적·수량·정도 등이) 꼭 알맞다, 딱 좋다' ②부사로 '마침, 때마침, 공교롭게도' 등의 뜻이 있다. 여기서는 ①을 따른다. (2)-①'喫痛棒'의 '痛'은 결과보어로 몽둥이로 맞은 결과 '痛'하게 된 것이라고 해석할 수 있다. (2)-②'痛'이 虛化되어 결과보어로 쓰이는 것이 아니고, '아프다, 슬프다'라는 형용사라면, 그것이 뒤의 명사(棒)를 꾸미는 한정어가 되어 '아픈 방망이를 맞다'나 '슬픈 방망이를 맞다'로 해석하여야 하기 때문에 적절하지 못하다. 그러나 '痛'은 同音의 '通'과 혼동한 것이라고 생각한다면, '通'의 여러 가지 뜻 가운데 가장 이곳과 합치되는 것이 있다. '通'은 ①'온, 모든' ②'(동작의 횟수를 나타내어) 차례, 바탕' 등의 뜻이 있으므로, ①을 따르면 '온통 방망이찜질을 당하다'로, ②를 따른다면 '한바탕 방망이로 맞다' 정도로 해석될 수 있다. 여기서는 (2)-②의 ②를 따라 해석한다.

▪何故聻: (1) '聻(니)'는 ① 조사로 사용되어 '呢·哩'와 같다고 한다. ② 주의를 끄는 것으로 '야!'나 '저것!'에 해당하는 말이라고도 한다. 이것은 아마 선문에서 '喝'이나 '棒', 그리고 '良久'와 같은 것의 일종에 해당하는 것일 것이다. ③ 혹자는 귀신이 죽어서 또 다시 죽어 귀신이 되는 것을 말하므로 매우 무서운 것을 드러낼 때 사용한다고 하고, ④'가리키는 모양'이라는 뜻이 있어 '손가락질 하다'라는 의미라고 하기도 한다. 여기서는 ①을 따라 해석한다. 사실 ②와 ④의 경우는 接化法(啓悟法)의 하나라고 할 것이다.

〔예문〕 ①一日同遠經行法堂, 偶童子趨庭吟曰: "萬象之中獨露身" 遠拊公背曰: "好聻!" 公於是契入. 『續傳燈錄·馮楫濟川居士』(하루는 遠과

함께 법당을 거니는데, 우연히 동자가 뜰에 나아가 읊조리기를 "만상 중에 홀로 몸을 노출하고 있구나" 하니, 遠이 公의 등을 어루만지며 말하기를 "좋구나!" 하자, 公은 이에 의기투합하였다.)

(2) '要'는 ① 連詞로 '만약 ~한다면' ② 조동사로 '~하려고 하다' 등의 뜻이 있다. 따라서 두 가지 의미를 모두 포함하여 '만약 ~하고자 한다면'이라고 해석하며, 결코 '종요로이' 등으로 해석해서는 안 된다.

頌曰

擡脚踏翻香水海[77]하고 **低頭俯視四禪天**[78]이나 **一箇渾身無處著**하니 **請續一向**하라

【한자】 擡(들 대), 脚(다리 각), 踏(밟을 답), 翻(날 번), 低(밑 저), 俯(구푸릴 부), 渾(흐릴 혼), 續(이을 속)

다리를 쳐들어 향수해를 밟아 뒤집어엎고, 머리를 숙여 사선천을 내려다보지만, 하나의 온몸뚱이는 붙여놓을(기탁할) 곳이 없으니, 계속하여 줄곧 〔한 문장을〕 이어보시오.

【문법해설】

- 一箇渾身無處著: (1) '渾身'은 '온몸, 전신'이라는 뜻이다. (2) '無處著'

---

77 香水海: 須彌山의 八海 중 鹹海를 제외한 七海를 말한다. 이 칠해는 八功德水에 채워지고, 수미산을 돈다고 한다.

78 四禪天: 고대 인도의 세계관으로 色界에 있는 네 세계로, 4개의 선정을 닦아야 태어나는 천상계이다.

는 有無동사의 목적어(處)를 꾸미는 수식어(著)는 목적어의 뒤에 오는 것이다.

- 請續一向: '一向'은 '줄곧(一直)'이라는 뜻이다. 따라서 아직 문장을 끝내지 않았으니 '계속하여 줄곧 이어보라'는 의미이다. 또한 판본에 따라 '請續一句'라고 되어 있는데, 이것 역시 '한 문장을 계속 써보라'는 뜻이므로, 뜻에는 변함이 없다.

〔예문〕 今人讀書, 多是從頭一向看到尾. 『朱子語類』(지금 사람들이 독서할 때는 대부분이 처음부터 줄곧 끝까지 본다.)

【講義】

이 공안은 『대명고승전大明高僧傳』 권8 '임안부 영은사 사문 석숭악전 9(臨安府 靈隱寺 沙門 釋崇岳傳 九)'와 『속고승전』 권35 '천동걸선사법사전天童傑禪師法嗣' 등에 보인다.

송원 화상은 배우러 오는 학인들에게 세 가지 문제(三轉語)를 내놓고 시험하였다.

이것은 첫째 "대장부가 왜 다리를 들고 일어나지 못하는가?(大力量人因甚擡脚不起)", 둘째 "입을 열어 말하는 것이 혀에 있지 않다(開口不在舌頭上)", 셋째 "눈 밝은 큰 선지식이 왜 발에 매인 붉은 실을 끊지 못하는가?(明眼衲僧因甚麽脚下紅絲線不斷)" 등이었다.

첫 번째 화두는 "불법 수행이 뛰어나, 지혜와 인격을 갖춘 사람이 어째서 가부좌한 다리를 풀고서 좌선하는 자리에서 일어나지 않는가?"이다.

이것은 좌선 수행으로 깨달음을 얻었다고 해서 자신의 깨달음에

도취되어 깨달음의 세계에 안주하는 것은 참된 수행자가 아니라는 것으로, 큰 힘을 쓸 수 있는 사람인데도 좌선한다고 밤낮없이 앉아만 있고 일어날 줄을 모르고 있느니, 그것은 앉은뱅이지 참다운 수행자가 아니라는 말이다.

송원 스님은 수자修者들에게 깨달음의 함정에 빠져 또 다른 어리석음에 집착하지 말고, 한 발자국 더 내밀어서 깨달음의 경지를 초월하지 않으면 안 된다고 경종을 울리는 것이다.

이것은 선종이 세상을 등지고 현실도피적인 경향으로 흐르는 것에 대하여 준엄하게 질책하는 것이다.

두 번째 화두는 "대역량인이 어째서 입을 열고 혀를 사용해서 설법하지 않는가?"이다. 즉 "입을 여는 것은 혓바닥만 보여주기 위한 것이 아니다. 어째서 지혜와 인격을 갖춘 사람이라고 자처하면서 벙어리처럼 입만 벙긋거리고 설법하지 않은가?"라고 되묻는다.

비록 선 수행이 지극히 개인적인 것이라 해도 세상을 등지기 위한 방편이 되어서는 안 된다. 그러므로 깨달은 자는 반드시 중생 교화를 위하여 법문을 해야 한다고 주의를 주고 있는 것이다.

세 번째의 화두는 "불법의 안목을 구족한 능력 있는 사람이 어째서 다리(脚下)에 붉은 선(紅絲線)을 끊지 않고(不斷) 있는가?"이다.

여기서 말하는 붉은 선이란 사량분별과 남은 습기를 말한다. 이 세 번째 삼전어三轉語는 후대에 만들어졌다고 하며, 본래 『무문관』에 제시한 두 문장이 송원의 설법이라고 한다.

송원의 공안은 불법 수행으로 인하여 지혜와 인격이 구족되어 중생을 구제할 능력을 갖춘 자는 반드시 자신의 수행과 중생 교화를 함께 실행하여, 각 행원行願만을 성취해야 한다고 주장하고 있다.

무문의 평창을 들어보자. 무문은 "송원 선사가 '큰 힘을 지닌 사람이 다리를 들고, 왜 일어나지 못하는가!' 또 '입을 열어 말하는 것이 혀에 있지 않다'라고 말한 것은 참으로 잘했다"고 칭찬하였다.

무문은 "송원이 오장육부를 활짝 펼쳐 열어 하나도 숨김없이 몽땅 다 드러내 놓았으나, 그 말에 곧장 납득하고 수긍하는 사람이 없어 안타깝다"고 말했다.

만약 송원이 제시한 본칙 공안의 대의를 깨닫고 체득한 사람이 있다면, 무문에게 와서 자신 있게 말해 보라는 것이다. 즉 송원은 인정할지 몰라도, 무문 자신은 '그 정도의 경지는 인정하지 않겠다'는 말이다.

진금眞金인지 가금假金인지 확인해 보기 위해서는 용광로 속에 금을 넣어 보아야 하듯이, 진짜로 역량을 갖춘 올바른 수행자인지, 아닌지는 내가 방망이를 후려쳐서 한번 시험해 보겠다. 곧 무문이 '진짜인지? 가짜인지?'를 점검해 보겠다는 것이다.

이 공안은 결국 불법을 수행하여 불법의 대의를 체득하고 지혜와 인격을 구족한 훌륭한 사람(大力量人)은 중생 제도를 위해서 여기저기 다니면서 중생 교화를 위한 설법 활동을 해야 한다고 주장하는 법문이다.

무문의 송을 들어보자.

"다리 들어 향수해香水海를 밟아 뒤집고, 고개 숙여 사선천四禪天을 굽어보아도 둘 곳 없는 몸뚱이 하나, 청컨대 한마디 이어 보시게나."

자! 무문이 쓰다만 게송의 마지막 구절을 어떻게 채울지 고민해 보시지요…….

제21칙 운문시궐雲門屎橛

本則

雲門이 因 僧問하되 如何是佛이니꼬 門云하되 乾屎橛이니라

【한자】 乾(하늘 건, 마를 건〔간〕), 屎(똥 시), 橛(말뚝 궐)

운문은, 〔한〕 스님이 "무엇이 부처입니까?"라고 물었기에, 문門이 말하되 "똥 막대기이니라"라고 하였다.

評唱

無門曰 雲門은 可謂 家貧에 難辨素食이요 事忙에 不及草書로다 動便將屎橛來하여 撑門拄戶하니 佛法興衰를 可見이로다

【한자】 辨(분별할 변), 素(흴 소), 忙(바쁠 망), 撑(버팀목 탱), 拄(떠받칠 주)

무문이 말하기를 "운문은 집이 가난하여 보잘 것 없는 음식도 갖추기

어렵고, 일이 바빠 글을 흘려쓰기에도 미치지 못한다고 말할 수 있다. 〔그런데〕 걸핏하면 똥 막대기를 가지고 〔선종의〕 문호를 지탱하려 하니, 〔이것으로써〕 불법의 쇠퇴는 엿볼 수 있는 것이로다"라고 하였다.

【문법해설】

- 雲門 可謂 家貧 難辨素食 事忙 不及草書: '可'는 '~할 만하다'라고 해석한다.
- 難辨素食: '辨'은 '미리 갖추다, 준비하다'라는 뜻이 있어서 '辦(갖출 판)'과 통용된다.

〔예문〕 辨三酒之物, 一曰事酒, 二曰昔酒, 三曰淸酒. 『周禮』(3가지 술을 준비하는데, 첫째가 〔일이 있을 때 마시는 술인〕 事酒, 둘째가 〔보통 겨울철에 담가 봄철에 쓰는 담가서 오래된 술인〕 昔酒, 셋째가 〔양조주의 하나로 백미로 제조한 맑은 술인〕 淸酒이다.)

- 動便將屎橛來: (1) '動便(動輒)'은 '걸핏하면 곧 ~하다'라는 뜻이다. (2) '將~來'는 '以~來'와 같이 '~을 가지고'라고 해석한다. '將'은 '가지다. 쥐다. 들다'라는 동사로도 쓰이지만, 여기서는 '以(~가지고)'와 같은 개사로 虛化된 것으로 볼 수 있다. '來'는 개사구조와 동사 사이에 쓰여 방법·방향·태도·목적 등을 나타내는데, 여기서는 개사 '將'과 개사목적어 '屎橛'로 이루어진 개사결구(句) '將屎橛'와 뒤의 동사 '撑~拄'의 사이에 와서 방법을 나타낸다. 즉 굳이 '來'를 동사로 여기고, '걸핏하면 똥 막대기를 가지고 와서'라고 해석하지 않으며, 단지 '걸핏하면 똥 막대기를 가지고'라고 해석한다.
- 撑門拄戶: 제17칙에서는 '撑門幷拄戶'라고 표현하고 있으며, 모두 '撑拄門戶'의 다른 표현방식이다.

- 佛法興衰 可見: (1) '興衰'는 원래 興盛과 衰落을 뜻하는 것이지만, 여기서는 오직 쇠락만을 의미한다. 마치 사망과 생존이라는 뜻인 '死生'가 오직 생명만을 뜻하기도 하는 것과 같은 이것을 혹자는 貶義複詞라고 한다. (2) '可見'에서 '可'는 '~할 수 있다'라고 해석한다. 단지 이때 주어(佛法興衰)는 동작(見)의 대상이지 동작을 행하는 주체는 아니다.

頌曰

閃電光이요 擊石火라 眨得眼하면 已蹉過하리라

【한자】 閃(번쩍할 섬), 擊(부딪칠 격), 眨(눈 깜작일 잡), 蹉(넘어질 차)

번쩍이는 번갯불이요, 돌에 부딪쳐 생긴 〔순간적인〕 불이라. 눈을 깜박여 버리면 이미 스쳐 지나가리라.

【문법해설】

- 眨得眼: '得'은 조기백화에서 동사의 뒤에 쓰여 동작이 이미 완성된 것을 나타내어, 了, 到, 在 등과 같은 뜻으로 쓰이기도 한다. 따라서 '得'을 '얻다', '眼'을 '안목, 관점' 등의 뜻으로 보고 '눈 깜박거리면서 얻은 관점이라는 것은'이라고 해석하지 않는다.

〔예문〕 回得家來(집에 돌아왔다.)

【講義】

운문의 '간시궐乾屎橛' 이야기는 『운문광진선사광록雲門匡眞禪師廣錄』 권상에 의하면 아래와 같다.

"어떤 것이 석가의 몸입니까?" 하니, 선사가 이르시기를 "마른 똥 막대기입니다" 하였다.(問如何是釋迦身. 師云, 乾屎橛.)

본칙本則과 비교해 보면, '석가신釋迦身'이란 용어 대신 '불佛'로 바뀐 것이다. 이렇게 '불佛'로 바뀐 것은 『대혜보각선사종문무고大慧普覺禪師宗門武庫』와 『선문염송禪門拈頌』을 들 수 있는데, 여기 『무문관』의 것은 『선문염송』의 것과 같은 문장이다.

'간시궐'은 옛날에 변소에서 똥을 휘젓는 나무막대기, 혹은 대변을 보고 뒤를 닦는 나무막대기, 마른 똥 덩어리, 또는 일을 보고나서 재를 덮는 데 쓰는 막대기 등으로 해석되는데 정확하게 무엇을 가리키는지는 명확하지 않다. 그러나 '간시궐'이 무엇이든 이야기를 진행하는데 있어서 지장을 주지 않는다. 그저 냄새나고, 더럽고, 보기 싫어하는 하찮은 물건이라는 의미이다.

부처님이라면 가장 거룩하고 가장 신선하고 가장 청정한 것으로 아는 것이 보통인데, "불이란 어떤 것입니까?" 하고 물으니, 하필이면 더럽고 추한 것 가운데 가장 추한 똥 막대기를 내세웠을까? 이것이 구명되어야 할 문제인 것이다.

허운虛雲 스님은 운문시궐雲門屎橛의 공안에 대하여 다음과 같이 말했다. "운문이 '마른 똥 막대기'를 존귀한 부처님으로 비유한 것은, 마음을 밝혀 성性을 보라는 메시지라는 것이다. 왜냐하면 사물을 보면 마음이 생기고, 사물이 없으면 마음도 드러나지 않기 때문이다. 심지心地가 분명하고 밝은 사람에게는 움직임이든, 고요함이든, 깨끗함이든, 더러움이든 모두 같은 것이다. 같다고 한다면 더러움은 더 이상 더러움이 아니다."

더럽거나 깨끗하다는 구별은 차별계에서 인정하는 것이지, 평등계에서는 인정하지 않는다. 이렇게 말하면 차별과 평등이 따로 따로 있는 듯이 생각할지 모르겠으나, 차별이면서 평등인 것이 선禪의 입장이다. 따라서 '간시궐'을 '단순한 간시궐'로 보아서는 안 된다.

간시궐이 불佛이라면, 세상 어느 것인들 불이 아닌 것이 있겠는가? 이것이 일체 만물을 하나로 인식하는 선종의 경지인 것이다.

어떤 이가 조주에게 물었다. "어떤 것이 부처님입니까?" 조주가 말했다. "법당 안에 있잖느냐!" "법당 안에 있는 것은 불상이지 않습니까?" 조주가 말했다. "그렇지." "전 그것을 묻는 것이 아닙니다." 조주가 말했다 "그럼 어느 부처를 묻는 것이더냐?" "진짜 부처요." 조주가 말했다. "법당 안에 있다."

법당 안에 있는 나무 불상이 바로 일체의 '부처'이다. 진짜라거나 가짜라거나 할 것이 없다. 마른 똥 막대기이든 부처이든 모두가 진리이다. 진리는 모든 곳에 존재하기 때문에 굳이 진짜라거나 가짜라거나 할 것이 없는 것이다.

우리는 사실상 평등을 떠나 차별에만 집착하는 것은 아닌지 생각해 보아야 할 것이다.

무문의 평을 들어보자.

운문은 집안이 가난했던 모양이다. 여기서 가난은 물질적 가난이 아니라 불법이 가난한 것을 말한다.

운문은 불법이 너무 가난해서 학인에게 똥 묻은 막대기를 대접할 수밖에 없다고 하더라도 조금이나마 학인에게 좋은 대접을 하여 만족시켜 주었으면 좋으련만, 자신의 일에 몰두하다 보니 너무나 바빠서 글을 흘려 쓸 새도 없었다고 하겠다.

운문이 한가했다면 초안草案한 것을 다시 정리 정돈하겠지만, 볼일이 바빠서 초서로 갈겨 쓴 메모지를 본래 그대로 제시하고 있는 것이다. 그래서 운문은 학인의 물음에 '이렇게 대답할까, 저렇게 대답할까' 고민할 틈도 없이, 아무렇게나 '간시궐'이라고 대답한 것으로 본다.

세상에서 가장 추하고 더러운 '간시궐'을 내세워 넘어지려는 선종의 문호를 지탱하려고 하였으니, 운문이 아니면 누가 이런 일을 할 수 있겠는가 하고 운문의 역할을 칭찬하고 있는 것이다.

하지만 한편으로는 선문禪門을 마른 똥 막대기 하나를 내세워 지탱하려고 했으니, 불법이 쇠약해 감을 은연중에 알 수 있다고 평하고 있다.

무문의 송은 이 뜻을 한 번 더 나타낸다. "번쩍한 번갯불이요, 부딪친 돌의 불꽃이라." 이 말은 운문의 '민첩한 선기禪機의 지혜작용'을 표현한 것이다. 학인의 질문에 곧 그의 선병禪病을 진단하고 '간시궐'이란 처방을 내리는 운문의 지혜작용을 칭찬한 것이다.

눈을 껌벅거리며 똥 막대기에 대해, 이런저런 사량분별로써 알려고 하지 말라는 것이다. 사량분별심을 일으키는 순간, 이미 본래심本來心과는 어긋나 중생심으로 전락하게 되기 때문에 절대로 불佛을 친견할 수 없다는 말이다.

지혜롭지 못하고 번뇌 망념을 일으키면, 눈 깜박할 사이에 때를 놓쳐버리고 말 것이다. 지혜란 바로 똥 속에서도 부처를 보는 것이다.

제22칙 가섭찰간迦葉刹竿

本則

迦葉이 **因 阿難問云**하되 **世尊傳金襴袈裟**[79]**外**에 **別傳何物**이니꼬 **葉喚云**하되 **阿難**아 **難**이 **應諾**한대 **葉云**하되 **倒卻門前刹竿**[80]**著**하라 하다

【한자】 迦(막을 가), 葉(잎 엽, 땅 이름 섭, 책 접), 襴(난삼 란), 袈(가사 가), 裟(가사 사), 諾(대답할 낙), 刹(절 찰), 竿(장대 간)

가섭은, 아난이 묻기를 "세존께서 〔가섭에게〕 금란가사를 전한 것 외에 따로 무엇을 전하셨습니까?" 하고 물었기 때문에, 섭葉이 불러서 말하기를 "아난아!" 하니, 난難이 "예!" 하고 대답하였다. 섭葉이 말하되 "문 앞의 찰간을 넘어뜨려라" 하였다.

---

79 金襴袈裟: 금실로 지은 가사.

80 刹竿: 절의 堂搭 앞에 세워두는 긴 장대로 그 위에 寶珠가 붙어 있다. 사원에서 설법이 있는 것을 표시하기 위해 세우는 깃발을 건 장대.

【문법해설】

- 倒卻門前刹竿著: (1) '倒卻'에서 '却'은 동사가 완전히 끝난 것을 나타낸다. (2) '著'는 '放下着'의 '着'과 같이, 명령의 語氣를 나타내는 어기사이며, '착'으로 읽는다.

評唱

無門曰 若向者裡에서 **下得一轉語親切**하면 **便見靈山一會**가 **儼然未散**하리라 **其或未然**인댄 **毘婆尸佛**[81]이 **早留心**이라도 **直至而今**하여 **不得妙**하리라

【한자】 轉(구를 전), 靈(신령 령), 儼(의젓할 엄), 毘(도울 비), 婆(할미 파), 尸(주검 시)

무문이 말하기를 "만약 여기에서 한마디의 말이 〔정곡을 찔러〕 꼭 들어맞을 정도로 한다면, 곧 영산회상의 법회가 근엄하게도 아직도 흩어지지 않았음(散會하지 않은 것)을 알리라. 만일 그렇지 않으면 비바시불이 일찍부터 마음을 두었다 하더라도, 줄곧 지금에 이르기까지 〔깨달음의〕 미묘한 경지를 얻을 수 없다"고 하였다.

【문법해설】

- 下得一轉語親切: 흔히 '下得一轉語했는데(한마디 말을 했는데), 그것이 친절하여(정곡을 찔러)'라고 해석하여 '下得一轉語'와 '친절'을 나누

---

81 毘婆尸佛: 팔리어 Vipassin의 음역에 佛을 붙인 것. 과거 7불 중 제1부처님.

고 있다. 그러나 '得'은 동사 뒤에 쓰여 정도보어를 이끌 수 있기 때문에, '下(하다)'를 하되 그것의 정도가 '一轉語가(한마디 말이) 친절할(정곡을 찌를) 정도'라고 해석할 수 있다.

- 其或未然: '其或'는 '其'나 '其如' 등과 같이 連詞로 가설을 나타내어 '만약 ~가 된다면'이라고 해석한다.
- 早留心: '留心'은 ①'관심을 갖다' ②'주의하다, 조심하다' 등의 뜻이 있다. 여기서는 ①을 따라 해석한다.

  〔예문〕 ②心別寫錯了(유의하여 잘못 쓰지 말라.)
- 直至而今: (1) '直至(=直到)'는 ①주로 시간을 나타내어 '쭉 ~에 이르다'라는 뜻과 ②'직행하다, 곧바로 도착하다'라는 뜻이 있다.

  〔예문〕 ①直至現在還沒見回信(지금까지 아직 회신이 없다.)

  (2) '而今'은 '지금, 현재'라는 뜻이다.
- 不得妙: 이곳의 '得'은 '얻다'로 해석한다. 따라서 '妙'는 '미묘한 경지'라는 뜻의 명사로 본다. 그러나 『무문관』에서는 '얻다'라는 동사의 용법으로 쓰이는 경우는 거의 없다. 만약 '妙'를 '미묘한 경지가 되다'라는 동사로 생각한다면, '得'은 가능을 나타내는 조동사로 보아 '~할 수 있다'라고 해석해야 한다. 한자는 품사가 고정되어 있지 않고 문장에서 품사가 결정되므로 전혀 문제되지 않는다.

頌曰

問處何如答處親잇가 幾人於此眼生筋인고 兄呼弟應揚家醜하니 不屬陰陽別是春이로다

【한자】 筋(힘줄 근), 揚(오를 양), 醜(추할 추), 屬(엮을 속, 이을 촉)

〔아난이〕 질문한 곳이 어찌 〔가섭이〕 대답한 곳이 꼭 들어맞아 정곡을 찌른 것과 같겠는가? 〔이 말을 듣고〕 몇 사람이나 여기에서 눈에 힘줄이 〔긴장되어 정신이〕 생길까? 형(가섭)이 부르고 동생(아난)이 응답하여(맞장구쳐) 집안의 부끄러운 꼴을 드러내었다. 음양〔이라고 표현되는 상대적 대립의 세계인 속세〕에 속하지 않으니, 아마도 〔깨달음의 세계인〕 봄이로다.

【문법해설】

▪ 問處何如答處親: '何如'는 ①'어떠한가' ②'어떤, 어떠한' ③'어찌 ~만 하겠는가?' 등의 뜻이 있다. 여기서는 ③을 따른다.

〔예문〕 ① 你先試驗一下, 何如?(네가 먼저 시험 보는 것이 어떠하겠느냐?)

② 我還不清楚他是何如人(나는 아직 그가 어떤 사람인지 잘 모른다.)

③ 與其強攻, 何如智取(강공을 하는 것이 어찌 지략으로 탈취하는 것과 같겠는가?)

▪ 不屬陰陽別是春: '不屬陰陽別是春'을 '음양에 속하지 않는 별세계의 봄이다', 또는 '그러나 여기는 음양의 세계가 아닌 영원한 봄의 세계라네' 등으로 해석하여 '別'을 '별세계의'나 '영원한' 등으로 해석하고 있지만, 이것은 해석과 통사구조가 맞지 않는다. 즉 '별세계의 봄' 또는 '영원한 봄' 등으로 해석하면 '別'은 한정어가 되므로 '不屬陰陽是別春'과 같이 '別'과 '是'의 순서를 바꾸어야 한다. 따라서 '別是'는 대개 문장의 서두에 놓여 '혹은, 어쩌면, 형편에 따라서는'으로 해석되는 것을 따라 '아마도 어쩌면 〔깨달음의 세계인〕 봄이로다'라고 해석하기로 한다.

〔예문〕 別是忘了(혹시 잊을지도 모른다.)

【講義】

'가섭과 아난의 전법'에 관한 이 공안은 『오등회원』 권1 '아난'장, 『조당집』, 『고존숙어록』 등에 실려 있다.

부처님이 돌아가신 후 100일 만에 정법이 인멸湮滅될 것을 우려해, 왕사성王舍城의 칠엽굴七葉窟에서 5백 명의 제자들을 불러 모아 경전편찬회를 열었다. 이때 계율에 관한 것은 우바리존자에게 책임을 맡겼고, 교리에 관한 것은 아난존자에게 맡겼다.

그런데 여기서 한 가지 문제가 있었다. 가섭존자가 살펴보니, 경장을 송출誦出할 아난존자가 아직까지 부처님의 정법안장正法眼藏과 열반묘심涅槃妙心을 제대로 깨우치지 못하여, 가섭존자는 아난존자의 칠엽굴 입장을 불허했다. 자존심이 상한 아난존자는 가섭존자를 찾아가 이 일을 따졌다.

이 공안의 주제는 바로 그때의 문답을 내용으로 하고 있다. 아난은 부처님 말씀이라면 당연히 25년간 시봉한 자기가 들어가서 송출해야 하는데 못 들어가게 하는 이유가 궁금했던 것이다.

"세존께서 금란가사 외에 별도로 어떤 법을 전해 주기라도 했습니까? 내가 당신보다 부처님 말씀을 더 많이 알고 있는데, 왜 나를 못 들어가게 하는 것입니까?" 하는 식으로 매우 도전적인 질문을 던진 것이다.

그러나 가섭존자는 나직한 목소리로 "아난아!" 하고 불렀다. 아난이 "예!" 하고 대답을 하자, 가섭존자는 뜻밖에도 "문 앞의 찰간을 꺾어버려라(倒却門前刹竿著)"라고 한 것이다.

찰간刹竿이란 법회를 할 때, 깃발을 걸어두는 큰 기둥을 말한다. 이를 당간지주幢竿支柱라고도 한다. 옛날 대중들이 많이 살던 절에서는 이 기둥을 세워 정법이 널리 행해지고 있는 것을 사방에 알린 상징물이다.

부처님은 무엇보다도 "마음을 중요시하라"고 하셨는데, 자신의 마음은 제쳐놓고 마음과 관계없는 어떤 물건을 더 귀중하게 생각하는 아난의 질문에 대해, 아마 가섭은 마음에 들지 않았던 모양이다.

어쩌면 아난존자는 부처님을 25년간 시봉했다는 자부심으로 아상我相과 교만심이 가득했을지도 모른다. 가섭이 아난에게 찰간을 꺾으라고 한 것은 마음속으로 '내가 제일 잘났다고 생각하는 교만한 마음을 꺾어야 한다'는 것이었다. 아난은 이 충고를 가슴으로 받아들였다. 그래서 7일 동안 굴 밖에서 용맹정진한 뒤, 마침내 열반묘심을 얻어 결집회의에 참석하게 되었다고 한다.

무문의 평창을 들어보자.

가섭이 "아난아!" 하고 부른 뜻을 알아차릴 수 있다면, 영산회상의 설법은 아직도 엄숙하게 끝나지 않고 계속되고 있다고 할 수 있다. 즉 세존 → 가섭 → 아난 → 서천西天 25조 → 달마達磨 → 혜가慧可 → 승찬僧璨 → 도신道信 → 홍인弘忍 → 혜능慧能…… 하는 대열에 동참할 수 있어 해산되지 않는다는 것이다.

그러나 이 공안의 본질을 간파하지 못한 사람은 구원겁에 등장한 바바시불 회상에서부터 지금까지 오랫동안 불법을 배우고 수행해도 정법을 체득할 수 있는 묘책이 없을 것이다.

계송을 들어보자.

아난의 질문보다 가섭의 대답이 깨달음의 경지에 계합된 것이다. '예부터 얼마나 많은 사람들이 이 본분사本分事의 일을 위해 두 눈을 부릅뜨고 함구하였는가? 형이 부르고 동생이 대답하니, 형제는 사이좋게 가문의 영광을 천하에 드러내고 있네. 여기 음양의 변화와 시절 인연에 관계없는 깨달음의 생명이 넘치는 특별한 봄빛이 가득하네.'

제23칙 불사선악不思善惡

本則

六祖 因 明上座 趁至大庾嶺하매 **祖見明至**하고 **旣擲衣鉢於石上云**하되 **此衣**는 **表信**이어늘 **可力爭耶**아 **任君將去**하노라 **明**이 **遂擧之**하니 **如山不動**이라 **踟躕悚慄**하여 **明曰 我來求法**이요 **非爲衣也**니라 **願行者**는 **開示**하소서 **祖云**하되 **不思善不思惡**하는 **正與麼時**에 **那箇是明上座本來面目**고 **明**이 **當下大悟**하고 **遍體汗流**하여

【한자】 趁(좇을 진), 庾(곳집 유), 嶺(재 령), 擲(던질 척), 任(맡길 임), 遂(이를 수), 踟(머뭇거릴 지), 躕(머뭇거릴 주), 悚(두려워할 송), 慄(두려워할 률), 遍(두루 편), 汗(땀 한)

육조는, 혜명 상좌가 좇아 와서 대유령에 이르렀을 즈음에, 육조가 혜명이 온 것을 보고 곧 의발을 돌 위에 던지고 말하되 "이 가사는 믿음을 나타내거늘 어찌 힘으로 다툴 수 있겠는가? 〔그럼에도 불구하

고 네가 가져가겠다면〕 내가 가지고 가는 대로 내버려 두겠다" 하였다. 명明이 나아가 들어 올리니 산과 같이 움직이지 않은지라. 주저하고 무서움에 떨며 명明이 말하기를 "나는 법을 구하고자 한 것이지, 가사를 위한 것이 아닙니다. 원컨대 행자께서 〔나에게 법을〕 열어 보여주소서" 하였다. 육조가 말하기를 "선도 생각하지 않고 악도 생각하지 않은 바로 이와 같은 때, 어느 것이 명 상좌의 본래면목인가?" 하니, 명明이 곧 크게 깨달아 온몸에 땀이 나서

【문법해설】

▪ 六祖 因 明上座 趁至大庾嶺: (1) '因'은 개사로 동작행위가 발생하여 출현할 때 도움을 받은 바 시기나 조건을 말하여 '~을 틈타, ~한 김에' 등으로 해석되기도 한다.

(2) '趁'은 많은 뜻이 있는데, 주로 ① 동사로 '좇아가다, 따라잡다'라는 뜻 외에도 ② 개사로 '〔때·기회를〕 이용해서, ~봐서, ~빌어서, 틈타서'라는 뜻으로도 쓰인다. 이것은 만약 목적어가 2음절 이상인 단어이면 '趁着'이라고 쓰기도 한다. 여기에서는 ①을 따르고 있다. 만약 ②를 따르면 '明上座 趁至大庾嶺 祖見明至……任君將去……'를 "明上座가 大庾嶺에 이르렀을 때를 틈타 육조 스님이 명 상좌가 당도한 것을 보고, 곧 衣鉢을 돌 위에 던지고 말하되 '~'라고 말하였기 때문에(因)~"라고 해석해야 하는데, '명 상좌가 대유령에 이르렀을 때를 틈타서, 육조 스님이 명 상좌가 당도한 것을 본다'는 것의 의미가 순조롭지 않게 되어버린다.

〔예문〕 ① 將突騎趁擊(장군이 돌연 말을 타고 추격하다.) / 黑狗趁兎, 豈可不得(검둥이가 토끼를 좇으니, 어찌 잡히지 않겠는가?)

②趁空兒去一趟(여가를 틈타 한 번 다녀오다.) / 我想趁這個機會講幾句話(나는 이 기회를 빌어서 몇 마디 하려 한다.)

- 可力爭耶: 혹자는 '힘으로 다툴 것이 아니다'라고 해석하고 있으나, 어디에도 부정을 표시하는 단어가 없어 전후 문장의 뜻을 살펴 억지로 맞춘 결과라고 말할 수 있을 것이다. 그러나 '可'는 ①반문의 어기를 강하게 하기도 하고, ②의문의 어기를 강하게 하기도 하는 등과 같은 용법이 있으므로 '어찌 힘으로 다툴 수 있겠는가?'라고 해석하는 것이 합당하다고 본다.
- 任君將去: '任'은 ' 되는 대로 맡겨두다'라는 뜻이 있다. 따라서 '네가 가지고 가는 대로 내버려 두겠다'라고 해석한다.

〔예문〕 任他做(그가 하는 대로 내버려 두다.)

- 遂擧之: '遂'는 ①동사로 쓰이면 '마음대로 되다' ②'나아가다' ③'성공하다' 등의 뜻이 있고, ④부사로 쓰이면 '곧, 즉시' ⑤'마침내, 결국' 등의 뜻이 있다. 여기서는 ②나 ⑤등이 모두 합당하다고 생각된다.
- 踟躕悚慄: (1) '踟躕(踟跦, 踟蹰, 踟躇)'는 ①'徘徊하며 앞으로 나아가지 못하는 모양, 느리게 걷는 모양' ②'猶豫, 遲疑(주저하다, 망설이다, 머뭇거리다)' ③'逗留(머물다, 체류하다), 歇息(휴식하다, 자다, 묵다)' ④'須臾, 순간' ⑤'서로 잇닿은 모양' ⑥'古代刻漏器(물시계)' ⑦梭(북사)의 별칭' 등과 같은 뜻이 있는데, 여기서는 ②를 따른다. '踟躕(지주)'과 같은 뜻으로 쓰이는 '踟跦(지주)', '踟蹰(지주)', '踟躇(지저)', '주저(躊躇)' 등의 上下字의 聲母가 모두 동일하다. 이것을 우리는 雙聲관계의 連綿詞라고 한다. (2) '悚慄(송률)'은 두려워 떠는 모양이다.
- 我來求法: '我來'를 '求法'의 주어로 보아 '내가 온 것은 법을 구하기 위해서입니다'라고 해석하려면 '我來爲法', '我來爲求法' 등으로 쓰는

것이 명확할 것이다. 따라서 여기서는 '來'를 동사 앞에 써서 적극성을 나타내는 것으로 보고 해석한다.

- 正與麽時: '與麽(=恁魔, 與摩, 這麽,如此)'는 '如是'와 같은 뜻의 구어로, '그대로, 이렇게, 이와 같이'와 같이 긍정의 뜻을 나타낸다.
- 當下大悟: '當下'는 '즉각, 바로'라는 뜻이다.

〔예문〕 不要當下着手(즉각 착수하지 말라.)

- 遍體汗流: '遍體'에서 '遍(徧)'은 '두루, 온통'의 뜻이므로 '遍體'는 '온몸'이라는 뜻이다.

〔예문〕 遍身(온몸), 遍山遍野(온 산과 들)

泣淚作禮하고 **問曰 上來密語密意外**에 **還更有意旨否**이가 **祖曰 我今爲汝說者**는 **旣非密也**어니와 **汝若返照自己面目**하면 **密卻在汝邊**하리라 **明云**하되 **某甲雖在黃梅**[82]**隨衆**이나 **實未省自己面目**인데 **今蒙指授入處**하니 **如人飮水 冷暖自知**니라 **今行者**는 **旣是某甲師也**이오 **祖云**하되 **汝若如是**면 **則吾與汝**와 **同師黃梅**이니 **善自護持**하라

눈물을 흘리며 예의를 갖추어 묻기를 "위에서 말씀하신 비밀스러운 말과 비밀스러운 뜻 외에 또다시 다른 뜻이 있습니까?" 하였다. 육조가 말하기를 "내가 지금 그대를 위하여 말한 것은 원래 비밀이 아니거니와, 그대가 만약 자신의 면목을 돌아본다면 비밀은 오히려 그대에게 있네"

---

82 黃梅: 5祖 弘忍의 별호. 황매산 東禪院에 있었기 때문에 황매라고 한다. 黃梅山은 중국 湖北省 기주에 있으며, 東山이라고도 한다.

하였다. 명明이 말하되 "제가 비록 황매의 휘하에서 대중(수행승의 집단, 會衆)을 따랐으나, 실로 아직 스스로의 면목을 깨닫지 못했는데, 지금 〔깨달음으로〕 들어갈 곳을 가르쳐주신 은혜를 입어, 마치 사람이 물을 마시고 나서 차고 따뜻한 것을 스스로 아는 것과 같으니, 지금 행자께서는 곧 저의 스승입니다" 하였다. 육조가 말하되 "그대가 만약 이와 같다면, 나와 그대는 함께 황매 선사를 스승으로 모셨으니, 부디 스스로 잘 보존하게!" 하였다.

【한자】 泣(울 읍), 淚(눈물 루), 梅(매화나무 매), 隨(따를 수), 蒙(입을 몽), 暖(따뜻할 난), 護(보호할 호), 持(가질 지)

【문법해설】

- 上來密語密意外: '上來'는 '猶言以上, 上述(앞에서 말한 바와 같이)'이라는 뜻이다. '來'는 代動詞로 보아 여기서는 '說(말하다)'을 대신한 것으로 볼 수 있다.
- 還更有意旨否: (1) '還'은 '또한, 역시'의 뜻의 속어로 '尙'과 같다. (2) '否'는 의문을 표시한다.
- 密卻在汝邊: '却'은 제3칙에서 설명한 용법 중에서 '도리어, 그러나'로 해석할 수 있다.
- 某甲雖在黃梅隨衆 實未省自己面目: '某甲'은 1인칭 대사이다.
- 今蒙指授入處: (1) '蒙'은 '받다, 입다'라는 뜻이다.

〔예문〕 深蒙過愛(과분한 사랑을 받았습니다.) / 多蒙您指正(가르침을 많이 받았습니다.)

(2) '指授'는 '손으로 가리키는 것, 지도하고 전수하는 것'이다.

- 善自護持: '善'은 부사로 쓰여 '부디, 잘'로도 해석된다.

〔예문〕 子善視之(당신은 잘 보시오.) / 善自保重(부디 몸조심하시오.)

評唱

無門曰 六祖可謂 是事出急家이나 **老婆心切**이라 **譬如新茘支**[83] **剝了殼**하고 **去了核**하여 **送在爾口裡**하니 **只要爾嚥一嚥**이로다

【한자】 婆(할미 파), 譬(비유할 비), 茘(염교 려), 支(가를 지), 剝(벗길 박), 殼(껍질 각), 核(씨 핵), 爾(너 이), 嚥(삼킬 연)

무문이 말하기를 "'육조〔의 처사〕는 〔그가 혜명에게 가르침을 준〕 이 일은 급박한 상황에서 나온 것이지만, 노파심이 절실하다'고 말할 만하다. 예를 들면 '신선한 여지茘支는 껍질을 벗기고 씨를 제거하여 버리고 그의 입 속에 넣어주니, 다만 그가 삼키기는 것만이 필요한 것'과 같다"고 하였다.

【문법해설】

- 六祖可謂: '可'는 ①'~할 수 있〔는 대상이〕다' 또는 ②'~할 만하다'라고 해석할 수 있다.
- 是事出急家: (1) '是事'에서 '是'는 繫詞가 아니고 지시대사이다. (2) '出急家'은 '어쩔 수 없이 몰려서 한 일'이라고 해석하기도 하는데, 의역일 뿐 하나하나의 글자가 의미하는 바를 알 수가 없다. 아마도 개사(於)를

---

83 茘支(려지): ① 果樹의 이름. 또는 이 植物의 果實. ② 국화 이름(菊名).

보충하여 '出於急家'로 보고 '급박한(急) 상황(家)에서(於) 나온 것'이라고 해석하는 것이 좋다고 본다.

- 譬如新荔支 剝了殼 去了核: (1) '譬如(=比方)'는 ① 동사로 쓰이면 '예를 들다'라는 뜻이다. ② 連詞로 쓰이면 '만일, 가령'이라는 뜻이다. 여기서는 ①을 따른다.

〔예문〕 ① 譬如說(예를 들어 말하다.)

② 譬如是壞思想, 那就不必學(만약 나쁜 사상이라면 그것은 배울 필요가 없다.)

(2) '了'는 동작의 완료를 나타낸다.

- 只要爾嚥一嚥: (1) ①'只要'는 複音節의 連詞로 '~하기만 하면, 오직 ~한다면'이라는 뜻이 있다. 이것은 결과를 위해 필요한 조건을 표시한다. 뒤에 이어지는 구절에 흔히 '就'·'便' 등의 부사를 써서 호응한다. ②그러나 ①과 같이 해석코자 한다면 반드시 '就'·'便' 등이 쓰인 '下分句'가 있어야 하기 때문에, 여기서는 '只'와 '要'를 나누어 각각 單音節詞로 해석하는 것이 옳다고 본다. 따라서 '只要爾嚥一嚥'에서 '只'는 부사로, 동사 '要'의 부사어가 되고, 內包文(包孕文)인 '爾嚥一嚥'은 '要'의 목적어가 된다고 본다.

〔예문〕 ① 只要努力, 一定成功(노력만 하면 성공할 것이다.)

(2) '嚥一嚥'의 '一'은 중첩된 단음절동사의 사이에 쓰여 시험 삼아 한다는 뜻, 혹은 자신의 의지나 상대의 동작·행위를 가볍게 재촉하는 어감이 내포된다.

頌曰

描不成兮 畫不就 賛不及兮하니 **休生受**라 **本來面目 没處藏**이고

世界壞時라도 渠不朽하리라

【한자】 描(그릴 묘), 兮(어조사 혜), 畫(그림 화), 就(이룰 취), 贊(도울 찬), 藏(감출 장), 壞(무너질 괴), 渠(도랑 거), 朽(썩을 후)

묘사할 수 없고, 그릴 수도 없으며, 찬양할 수 없으니, 쓸데없는 걱정을 말라. 본래면목은 감출 곳이 없고, 세계가 무너질 때도 그것(本來面目)은 썩지 않으리라.

【문법해설】

- 描不成兮畫不就 贊不及兮休生受: (1) '描不成', '畫不就', '贊不及'는 모두 가능보어의 부정형태이다. 이때 '成', '就', '及'은 각각 '앞의 동사('描', '畫', '贊')하였지만 이를 수 없는 결과'를 나타낸다. 여기서 '成'은 '이루다', '及'은 '미치다' 등의 뜻인 것은 쉽게 알 수 있으나, '就'도 또한 '완성하다, 이루다, 끝나다' 등의 뜻이 있다.

  (2) '兮'는 주어나 문장의 뒤에 써서 감탄이나 강조를 나타낸다.

  (3) '生受'는 ① 동사로 '폐를 끼쳐 죄송합니다. 수고하셨습니다' ② 형용사로 '참기 힘들다' 등의 뜻이 있다. 여기서는 ①을 따른다.

  〔예문〕 ① 時常生受您, 實在不過意(늘 폐를 끼쳐 참으로 미안합니다.)
- 本來面目沒處藏: 有無동사(沒)의 목적어(處)를 수식하는 말(藏)은 목적어의 뒤에 둔다.
- 渠不朽: '渠'는 3인칭 대사로 '그'라는 뜻의 구어이다.

  〔예문〕 渠輩(그들)

【講義】

이 공안은 종보본宗寶本 『육조대사법보단경六祖大師法寶檀經』에 나오는 내용이다. 『무문관』, 『돈황본단경敦煌本檀經』, 『선문염송』 등에도 나오는데, 내용은 같으나 문장은 다르다.

육조혜능은 선종사에서 매우 중요한 위치를 차지한다.

부처님 당시부터 의발을 전하는 풍습이 있었다. 불법을 전하는 데 있어서 불법은 정신적인 것, 곧 무형의 것이므로 이를 증표하는 하나의 증거물로 진리의 '밀법'이자 그 상징인 '의발'을 전했던 것이다. 부처님의 의발은 초조 달마→이조 혜가→삼조 승찬→사조 도신→오조 홍인→육조 혜능으로 전해졌고, 혜능 이후로는 전해지지 않는다고 한다.

명明이란 혜명惠明을 말하는데, 일부 『단경』의 판본에서는 혜순惠順이라고 쓰여 있다. 속성俗姓은 진陳으로, 일설에 따르면 과거에 삼품장군三品將軍이었다고 하며, 남북조 시대 진선제陳宣帝의 손자였다는 설도 있다. 이게 사실이라면 당나라 혜능 때에는 적어도 여든이 넘은 나이였을 것이다.

혜명은 황매黃梅의 곁에서 선을 배워 상좌上座가 되었다. 그 후 오조五祖가 비밀리에 혜능에게 의발衣鉢을 전수했다는 이야기를 듣고, 이를 받아들이지 못하여 대중을 이끌고 그를 뒤쫓았다. 그렇게 해서 대유령大庾嶺에 이르게 된 것이다.

그러나 막상 육조의 앞에 와서는 "저는 의발 때문이 아니라 진법眞法을 구하러 왔습니다"라고 말한다. 그 순간 육조 혜능은 침착하게 한마디를 건넨다. "선도 생각지 말고, 악도 생각지 말라. 딱 이러할 때 어느 것이 명 상좌의 본래면목인가?" 이 말에 혜명은 확연히 깨치게 되었으니, 그 후 그는 육조의 문하에 귀의하여 평생 육조를 시봉하였다.

많은 이들이 이 경을 후대 승려들이 개작한 것이라고 말한다. 왜냐하면 이러한 선종 '화두話頭'는 육조가 세상을 뜬 후에야 나타난 대화형식이기 때문이다. 이 글이 다른 이의 개작을 통해서 만들어진 것이든 아니든 간에, 그 속에 드러난 도리가 옳다면 그것으로 그만이다.

육조가 전달하고자 했던 요체는 대단히 놀랍고 깊으면서도 예리하다. 선과 악은 모두 인간이 만든 허상이다. 그러므로 자신의 진면목을 찾기만 한다면, 그것이 정법正法이라는 것이다.

혜명은 육조가 '밀법'을 전수받지 못했다고 여겼으리라. 그러나 육조는 한마디로 시원하게 쏟아낸다. "그대가 만일 그대 자신의 진면목을 찾을 수 있다면 밀법은 바로 그대에게 있으리라."

그렇다. 비밀이라고 한다면 말할 수 없다. 곧 그것이 무언無言이기 때문이다. 말할 수 있다면 그것은 비밀이 아니다. "비밀스럽게 주고받는다"는 것은 필시 깨닫기 위한 것일 터인데, 깨달을 수 있다는데 또 무슨 비밀이 따로 있단 말인가?

육조가 선도 생각하지 말고 악도 생각하지 말라는 것은 어떤 비밀스런 말이 아니라는 것이다. 이를 알게 된 명 상좌는 기쁨이 넘쳐 "사람이 물을 마셔보고 차고 따뜻함을 아는 것과 같다"고 그의 경지를 표현했다.

무문은, 육조가 일각을 다투는 다급한 상황에서 안위만을 구하려다 보니, 위없는 비밀한 법을 한꺼번에 모조리 혜명에게 주었다고 풍자하면서 "일이 생겨 급히 집을 나서게 된 노파 마음의 간절함(事出急家老婆心切)"이라고 하였다.

“사정이 급해지면 지혜가 생기고, 어려움을 당하면 진심이 보인다”고 했는데, 육조는 별로 노력하지도 않고 깨닫게 했으니 육조의 친절함은 이만저만한 것이 아니다. 그래서 과일 껍질도 벗기고 씨도 빼서 먹기 좋게 하여 명 상좌의 입에 넣어 주었으니, 명 상좌는 씹을 것까지 없이 홀딱 삼켰다 .

돈오頓悟라는 말이 있다. ‘당장에 깨친다’는 뜻인데, 당장에 깨친다는 것은 사실이지만 그것이 예비훈련이 없이 되는 것이 아니다. 역시 기연機緣의 터전이 닦아진 뒤에 이루어진다. 육조와 명 상좌 사이의 이 사건도 역시 마찬가지이다.

게송에서 “본래의 면목은 감출 곳이 없다. 그림으로 그릴 수도 없고, 말로 이치를 캘 수도 없기는 하나, 그것이 깊은 산속이나 깊은 바다 속에 감춰 있는 것이 아니다. 자신이 스스로 닦아서 몸소 체득하는 외에 딴 방법이 없다. 자! 큰 길(大道)로 돌아가거라!”라고 말하였다.

제24칙 이각어언離卻語言

本則

風穴和尚이 **因 僧問**하되 **語默涉離微**하여 **如何通不犯**고 **穴云**하되 **長憶江南三月裡**에 **鷓鴣啼處百花香**이로다

풍혈 화상은 〔어느〕 스님이 묻되 "말을 하거나 입을 다물어, 이미離微〔라는 마음의 본체〕에 통하고자 하거늘, 어찌 통할 수 없는가?"라고 하니, 혈穴이 말하되 "〔나는〕 오랫동안 강남의 삼월〔에 있었던 일〕을 기억하는데, 자고새 우는 곳에 백화가 향기로웠네"라고 하였다.

【한자】 默(묵묵할 묵), 涉(건널 섭), 離(떼놓을 리), 微(작을 미), 憶(생각할 억), 鷓(자고 자), 鴣(자고 고), 啼(울 제)

【문법해설】

- 語默涉離微: (1) '涉'은 '건너다, 미치다, 이르다, 널리 이것저것에 통하다'라는 뜻이다. (2) '離微'는 ①주관과 객관 ②주관과 객관이 不二一體

된 절대적인 경지 ③'離'는 진리가 일체를 초월하는 것, '微'는 진리의 작용으로서 나타나는 것이 미묘하다는 뜻으로, 진리의 두 면을 가리킨다. 여기에서는 離와 微라는 각각의 뜻을 나타내는 것이 아니고, 한 단어로 離微가 '우리들 마음의 본체'인 그 자체를 말한다고 할 수 있을 것이다.[84]

- 如何通不犯: (1) '如何'는 문장에서 술어나 부사어가 되어 반문이나 의문을 나타낸다. ①부사어가 될 때는 대체로 반문을 표시하고, ②술어가 될 때는 대체로 의문을 표시한다. 여기서는 부사어로 쓰였으며, ①을 따른다.

〔예문〕 ①明恥教戰, 求殺敵也. 傷未及死, 如何勿重(무엇이 치욕인가를 밝히고, 병사들의 작전을 지도하는 것은 적을 죽이기 위해서이다. 적이 부상당하였으나 아직 죽지 않았는데, 왜 다시 죽일 수 없다는 말인가?) ②伐柯如何? 匪斧不克. 取妻如何? 匪媒不得(도끼자루가 없으면 어떻게 하나? 도끼가 없으면 벨 수 없고, 아내를 얻고자 하면 어떻게 하나? 매파가 없으면 얻을 수 없다.)

---

84 '離微'는 僧肇(374~414) 스님의 『보장론』「離微體淨品」 중에 나오는 구절이다."이離에 들어가고 미微에서 나온다는 것은, 본래 깨끗한 당체는 스스로 이와 미를 할 수 있는 것이라고 말할 수 있는 것이다. 들어가는 것에 근거하니 이離라고 하고, 쓰는 것에 근거하니 미微라고 한다. 섞여서 하나가 되면 이離도 없고 미微도 없다. 체는 이로 물들 수 없고, 물들지 않으니 청정하지도 않다. 체는 미로 있을 수 없고, 있지 않으니 의지할 것도 없다. 이런 까닭에 쓰여도 있는 것은 아니고, 고요해도 없는 것이 아니다. 없지 않으니 끊을 수 없고, 있지 않으니 영원함도 아니다.(其入離 其出微 可謂本淨體可自離微也. 據入故名離 約用故名微 混而爲一 無離無微 體離不可染 無染故無淨 體微不可有 無有故無依 是以用而非有 寂而非無 非無故非斷 非有故非常.)"

(2) ①'通不犯'에서 '犯'은 부정을 나타내는 '不'과 함께 써서 '~할 가치가 없다', '~할 필요가 없다'라는 뜻이 된다. ②'通不犯'은 가능보어의 긍정형인 '通得犯'의 부정으로 '通'하여 '犯'의 결과에 이르지 못한 것을 나타낸다. 이때 '犯'은 '부딪히다', '도달하다' 등의 뜻이 있으므로, '通不犯'은 '통하여 그것에 이르지 못한 것'을 나타낸다. 여기서는 ②를 따른다.
〔예문〕 ①爲了買這點東西, 走那麽遠的路, 眞不犯(이러한 물건을 사기 위하여 그렇게 먼 길을 갈 필요는 정말 없다.)

評唱

無門曰 風穴機如掣電하여 **得路便行**이나 **爭奈坐前人舌頭不斷**고 **若向者裡**에서 **見得親切**하면 **自有出身之路**하리라 **且離卻語言三昧**[85]하고 **道將一句來**하라

【한자】 掣(끌 체, 당길 철), 奈(어찌 내)

무문이 말하기를 "풍혈은 〔그의〕 기機가 번개 같아서, 길에 이르면 곧 〔자유자재로〕 가지만(행하지만), 어찌할까? 옛사람의 혀에 안주하여 끊어버리지 않으니(옛사람의 혀를 끊어버릴 수 없었으니), 만약 여기에서 꼭 들어맞게 볼(판단할) 수 있었다면 스스로 〔생사의 속박에서〕 몸을 빼내는 〔해탈의〕 길(방법)을 갖게 되리라. 자! 어언삼매語言三昧를 끊어버리고 한마디를 일러 보아라!" 하였다.

---

85 語言三昧: 말하는 것에 투철한 것.

【문법해설】

▪ 機如掣電: 앞 제8칙 참조.

▪ 得路便行: (1) '得路便行'에서 '得'은 '얻다, 손에 넣다, 만족하다, 고맙게 여기다, 깨닫다, 알다, 분명해지다, 적합하다, 이르다, 도달하다, 이루어지다, 만나다, 탐하다, 사로잡다' 등의 동사로 쓰이는데, 여기서는 '이르다'라는 뜻으로 해석한다. (2) '便'은 '곧', '문득' 등의 뜻일 때는 '변'으로 읽는다.

▪ 爭奈坐前人舌頭不斷: (1) '爭奈'는 조기백화에서 '어찌하랴'라고 해석한다. (2) ①'坐前人舌頭不斷'에서 '坐'는 그대로 '앉다(안주하다)'라는 뜻으로 풀이하여, '坐前人舌頭'는 부사어, '不斷'은 술어로 해석한다. ②'坐……不斷'에서 '坐斷'을 '挫斷'이나 '剉斷' 등의 가차로 볼 수 있다면, '坐斷(挫斷, 剉斷)'은 '꺾어서 그 결과 갈라내다'라는 뜻이 된다. 이때는 두 글자 사이에 '得'을 써서 가능보어로 만들 수 있으며(坐得斷, 挫得斷, 剉得斷), '得'을 '不'로 고치면 부정형태가 된다. 현대한어 에서는 가능보어의 목적어를 보어 뒤에 쓰지만, 여기에서는 동사와 보어 사이에 쓰는 형태이다.

▪ 若向者裡 見得親切: (1) '見'은 ①'견'으로 읽어 '~을 〔자기의 식견으로 판단하여〕 보다'라는 뜻으로 해석하거나, ②'현'으로 읽어 '드러내다, 나타내다'라는 뜻으로 해석할 수 있다. (2) '得'은 ①'~할 수 있다'라는 뜻의 조동사가 동사 뒤로 옮겨져 조사가 된 것으로 보아 '~할 수 있다'라고 해석하거나, ②동사와 정도보어 사이에 쓰이는 조사로 보아 '꼭 들어맞을 정도로 見하다'로 해석하며, ③동사와 가능보어 사이에 쓰이는 조사로 보아 '꼭 들어맞게 見할 수 있다'라고 해석할 수 있다. (3) '親切'은 '꼭 들어맞다'이다. 위의 (1) (2) (3)을 종합하여 '꼭 들어맞게

판단할 수 있었다면'이라고 해석하기로 한다.

- 道將一句來: ①'將'은 조기백화에서 동사와 방향보어 사이에 쓰여 동작의 지속성이나 시작을 나타낸다고 한다. 그러나 비록 이곳에서는 그 동사와 보어 사이에 '一句'가 있어서 일반적인 통사구조와는 다르지만, 목적어가 자리를 바꾼 것이라고 보면 '한 마리를 시작해 보라'는 의미라고 할 수 있을 것이다. ②아마도 원래 '將一句來道'이라고 써야 하는 문장에서 '道(말하다)'를 강조하기 위하여 도치시킨 것으로 본다면 '한마디(一句)를 가지고(將) 말하다'라는 뜻으로 해석할 수 있을 것이다. 이때 '來'는 동사구조(개사구조)와 동사 사이에 쓰여 방향·방법·태도·목적 등을 나타낸다고 할 수 있다. 여기서는 ①을 따라 해석하기로 한다.

頌曰

不露風骨[86]句하고 **未語先分付**한대 **進步口喃喃**이면 **知君大罔措[87]**로다

【한자】 付(줄 부), 喃(재잘거릴 남), 罔(그물 망), 措(둘 조)

〔불법의 본체를 보여줄 수 있는 격조 높은〕 풍골風骨의 구句를 드러내지 않고, 아직 〔한마디〕 말도 없이 〔마음을〕 먼저 나누어주었네. 〔한 걸음〕 앞으로 나아가 시끄럽게 중얼거렸다면, 그대들은 크게(그야말로) 어찌할 바를 모르게 된 것을 알아라.

---

86 風骨: 원래 漢魏 시기에 유행한 時風으로 剛健하고 굳센 格調를 가리킨다.

87 罔措: 나아갈 바가 없는 것을 비유한 말. 둘 곳을 모르다.

【문법해설】

- 進步口喃喃: '口喃喃'은 '시끄럽게 중얼중얼 이야기하다'라는 뜻으로 말이 많은 것을 형용한 말이다.

【講義】

이 공안은 풍혈 화상의 법문이다.『경덕전등록』과 『오등회원』 등에 보인다.

풍혈연소風穴延沼 선사(896~973)는 송나라 여주 사람으로, 속성은 유劉씨이다. 어려서부터 고기 먹는 것을 싫어했고, 유가儒家 서적을 많이 읽어서 진사 시험에도 합격했다고 한다. 그는 시인 기질이 다분한 고승高僧이었으며, 유자儒者였다가 불교로 귀의한 대표적 인물 중 하나이기도 하다.

『오등회원』의 기록에 따르면, 그는 개원사에서 처음 출가했고, 천태종天台宗의 지관止觀을 익혔다고 한다.

이 공안에서와 같이 선사는 일상생활이나 선종의 삶에서, 고요하게 대자연을 인식하고 그 속에서 심오한 의미를 제련해내는 인물이었던 것 같다. 아울러 이러한 느낌을 유가적 기질을 살린 시구로 표현해 내기도 했다.

법계는 임제의현臨濟義玄 → 흥화존장興化存奬 → 남원혜옹南院慧顒 → 풍혈연소風穴延沼로 이어진다.

이 공안의 내용은 풍혈 선사와 어느 스님과 나눈 문답을 적고 있다.

첫 구절의 '이미離微'라는 용어가 까다롭다. '이미'는 승조僧肇의 『보장론寶藏論』「이미정체품離微體淨品」에 나오는 용어이며, "마음의 작용이 근본으로 돌아가는 것을 이離라고 하고, 마음의 작용이 밖으로 나오는 것을 미微라고 한다. 그러므로 입리入離를 안다면 외부의 경계에 끌려서 의지하는 일이 없을 것이요, 출미出微를 안다면 안으로 마음에 번뇌가 일어날 일이 없을 것이다"라고 하였다.

여기에서 '이離'란 일체 분별을 벗어난 무분별한 그 자리를 말한다. 다시 말하면 색色과 상相을 끊은 평등지를 가리키는 말로, 곧 진여의 본체를 의미한다고 할 수 있다.

미微란 무분별한 그 자리를 벗어나 현상의 구체적인 차별로 나타난 작용을 가리킨다. 곧 진여의 작용인 현상을 의미한다고 할 수 있다.

어떻게 보면 이離와 미微는 상대적인 것같이 보이지만, 결국은 진여의 안과 밖을 가리킨다고 볼 수 있다.

여기에서 풍혈 선사를 찾아온 스님은 "어묵섭리미語默涉離微를 여하히 하여야 통불범通不犯하리이까?" 하고 묻는다. 즉 이 뜻은, 말을 하면 미微에 떨어지고, 입을 다물어 침묵하면 이離에 떨어지게 되어 진여의 한쪽밖에 통하지 않게 된다. 따라서 '이'와 '미'의 양변을 범하지 않고 두루 통하려면 어떻게 하여야 하느냐고 묻고 있는 것이다. 다시 말하면 '이미'의 자리는 고요한 열반의 자리이고, 언어를 초월한 자리이고, 무어라 말할 수 없는 자리인데, '이미'라고 말한다면 '어묵語默'에 걸린 것이고, 어묵을 떠나지 못한 것이지 아니겠는가?

그러므로 이 말은 "어묵에 걸리지도 어묵을 떠나지도 않는 불범不犯의 자리, 곧 진여의 자리에 계합하려면 어떻게 해야 합니까?"라는 의미이다. 한마디로 말하면 "유언무언有言無言을 초월하여 불도의 현묘한 대의를 제시해 보십시오"라고 풍혈 선사의 도력을 시험하는 질문이다.

이 물음에 풍혈은 "늘 기억하시게나. 강남은 따뜻한 곳이라서 3월이 되면 온갖 새들이 지저귀고, 백화가 만발하여 향기가 그윽하다"라고 하여, 두보의 시 한 구절을 제시하고 있다.

풍혈 화상은 질문한 스님에게 '대자연의 참된 모습을 통하여 불법의 대의를 체득하는 것이 언어문자에 집착하지도 않고 침묵에도 떨어지지 않는 길'이라고 말한다.

즉 "따스한 봄날, 백화가 무심하게 만발하고, 자고새는 나무 사이에서 무심하게 노래하고 있는 강남의 봄날 모습을 잘 생각해 보게나! 그대 스스로가 강남의 봄날을 잘 생각하여 제법의 실상을 자각할 때에, 일체에 통하고 일체의 차별상에 떨어지지 않는 경지에 계합하게 될 것일세!"라고 법문하고 있는 것이다.

무문의 평을 들어보다

"풍혈 스님이 제자를 교화하는 수단이 '번갯불과 같이 빠르고, 가야 할 길을 신속히 실행하고 있다"라고 평하면서, 선기가 준엄함을 칭찬하고 있다.

그런데 어찌된 일인가? "옛사람이 혓바닥 놀린 것을 끊지 못하고 있다"고 하였으니, "두보의 시구를 인용하여 자신이 사용함으로써, 두보의 언어문자에 끌려 떨쳐버리지 못한 것은 안타까운 일이다"라고 평하고 있다.

그러나 질문하는 그 스님은 이러한 풍혈 화상의 법문을 올바르게 깨닫지 못하고, 언어문자로 불법을 논리적으로 따지고 주장하려고 하고 있으니, 그가 언제 참된 불법을 체득할 수가 있겠는가?

이론적으로 언어문자나 논리적인 사고로서 질문하는 것이 반드시 바람직한 일이 아니다. 일체의 진실을 바로 보고 자각하는 자신의 참된 모습을 한 걸음 뒤로 물러나서 회광반조廻光返照하도록 각성시키고 있다.

무문의 송을 들어보자

"풍골구露風骨句를 드러내지 않고, 말하기 전에 먼저 분부分付하셨네. 만일 나서서 뭐라 지껄여댄다면 그대도 당황하여 어쩔 줄 모를 걸세."

제25칙 삼좌설법三座說法

本則

仰山和尙이 **夢見 往彌勒所 安第三座**하니 **有一尊者**가 **白槌**[88]**云**하되 **今日當第三座說法**이라 하거늘 **山乃起白槌云**하되 **摩訶衍法**은 **離四句絶百非**하니 **諦聽諦聽**하라

【한자】 彌(두루 미), 勒(굴레 륵), 槌(망치 퇴〔추〕), 摩(갈 마), 訶(꾸짖을 가), 衍(넘칠 연), 諦(살필 체〔제〕)

앙산 스님이 꿈속에, 미륵보살의 처소에 나아가 세 번째 자리에 편안히 앉았는데, 한 존자가 나무망치를 치며 말하기를 "오늘은 세 번째 자리에서 법을 설합니다(세 번째 자리에 앉은 사람이 설법할 순서입니다)" 하거늘, 앙산이 곧 일어나 나무망치를 치며 말하기를 "마하연(대승)의

---

88 白槌: 白은 告示, 槌는 쇠망치라는 뜻으로, 선의 道場에서 수행자들의 주의를 끌기 위하여 작은 나무망치로 나무대를 치는 것. 설법의 전후에 이 추를 친다.

법은 사구四句를 여의고 백비百非를 끊었으니, 분명히 들으시오. 잘 들으시오"라고 하는 것을 보았다.

【문법해설】

- 仰山和尙 夢見往彌勒所……: '見'은 '뒤 문장 전체('往彌勒所~諦聽諦聽')를 보았다'라고 해석한다.
- 今日當第三座說法: '當'은 많은 뜻이 있는데, 특히 다음과 같이 시간과 장소를 나타내기도 한다. ①개사로 어떤 일이 발생한 시간을 표시하는 데 쓰인다. 이것은 주로 서면어에 많이 쓰이고, '當'의 뒤에는 자주 '着'이 붙는다. 또 '當' 앞에 '正'을 붙여, 어떤 일이 지금 발생하고 있는 것을 강조하기도 한다. ②개사로 어떤 일이 발생한 장소를 표시하는 데 쓰인다. 이것은 몇몇 단음절 명사와 함께 쓰여 장소나 위치를 가리킨다.

〔예문〕 ①當我十歲的時候, 叔叔帶着我來到香港(내가 열 살 때, 작은아버지께서 나를 데리고 홍콩에 왔었다.) / 正當我高興的時候, 我看到我沒想到的事(내가 막 즐거워하고 있을 때, 나는 생각하지도 못했던 일을 보게 되었다.)

②當衆表演(대중 앞에서 공연하다.) / 如果你有什麽意見, 可以當我的面說(당신에게 만약 무슨 의견이 있으면 내 앞에서 말해도 돼요.)

評唱

無門曰 且道하라 是說法인고 不說法인고 開口旣失이요 閉口又喪이며 不開不閉하면 十萬八千이니라

무문이 말하기를 "자! 말하여 보아라. 설법인가? 설법이 아닌가? 입을 열면 곧 〔진리를〕 잃어버리고, 입을 닫아도 또한 〔진리를〕 잃을 것이며, 열지 않아도 닫지 않아도 〔진리와의 거리가〕 십만이요, 팔천 〔만큼이나 머나〕이다"라고 하였다.

頌曰

白日靑天에 **夢中**에서 **說夢**하니 **捏怪捏怪**로 **誑謼一衆**이라

백일청천(푸른 하늘의 밝은 대낮)에 꿈속에서 꿈을 말하니, 터무니없고 기이하구나. 모든 대중을 속이는구나.

【한자】 捏(이길 날), 怪(기이할 괴), 誑(속일 광), 謼(부를 호)

【문법해설】

- 誑謼一衆: (1) '誑謼(광호)'에서 '謼'는 원래 '소리치다, 외치다'의 뜻이나 여기서는 '誑謼'가 한 단어로 '속이다'라는 뜻이 된다. (2) '一衆'의 '一'은 '一切'의 생략으로 보아 '모든'이라고 해석한다.

【講義】

이 공안은 『오등회원』 권9 '위산영우선사법사潙山靈祐禪師法嗣'장과 『오가어록五家語錄』 '앙산혜적선사仰山慧寂禪師'장 등에 보인다. 이것들의 앞부분은 다음과 같다.

사師가 누워 있을 때, 꿈에 미륵내원의 중당에 들어가니 모든 자리가 다 차 있는데, 오직 제2의 자리가 비어 있는지라. 사師가 마침내 〔그〕 자리에 앉았더니…….(師臥次 夢入彌勒內院 衆堂中 諸位皆足 惟第二位空 師遂就座……)

무문은 위와 같은 내용에서 제2좌를 제3좌로 고치고 요약하여 본칙을 쓴 것으로 생각된다.

앙산혜적(仰山慧寂: 807~883)은 남악회양南嶽懷讓→마조도일馬祖道一→백장회해百丈懷海→위산영우潙山靈祐→앙산혜적으로 법계가 이어졌으며, 스승인 위산영우(771~853)와 함께 위앙종潙仰宗을 세웠다.

이 삼좌설법은 시간·논쟁·꿈이라는 세 가지가 설법의 주제가 된다. 미래미륵未來彌勒·마하연법摩訶衍法·몽중설몽夢中說夢이 이것이다.

먼저 '시간—미래불 미륵—'에 대해 이야기해 보자.

미륵彌勒은 '자애로운 자(慈者)'라는 의미이다.

부처님 입멸 후 4천 세(인간 세상의 56억 7천만 년에 해당)가 지나면 이 세상에 강림해서 불법을 전할 부처로, 지금은 도솔천에 살고 계신다. 석가모니불은 시간 속에서 세 차례 현신現身하니, 과거불·현재불·미래불이 그것이다. 전하는 바에 따르면 불타께서 '미륵'이 장차 그의 불위佛位를 계승할 것을 수기했다고 한다.

우리는 흔히 시간을 몇억 년 앞이라거나, 몇억 년 뒤라고 하여 시간의 길이를 나타낸다. 그러나 이것은 어디까지나 우리의 상상이 미치는 테두리 안에서 말할 뿐이요, 사실 시간은 이보다 더 길지도 모른다. 만약 시간이 시작되는 때가 있고 끝나는 때가 있다고 가정한다면, 시작하기 이전과 끝나고 난 뒤는 과연 어찌되어 있는 것일까? 시간은 과거로 가고, 미래를 거듭하여도 끝이 없는 것이다.

사실, '영원'이란 결코 미래의 시간이 아니다. 마땅히 '언제나(隨時)'의 시간이라고 해야 할 것이다. '언제나'는 시간적으로 영원한 것을 가리키는 것이다.

종교사상에서는 미래가 현재요, 현재가 과거이며, 과거 또한 미래이다……. 여기에는 앞·뒤라고 할 것도 없고 혼연일체이다. 영원은 아득히 멀리 흐르는, 꿈과 같은 일종의 신성神性과 같은 혼돈이다.

그렇다면 '시간'이란 것은 아마도 우리가 꾸는 이 꿈속의 잠꼬대일 뿐일 것이다. 이것이 바로 앙산 선사가 '꿈에 미륵이 있는 곳으로 간' 이유는 아닐까?

이 본칙은 앙산 스님의 꿈 이야기로 되어 있지만, 꿈으로 알아서는 안 된다. 꿈은 구름이나 연기처럼 그렇게 무상하게 사라진다. 그러나 종교는 영원을 추구한다.

앙산이 바라는 꿈은 바로 대승과 선종의 정신으로, 꿈처럼 짧은 환상을 꿰뚫고, 마지막에는 미래불 미륵을 보는 것이라고 할 수 있다.

'마하연'은 범어 마하야나Mahāyāna를 음역한 것으로, '대승大乘'을 말한다. '마하연법'이란 소승과 대승이 대립하는 대승이 아니라 모든 것을 포괄한다는 의미의, 『대승기신론大乘起信論』에 나오는 마하연을 가리킨다.

『대승기신론』의 마하연은 대승의 마음, 진여의 마음, 곧 물物과 심心이 상대하는 심心이 아닌, 비심非心·비물非物이면서도 포괄적인 절대유일심絶對唯一心이다.

앙산 화상은 "마하연법은 사구四句를 여의고, 백비百非를 끊었으니, 자세히 들어라. 자세히 들어라"라고 말한다.

'이사구離四句 절백비絶百非'는 어떠한 표현으로도 묘사가 불가능한 것이 마하연법이라는 것이다. 즉 '일체의 언설로도 진리의 세계를 표현할 수 없다'는 의미의 불립문자不立文字를 말한다. 선의 요체는 논리적으로 분석해 들어가는 것이 아니라, 곧바로 마음을 참구하여 깨달아 들어가는 것이기 때문이다.

사구는 불교에서 모든 존재를 인식하는 방법에 쓰인다. 동일하다(一), 다르다(異), 있다(有), 없다(無)라는 4구로써 존재를 인식하는 기본 틀로 세우고, 일一·이異와 유有·무無를 짝으로 하여, 모든 판단과 사고는 이 범주를 중심으로 분별한다.

'어떤 사물이라도 동일하지만(一) 다름(異)이 있고, 존재하지만(有) 존재하지 않는(無) 것이라고 볼 수 있다'는 견해이다.

예를 들어 연필이 길다고 하면 그것은 무엇과 비교될 때만 '길다'라고 할 수 있고, 연필이 짧다고 하면 그것은 무엇과 비교될 때만 '짧다'고 할 수 있다. '연필은 분필보다 길지만 지팡이보다 짧다'와 같이, 길고 짧은 것은 모두 상대적이다. 그러므로 그것에 절대적 가치를 부여할 수 없다. '사구를 떠난다'고 하는 것은 '일체의 분별의식을 부정한다'는 의미이다.

백비百非란 사구에 대하여 각각 사비四非를 논하는데, 일一에 대해서 논하면 다음과 같다.

一非一: 하나가 하나 아니다.

一亦非一: 하나가 또 하나가 아니다.

非一非非一: 하나가 아니고 하나가 아니라는 것도 아니다.

非非一亦非一: 하나 아니라는 것도 아니고 또 하나가 아니다.

4구(一·異·有·無)를 모두 이렇게 네 가지로 부정할 수 있는데, 이것을 합치면 16가지가 부정된다. 이 부정은 과거·현재·미래의 3세까지 걸쳐서 적용되는 진실이기 때문에, 3을 곱하면 부정은 48개로 늘어난다. 이를 이미 일어난 인식론적 착각(已起)과 아직 일어나지 않은 것(未起)으로 미리 부정하면 96가지의 부정이 되고 이에 본래의 4구를 넣으면 100비가 된다. 이 철저한 부정의 변증을 '사구백비'라고 한다.

이처럼 부정마저 부정해서 아무 곳이나 걸림 없이 훨훨 털어버리는 것은 존재의 실상을 드러내고자 함이다. 다시 말하면 부정으로 무명을 벗어나게 한 것이다.

무문의 평을 들어보자.

앙산은 꿈에 미륵불이 계신 곳에 가서 설법해 달라는 대중들의 요청에 따라 "불교의 대승법은 4구를 여의고 백비를 절絶한다"고 말하고 "이를 헛되이 생각 말라"고 경고까지 했다

이에 무문은 "이는 법을 설한 것인가? 법을 설하지 않은 것인가? 차별적인 견해로 한마디 입을 열면 앙산의 진의를 잃을 것이요, 그렇다고 해서 침묵을 지켜 입을 닫아도 잃을 것이다. 그러면 설해도 설한 것이 아니고, 설하지 않고 설한 것이 앙산의 설법이라고 생각해 버린다면, 이것 역시 진실과는 더욱 더 멀어지고 만다"라고 하였다.

선종에서는 불립문자이기에 입을 열기만 해도 잘못이요, 그렇다고 아무 말 아니해도 잘못이다. 입 다물고 있으면 누가 있어 종지를 거량할 것인가? 이것이 문제는 문제이다. 그러므로 선禪에서는 설법해서는 안 될 뿐 아니라, 설법하지 않는다는 말 또한 해서도 안 된다. 설법하지 않는 것 그 자체가 여전히 설법하고 있는 것이다.

그러므로 대승법과 선은 마땅히 시비논쟁을 버리고 진리(다른 이를 포용하는)에 귀 기울여야 한다고 주장한다.

무문의 게송은 "앙산의 꿈 이야기에 현혹되지 말고, 곧바로 사구백비를 초월한 대승의 불법을 체득하지 않으면 안 된다"라고 주의를 주고 있다.

제26칙 이승권렴二僧卷簾

本則

淸涼大法眼이 **因 僧齋前上參**할새 **眼**이 **以手指簾**한대 **時有二僧**이러니 **同去卷簾**하니 **眼曰 一得一失**이라 하다

【한자】 涼(서늘할 량), 齋(재계할 재), 簾(발 렴)

청량의 대법안이, 스님들이 식사(정찬)하기 전에 참선하러 왔기 때문에, 안眼은 손으로 발을 가리키는데, 그때 두 스님이 함께 가서 발을 말아 올리니, 안眼이 말하기를 "한 사람은 좋고, 한 사람은 안 되었다"라고 하였다.

【문법해설】

- '因'은 ① 개사로 사용되어 '〔시간·기회 등을〕 틈타다(趁, 乘)' ② '~으로 말미암아' 등의 뜻으로 쓰이기도 한다. 여기서는 모두 가능한 것으로 보이지만, 임의로 ②를 따라 해석한다.

〔예문〕 ① 因其無備, 卒然擊之. 『三國志·魏志·郭嘉傳』(준비 없는 틈을 타서 갑자기 공격했다.)

② 因見說得有緒 後竟不問做處. 『禪要 28』(〔자주 대답했지만 그때마다 조리가 있어서〕 이로 인하여 실마리가 있게 말하는 것을 보시고는, 나중에는 결국 공부하는 곳을 묻지 않으셨다.)

▪ 時有二僧: (1) '時'는 ① 適時(당시의 필요에 맞게) ② 당시(那時, 그때) ③ 부사로 '及時(때에 이르러)' 등으로 해석될 수 있는데, 여기서는 ②를 따라 해석한다. (2) '有二僧'에서 '有'는 ①'某(어떤)'의 뜻과 같거나, ②'있다'라는 뜻으로 쓰일 수 있다. ②의 경우는 '有'의 목적어는 '二僧'이므로, 有無동사의 목적어를 꾸미는 말(同去卷簾)은 그 목적어의 뒤에 오므로, '함께 가서 발을 말아 올리는 두 스님이 있어서'라고 해석할 수 있다. 여기서는 모두 가능하다.

評唱

無門曰 且道하라 **是誰得誰失**고 **若向者裡 著得一隻眼**하면 **便知清涼國師敗闕處**하리라 **然雖如是**나 **切忌向得失裡商量**이리라

【한자】 隻(새 한 마리 척), 闕(대궐, 이지러질, 허물 궐), 忌(꺼릴 기)

무문이 말하기를 "자아 말하여 보아라! 누가 옳고 누가 그르다는 것인가? 만약 여기에서 하나의 〔心〕안眼을 드러낼 수 있다면(가질 수 있다면), 곧 청량 국사가 잘못한 곳을 알 수 있을 것이다. 그러나 비록 이와 같으나 절대 옳거나 그르다는 곳에서 참구하는 것을 피하여야 하니라"라고 하였다.

【문법해설】

▪ 著得一隻眼: '得'은 동사 뒤에서 조사로 쓰여 '가능'을 나타낸다.

▪ 便知淸涼國師敗闕處: (1) '便'은 동사 앞에서 부사로 쓰이면 곧(卽, 就), 只(단지), 이미(已經) 등으로 쓰이거나, 반문(豈)이나 양보(倒)를 나타내는데, 여기서는 '곧'의 의미이다.

(2) '敗闕'는 '과실(잘못하다)'이라는 뜻이다.

〔예문〕 師行脚時 到龍光 光上堂 師出問 不展鋒鋩 如何得勝 光據坐 師云, 大善知識 豈無方便 光瞪目云, 嗄 師以手指云, 這老漢 今日敗闕也(임제 스님이 행각할 때, 용광 스님이 계시는 곳에 갔다. 용광 스님이 마침 법당에서 법문을 하고 있는데, 임제 스님이 물었다. "칼을 뽑지 않고 어떻게 해야 이길 수 있습니까?" 용광 스님이 자리 잡고 앉자, 임제 스님이 말했다. "대선지식께서 어찌 방편이 없으십니까?" 용광 스님이 똑바로 뜨고 보면서 "사!" 했다. 그러자 임제 스님이 손가락으로 가리키면서 말했다. "이 늙은이가 오늘은 나에게 졌습니다.")

▪ 切忌向得失裡商量: (1) '切忌'는 '매우 꺼리다(深忌)'나, '힘써서 반드시 피하다(務必避免)'라는 뜻이다. (2) '向'은 대상이나 시간 등을 표시할 수 있으나, 뒤에 '裡'가 있으므로, 동작행위가 발생한 장소를 나타내어 '在'와 같은 뜻으로 쓰인다고 보아야 한다. (3) '商量'은 ①'토론하다' ②'값을 헤아리다' ③'준비하다' ④'매매할 때 값을 지불하다' 등의 뜻이 있는데, 이런 것들로부터 '참구하다'라는 뜻이 되었다.

頌曰

卷起明明徹太空이나 **太空**도 **猶未合吾宗**이라 **爭似從空都放下**하여 **綿綿密密不通風**고

【한자】 徹(통할 철), 綿(이어질 면)

〔발을〕 걷어 올리면 명명백백하게 태공에 통하지만, 태공은 오히려 우리의 종지에 맞지 않은 것 같으니, 어찌 '허공에서 〔두 사람이〕 모두 〔발을〕 내려놓아, 〔빈틈없이 닫아〕 면밀하게 바람을 통하지 않게 하는 것'과 같다고 하리오?

【문법해설】

- 卷起明明徹太空: '起'는 동사 뒤에 쓰여 방향이 아래에서 위로 향하는 것을 나타내는 방향보어라고 할 수 있다.
- 爭似從空都放下 綿綿密密不通風: (1) '爭'은 '어찌'라는 뜻으로 반문을 나타낸다. (2) 혹자는 '都放下'를 '모든 것을 다 놓아버리고'라고 해석하지만, '都'는 '주어가 모두'라는 의미이지 '목적어를 모두'라는 의미가 아니므로 옳지 않다. (3) '放下'에서 '下'는 방향보어로 목적어의 방향이 아래로 향하는 것을 나타내며, 결코 주어의 동작이 아래로 향하는 것이 아니기 때문에, '〔목적어가 아래의 방향으로 향하도록〕 내려놓다'라고 해석하며, '〔주어가〕 놓고 〔주어가〕 내려가다'라고 해석하지 않는다. (4) '綿綿密密不通風'은 '면면밀밀한 바람도 통하지 않다'나 '면면밀밀한 바람을 통하지 않게 하다'라고 해석하려면 각각 '綿綿密密風也不通'과 '不通綿綿密密風'과 같이 써서, 명사 '風'의 앞에서 '綿綿密密'이 한정어가 되어야 한다.

【講義】

이 공안은 『경덕전등록』 권24 '승주昇州 청량원淸凉院 문익선사文益禪

師'장과 『오등회원』 권10 '법안法眼'장 등에 기록되어 있으나, 그 내용은 약간 다르다.

청량대법안淸凉大法眼 선사(885~958)는 법안문익法眼文益 선사라고도 한다. 선종 5가7종에서 법안종法眼宗을 창시한 스님이다.

오늘 이야기는 선원에서 점심 식사를 하기 전에 법당에서 상당법문을 하려고 할 때의 상황이다.

법안 선사는, 대중들이 설법을 듣기 위해 모여 있는 법당의 법상에 올라, 말은 한마디도 하지 않고 손으로 문 앞에 걸쳐 있는 발(珠簾)을 가리키니, 두 스님이 함께 가서 발을 말아 걷어 올렸다. 그런데 법안은 이런 모습을 보고 "하나는 얻고, 하나는 잃었다"라고 하였다.

말없이 두 사람이 발을 함께 올렸는데, 그것을 보시고 "누가 얻고 누가 잃었는지, 무엇을 얻고 무엇을 잃었는지, 어떻게 그것을 가려내는지, 다시 말하면 어느 구석에 뚫고 들어갈 구멍이나 문門이 있는지를 가려낼 수 있어야만 한다. 이것이 오늘의 화두이다"라고 하셨다.

여기에서 요점은 득得과 실失이다. 일반적으로 득하면 좋아하고 실하면 싫어한다. 득이라면 이득만 생각하고 실이라면 손해만 생각하는 것은 차별계에서 보는 것이다. 그러나 평등계에서 보면 득과 실이 있을 수 없다. 특히 선에서는 '득이니 실이니 하는 이원론의 언구言句에 구애되지 말고 버리라'고 가르친다.

선종은 왜 이원론을 버리라고 했는가? 이원이 있으면 차별(분별)이 있기 때문이다.

이원은 어디에서 왔을까? 이것은 사실 '이二'에서 온 것이 아니다. 바로 '아상我相'이라고도 하는 '일一'에서 온 것이다. 두 사람에게는 모두 '아我'가 있다. 이것이 곧 이二이다. 그래서 선종에서는 '일'조차도 없는 공空을 말하고 있지 않은가?

부처님도 『금강경』에서 "무아상, 무인상, 무중생상, 무수자상(無我相, 無人相, 無衆生相, 無壽子相)"이라 하셨고, 또한 선에서의 차별은 마장魔障이고, 마魔는 타他가 아닌 바로 아我이기 때문에, 아我가 바로 모든 차별의 근원인 것이다.

『오등회원』에 다음과 같은 이야기가 실려 있다.

학인 스님이 물었다. "부처는 어디에 계십니까?" 선사가 말했다. "네 앞에 계시지." 학인 스님이 물었다. "어째서 저에게는 보이지 않습니까?" 선사가 말했다. "너에게는 '아我'가 있어서 보이지 않는 것이다." 학인 스님이 물었다. "그럼 너니 나니 하는 것을 버리면 부처를 볼 수 있습니까?" 선사가 말했다. "너니 나니 하는 것을 버렸는데 뭐 하려고 부처를 보려는가?"

어떠한 것에도 상대적인 분별을 떠나야 하고, 상대적 분별을 떠났다는 것에도 머물지 말고, 상대적 분별을 떠나서 머물고 있다는 그 생각마저도 없어야 한다는 것이다.

'두 승(二僧)'이란 것에는 너와 내가 있다. 거기에 늙은이 청량淸凉까지 하면 셋인 셈이다. 이 공안에 담긴 현기玄機를 간파하려거든 먼저 승려 둘을 하나로 보고, 다시 이 승려까지도 없다고 여겨야 할 것이다.

무문의 평을 들어보자.

"말해 보라! 누가 얻고 누가 잃었는가? 이 속에서 밝은 눈을 얻으면

법안의 잘못된 곳을 알리라. 그러나 득실得失을 생각하는 것은 절대 금해야 한다"라고 하였다

즉 무문 스님은 "'법안 스님이 누가 얻고 누가 잃었는가?'라고 하신 것은, 공연히 잘잘못을 가려 누구 한 사람을 바보로 만드는 일이 아니겠는가? 이것도 화두라고 그러느냐?"라고 폄하하셨다.

두 학인 스님은 법안 스님의 눈짓을 살펴가며 발을 걷어 올려, 법안 스님의 비위를 맞추려 한 것일 뿐이다. 그러므로 발을 걷어 올린 사람의 행동에 초점을 맞추는 것은 어리석음이다. 그러나 지혜의 눈을 갖춘 사람은 법안 스님의 입장에서 무엇을 얻고 무엇을 잃었는지를 간파할 수 있을 것이다.

무문 스님은 "지혜의 안목으로 '누가 얻고 누가 잃었는지'를 알 수 있기만 하면, 법안 스님이 실패한 곳을 알게 될 것이다. 그래야 답이 나타난다"고 하신 것이다.

무문 스님은 득실得失을 초월한 경지에서 이 공안을 파악해야 한다고 주장하고 있다. 그래서 '득실을 가지고 사량분별하는 것을 삼가라'고 간곡히 경책하고 있는 것이다.

무문은 이렇게 노래한다.

"발을 말아 올리니 밝고 밝은 하늘이다. 그 하늘도 여전히 내 뜻에 맞지 않구나. 어찌 그 하늘조차 던져 버리지 않느냐. 촘촘하게 이어져 바람도 통하지 않는구나."

발이 햇볕을 가려주니 시원해서 좋지만 앞산을 가로막아 답답하다. 그렇다고 발을 걷어버리면 경치는 보기 좋지만 햇빛이 들어와 눈이 부시다.

무문 스님은 겸손한 마음으로 화엄사상을 결합해서 선종의 철학을 노래하고 있다. 발을 걷어 올리는 것은 현상세계인 차별세계의 망상을 걷어버리는 것이 되고, 이는 다시 절대평등의 허공 경지가 되는 것이다. 그러나 그것은 깨달음에 도달한 것은 아니다. 그곳에서 다시 일체개공一切皆空의 허공까지 떨쳐버려야, 득실시비得失是非의 사슬에서 벗어나 탕탕무애蕩蕩無碍한 경지에 들어간다고 노래한다.

제27칙 불시심불不是心佛

本則

南泉和尚이 **因 僧問云**하되 **還有不與人說底法麽**이니까 **泉云**하되 **有**니라 **僧云**하되 **如何是不與人說底法**이니꼬 **泉云**하되 **不是心**이요 **不是佛**이오 **不是物**이니라

남전 화상은 한 스님이 "아직도 사람들에게 설하지 않은 법이 있습니까?" 하고 물으니, 남전이 말씀하시되 "있다"라고 하셨다. 스님이 묻되 "무엇이 사람들에게 설하지 않은 법입니까?" 하니, 남전이 말씀하시기를 "마음도 아니고, 부처님도 아니고, 물건도 아니다"고 하셨다.

【문법해설】

- 還有不與人說底法麽: (1) '還'은 부사로서, 현상이 계속 존재하거나 동작이 계속 진행되는 것을 나타내기도 한다. 즉 '계속, 아직도'라고 해석할 수 있다.

〔예문〕 夜深了, 她的桌上還亮着油燈(밤이 깊었지만 그녀의 책상 위에는 아직도 계속 등잔불이 켜져 있다.) / 你這人還跟從前一樣, 總是那麽開朗(자넨 여전히 전과 같이 그렇게 유쾌하구나.)

(2) '與'는 施動者(주어)의 동작행위를 받는 것을 나타낸다.

〔예문〕 秦王聞之懼, 令辛戎告楚曰: '毋與齊東國, 吾與子出兵矣'(진왕이 이것을 들은 이후 매우 두려워하여, 신융을 초나라에 보내어 말하기를 "제나라에게 너희 동쪽의 국토를 주지 말라. 나는 반드시 너희를 위하여 출병하리라"고 하였다.)

(3) '底'는 고대한어의 '之'와 같이 한정어와 中心語가 종속관계인 것을 나타낸다.

評唱

無門曰 南泉이 被者一問하여 直得揣盡家私[89]하니 郎當[90]不少로다

【한자】 揣(잴 췌), 郎(사내 랑)

무문이 말하기를 "남전은 이 하나의 질문을 받아, 결국 가정의 재산을 모조리 헤아려보게 되어(탕진하게 되어), 적지 않게(매우) 형편없게 되었다"고 하였다.

---

89 家私: ①가정의 사사로운 일. ②家財. ③가정의 일용 기물.

90 郎當: 낡아서 쓸모가 없는 것. 오래 써서 낡은 모습. 사람이 늙어버려 정력이 없는 것.

【문법해설】

- 被者一問: '被'는 그 本義가 '이불'이라는 명사였으나, 후에 '당하다, 입다'라는 뜻의 동사가 되었다가, 전국 말기부터 피동을 나타내는 표지로 사용되었다고 한다. 여기서는 피동이 되기 전인 '당하다, 입다'라는 동사로 사용된 것이라고 할 수 있다.
- 直得揣盡家私: (1) '直得'에 대해서는 제19칙 참조. (2) '揣盡'은 連동사가 아니다. 즉 '盡'은 동사 '揣' 뒤에 쓰여 정도를 나타내는 보어이다.
- 郎當不少: '郎當'은 ①'〔옷이〕 몸에 맞지 않다, 단정하지 않다, 헐렁헐렁하다' ②'초췌하다' ③'피로하다' ④ '쓸모없다' ⑤'맥이 빠진 모양, 의기소침한 모양' ⑥'〔옛날, 죄수를 묶던〕 쇠사슬' ⑦'의성어로 얇은 쇠붙이가 부딪쳐 맑게 울리는 소리' 등을 나타낸다.

頌曰

叮嚀損君德하고 **無言眞有功**이라 **任從滄海變**이라도 **終不爲君通**이로다

【한자】 叮(정성스러울 정), 嚀(간곡할 영), 損(덜 손), 任(맡길 임), 滄(찰 창)

수차례 알리는 것도 너의 덕을 해치고, 말이 없어야 진정으로 공덕이 있는 것이다. 비록 푸른 바다가 〔뽕밭으로〕 변한다 하더라도 끝내 그대에게 통(說)하지 않으리로다.

【문법해설】

- 叮嚀損君德: '叮嚀(丁寧)'은 ① 원래 '戰時에 쳐서 백성들을 경계시키는

징'을 말하는 것으로, 轉하여 '반복하여 알리다(再三囑咐)'라는 뜻이 되었는데, 여기서는 '수차례 반복하여 알린다'는 뜻으로 해석한다. 이외에도 ②'거듭 부탁하다' ③'은근하다, 정성스럽다, 따스하고 빈틈없다' ④'자세하다' ⑤'분명하다, 명백하다' 등의 뜻이 있다.

- 任從滄海變: (1) '任從'은 ① 현대백화에서와 같이 '聽任服從'의 줄임말로, '제멋대로 하게 하다'라는 의미이거나, ②'任是'와 같은 뜻으로 '비록 ~일지라도'라는 뜻도 있다. 여기서는 ②를 따라 해석하는 것이 좋다. (2) '滄海變(=滄桑變)'은 '滄海가 변하여 桑田이 되다'라는 것으로 '세상이 격렬하게 변하는 것'을 말한다. 여기서는 '그런 정도로 심한 천재지변이 일어나더라도'라는 의미이다.
- 終不爲君通: (1) '爲'는 동작행위를 받는 대상을 나타낸다. (2) '終不'은 '끝내 ~하지 않다'라는 말로 전체부정이고, '不終'은 '끝내 ~한 것은 아니다'라는 말로 부분부정이다.

【講義】

이 공안의 내용은 『벽암록』 제28칙에 다음과 같은 기록으로 전하고 있다.

> 남전이 백장열반 화상을 참방하니, 장이 묻되 "옛날로부터의 모든 성인도 역시 사람을 위하여 설하지 않는 법이 있나이까?" 전泉이 이르되 "있다." 장丈이 이르되 "어떤 것이 사람을 위하여 설하지 않는 법이니까?" 전이 이르되 "마음도 아니요, 부처도 아니며, 물건도 아니다"라고 하니라.(南泉參百丈涅槃和尙. 丈問, 從上諸聖, 還有不爲人說底法麽. 泉云, 有. 丈云, 作麽生是不爲人說底法. 泉云,

不是心, 不是佛, 不是物.)

무문은 이것을 인용한 것 같다. 이것을 볼 때 『무문관』 27칙 불시심불不是心佛에 나오는 어떤 스님은 백장유정百丈惟政이다. 그는 백장청규百丈淸規를 제정한 백장회해百丈懷海의 제자이다. 유정은 자주 『열반경』을 애독하였기 때문에 열반 화상이라는 별명으로 불리기도 했다.

어느 날 남전 스님에게 백장유정이 찾아와서 "부처님께서는 45년간 고구정녕苦口丁寧히 팔만사천법문을 설하셨고, 조사 스님께서도 1,700 공안으로 횡설수설하셨는데, 사람에게 말할 수 없는 법이 있습니까? 없습니까?"라고 다그쳐 물었다. 이에 남전 화상은 "있다"라고 대답하였다. "그러면 사람에게 말할 수 없는 법은 어떤 것입니까?" 하고 다시 묻자, 남전 화상은 "심心도 아니요, 불佛도 아니고, 물物도 아니니 어떻게 설할 수 있겠느냐?"라고 대답하였다.

선가에서는 마음이 곧 부처라고 전매특허처럼 내세우고 있다. 그런데 남전 스님이 부처도 아니고, 마음도 아니고, 겸하여 물도 아니라고 한 까닭은 무엇일까? 대관절 그것이 무엇인가? 하는 것이 오늘의 화두이다.

'불시심不是心, 불시불不是佛, 불시물不是物'에서 물物이란 일체의 모든 사물과 중생, 곧 중생심을 말한다. 본래무일물本來無一物이라고 설하고 있는 것처럼, 여기에서는 번뇌 망념에 쌓인 중생심을 말하는 것이다.

『화엄경』에서도 '심불급중생心佛及衆生 시삼무차별是三無差別'이라고 하여 '마음과 부처와 중생 등의 세 가지는 차별이 없다'고 하고 있다. 그렇다. 부처와 마음과 물건이란 사실은 똑같은 것이다. 다만 본질의 다른 이름일 뿐이다.

이야기를 들어보자.

저의 노스님께서는 항상 다음과 같이 말씀하셨다. "도道에는 두 가지가 있다. 하나는 도를 아는 것(知道)이고, 하나는 도를 얻는 것(得道)이다. 도를 안다는 것은 간단하다. 내가 이에 대해 말해주면 너는 바로 '알게 되는 것(知道)'이다. 그러면 '도를 얻는다'는 것은 어떤 것일까? 너는 이에 대해 말할 수 없을 것이다. 반드시 스스로 해야만 하는 것이기 때문이다!"

여기에서처럼 남전 스님의 마음도 아니요, 부처도 아니요, 물건도 아니라고 하신 말씀은, 남전 스님께서 학인 스님들에게 노파심老婆心이 절절한 것을 알 수 있게 하는 대목이다. 부처와 마음과 한 물건이, 학인 스님들이 깨달아야 할 최고의 경지라고 하여, 그것에 집착하게 되면 그것이 실제로 있는 것처럼 대상으로 삼게 되는 것이다. 그러므로 남전 스님은 부처도 아니요, 마음도 아니요, 한 물건도 아니라고 했던 것이다.

학인 스님들이 믿는 최고 실재에 대한 가치를 부정함으로써 분별심을 제거한 것이니, 이보다 친절하게 불법의 진수를 설하는 것이 있겠는가?

선 수행은 이러한 망상과 분별을 없애게 위한 것이다. 분별심을 무분별심으로, 집착을 무집착으로, 소득을 무소득이로, 망상을 지혜로 바꾸면 그 자리에서 본래심이 회복되고, 바로 부처를 이루게 된다.

이러한 부처의 경지는 글자로 표현할 수도 없고, 그림으로 그릴수도 없고, 말로 이치를 캘 수도 없는 것이다. 그러므로 설하려고 하여도 설할 수 없는 것이다.

참으로 실참실구實參實究요, 묵묵상계默默相契요, 체험불심體驗佛心이니, 이것이 성불작조成佛作祖가 아니랴!

무문의 평을 들어보자.

남전 스님이 '사람에게 말할 수 없는 법이 있다'고 한 것은 큰 실수였다는 것이다. 왜냐하면 말할 수 없고, 말할 수 있는 법을 둘로 나누었기 때문이다.

말할 수 있다고 해도 잘못이고, 말할 수 없다고 해도 잘못이다. 애초부터 그것은 말로 표현할 수도 없고, 설명해 줄 수도 없는 것인데 무엇을 어떻게 설하고 설하지 못한다는 말인가? 이분법적二分法的인 구도로는 파악될 수 없을 것이다.

남전 스님께서 '마음도 아니요, 부처도 아니요, 물건도 아니다'라고 설명한 사실은, '노파심이 절절하지만 손해가 적지 않다'는 뜻이다.

'노파심老婆心이 절절切切하다'는 말은, 노파와 같이 자상하게 마음을 쓴다는 말이다. 그러므로 무문은 "남전 스님이 전 가산을 몽땅 털어 놓았지만, 그는 한 푼의 가치도 없는 고물이 되고 말았다"고 하였다.

무문은 남전이 성급했다거나, 혹은 경솔했다고 질책한다. 즉 마지막 말은 아꼈어야 한다고 평하고 있다.

무문의 게송을 들어보자. '친절도 너무 지나치면 도리어 자신의 인격을 손상하게 되는 법이다. 한마디도 말하지 않는 것이 진실로 더 큰 공덕이 된다. 설사 바다가 육지가 된다고 해도, 결코 그대를 위하여 설하지는 않으리라.'

선가의 정신은 불립문자이며, 불법의 진수를 노파심으로 친절하게 설하지 말아야 본인이 직접 불법을 체득하게 되는 것이다.

제28칙 구향용담久響龍潭

本則

龍潭 因 德山請益할새 **抵夜**하니 **潭云**하되 **夜深**커늘 **子何不下去**오 **山**이 **遂珍重**하고 **揭簾而出**이라사 **見外面黑**하여 **卻回云**하되 **外面黑**이니라 **潭**이 **乃點紙燭**하여 **度與**한대 **山**이 **擬接**커늘 **潭**이 **便吹滅**하니 **山**이 **於此忽然有省**하고 **便作禮**하다 **潭云**하되 **子見箇甚麼道理**요 **山云**하되 **某甲**이 **從今日去**로 **不疑天下老和尚舌頭也**니다

【한자】 響(울릴, 명성 향), 潭(깊을 담), 抵(거스를 저), 遂(이를 수), 揭(걷어 올릴 게), 簾(발 렴〔염〕), 燭(촛불 촉), 度(법도 도), 擬(헤아릴 의), 吹(불 취), 滅(멸망할 멸), 箇(낱 개), 甚(심할 심)

용담은, 덕산이 다시 한 번 가르쳐주기를 청하였을 때 밤이 되었기 때문에, 용담이 말하기를 "밤이 깊었는데 그대는 어찌 내려가지 않는가요?" 하였다. 덕산이 마침내 "몸조심하세요"라고 〔하직〕하고 발을

올리고 나갔으나, 밖이 컴컴한 것을 보고 바로 되돌아와 말하되 "밖이 컴컴합니다" 하였다. 용담이 이에 종이 초에 불을 붙여 주었는데, 덕산이 받으려 하자 용담이 곧 불어 꺼버리니, 덕산이 여기에서 돌연 깨닫고 곧 예배하였다. 용담이 말하되 "그대는 이 중의 어떤 도리를 보았는가?" 하였다. 덕산이 말하되 "저는 오늘 이후 천하의 노화상의 말씀(舌頭)을 의심하지 않겠나이다"라고 하였다.

【문법해설】

- 請益: ① 선생이 다시 한 번 가르쳐주기를 요구하다. ② 더해주기를 바라다.
- 抵夜: '抵'는 '到達하다(至)'라는 뜻이다. 즉 '抵夜'는 '밤이 되었다'라고 해석된다.
- 子何不下去: (1) '何不'은 '어찌 離아닌가?'라는 뜻으로, 여기서는 '어서 가지, 왜 가지 않니'라는 의미의 완곡한 명령을 나타낸다. (2) '下去'에서 '去'는 동사 '下'의 방향이 말하는 화자로부터 멀어진다는 의미의 방향보어이다.
- 卻回云: '卻'은 ①'되돌아오다(回轉, 返回)' ②'바로' 등의 뜻도 있는데, 여기서는 ②를 따라 해석한다.

〔예문〕 ① 五年, 白髮却黑, 形體輕强(오 년이 지나 백발이 까맣게 되고, 형체는 가벼우며 강해졌다.)

② 歸路非關北, 行舟却向西 〈杜甫詩〉(귀로는 관북이 아니고, 배는 바로 서쪽으로 향하다.)

- 度與: '度'는 '수여', '급여'의 뜻이고, '與'는 '~에게'라는 개사였으나, 뒤에 두 단어가 합하여져 복합동사가 되었다고 본다.

- 擬接: '擬'는 조동사로 동사 앞에 쓰여 '~하려 하다(打算, 準備)', '바야흐로 막 ~(하여)하다(將要)'라는 뜻이 된다.
- 子見箇甚麽道理: 혹자는 '箇'를 '도대체'라고 풀이하여 의문사 '甚麽'를 강조한다고 설명하기도 하지만, '箇'는 '도대체'라는 뜻이 없으며, 전체 문장을 '너는 도대체 어떤 큰 도리를 깨치었느냐'라고 해석하려면 그것은 동사 '見'을 앞에서 꾸미는 부사어가 되어야 하므로, 그 어순은 마땅히 '子箇見甚麽道理'가 되어야 한다. 따라서 '箇'는 ① 양사로 보아 '하나의 어떤 도리를 보았느냐?' 또는 ②'箇中(箇裏)'의 생략형태라고 보고 '너는 이것 중에서 어떤 도리를 보았느냐?'라고 해석한다.
- 不疑天下老和尙舌頭也: '舌頭'는 '혀 머리'가 아니고 '언구(說法)'라는 뜻으로 해석해야 한다.

至明日하여 **龍潭陞堂云**하되 **可中**에 **有箇漢**인대 **牙如劍樹**하고 **口似血盆**하여 **一棒打 不回頭**하니 **他時異日 向孤峰頂上**에 **立吾道在**리라 **山**이 **遂取疏抄**하여 **於法堂前**에 **將一炬火提起云**하되 **窮諸玄辨**[91]이라도 **若一毫致於太虛**이요 **竭世樞機**라도 **似一滴投於巨壑**이라하고 **將疏抄便燒**하고 **於是禮辭**하다

【한자】 潭(깊을 담), 陞(오를 승), 棒(몽둥이 봉), 孤(외로울 고), 峰(봉우리 봉), 疏(트일 소), 抄(노략질할 초), 炬(횃불 거), 提(끌 제), 窮(다할 궁), 辨(분별할 변), 毫(가는 털 호), 致(보낼 치), 竭(다할 갈), 樞(지도리 추), 機(틀 기), 滴(물방울 적), 壑(골 학), 燒(사를 소), 辭(말 사)

---

91 辨(분별할 변): 辯(말 잘할 변)이라고 쓴 판본이 있다.

다음날에 이르러 용담이 당에 올라 말하기를 "만약 한 대장부가 있어서, 어금니는 칼을 세운 나무 같고, 입은 피가 담긴 그릇 같아, 한 방 때리나 돌아보지 않으니(몽둥이를 맞고도 끄덕도 않으니), 다른 날 외로운 봉우리의 정상에서 나의 도를 세우리라(세워서 그것이 지속되리라)" 하였다. 덕산이 마침내 〔그가 쓴 금강경의〕 소초를 들고 나와, 법당 앞에서 하나의 횃불을 들고 말하기를 "뭇 현묘한 설명(출세간의 玄旨, 즉 불교 내의 가르침)을 궁구하여도, 마치 가는 털 하나가 태허(허공)에 던져지는 것과 같고, 세간의 중추가 되는 기틀(불교 외의 가르침)을 다하여도, 마치 물 한 방울이 커다란 골짜기에 던져지는 것과 같다"라고 하고 소초를 곧 태우고, 그리하여 예를 표하고 떠났다.

【문법해설】

- 可中: ①'如果(만약에)' ②'해와 달이 막 中天에 오르려는 때' ③'正好(〔시간·위치·체적·수량·정도 따위가〕 꼭 알맞다, 때마침, 공교롭게도)' 등의 뜻이 있다.
- 一棒打不回頭: (1) '一棒打'는 현대한어에서는 '打一棒'이라고 쓰며, 이때 '棒'을 동사의 횟수 등을 세는 動量詞라고 한다. 여기서는 '一棒'을 강조하기 위해 도치시킨 것으로 본다.
- 向孤峰頂上 立吾道在: '在'는 조사로 행위동작의 지속이나 정황의 존재를 표시할 수도 있다. 그러나 '立吾道在'는 '나의 도를 세우리라'라고만 해석하고 있어서 '在'가 해석되지 않은 것처럼 보이는 것은 한국어로 적당한 말을 찾을 수 없기 때문이다.

〔예문〕 禪客曰不道座主說不是 只是个說得法身量邊事 實未證法身在.

『佛祖直指心體要節』(선객이 말하기를 "좌주의 말이 틀린 것이 아니라, 단지 법신의 분량만을 말한 주변의 일이고, 실제는 아직 법신을 깨닫지 못한 것입니다"라고 하였다.) / 直候渠將來 自要與山僧說話 方始共渠眉毛厮結 理會在 不只恁麼 便休. 『書狀』(다만 그를 기다려, 산승〔나〕과 더불어 이야기하고자 한다면, 바야흐로 비로소 그와 함께 눈썹을 서로 묶어〔겨루어, 대하여〕 깨달아 알게 될지언정, 단지 이렇게 하지 않으면 곧 그만두겠습니다.)

- 將一炬火 提起云: '將'은 ①조기백화에서 동사로 '가지다, 쥐다, 들다'라는 뜻이거나, ②개사로 '~로〔써〕'라는 뜻이다. 이때는 일반적으로 成語나 방언에서 볼 수 있다. ③또한 개사로 '~을(를)'이라는 뜻이기도 하다. 이것은 현대한어의 '把'와 같이 목적어를 동사 앞에 두어 동작의 처리를 강하게 표시하는 작용을 한다.

〔예문〕 ①將酒來(술을 가져오다.)

②將功折罪(공을 세워 속죄하다.) / 將鷄蛋碰石頭(계란으로 바위를 치다.)

③ 他終于下定了決心要將這個秘密告訴我們(그는 마침내 이 비밀을 우리에게 알려주기로 결심했다.)

- 於是禮辭: '於是'는 '그리하여'로 해석한다. 만약 '於'를 장소를 나타내는 개사로 보아 '여기에서'라고 해석하면 어색하다.

評唱

無門曰 德山이 未出關[92]時에는 心憤憤하고 口悱悱하여 得得來南

92 關: 관문. 통과하기 어려운 關所, 또는 險所의 뜻. 반드시 빠져나가야 하지만 함부로 통과할 수 없는 곳. 선종에서는 '조사의 關' 등이라고 쓴다. 옛날부터

方하여 **要滅卻敎外別傳之旨**러니 **及到澧州路上**하여 **問婆子買點心**한대

【한자】 關(빗장 관), 憤(결낼 분), 悱(표현 못할 비), 澧(강 이름 례), 婆(할미 파)

무문이 말하였다. 덕산이 아직 관문을 빠져나오지 못하였을 때, 마음은 개탄스러워 평온하지 못하고, 입으로는 표현하지 못하여(못하였기 때문에), 일부러(의기양양하여) 남방에 와서 교외별전의 종지를 완전히 멸하려는 목적으로 왔는데, 예주의 길거리에 이르러 노파에게 물어 간식을 사려고 하는데

【문법해설】

- 心憤憤: '憤憤'은 ① 마음으로는 통하고자 하나 그럴 수 없는 모양 ② 괴로워하여 느긋하지 못한 모양 ③ 분개하여 평온하지 못하다(氣憤不平) 등의 뜻이 있다.

〔예문〕 ① 子曰 "不憤不啓, 不悱不發. 擧一隅不以三隅反, 則不復也." 『論語·述而』(공자께서 말씀하시기를 "깨우치기를 간절히 소망하지 않으면 열어 주지 않고, 속뜻을 설명하려고 애쓰지 않으면 개발시키지 않으며, 하나를 가르쳐주면, 세 가지로 반증하지 않으면 다시 설명하지 않았다"라고 하셨다.)

- 口悱悱: '悱悱'는 '불만을 호소할 수 없어, 마음이 울적하지만 표현할 수 없는 모양'이다.

통과하기 어려운 공안을 말한다.

- 得得來南方: '得得'은 ①득의한 모양 ②'자주(頻頻, 頻仍)' ③당나라의 사투리로 '일부러, 특별히(特特, 特地)' ④응낙하는 말로 '좋아, 좋아'라고 하는 말과 같다. ⑤'확실히, 분명히(的確, 確實)' ⑥'마침, 잘(恰好)' ⑦'答答'과 같이 詞나 詞組를 만드는 后綴로, '대나무가 흔들리는 소리'나 '부끄러워하는 모양' 등을 나타낸다. ⑧象聲詞로 대부분 말발굽 소리를 형용한다. 여기서는 ①이나 ③을 따를 수 있다.

〔예문〕 ⑦十二分通脫的一個女郎, 兩年以后, 會變成這樣羞人得得的. 葉聖陶『微波』(매우 호방하던 소녀가 2년 후에는 이렇게 부끄러워하는 사람으로 변하다니.)

- 要滅卻教外別傳之旨: '要'는 '~하고자 하다'라는 뜻으로 '欲'과 같다.

婆云하되 **大德**의 **車子內**에는 **是甚麼文字**오니까 **山云**하되 **金剛經抄疏**로다 **婆云**하되 **只如經中道**하대 **過去心不可得**이며 **見在心不可得**이며 **未來心不可得**이라하니 **大德**은 **要點那箇心**니꼬 **德山**이 **被者一問**하여 **直得口似匾担**이라

【한자】 抄(노략질할 초), 疏(트일 소), 匾(평평할 편〔변〕), 担(떨칠 단: 擔〔멜 담〕과 같은 글자)

노파가 말하기를 "대덕의 수레(짐) 속에 있는 것은 어떤 글입니까?" 덕산이 말하기를 "『금강경』의 주석서입니다." 노파가 말하기를 "다만 『경』(금강경)에서 말한 것과 같이 '과거의 마음은 잡을 수 없고, 현재의 마음도 잡을 수 없으며, 미래의 마음도 잡을 수 없다'고 하였으니,

대덕은 어떤 마음에 점을 찍고자 합니까?" 하니, 덕산은 이 한 가지 질문을 당하여, 〔그런 탓으로〕 입은 〔一字로 된〕 담봉擔棒과 같이 되었다(말을 하려고 하면서도 말하지 못하게 되었다.)

【문법해설】

- 只如經中道: '只如'은 '다만 ~과(와) 같은'으로 풀이한다.
- 被者一問 直得口似匾檐: (1) 앞 참조. '被'는 27칙에서 설명한 바와 같이 그 本義가 '이불'이라는 명사였으나, 후에 '당하다, 입다'라는 뜻의 동사가 되었다가, 전국 말기부터 피동을 나타내는 표지로 사용되었다. 여기서는 뒤에 동사나 주동자가 나오지 않으므로, 피동이 되기 전인 '당하다, 입다'라는 동사로 사용된 것이라고 할 수 있다. (2) '者一問'에서 '者'는 近稱의 지시대사로, '此, 是, 這' 등과 같은 뜻이다. (3) '直得'에 대해서는 제19칙 참조. (4) 口似匾擔(구사변담): '匾擔(扁擔)'은 물건을 메는 도구로, 대나무나 나무로 만들고, 넓적하고 길다. '擔棒(담방)'은 멜대의 양 끝에 짐을 달아서 멜 적에 양 끝이 아래로 쳐져서 가운데가 휘는 것을 말한다. 여기서는 입이 그런 막대와 같이 一字로 닫힌 것을 비유하여 '말을 하려고 하면서도 말하지 못하는 모양'을 형용한다고 할 수 있다.

然雖如是이나 未肯向婆子句下死卻하고 遂問婆子하되 近處有甚麼宗師니까 婆云하되 五里外에 有龍潭和尚이로다 及到龍潭하여 納盡敗闕[93]하니 可謂是前言이 不應後語라

---

93 敗闕: 실패. 결함. 실패하였다. 잘못되었다. ※ 納敗欠(闕): 실패에 떨어지다.

【한자】 遂(이를 수), 納(바칠 납), 闕(대궐 궐)

비록 이와 같을지라도 아직 기꺼이 노파의 언구 아래에서 죽어버릴 수 없어서(죽은 것처럼 물러날 수 없어서), 마침내 노파에게 묻기를 "근처에 어떤 종사가 있습니까?" 하니, 노파가 말하되 "오 리 밖에 용담 화상이 있습니다" 하였다. 〔德山은〕 용담에 이르러, 완전히 실패를 받아들이게 되니, '앞의 말이 뒤의 말에 상응하지 않는다'고 말할 만하다.

【문법해설】

- 然雖如是: '然雖'은 '雖然'이라고도 하며 '비록 ~일지라도'라고 해석한다.
- 未肯向婆子句下死卻: '死卻'에서 '卻(却)'은 ① 동사로 '물러나다, 후퇴하다'라는 뜻이 있으므로 '死'를 부사어로 보아 '죽은 것처럼 물러서다'로 해석할 수 있다. ② 동사 뒤에서 보어가 되어 동작의 완성이나 강조를 나타내므로, '죽어버리다'라고 해석할 수 있다.
- 納盡敗闕: '納'은 '받아들이다', '들어가다', '들어가게 하다' 등의 뜻이 있고, '盡'은 동사 '納' 뒤에 쓰인 결과보어로 '들어간 정도가 완전히 끝난 것'을 나타낸다고 할 것이다. 따라서 '納盡敗闕'은 '완전히 실패로 빠져 들어갔다'라는 의미라고 할 수 있다.

龍潭大似憐兒에 **不覺醜**하여 **見他有些子火種**하고 **郎忙將惡水**하여 **驀頭一澆澆殺**하니 **冷地看來**하면 **一場好笑**로다

【한자】 憐(불쌍히 여길 련), 醜(추할 추), 些(적을 사), 郎(사내 랑), 忙(바쁠 망), 驀(말 탈 맥), 澆(물 댈 요), 場(마당 장)

용담은 자식을 가엽게 여겨 〔자기의 행동이〕 추한 것을 깨닫지 못하는 것과 너무 같아, 그(덕산)에게 약간의 〔성불할 만한〕 불씨가 있는 것을 보고, 당황하여 더러운 물(구정물)을 갑자기 한차례 쏟아 온통 끼얹으니, 냉정하게 보면 〔두 사람이 모두〕 한바탕 웃음거리로다.

【문법해설】

- 龍潭大似 憐兒 不覺醜: '大似'는 '마치 ~과(와) 똑같다'라는 뜻이다.
- 見他有些子火種: (1) '些子'는 '조금'이라는 뜻이다. (2) '火種'은 '감추어진 커다란 역량이나 강렬한 감정'을 말한다. 여기서는 '성불하기 위한 불꽃과 같은 열정'을 말한다.
- 郎忙將惡水 驀頭一澆澆殺: (1) '郎忙'은 '당황하여 우왕좌왕하는 모습'이다. (2) '驀頭(=驀地, 驀然)'는 '갑자기'이다. (3) '一'은 ① 동사(澆) 앞에서 동량사로 쓰인다고 보거나, ② 현대한어에서 동사 또는 동량사의 앞에 써서 어떤 동작이 순간적으로 일어나는 것을 나타내기도 한다. 여기서는 모두 가능한 것으로 보이나 '驀頭'가 이미 '갑자기'라는 의미이므로 ①을 따라 해석한다. (4) '殺'은 부사로 술어의 앞이나 뒤에 쓰여 정도가 매우 심한 것을 나타내기도 한다. 따라서 (3)과 (4)의 설명에 따라 '一澆澆殺'은 '갑자기(一) 온통(殺) 물을 쏟다'라고 해석한다.
- 一場好笑: (1) '一場'은 '한바탕(한 번, 1회)라는 뜻이다.

〔예문〕 頭一場雪(첫눈) / 一場大決鬪(한바탕의 대결전) / 相好了一場(한 때 사이좋게 지냈다.)

(2) '好笑'는 형용사로 '우습다, 가소롭다'라는 뜻이다.

〔예문〕又好氣又好笑(화가 나기도 하고 우습기도 하다.)

頌曰

聞名不如見面이요 **見面不如聞名**이라 **雖然救得鼻孔**이나 **爭奈瞎卻眼睛**고

【한자】 鼻(코 비), 孔(구멍 공), 爭(다툴 쟁), 奈(어찌 내), 瞎(애꾸눈 할), 睛(눈동자 정)

이름을 듣는 것보다 얼굴을 보는 것이 좋고, 얼굴을 보는 것보다 이름을 듣는 것이 좋다. 비록 콧구멍을 얻었으나, 어찌하랴! 눈을 보이지 않게(눈을 멀게) 해버렸으니.

【문법해설】

- 雖然救得鼻孔: '救得鼻孔'의 '得'은 동사 뒤에 쓰여 완성을 나타낸다.
- 爭奈瞎卻眼睛: (1) '爭奈'는 '怎奈, 無奈'와 같이 '어찌하랴!'라는 뜻이다.

〔예문〕他歸心似箭, 急忙赶路, 怎奈天色已晚, 不辨途徑(그는 집에 돌아가고픈 마음이 굴뚝같아 길을 재촉했으나, 어찌하랴! 날은 이미 저물어 길을 분별할 수 없으니.)

(2) '瞎卻'의 '却'은 '앞의 동사가 완료되어 끝나다'라는 의미로, '보이지 않게 되어버렸다'라고 해석된다.

【講義】

구향용담(久響龍潭, 오래된 용담의 명성)이라는 공안은 『조당집』, 『경덕전등록』, 『벽암록』 등에 보이는데, 내용은 같으나 문장의 구성에는 서로 다른 어구를 사용하고 있다.

그런데 『벽암록』의 제1권 제4칙에는 본칙本則이 아닌 평창評唱에, 덕산이 용담을 찾아가는 도중에 노파와 문답하는 내용과, 용담에게 참參하여 깨닫게 된 내용 등을 기록하고 있다. 아마도 무문은 이런 기록들을 인용하여 구향용담 공안의 문장을 만든 것으로 생각된다.

오늘의 화두는 '왜? 불을 불어서 꺼버렸는데 도를 통했느냐?'는 것이다.

당나라 선사 용담숭신龍潭崇信에 대해서는 사료에도 정확한 기록이 없어서 성씨조차 알 길이 없다. 그저 그의 시호가 '숭신'이란 것만 알 수 있을 뿐이다.

『송고승전』에서는 그의 전기를 「도오전道悟傳」 끝에 기록하고 있고, 『경덕전등록』과 『오등회원』 등의 문헌에는 그의 전기가 나와 있기는 하지만 연대가 빠져 있고, 유독 『조당집』에만 그의 행장에 대한 기록이 보다 더 상세하게 기록되어 있을 뿐이다.

우리는 그저 그의 스승인 도오道悟 선사와 덕산선감德山宣鑑의 이야기를 통해, 그가 대략 8세기 후반에서 9세기 전반에 살았던 인물임을 추측할 수 있다.

『조당집』 「숭신전崇信傳」에 실린 이야기는 주목할 만하다. 용담이 출가하기 전 어린 시절에는 집이 몹시 가난하여 떡을 팔아 생계를 꾸렸다. 기거할 곳이 없었던 그에게 당시 석두희천石頭希遷 스님의 법을 이어 받았던 천황도오(天皇道悟, 748~807) 선사가 살 곳을 마련해 주었다.

감사의 마음을 전하고 싶었던 용담은 매일 떡 열 개를 도오 선사에게 바쳤다. 그런데 이상하게도 도오 선사는 언제나 그중 한 개를 용담에게 돌려주면서 "내 너에게 은혜를 베푸니, 이것으로 자손에게 음덕을 드리우라(吾惠汝, 以蔭子孫)"라고 말하는 것이었다.

용담은 정말 이해할 수가 없었다. 어느 날 그가 왜 그러시는지를 물었는데, 도오 선사는 "네가 준 것을 내가 또 너에게 주는데, 뭐가 잘못되었느냐?"라고 말씀하셨다.

누가 알았으랴! 이 한마디에 마음이 움직인 용담이 출가하여 일대一代 종사宗師가 될 줄을…….

덕산선감(德山宣鑑, 782~865) 선사는 원래 용담을 몰랐다. 덕산은 젊은 시절 사천四川에 있을 무렵부터 『금강경』 강의로 명성을 떨쳐, '주금강周金剛'이라 불릴 정도로 유명하였다.

그러던 중 그는 남종 선법에서 말하는 '사람의 마음을 바로 볼 수 있다면 당장에 성품을 깨닫는다'는 것에 의심을 품게 된다. 마침내 그는 '남종의 교리를 뿌리째 뽑아 부처님의 은혜에 보답하겠다'는 결심을 품은 채, 경전을 싸 들고 촉蜀을 떠난다.

예澧현이란 곳에 가까워질 무렵, 그는 떡을 파는 노파를 만났다. 먹을 것을 사려고 하는데, 수레 위에 놓인 책을 본 노파가 도리어 그에게 "스님 수레에 있는 책이 무슨 책입니까?"라고 물으니, 덕산이 대답하였다. "『금강경』 주석서입니다." 노파가 다시 묻기를 "그 경전에서 과거의 마음도 얻을 수 없고, 현재의 마음도 얻을 수 없고, 미래의 마음도 얻을 수 없다고 했는데, 스님께서는 어느 마음을 가리켜 점을 찍으렵니까?"('點心'이란 말은 원래 불교에서 온 것이다.)

이 물음에 놀란 덕산은 바로 대답하지 못하고 되묻는다. "이 근방에 어떤 종사가 계십니까?" 노파가 말했다. "5리 밖에 용담 화상이라고 계십니다."

주의 깊게 생각해 보면 노파의 진짜 신분이 의심스럽다. 혹시 용담숭신龍潭崇信의 지시를 받고 그렇게 했던 것은 아니었을까? 고작 떡을 파는 저잣거리 아낙네가 그렇게 고매한 불교적 수양을 갖출 수 있었겠는가 말이다. 설령 그 노파가 『금강경』을 읽었다고 해도 그렇게 분명하게 용담을 알 수는 없었을 것이다.

덕산 화상이 처음 용담 선사를 찾아갔을 때, 문을 들어서며 이렇게 말했다고 한다. "내가 오래전부터 용담龍潭을 흠모해서 용담에 왔건만, 연못(潭)은 보이지 않고, 용龍 또한 나타나지 않을 줄 누가 알았겠는가?" 용담이 이 말을 듣고 병풍 뒤에서 걸어 나오며 말했다. "당신은 이미 용담을 보셨소."

『금강경』에 "만일 모든 상相이 상이 아닌 것을 안다면, 그 즉시 여래를 보리라(若見諸相非相, 卽見如來.)"라는 구절이 있다.

덕산이 정말 연못을 보고 용을 보았다면 그것은 표면적인 것일 뿐, 안 본 것과도 같다. 용담의 말은 "당신이 연못도 용도 보지 않았다는 것은 상을 떠나 본성을 본 것이니, 그것이 바로 진정한 '나(我)'를 본 것이다"라는 뜻일 것이다.

"밖이 어둡습니다"라는 덕산의 말에 용담은 용심지(紙燭)를 밝혀 건네준다. 덕산이 받으려 하는 순간, 용담이 갑자기 용심지 불을 불어서 꺼버린 것은 모든 광명이란 다 허망한 것임을 말하고 있다고 할 것이다.

이 세상에는 절대 어두움이란 존재하지 않는다. 그저 '밝기'가 있을 뿐이다. 밝기가 상대적으로 낮은 것을 어두움이라 하고, 상대적으로 높은 것을 밝음(빛)이라고 할 뿐이다.

우주 그 자체에는 빛도 어둠도 없다. 그저 우리의 인식만이 있을 뿐이다. 화엄종에서 말하는 '삼계유심三界唯心, 만법유식萬法唯識'이 그것이다. 마음이 자유롭지 못하기 때문에 인식하지 못하는 것이다. 설사 촛불을 밝혔다고 하더라도 사람이 지닌 몽매한 어둠까지 밝힐 수 있겠는가? 용담이 촛불을 덕산에게 주려고 한 것은, 마음속의 어두움은 물론 바깥의 어두움도 반드시 밝힐 수 있는 것은 아니라는 것을 말하려고 한 것이리라.

그런데 도대체 촛불을 불었던 용담의 행동에서 덕산은 어떤 도리를 보았기에 "내 다시는 세상 노화상들의 혀를 의심치 않으리"라고 했던 것일까?

그가 본 것은 한층 더 심오한 진리이니, 빛이 바로 어두움이라는 것이다.

용담이 촛불을 밝혔다가 다시 그 불을 꺼버린 것은, 모든 것이 있음(有)과 없음(無), 색色과 공空, 옳음과 그름으로 나뉘어 둘인 것이 아니라 하나라는 의미이다.

어두움과 빛은 본래가 하나이며, 분별하여 보아서는 안 된다는 것을 깨달았을 것이다.

선종에서는 이원론을 부정한다. 따라서 일체의 '언론' 또한 부정한다. 아무리 훌륭한 언론일지라도 모두가 둘(二)이요, 빛과 어둠처럼 공허할 뿐이다.

덕산 화상은 왜 혼신의 힘을 다하여 쓴 역작을 불태우려 했을까?

덕산이 "모든 심오한 말씀을 다한다 할지라도 넓디넓은 허공에 터럭 하나 놓은 것과 같고, 세상의 근본 기틀을 다한다 할지라도 깊디깊은 골짜기에 물 한 방울 떨어뜨린 것 같다"고 말한 것처럼, 가장 위대한 논쟁이나 날카로운 기봉機鋒이라 할지라도, 심오한 '깨달음의 경지'에서 보면 단지 모자라고 미미한 것일 뿐이다.

덕산이 『금강경』을 불태운 것은, 지금까지 헛된 명예와 학문으로 불법을 배우고 익힌 것이 무의미하다는 사실을 천하에 알린 것이다.

마지막에 무문도 말하지 않았던가?

"용담은 그를 귀여운 어린아이처럼 여겨, 그에게 불씨가 있는 것을 보고 서둘러 오수를 머리에 뿌려댔구나. 냉정히 살펴보면 참으로 웃기는 일이다." 여기에서도 용담은 이미 덕산이 인물임을 충분히 알고 있었다는 것이 드러난다. 그렇지 않다면 어떻게 "싫다고 하지 않고 귀엽다"고 할 수 있었겠는가?

또한 '용담이 덕산을 위해서 밤늦게까지 불법을 설해 주고, 밖이 어두워지자 촛불을 밝혀서 건네주고, 또 불을 불어 꺼버리고, 덕산의 깨달음에 대하여 상당법문을 하고, 덕산의 장래를 칭찬하며 예언하는 등과 같은 행동을 한 것'에 대하여, 무문은 어떻게 비웃을 수 있었겠는가?

"어머니는 자식으로 귀해지고, 스승은 제자로 인해 영달한다(母以子貴, 師因徒榮)"고 하였듯이, 영특한 제자만이 고매한 스승을 사랑하는 것이 아니라, 고매한 스승도 영특한 제자를 거두고 싶어한다. 어머니와 자식은 혈육일 뿐이고, 스승과 제자는 그저 한통속일 뿐인 것을 어쩌랴!

자! 무문의 노래나 들어보자.

"이름을 듣기보다는 직접 만나서 얼굴 보는 것이 좋고, 실제로 친히 얼굴 보기보다는 이름만 듣는 것이 좋다." '덕산이 용담 덕분에 본래면목을 깨달았다'고 하지만, 불법을 볼 수 있는 눈동자가 빠진 것은 어떻게 하지?

무문 스님은, 불법의 대의를 체득하는 일도 중요하지만 정법의 안목으로 불법을 설하는 경전은 더욱 중요하다, 경전이 없는 것은 불교인에게 눈이 없는 것과 같다고 말씀하신다.

제29칙 비풍비번非風非幡

本則

六祖가 **因 風颺刹幡**하여 **有二僧對論**하되 **一云 幡動**이라하고 **一云 風動**이라하여 **往復曾未契理**어늘 **祖云**하되 **不是風動**이요 **不是幡動**이요 **仁者心動**이라한대 **二僧**이 **悚然**하다

【한자】 颺(날릴 양), 刹(절 찰), 幡(기 번), 悚(두려워할 송)

육조가, 바람이 절의 깃발을 날리자 두 명의 승려가 대론하되, 한 승려는 "깃발이 움직인다"고 하고, 한 승려는 "바람이 움직인다"고 하여 되풀이하여 거듭 이치에 맞지 않았기 때문에, 육조가 말하기를 "바람이 움직이는 것도 아니요, 깃발이 움직이는 것도 아니며, 당신들의 마음이 움직인다" 하니, 두 승려는 당황하였다.

【문법해설】

- 因 風颺刹幡……往復曾未契理: '因'은 '風颺刹幡……往復曾未契理'하기 때문에라고 해석한다.
- 往復曾未契理: (1) '往復'은 '되풀이하다', '사귀다(교재하다)' 등의 뜻이 있다. (2) '曾'은 '일찍, 이미, 이전에, 거듭, 이에, 겹치다, 더하다(=增), 늘다, 포개다' 등의 뜻이 있는데, 여기서는 '거듭'으로 해석한다.
- 仁者心動: '仁者'는 불교어로, 다른 사람에 대한 존칭이다.

評唱

無門曰 不是風動이요 **不是幡動**이며 **不是心動**이니 **甚處見祖師**오 **若向者裡 見得親切**하면 **方知二僧買鐵得金**이라 **祖師忍俊不禁**하여 **一場漏逗**로다

【한자】 鐵(쇠 철), 俊(준걸 준), 場(마당 장), 漏(샐 루), 逗(머무를 두)

무문이 말하기를 "바람이 움직이는 것도 아니요, 깃발이 움직이는 것도 아니며, 마음이 움직이는 것도 아니니, 어디에서 조사를 볼 것인가? 만약 여기에서 꼭 들어맞게 판단할 수 있었다면, 바야흐로 두 승려가 쇠를 샀는데 금을 얻은 것을 알게 되어, 조사는 웃음을 참을 수 없어서, 한바탕 치부를 드러내었을 것이다"라고 하였다.

【문법해설】

- 若向者裡 見得親切: 앞 제24칙 참조.

- 方知二僧買鐵得金: '方'은 동작행위가 바로 직전에 발생하거나 곧바로 발생할 것을 표시한다.
- 祖師忍俊不禁: '忍俊不禁'에서 '忍俊'은 '소리 없이 몰래 웃는다'라는 뜻이며, '不禁'은 가능보어의 부정형으로 '참을 수 없다'라는 의미이다. 따라서 '忍俊不禁'은 成語로 '웃음을 참을 수 없다, 웃을 수밖에 없다'라는 뜻이다.

〔예문〕 這位先生最會逗趣, 只要一張嘴就招得大家忍俊不禁(이분은 재미나는 얘기를 아주 잘해서 말만 꺼냈다 하면 다들 웃지 않을 수 없게 한다.)

- 一場漏逗: '漏逗'는 27칙의 '郎堂'과 같이 '멍청하다, 치부를 드러내다'라는 뜻이다. 漏兜: 비밀이 탄로나다.

頌曰

風幡心動은 一狀領過[94]이라 只知開口가 不覺話墮[95]로다

【한자】 狀(형상 상), 領(옷깃 령), 墮(떨어질 타)

바람·깃발·마음이 움직인다는 것은 한 통의 영장으로 같은 죄로 처리되는 것이니, 단지 입을 열 줄만 알고, 무의식중에 말실수하게 되리라.

---

94 一狀領過: 각각 달리 영장(처분장)을 내지 않고, 한 통의 영장으로 여러 사람을 같은 죄로 처리한다는 뜻. '一狀案過'라고도 한다.

95 話墮: 타인과 문답하여 지는(負) 것으로 일종의 말실수라고 할 수 있다. 墮는 墮負의 略語이다.

【문법해설】

- 一狀領過: 각각 달리 영장(처분장)을 내지 않고, 한 통의 영장으로 여러 사람을 같은 죄로 처리한다는 뜻. '一狀案過'라고도 한다. 이때 '領'은 '다스리다'나 '적다'라는 뜻도 있는데, 그것을 따른 것으로 보인다.

【講義】

비풍비번(非風非幡: 바람도 아니요 깃발도 아니다)이라는 공안은 『육조단경』과 『조당집』에도 보인다.

육조 스님이 오조 홍인 스님에게 심법心法을 전수받고 남쪽으로 내려오는 도중에, 대유령大庾嶺까지 뒤쫓아 오던 혜명惠明에게 육조의 의발 대신 선의 정수를 일러준 것이 처음 설법이고, 이번에는 그동안 남쪽에서 화전민이나 사냥꾼 무리에 섞여 15년간 숨어 살다가, 때가 무르익자 대중 앞에 처음 나올 때의 이야기이다.

광주廣州의 법성사法性寺에서 『열반경』을 강의하던 인종印宗 법사의 회상에서, 찰간刹竿에 걸린 펄럭이는 깃발을 보며, 한 스님은 "깃발이 움직인다"고 우기고, 다른 한 스님은 "바람이 움직인다"고 우기니, 승부가 나지 않았다.

이를 본 육조가 "바람이 움직이는 것도 아니고, 깃발이 움직이는 것도 아니다. 그대들의 마음이 움직이는 것이다"라고 말해 주자, 다투던 두 스님은 이 소리를 듣고 놀랐다. 스님들은 육조가 범상하지 않음을 알고 인종 법사에게 안내하였다.

육조는 그때까지 아직 수계受戒를 받지 않은 행자 신분이었다. 인종 법사는 몇 마디 문답을 주고받고, 오조께서 물려주신 의발衣鉢까지 확인하고는, 그를 삭발하여 수계를 베푼 다음, 법좌法座를 양보하고 스승으로 모셨다. 이로부터 육조 혜능 대사의 세상이 열리게 된 것이다.

이 공안의 본칙에서 "깃발이 움직인다"거나 "바람이 움직인다"고 말한 두 스님의 말은 틀리고, "마음이 움직인다"고 말한 육조의 말은 옳은 것인가? 옳다면 이 속에 참다운 도가 숨어 있으니, 참구해 보라는 것이다.

사실 '바람이 불기 때문에 깃발이 펄럭이고, 깃발이 펄럭이기 때문에 바람이 부는 것을 알게 된다'는 것은 상식이라고 말할 수 있을 것이지만, 이것은 두 스님이 상대적 입장에서 본 것인 반면, 육조가 "바람이 움직이는 것이 아니고, 깃발이 움직이는 것도 아니며, 오직 마음이 움직이는 것이다"라고 말한 것은, 상대적으로 보지 않고 일체적一切的으로 본 것이다.

'마음이 어디에 있어서, 마음이 움직인다'고 말한 것은 아니다. 선의 입장에서 볼 때 '마음이 움직인다'는 것도 도리에 맞지 않다. 왜냐하면 '마음이 움직인다든지, 바람이 분다든지, 깃발이 펄럭인다든지 하는 말은 차별계(色)에서 하는 말이지, 평등계(空)에서 볼 때는 마음이니, 바람이니, 깃발이니 하는 것이 있을 수 없기 때문이다.

그렇다면 두 스님이나 육조는 똑같은 장님이 아니겠는가? 아니다. 육조는 단지 '두 스님이 서로 우기는 것을 보고 딱해서 마음이 움직인다'고 중재했을 뿐이다.

육조로부터 나온 이 공안은 너무나 유명해서 사실 별다른 설명이 필요 없고, 우리가 눈여겨봐야 할 것은 그 뒤에 나오는 무문無門의 평이다.

"바람이 움직인 것도 아니요, 깃발이 움직인 것도 아니요, 마음이 움직인 것도 아니다. 무엇이 조사의 견해인가?"

마음을 남겨 놓은 것은 아직도 미련이 남은 것이요, 더럽혀질 구석이 있는 것이다. 마음이 있으면 움직임도 있게 되고, 마음이 있으면 더럽혀질 구석도 있게 된다.

일찍이 육조가 읊은 "깨달음은 본시 나무가 아니고, 밝은 거울에는 받침대가 없다. 본래가 한 물건도 없거늘, 먼지 낄 데가 어디 있겠는가?"라는 게송偈頌과 같은 도리로 바람도 없고, 깃발도 없고, 마음도 없다면 움직임도 있을 리 없다!

만약 마음이 움직였다면 그 마음은 참 마음이 아니다. 번뇌·망상의 파도가 일어난 마음이다. 마음은 본래 움직이지 않고 고요한 것이다. 그리고 마음은 볼 수 있는 것도 아니고, 얻을 수 있는 것도 아니다.

'논쟁하던 두 스님이 육조의 법문을 듣고 참된 불법을 깨닫게 되었다'는 것을, 무문은 "무쇠를 팔아서 황금을 얻었다"는 말로 평하였다.

한편 또 "육조는 두 스님의 깃발과 바람에 대한 논쟁을 더 이상 참고 볼 수 없어서, 마지못해 '마음이 움직인다'고 한마디 하여 큰 실수를 범하게 되어 한바탕 창피를 당한 꼴이 되었다"고 평하고 있다.

왜냐하면 '깃발이 움직였다거나, 바람이 움직였다'고 말하는 것도 옳지 않지만, '마음이 움직였다'고 말해도 옳지 않기 때문이다.

무문의 송頌을 들어보자.

"설사 마음이 움직인 것이라고 하였더라도, 바람이나 깃발이 움직인다고 하는 것과 똑같은 잘못을 범한 것이다. 조사祖師가 입을 열어 진실을 설할 줄만 알았지, 자신이 언구言句의 차별에 떨어지는 것은 몰랐네"라고 노래한다.

군더더기로 한마디 더해 보면, 연애할 때 사람들은 "그녀의 아름다움이 날 설레게 합니다"라고 말한다. 그렇다면 이 설렘은 그녀로 인한 것일까? 아니면 아름다움으로 인한 것일까? 그것도 아니면 마음으로 인한 것일까?

제30칙 즉심즉불卽心卽佛

本則

馬祖는 **因 大梅問 如何是佛**이니꼬 **祖云**하되 **旣心旣佛**이니라

마조는 대매가 "무엇이 부처입니까?" 하고 물으니 "마음이 곧 부처입니다"라고 하였다.

評唱

無門曰 若能直下領略[96]**得去**하면 **著佛衣**하고 **喫佛飯**하며 **說佛話**하고 **行佛行**하여 **旣是佛也**리라 **然雖如是**나 **大梅引多少人**하여 **錯認定盤星**[97]하니 **爭知道說箇佛字**하면 **三日漱口**리요 **若是箇漢**이

96 領略: ①〔체험·관찰·시험 등을 통하여 감성적으로〕 이해하다. ②接受하다. ③감상(欣賞)하다.

97 定盤星: ①星이라는 것은 저울에 있는 눈금을, 盤은 그릇을 나타낸다. 盤에 눈금의 끈이 붙어 있어 이 끈을 쥐고 늘어뜨리면 盤과 추가 평행이 된다. 즉

見說旣心是佛하면 掩耳便走하리라

【한자】 領(옷깃 령), 略(다스릴 략), 喫(마실 끽), 盤(소반 반), 漱(양치질할 수), 掩(가릴 엄)

무문이 말하기를 "만약 능히 당장에 이해할 수 있다면 부처님의 옷을 입고, 부처님의 밥을 먹으며, 부처님의 언사를 말하고, 부처님의 행위를 행하니, 이것이 곧 부처이니라. 비록 이와 같으나 대매는 많은 사람을 끌어들여 저울의 눈금을 잘못 구별하게 하였으니, 어찌 '불이라는 글자를 말하면 삼일 동안 양치질한다'는 것을 알리요. 〔만약〕 이 같은 놈이 '즉심시불'이라고 말하는 것을 보면(들으면), 귀를 막고 곧 도망가리라"라고 하였다.

【문법해설】

▪ 若能直下領略得去: (1) '能'과 '領略得去'는 모두 가능의 의미가 포함되어 강조되었다. 여기서 '得'은 동사(領略) 뒤에 방향보어(去)나 결과보어 등을 이끌어 가능을 나타낸다.

(2) '領略'은 '領會'나 '領悟'와 같은 말로, '〔사물의 상황을 통해 감성적으로〕 깨닫다, 이해하다, 구별하다, 판별하다, 음미하다'라는 뜻이다. 〔예문〕 我漸漸領略到人生的眞諦(나는 인생의 참뜻을 점점 깨닫게 되

원래 저울의 重量이 零인 첫 번째 점을 말하는데, 대부분 정확한 기준이나 일정한 생각을 비유한다. ②한 사물(一物)을 고집하여 자재의 입장을 이해하지 못하는 것을 비난하여 말한다. ③輕重에 의해 움직이지 않는 큰 인물을 칭찬하여 말한다.

었다.)

(3) '直下'는 '當下'와 같이 '곧, 바로, 당장' 등의 뜻이다.

▪ 大梅引多少人 錯認定盤星: (1) '引'은 '大梅가 多少人을 끌어 들여 定盤星이라고 잘못 알게(錯認)하였다'라고 해석한다. 즉 '引'은 사역의 의미를 포함한다고 본다. (2) '多少'는 '수량의 대소, 許多, 약간의, 소량의, 우열' 등과 감탄문에 쓰여 정도가 매우 높은 것을 표시한다. 여기서는 '許多'라는 뜻으로 수량이 많은 것을 나타낸다. (3) '錯認'은 '잘못 알아 그 결과 定盤星이라고 여기다'라는 의미이다.

▪ 爭知道說箇佛字 三日漱口: (1) '爭'은 代詞로 '어찌, 어떻게'라는 뜻으로 주로 詩, 詞, 曲에 쓰인다.

〔예문〕 你爭知道她那麽喜歡這本書?(너는 그녀가 이 책을 그렇게 좋아하는지 어떻게 알았니?)

(2) '知道'는 현대한어에서 動目구조의 복합동사로 '(어떤 사실이나 도리에 대해) 알다'라는 뜻이다.

▪ 若是箇漢 見說卽心是佛 掩耳便走: (1) '若'은 ①2인칭 대사로 '너'라는 뜻이 있고, ②連詞로 '만약 ~한다면'이라는 뜻으로 가정을 나타낼 수 있으며, ③'~과(와) 같다' 등의 뜻으로 쓰일 수 있다. (2) '是'는 ①'~이다'라는 판단사나, ②'이'라는 지시대사로 쓰일 수 있다. (3) '箇'는 양사이며, 여기서는 앞에 수사 '一'이 생략된 것이다. 따라서 '若是箇漢'은 (1)-③과 (2)-②를 따라 '이와 같은 놈이~'라고 해석하는 것이 가장 좋다고 생각된다. 만약 (1)-①과 같이 '若'을 2인칭 대사로 본다면 '네가(若) 놈(箇漢)이다(是)'라고 해석하여야 되기 때문에, '어떤 놈'인지가 확인되지 않는다. (4) '見'은 ①'~을 보다' 또는 ②피동으로 '~을 당하다'라고 해석될 수 있다. 그러나 여기서는 눈으로 보는 것이

아니고, 마치 '見分(주관)에 비추어 분별하여 알아보다'라는 의미가 내포된 것이라고 할 수 있다. (5) '便'은 '곧 ~하다'라는 의미이다.

頌曰

青天白日[98]에 切忌尋覓하라 更問如何하면 抱贓叫屈이니라

【한자】 切(끊을 절), 忌(꺼릴 기), 尋(찾을 심), 覓(찾을 멱), 抱(안을 포), 贓(장물 장), 叫(부르짖을 규), 屈(굽을 굴)

푸른 하늘 밝은 태양 〔아래〕에서는, 〔어리석도록〕 찾는 것을 힘써 삼가라. 더욱이 '〔부처는〕 무엇이냐'고 물으면(묻는 것은), 장물(훔친 것)을 안고 무죄無罪(억울한 죄, 屈)를 호소하는 것이니라.

【문법해설】

- 切忌尋覓: '切忌'는 '극력 삼가다'라는 뜻이다.

  〔예문〕 産後切忌生冷的東西(산후에는 날것이나 찬 것을 극력 삼가야 한다.)

- 抱贓叫屈: '屈'은 명사로 '억울함, 무고한 죄, 억울한 압박'이라는 뜻이 있다.

  〔예문〕 受屈(무고한 죄를 뒤집어쓰다, 억울함을 당하다.) / 委屈(억울하다.)

---

98 青天白日: 태양이 밝게 비추어 한 조각의 구름도 없는 맑은 하늘과 같이 煩惱妄想이나 思慮分別과 같은 구름도 머무르지 않는 경지.

【講義】

즉심즉불卽心卽佛은 『조당집』 권15 '대매화상大梅和尙', 『사가어록四家語錄』『강서마조도일선사어록』 '대매산법상선사大梅山法常禪師', 『경덕전등록』 권7 '명주대매산법상선사明州大梅山法常禪師' 등에 보인다.

이 공안은 마조 스님에게 대매 스님이 "어떤 것이 부처입니까?"라고 물었을 때, 마조 스님이 "마음이 곧 부처니라"라고 대답한 말에 대매 스님이 깨달았다는 공안이다.

그런데 마음이 부처라면 마음을 가진 사람은 모두 부처여야 옳을 것이나, 왜 그렇지 않은가? "마음을 잘 쓰면 부처요, 마음을 잘못 쓰면 중생이다"라고 하지만, 마음을 어떻게 써야 잘 쓰는 것인지 의문스럽다.

대개 많은 사람들은 "부처란 무엇인가?"라는 질문처럼, 부처라는 고정관념으로 자신이 부처를 상대하여 찾기 때문에, '자신은 이미 차별심에 떨어져 있다'는 사실을 알지 못한다. 마조 스님은 밖에서 부처를 찾고 있는 대매 스님에게 즉심즉불이라고 설하여, 밖으로 향하는 마음을 자신의 안으로 되돌려서 깨닫도록 한 것이다.

여기에서 중요한 것은, 즉심즉불은 대매 스님의 눈(眼)을 열어주기 위한 하나의 방편법문이라는 사실을 잘 알아야 한다는 것이다.

마조도일馬祖道一 선사(709~788)는 당나라 한주漢州 십방什邡 사람이다. 속성俗姓은 마馬씨였고, 이후 마조馬祖라 불렸다. 그는 어려서 자주資州 처적處寂에게 출가하였고, 유주渝州 원圓 율사에게 계를 받았다. 개원開元 때에는 형산衡山에 암자를 지어 그곳에서 날마다 좌선하였다.

당시 남악회양南嶽懷讓이 반야사에 있었는데, 그를 범상치 않게 여겨 그에게 찾아가 물었다. “대덕께선 무엇을 하려고 좌선하시오?” 도일이 말했다. “부처가 되려고 합니다.” 이 말을 들은 회양이 벽돌 하나를 들고 와서 암자 앞의 돌 위에서 그 벽돌을 갈았다. 도일이 말했다. “선사께선 무엇을 하십니까?” 회양이 말했다. “이것을 갈아서 거울을 만들렵니다.” 도일이 말했다. “벽돌을 갈아서 어떻게 거울을 만드시렵니까?” 회양이 말했다. “벽돌을 갈아서 거울이 될 수 없다면, 좌선해서 어떻게 부처가 되려 합니까?”

도일이 법요를 물으니, 회양은 이를 행동으로 보여주었고, 마지막으로 게偈로써 답하였다.

> “마음자리에는 부처의 씨앗이 있으니, 물을 만나면 모두 어김없이 싹을 틔우리라. 삼매의 꽃은 모습이 없거늘, 어찌 무너지고 또 어찌 이루어지겠는가?(心地含佛種 遇澤悉皆萌 三昧華無相 何壞復何成)”

이 말에 도일은 활연히 계합하였고, 회양을 십년 동안 시봉한 뒤에야 그를 떠났다.

이후 강서江西에서 설법하였다. 처음에는 건양建陽 불적령佛迹嶺에 머물다가, 임천臨川을 거쳐 다시 남강南康 공공산龔公山으로 갔는데, 가는 곳마다 설법을 들으러 오는 학인들로 가득하여 선림禪林을 이루었다.

문하에는 서당지장(西堂智藏, 735~814), 남전보원(南泉普願, 748~

834), 백장회해(百丈懷海, 749~814) 등 139명의 제자가 있었으며, 그들 모두 천하에 선지를 펼쳤다. 육조 혜능의 후세이며, 그들 중에서 도일 선사의 문하가 가장 번영하였고, 선종은 여기에서 대성한 것이다.

도일은 홍주洪州에서 회양의 종지宗旨를 널리 폈기 때문에, 당시에는 홍주종洪州宗이라 불렸다. 이후 후인들에 의해 도일의 언행을 모은 『마조도일선사어록馬祖道一禪師語錄』이 나왔다.

어떤 이가 그에게 물었다. "스님께선 어째서 마음이 곧 부처라 하십니까?" 도일이 말했다. "우는 애를 달래려고 그러지." 그 사람이 또 물었다. "울음이 그치면 어떻게 됩니까?" 도일이 말했다. "마음도 아니고 부처도 아닌 게지."

누구나 태어나면 운다. 그렇게 늙을 때까지 울게 되는 것이다. 모두들 행복을 갈구한다. 자신을 즐겁게 하고 웃게 할 것을 찾아 헤매고, 진리를 찾아 헤맨다. 진리를 찾으려 한다면 누구든 하나의 과정을 거쳐야만 한다. 그러나 정말 당신이 찾았을 때에는, 맘껏 우는 것이 가장 좋다는 것을 깨닫게 된다.

도일의 제자 중에 법상(法常, 752~839)은 양양襄陽 사람으로 속성은 정鄭씨이다. 어려서 형주荊州 옥천사玉泉寺의 문하에 들어갔다. 그는 도일이 말한 '즉심즉불'을 듣고 크게 깨달았고, 이후 여요餘姚 남쪽 70리에 있는 대매산大梅山에 가서 살았다.

도일은 그의 깨달음이 어느 정도인지를 알아보려고 사람을 시켜 그에게 물었다. "스님께선 마 대사께 무엇을 얻으셨기에 이 산에서 머무십니까?" 법상이 말했다. "마 대사께서는 내게 즉심즉불이라 하셨네." 그 사람이 말했다. "요즘 마 대사께서는 불법에는 차이가 있다고 하시면서, 비심비불非心非佛이라 말씀하십니다." 법상이 말했다. "그 늙은이는 하루가 멀다하지 않고 사람들을 어지럽히는구먼, 자네에게 비심비불이라 했다고 하여도, 난 그저 즉심즉불이라네!"

그 사람이 돌아가서 도일에게 이 말을 전하니, 도일이 말했다. "이 사람들아! 매실이 익었구나."

이로부터 법상은 대매大梅 선사라 불렸으며, 대매 선사야말로 자신의 의지와 자신만의 선지를 지닌, '기개氣槪' 있는 승려이다. 즉심이라고 했거나 비심이라고 했거나, 즉불이라 했거나 비불이라 했거나 구별하면 차별이 생기지만, 조금도 개의할 바가 없는 것이 선이 아니겠는가?

무문 선사의 평을 들어보자.

이 마음이 곧 부처라는 말을 바르게 깨치면 부처의 옷을 입고, 부처의 밥을 먹으며, 부처의 말을 하고, 부처의 행동을 하게 되어 그대로 부처가 된다고 한다.

입고, 먹고, 마시고, 행하는 일은 부처도 하고 범부도 한다. 그러나 본질은 확연히 다르다. 범부는 더 좋은 질과 양을 원하고, 좋은 옷과 좋은 음식, 별장과 고급 차를 원하지만, 부처는 가능하면 질도 줄이고 양도 줄이려고 한다.

노자도 말하지 않았던가? "도를 한다는 것은 줄이는 것이다. 줄이고 또 줄여서 하지 않음에 이르는 것이다(爲道者日損 損之又損 以至于無爲)." 이와 같이 어떤 이도 육조에게 묻기를 "무엇이 부처입니까?"라고 하니, 육조께서 "밥 먹고, 옷 입고, 잠자는 것이지"라고 대답한 것이다.

그런데 대매가 행동한 그 모습에 많은 사람들이 끌려서 마음이 부처라는 법문의 참된 정신을 체득하지 못하고, 언어문자에 집착해 버린다고 지적하고 있다.

정반성定盤星은 천평칭天平秤 저울의 가운데를 별표로 표시한 곳이다. 그래서 대매가 혹시나 사람들을 이끌어 저울 눈금을 잘못 보게끔 하고 있는 것은 아닌가 하고 걱정한다.

옛날에 어떤 스님이 불(부처)이라는 말 한마디가 마음에 걸렸다. 걸핏하면 '부처', '부처'라고 내뱉는 자기 자신의 입이 깨끗하지 않다고 생각이 되어, 사흘이나 양치질을 했다.

만약에 그 사람이 즉심즉불과 같은 언설言說을 듣는다면 달아나지 않고 견디겠느냐는 뜻이다. 다시 말하면 "만일 대장부라면 마음이 부처라는 소리를 들었을 때는 아마도 귀를 막고 도망갈 것이다"는 것이다.

무문 스님의 송을 풀어보자.

마조가 설한 이 마음이 곧 부처라는 즉심즉불은 청천백일靑天白日과 같이 누구나 알 수 있는 말이다. "마음은 텅 비어 청천과 같고, 부처의 지혜는 태양과 같이 밝게 비추고 있는 것이다. 마음 밖을 향해서 부처를 찾지 말라. 또 다시 부처가 무엇이냐고 질문한다면, 마치 도둑놈이 훔친 물건을 껴안고 무죄라고 주장하는 꼴과 같다"고 읊고 있는 것이다.

제31칙 조주감파趙州勘婆

本則

趙州 因 僧問婆子하되 **臺山路向甚處去**오 **婆云**하되 **驀直**[99]**去**하라 **僧**이 **纔行三五步**한데 **婆云**하되 **好箇師僧**이여 **又恁麼去**로다하거늘 **後有僧擧似州**한대 **州云**하되 **待 我去與爾勘過這婆子**하리라하고 **明日便去**하여 **亦如是問**하니 **婆亦如是答**이라 **州歸謂衆曰 臺山婆子**를 **我與爾勘破了也**라하다

【한자】 婆(할미 파), 臺(돈대 대), 驀(말 탈 맥), 恁(생각할 임), 爾(너 이), 勘(헤아릴 감)

조주는, 스님이 노파에게 묻기를 "대산[으로 가는] 길은 어디로 향하여 갑니까?" 하자, 노파가 "쉬지 말고 곧장 가시오" 하였다. 스님이 겨우 몇 걸음 갔는데, 노파가 말하기를 "훌륭한 스님이로다. 또 그렇게

---

99 驀直(驀地): 한 눈 팔지 않고 곧장.

가는구나" 하거늘, 뒤에 어떤 스님이 조주에게 〔이야기를〕 삼가 받들어 말하였으므로, 조주가 말하기를 "기다려라. 내가 가서 너희들을 대신하여 이 노파를 살펴보리라"라고 하고, 다음날 곧 가서 역시 이와 같이 물으니, 노파 역시 이와 같이 대답하였다. 조주가 돌아와 대중에게 말하기를 "대산의 노파는 내가 너희들을 대신하여 완전히 간파하였다"고 하였다.

【문법해설】

- 趙州 因 僧問婆子……後有僧擧似州 州云……: '因'은 ① 개사로 쓰여 '~의 기회를 틈타(趁, 乘)', '~에 의거하여(依照, 根據)', '~을 위하여' ② 連詞로 쓰여 '이로 말미암아(因此)', '~때문에(因爲)' 등으로도 해석된다. 여기서는 '~때문에'라고 해석하며, '~'에 해당하는 것은 '僧問婆子……後有僧擧似州'이라고 본다. 따라서 맨 앞에 쓰인 '趙州'와 맨 뒤에 쓰인 '州云'의 '州'는 겹치므로 어느 하나를 빼는 것이 옳으나, 종속절이 너무 길어 다시 썼다고 본다.
- 臺山路向甚處去: '向~去'는 마치 현대한어의 '到~去'와 같이 '~로 가다'라고 해석한다.
- 纔行三五步: '纔'는 ①'~하자마자', '~하면 곧' ②'겨우' 등의 뜻이 있는데, 여기서는 ②를 따라 해석하는 것이 더욱 좋다.
- 又恁麽去: '恁麽(=恁地)'는 ①'이러한, 그러한' ②'어떠한, 무슨' 등의 뜻이 있는데, 여기서는 ①을 따른다.
- 後有僧擧似州: (1) '有'는 '어떤(某)'의 뜻이다.

  (2) ①'似'는 '擧示(들어 보여주다)'라는 뜻을 나타내는 동사 뒤에 쓰여 '向, 與, 給(~에게)' 등과 같은 뜻으로 해석된다거나, ②또 '擧似'는

선림 용어로서, 언어로 古則을 제시하거나, 사물을 사람에게 보여주는 것을 말한다. 즉 '擧似'는 '삼가 받들어 말하다(=奉告)'라는 뜻이다. 이때 '似'는 '示'와 雙聲관계의 通假字이므로 같이 쓴다고 할 것이다.

〔예문〕 溪聲便是廣長舌, 山色豈非淸淨身? 夜來八萬四千偈, 他日如何擧似人? 宋 蘇軾 『嘉泰普燈錄』(시냇물 소리는 〔여래의〕 장광설인데, 산 빛이 어찌 청정법신이 아니랴! 간밤에 읊은 팔만사천의 무량한 소식, 다른 날에는 사람들에게 어떻게 보여줄 수 있을까?)

▪待 我去與爾勘過這婆子: (1) '待'는 ①동사로 '대하다, 대우하다' ②'(손님을) 접대하다' ③'기다리다' 등의 뜻 외에 ④'필요로 하다', 自不待言(말할 필요가 없다) ⑤'~하려고 하다, ~할 계획이다'라는 뜻이 있는데, 여기서는 ③이나 ④를 따라 해석할 수 있을 것이다. ③을 따르면 '기다려라. 내가 가서 너희들을 대신하여 이 노파를 살펴보리라'라고 해석하고, ④를 따르면, '내가 가서 너희들을 대신하여 이 노파를 살펴보는 것이 필요하리라'라고 해석할 수 있다.

〔예문〕 ④ 自不待言(말할 필요가 없다.)

⑤待接電話的時候, 電話鈴停了(전화를 받으려고 할 때, 벨소리가 멈추었다.)

(2) '與'는 개사로 '~을 대신하여, ~을 위하여'라고 해석할 수 있다.

(3) '勘過'의 '過'는 현대한어에서 ①주로 동사 뒤에서 조사가 되어 완료를 나타내거나, ②어떤 행위나 변화가 발생하였지만 지금은 지속되지 않는 것, 즉 동작의 경험 등을 나타내며, ③본래 동사로 쓰여 '어떤 범위나 한계 등을 지나다, 초과하다' 등으로 쓰이기도 하며, ④때로는 동사 뒤에서 보어가 되어 '그 동작이 시간이나 어떤 영역을 지나다'라는 의미가 될 수도 있다. 여기서는 ④를 따르기로 한다.

- 我與爾勘破了也: (1) '破'는 결과보어로 앞의 동작이 철저한 것을 나타낸다. (2) '了'는 '완료'를 나타낸다. (3) '也'는 단정의 어기를 나타낸다.

評唱

無門曰 婆子只解坐籌帷幄[100]하고 **要且著賊不知**요 **趙州老人**은 **善用偸營劫塞之機**나 **又且無大人相**이로다 **撿點將來**하면 **二俱有過**하니 **且道**하라 **那裡是趙州勘破婆子處**오

【한자】 婆(할미 파), 籌(투호 살 주), 帷(휘장 유), 幄(휘장 악), 賊(도둑 적), 偸(훔칠 투), 營(경영할 영), 劫(위협할 겁), 機(틀 기), 撿(단속할 검), 勘(헤아릴 감)

무문이 말하기를 "노파는 단지 진영(帷幄)에 앉아서 셈대(籌)를 놀릴 줄은 알아도, 결국 적과 접촉하[여 불러 들이]는 것은 알지 못하고, 조주 노인은 적의 진영에 몰래 들어가 요새를 약탈하는 기회는 잘 이용하였으나, 또한 큰 인물의 상相은 없다. 검점撿點하자면 두 사람이 모두 잘못이 있으니, 말하여 보아라! 어디가 조주가 노파를 간파한 곳인가를"이라고 하였다.

【문법해설】

- 婆子只解坐籌帷幄: (1) '解'는 ① 동사로 '이해하다'라는 뜻이거나, ②

---

100 帷幄(帷帳): ①帷와 幄이 모두 幕으로서 진영에 쓰인다. 轉하여 대장이 작전을 세우는 곳. ②謀臣.

조동사로 가능(能夠, 會)을 나타내기도 한다. 가능을 나타낼 때는, '能'은 '생리적·본능적으로 할 수 있는 것'을, '得'은 '기회가 있어서 할 수 있는 것'을, '解(會)'는 '배워서 이해하여 할 수 있는 것'을 나타낸다.

〔예문〕 酒能祛百慮, 菊解制頹齡. 陶潛「九日閑居」(술로 온갖 걱정을 없앨 수 있고, 국화로 늙음을 억제할 수 있다.) / 月旣不解飮, 影徒隨我身. 唐李白「月下獨酌」(月은 이미 마실 수 없으나, 그림자는 헛되이 내 몸을 따르는구나.)

(2) '坐籌帷幄'은 본래 '坐籌於帷幄'에서 '於'가 생략된 것으로 본다.

▪ 要且著賊不知: (1) '要且'는 轉折(전환)의 어기를 나타내는 '却是'와 같은 뜻으로 ①'사실인 즉, 알고 본 즉' ②'그래도, 역시, 결국' ③'대관절, 대체' ④'혹은, 아니면' 등의 뜻으로 쓰인다. 여기서는 ②를 따라 해석한다.

〔예문〕 ② 掀倒禪床 喝散大衆 是則固是 要且西峰獅子巖 未肯點頭在. 『禪要』(禪床을 뒤집어엎고, 대중들을 크게 꾸짖어 흩어지게 하더라도, 이것은 진실로 옳으나, 그래도 서봉〔나〕의 사자암은 아직 인정하지 않고 있다.)

(2) '著'은 이곳의 의미와 비슷한 것만을 골라도 ①'부착' ②'접촉' ③'방치' ④'생장' ⑤'花費' 등 많은 뜻을 가지고 있는데, 여기서는 ②를 따라 해석한다.

▪ 善用偸營劫塞之機: (1) '善'은 ①'(일 등을) 잘 처리하다' ②'(어떤 일에) 능하다, 뛰어나다' ③'잘, 충분히' ④'(~하기에) 쉽다, 용이하다' 등의 뜻이 있는데, 여기서는 ①을 따라 해석한다.

〔예문〕 ① 善始善終(일을 처음부터 끝까지 잘 해내다.)

② 多謀善斷(계책이 많고 판단력이 뛰어나다.)

③善自保重(스스로 건강에 주의하다.)

④善變(변하기 쉽다.) / 善忘(잊기 쉽다.)

(2) '用~之機'는 '~한 시기(기회)를 이용하다'라는 의미이다.

▪ 撿點將來: 앞 제13칙 참조.

頌曰

問旣一般이요 **答亦相似**나 **飯裡有砂**요 **泥中有刺**로다

질문이 이미 같은 이상 대답 또한 비슷하나, 밥 속에 모래가 있고 진흙 속에 가시가 있다.

【문법해설】

▪ 飯裡有砂 泥中有刺: '飯裡有砂'와 '泥中有刺'는 각각 '砂在飯裡'와 '刺在泥中'으로 표현할 수 있을 것 같지만, 후자와 같이 주어가 앞에 쓰이면 화자와 청자가 이미 알고 있는 것에 한정되기 때문에, 어감으로 볼 때 적당하지 않다고 할 것이다.

【講義】

이 공안은 『경덕전등록』 10권 '조주관음원종심선사趙州觀音院從諗'와 『종용록』 제10칙 등에 나온다.

오대산은 지금의 중국 산서성에 있는 명산이며 청량산이라고도 한다. 문수보살의 도량으로 많은 수좌 스님들이 성지순례 차 참배하는 곳이다.

이러한 곳의 길목에 한 노파가 살고 있었다. 그런데 순례자들이 그 노파에게 "오대산으로 가는 길이 어느 쪽입니까?" 하고 물으면, 입술을 내밀고 그냥 턱으로 한 길을 가리키며 "저 길로 똑바로 가시오!" 라고 하였다.

그리고는 겨우 서너 걸음을 걸으면, 그 노파는 이를 보고 도리어 "쯧, 멀쩡하게 생긴 스님이 또 저렇게 가고 마는구나……"라고 말하며 혀를 찼다. 이와 같이 수좌 스님들이 길을 물을 때마다 수없이 그렇게 해왔다는 것이다.

조주가 수좌 스님들이 오대산 길목에 사는 노파에게 망신(?)을 당하고 있다는 소문을 듣고, 곧 "노파의 실력을 알아보겠다"고 하면서 길을 나섰다.

그는 신분을 감추고 행각승인 것처럼 시치미를 떼고 노파가 있는 곳으로 가서, 이전의 스님들과 꼭 같이 "오대산으로 가는 길이 어느 쪽입니까?" 하고 물으니, 그 노파는 입술을 내밀고 그냥 턱으로 한 길을 가리키며 "저 길로 똑바로 가시오!"라고 하였다. 그리고는 겨우 서너 걸음을 걸으니, 그 노파는 이전에 했던 바와 같이 "쯧, 멀쩡하게 생긴 스님이 또 저렇게 가고 마는구나……"라고 말하였다.

그런데 이렇게 노파에게 당하고, 절로 돌아온 조주는 오히려 "내가 너희들을 위하여 그 노파의 정체를 완전히 파악하고 왔노라"라고 의기양양하게 말하였지만, 이 노파가 어떤 사람인지에 대해서는 평가를 내리지는 않았다.

자! 오늘의 화두는, 앞의 스님들이 갔을 때와 조주 스님이 갔을 때, 노파의 행동은 똑같았지만 오히려 조주는 돌아와서 "내가 그대들을 위하여 오대산 노파의 심지를 점검했노라!"라고 말하였으니, 이것이 도대체 무슨 소리인가 하는 것이다.

조주는 앞의 스님들과 똑같은 말과 행동을 했는데도, 앞의 스님들은 노파를 점검하지 못했지만 조주는 노파를 점검했다고 하니, 도대체 무엇을 점검했다는 말인가? 이것이 바로 오늘의 화두이다.

선어록에는 간혹 노파가 등장해서 선승들을 골탕 먹이는 장면이 있는데, 그 가운데 대표적인 것을 세 가지만 들면 아래와 같다.

첫째는 파자소암婆子燒庵이다.

한 노파가 20년을 작정하고 한 암주를 공양했는데, 그 마지막 날, 딸을 곱게 단장시켜 암주를 찾아가 그를 끌어안고 "이럴 때 느낌이 어떠한지요?" 하고 묻도록 시켰다.

그러자 암주는 "마른나무가 찬 바위에 기댄 것과 같이 한겨울인데도 온기가 없다"라고 말했다. 이 말을 들은 노파는 "내가 그 동안 속한俗漢을 도인으로 잘못 알고 공양했다"고 하면서 암자를 불 지르고 말았다.

둘째는 구향용담久響龍潭이다.

주 금강으로 불렸던 덕산과 떡을 팔던 노파 이야기이다. 떡장수 노파는 『금강경』을 통달했다고 자랑하는 덕산이 간식거리로 떡을 팔라고 하자, 내기를 걸었다. 자기 질문에 대답하면 공짜로 떡을 주겠다는 것이다.

그 질문은 이렇다. "『금강경』에 '과거심 불가득, 현재심 불가득, 미래심 불가득(過去心 不可得, 現在心 不可得, 未來心 不可得)'이라고 했으니, 선사께서는 어느 마음에 점심點心을 하겠소?"라고 말하니, 덕산은 대답을 못하고 굶었다고 한다.

셋째는 이번 항목에 나오는 조주감파趙州勘婆이다. 이 공안은 중의적重意的인 의미를 갖고 있다. 오대산은 진리의 상징이다. 따라서 오대산으로 가는 길은 그냥 길이 아니고, 진리를 찾아가는 길이다. 그래서 노파는 오대산으로 가는 스님들이 길(路)을 물으면, 길(路)을 통해 길(道)을 알려 주고자 했다.

노파가 가리켜준 "똑바르게 가라"는 말은, 즉각 마음의 본질을 파악하는 직지인심直指人心의 길로 가라는 것이었다. 그런데 스님들은 진리의 길(道)로 가는 것이 서툴렀기 때문에, 노파심이 간절한 노파는 혀를 끌끌 찰 수밖에 없었던 것이다.

무문 스님의 평을 들어보자.

무문은 먼저 오대산의 노파를 비평하고 있다.

노파는 오대산 길목에 앉아서 많은 스님들을 조롱하는 술책을 쓰고 있지만, 조주와 같이 노련한 고승조차도 평범한 스님들과 다르게 않게 파악하였다. 즉 조주에게도 다른 뭇 수좌 스님들에게 말한 것과 똑같이 "똑바로 가시오"라고 말하고, 몇 걸음 나아가니, 여전히 "모양새는 스님 같지만 역시 마찬가지로군"이라고 말한 것은, 마치 조주와 같이 노련한 적敵이 자기 진영으로 침입한 사실을 파악하지 못한 것과 같다고 말할 수 있는 것이다. 조주는 노파의 이 점을 파악한 것이다.

무문은 이어서 조주를 비평한다.

조주가 적진인 노파의 요새에 잠입하여 노파를 감파하는 노련한 노장의 기지는 뛰어났다. 그러나 '오대산 길목에 살고 있는 노파를 상대로 하여 그러한 작전을 펼친다는 것은 역시 대장부의 기질은 없는 것이 아닌가?'라고 하면서, 한편으로는 비꼬면서 한편으로는 칭찬하고 있다.

그리고 무문이 총평하기를 "잘 점검해 보면 조주와 노파 이 두 사람 모두 과오가 있다"라고 말하였으니, 이것은 무문이 조주와 노파를 감파한 것이라고 할 수 있다.

그리고 학인들에게 "'조주가 노파를 어떻게 감파했는가?'를 잘 파악해 보라"고 주의를 주고 있다.

무문의 게송을 들어보자.

사실 조주의 물음에 노파가 다른 스님들에게 대답하는 것처럼 "곧바로 가시오"라고 말한 것은 안목이 없는 것이다.

조주가 일부러 노파를 찾아간 것은 오대산 가는 길을 묻기 위한 것이 아니라, 노파를 감파하기 위한 것이었다. 그렇기 때문에 노파가 조주의 물음을 다른 스님들과 똑같은 차원으로 받아들인 것은, 마치 '함부로 식사하다가 속에 있는 돌을 씹으면 이빨이 상하고, 진흙 속에 들여 놓으면 가시가 발을 찌르게 되는 것'과 같은 꼴인 것이다.

정신 차리고 조심해야지! 노파는 조주 화상의 본분을 파악하지 못했기 때문에 돌을 씹고 가시에 찔린 아픔을 맛보고 있는 꼴이 되었다고 볼 수 있다.

제32칙 외도문불外道問佛

本則

世尊이 因 外道問하되 不問有言 不問無言하여 世尊據座[101]한대 外道賛歎云하되 世尊이시여 大慈大悲하사 開我迷雲하여 令我得入이라하고 乃具禮而去하다

【한자】 據(의거할 거), 贊(도울 찬), 歎(읊을 탄), 迷(미혹할 미)

세존이(으로 말하자면) 외도가 〔따져〕 묻기를 "말씀을 하셔도 괜찮고, 말씀을 안 하셔도 괜찮습니다" 하였거늘, 세존께서 〔묵묵히〕 자리에 기대어 앉았기 때문에, 외도가 찬탄하여 말하기를 "세존이시여! 대자대비하심으로 저의 미혹의 구름을 열어, 저로 하여금 〔깨달음의 세계로〕 들어갈 수 있게 하소서" 하고, 이내 예배하고 떠났다.

---

101 據座: ①약간 고쳐 앉는 것. ②(묵묵히) 의자에 기대어 있는 것.

【문법해설】

- 世尊 因 外道問 不問有言 不問無言 世尊據座 外道贊歎云……: (1) '因'은 원인을 나타내므로 "'外道問 不問有言 不問無言 世尊據座'하였기 때문에"라고 해석된다. 따라서 文頭에 있는 세존은 일종의 주제어라고 말할 수 있다. 즉 '세존으로 말할 것 같으면, 因 이하의 원인으로 말미암아' 라는 뜻으로 해석하는 것이다. (2) '問'은 '不'과 連用하여 '~을 막론하고(不管, 無論)'라는 뜻이 된다.
- 令我得入: (1) '令'은 사역의 의미이다. (2) '得'은 가능을 나타내는 조동사이다.

阿難尋問佛하되 **外道有何所證**하여 **贊歎而去**이니꼬 **世尊云**하되 **如世良馬見鞭影而行**이니라하시다

【한자】 尋(찾을 심), 鞭(채찍 편)

아난이 곧이어 부처님께 여쭙기를 "외도는 무슨 증득한 바가 있어서 찬탄하고 갑니까?" 하니, 세존이 말씀하시되 "세간의 좋은 말은 채찍의 그림자만 보면 달리는 것과 같다"라고 하셨다.

【문법해설】

- 阿難尋問佛: '尋'은 ①어떤 상황이나 행동을 뒤이어 계속하는 것을 나타내어 '뒤이어(隨著)', ②'갑자기, 얼마 안 되어(不久)' 등의 뜻도 있다.

評唱

無門曰 阿難은 **乃佛弟子**로되 **宛不如外道見解**로다 **且道**하라 **外道與佛弟子**에 **相去多少**오

【한자】 宛(굽을, 마치 완)

무문이 말하기를 "아난이야말로 곧 부처님의 제자로되, 완연히 외도의 견해와 같지 않도다(미치지 못한다). 말하여 보라! 외도와 불제자의 차이가 얼마인가?"라고 하였다.

【문법해설】

- 宛不如外道見解: '宛'은 '마치, 완연히, 흡사, 꼭' 등의 뜻이 있다.

頌曰

劍刃上行이요 **冰稜上走**라 **不涉階梯**이요 **懸崖撒手**로다

【한자】 劍(칼 검), 稜(모서리, 논두렁 릉), 涉(건널 섭), 階(섬돌 계), 梯(사다리 제), 懸(매달 현), 崖(벼랑 애), 撒(뿌릴 살)

칼날 위를 걷고, 얼음 모서리(언저리)를 달린다. 계단이나 사다리를 밟지 않고, 벼랑에 매달려 손을 놓는다.

【講義】

이 공안은 본래 『조당집』 1권, 『경덕전등록』 27권, 『벽암록』 65칙

등에 수록되어 있다.

'외도'라고 하는 것은, 불교에서 다른 종교도나 지자智者를 일컫는 호칭으로, 가장 이른 것으로는 석가모니 부처님 시대의 '96종 외도'에 관한 전설이 있다.

이후 그 범주가 넓어져 불교 교리에 계합되지 않는 종파나 주의·사상을 일컫게 되었는데, 예를 들어 바라문교, 도교, 유교 등을 이르거나, 각종 악마나 귀신, 이단, 사설邪說까지도 포함하여 '외도'라는 하나의 통칭으로 부르게 되었다.

어느 날 세존께 외도가 찾아와서 "말이 있거나 말이 없거나를 막론한다(따지지 않는다)"라고 하였는데, 세존께서는 아무 말도 없이 그냥 자리에 가만히 앉아 계셨다.

이렇게 했을 뿐인데, 외도는 "세존이시여! 대자대비大慈大悲하시어 제 미혹의 구름을 열어 주시고, 저로 하여금 깨달음을 얻게 하여 주셨습니다"라고 찬탄하고 떠났다.

이를 본 아난은 세존에게 "외도가 무엇을 증득한 것이 있어서 저렇게 찬탄하며 가는 것입니까?"라고 물었다. 그러자 세존께서는 "세상의 좋은 말은 채찍 그림자만 보고도 달리느니라"라고 말씀하셨다.

오늘의 화두는 "'말이 있거나 말이 없거나를 막론한다(따지지 않는다)'는 말에, 세존께서는 대답은 하지 않고 가만히 앉아 계셨는데, 그것을 보고 어떻게 깨달았느냐"는 것이다.

여기에서 외도가 '말이 있거나 말이 없거나를 따지지 않는다'는 것은, 이름을 붙일 수도 없고, 설명할 수도 없는, 즉 말을 벗어난 그 자리를 이야기한 것이라고 할 수 있다. 그래서 세존께서는 아무 말도 없이 그대로 앉아 계셨던 것이다.

외도는 세존께서 말 한마디도 안 했는데, 세존의 가르침을 이해하고 깨달을 수 있었는데, 아난은 오히려 곁에서 보고 듣고 했으면서도 이러한 이치를 모르고 의아하게 생각한 것이다.

여기에서 주목할 바는, 세존이 가르쳐 주시지 않고 그저 침묵하셨는데도 외도가 바로 깨달은 것은, 그 깨달음이 세존에게 있는 것이 아니라 바로 자기 자신에게 있기 때문이라는 것이다. 깨달음은 말로 찾는 것이 아니라 자기 자신 안에서 찾아야 하는 것으로, 결코 밖에서 찾아 헤매서는 안 된다는 메시지이다.

이 공안에 나온 '외도'는 분명 채찍을 사용하지 않아도 되는 명마였으리라! 이러한 천재에게는 부처도 말할 필요가 없었던 것이다.

『잡아함경雜阿含經』에서 석가모니는 중생을 네 종류의 말로 비유하였다. 하나는 채찍의 그림자만 보아도 놀라 움직이는 것이고, 둘은 피부나 털을 만져야만 달려 나가는 것이며, 셋은 근육이 아파야만 달릴 생각을 하는 것이고, 넷은 골수에 아픔이 느껴져야만 비로소 달려가는 것이 그것이다.

석가모니는 『열반경』에서도 다음과 같이 말하였다.

"중생의 성질이란 무릇 이 네 종류의 말과 같다. 생로병사를 이야기하려면 정도程度를 달리하여 그들을 깨우쳐야 한다."

일본 선종 고승 도원道元은 『정법안장正法眼藏』「사마四馬」에서 이 도리에 대해 말한 바 있다.

말을 조련하는 방법에는 채찍을 사용하는 방법이 있고, 채찍을 사용하지 않아도 되는 방법이 있다. 즉 말을 조련하는 것은 꼭 채찍에만 달려 있는 것은 아니라는 것이다.

외도는 채찍의 그림자만 보고도 곧장 달리는 준마와 같은데, 오히려 아난은 마치 채찍이 털끝을 스쳐야 달리는 말과 같은 것이다.

무문無門은 말했다.

아난존자는 불제자인데 외도만도 못하지 않은가? 외도와 불제자의 차이가 얼마인가?(外道與佛弟子相去多少) 많은가, 적은가?

일반적으로 '부처님의 십대제자는 견해도 뛰어나고 인격도 훌륭하다'고 하고, '외도의 견해는 천박하고 차원이 낮다'고 하는 편견을 가지고 있다.

무문은 이러한 편견을 타파하기 위하여 이 문제를 제기하고 있다. 즉 외형과 신분에 의존하여 사람을 판단하는 잘못된 편견이 없어야 올바른 불법을 체득할 수 있다고 할 것이다.

부처와 중생의 차이, 불제자와 외도와의 차이는 얼마나 될까? 내가 보기에는 참으로 미미할 뿐이다.

인류 문명에서는 정도를 벗어난 사람이 가장 중요한 인물이 되는 경우가 종종 있다. 석가모니는 이러한 이치를 매우 잘 이해하신 분이라고 할 수 있다. 왜냐하면 그의 국가, 그의 황실의 입장에서는, 그분이야말로 정도를 벗어난 태자요, 전통과 도덕, 황위, 처자식, 가족을 버린 자이기 때문이다. 그래서 부처님의 눈에는 본래 '외도外道'라는 것이 존재하지 않았을 것이다. 즉 편을 가르고 무리를 짓는 것은 분별의 지식이며, 무분별의 지혜는 아니라는 것이다.

무문의 송을 들어 보자.

외도가 세존을 보고 "말을 하거나 말을 하지 않거나 막론한다"고 따져 물으며 세존을 친견한 것은, 천길 절벽에서 손을 놓고 목숨을 걸어 도를 구하는 정신으로 질문한 것이다. 그리하여 참으로 일체 자아를 죽이고, 참된 깨달음을 이루어냈다는 것이다.

그러므로 선禪은 글자를 해석하는 것도 아니고, 말로 이치를 캐는 것도 아니며, 또한 사다리로 한 단계 한 단계 오르는 것도 아니고, 오직 '백척간두百尺竿頭 진일보進一步'해야 하는 것이다.

선의 성취는 모두 이러한 '위대한 고난'에서 나온다고 할 수 있다. 즉 무문이 말한 것처럼 '칼날 위를 걷고, 얼음 모서리 위를 가며, 계단이나 사다리를 딛지 않고, 가파른 벼랑에서 손을 놓아야 하는 것'이다.

제33칙 비심비불非心非佛

本則

馬祖 因 僧問하되 **如何是佛**이니꼬 **祖曰 非心非佛**이니라

마조는, 스님이 "무엇이 부처님입니까?" 하고 물었기 때문에, 마조가 "마음도 아니요, 부처님도 아니다" 하였다.

【문법해설】

- 如何是佛: '如何'는 본디 '어떻게 하다'라는 처치를 묻고, '何如'는 '어떤, 어떠하다' 등으로 그것의 성질이나 상태를 묻는 의문사인데, 여기의 '如何'는 처치를 묻는 의문부사가 아니고 '어떤 것'이라는 뜻의 의문대사라고 할 수 있다.

評唱

無門曰 若向者裡見得하면 **參學**[102]**事畢**하리라

무문이 말하기를 "만약 여기에서 알 수 있다면 불도를 닦는 일은 끝난 것이다" 하였다.

【문법해설】

- 若向者裡見得: '見得'에서 (1) '見'은 '자기의 주관(見分)에 비추어보아 알다'라는 뜻으로 볼 수 있다. (2) '得'은 현대한어에서 동사의 뒤에 쓰여 가능이나 완료를 나타낸다.

頌曰

路逢劍客須呈하고 **不遇詩人莫獻**하라 **逢人且說三分**하고 **未可全施一片**이니라

【한자】 呈(드릴 정), 獻(바칠 헌)

길에서 검객을 만나면 〔검을〕 바쳐야 하고, 시인을 만나지 않으면 〔시를〕 바치지 말라. 사람을 만나면 오히려 3/10만을 말하고, 아직 일체의 조각을 온전히 베풀어서는 안 된다.

【문법해설】

- 逢人且說三分: '且'는 '도리어, 오히려'로 해석된다.

〔예문〕 忠且見棄, 吾不之楚何適. 『戰國策·秦策一』(충성하였으나 오히

---

102 參學: ①參禪學道의 준말로, 불도를 닦는 것을 말한다. 한 사람의 스승 아래에서 모여 불도를 수행하는 것. ②參學者, 수행자. ③參은 모인다는 뜻, 일동이 모여 가르침을 듣는 것.

려 버림을 받았으니, 내가 초나라에 가지 않으면 어디로 가겠는가?)

▪ 未可全施一片: (1) '未'는 온화한 부정이다. (2) '可'는 허가를 나타낸다. (3) '一片'의 '一'은 '一切'의 뜻이다.

【講義】

비심비불非心非佛 공안은 『마조록馬祖錄』의 일부분만을 인용한 것이다. 이 내용은 『조당집』, 『경덕전등록』, 『고존숙어록』, 『종경록』 등에도 실려 있다.

마조 스님에게 어떤 스님이 찾아와서 "불법이란 어떤 것입니까"라고 물으면 "마음이 곧 부처이다(卽心卽佛)"라고 대답하였다.

또 다른 스님이 찾아와서 똑같이 "불법이란 어떤 것입니까"라고 물으면 이번에는 "마음도 아니고 부처도 아니다(非心非佛)"라고 대답하였다.

왜 물음은 같은데 반대로 대답하였을까? 이전에는 "마음이 부처이다"라고 하였는데, 이번에는 왜 "마음도 아니고 부처도 아니다"라고 하였을까. 이것이 오늘의 화두이다.

이것은 마치 조주 스님께서 "개에게도 불성이 있습니까, 없습니까?"라고 물으면, 어느 때는 "없다"고 대답하고, 어느 때는 "있다"고 대답한 것과 같다고 할 수 있다.

이 '비심비불非心非佛'의 공안은 앞(30칙)의 '즉심즉불卽心是佛'이라는 공안과 함께 읽어야 한다.

대매 스님이 마조 선사를 찾아가 "부처란 무엇입니까?"라고 묻자, 마조 선사가 "마음이 곧 부처이다(卽心是佛)"라고 말하였는데, 이 말에 대매가 문득 깨닫고는, 그 후 대매산大梅山에 들어가 자취를 감추었다.

마조 선사는 그런 그가 궁금하여 사람을 보내서 묻게 했다.

그 사람이 대매 스님을 찾아가 "마조 스님한테서 무슨 가르침을 들었기에 이런 산속에 숨어 지냅니까"라고 하자, 대매가 "마음이 곧 부처라는 말을 들었지"라고 말하였다.

그 사람이 다시 "요즈음은 좀 달리 가르치고 계십니다. 마음도 부처도 아니다(非心非佛)라고 하십니다"라고 하자, 대매 스님은 "그 노장께서 언제나 사람을 헷갈리게 하는 망발을 그치실까? 설사 그렇다 해도 나는 '마음이 곧 부처일 뿐이다(卽心是佛)'"라고 하였다.

마조 선사는 이러한 경위를 전해 듣고 "매실이 익었구나!"라고 말하였다.

여기에서 마조 선사가 '마음이 곧 부처'라고 한 것이나 '마음도 아니고 부처도 아니다'라고 한 것은, 모두 동일한 부처를 다른 측면에서 말한 것에 불과하다. 즉 '마음이 곧 부처'라고 한 것은 긍정적인 입장에서 말한 것이며, '마음도 아니고 부처도 아니다'라고 한 것은 부정적 입장에서 말한 것이다.

부처를 '즉심즉불'이라고 하든 '비심비불'이라고 하든, 부처의 본질은 차이가 없다. 크게 문제되는 것은 '마음'이다.

사람들은 스스로의 마음이 본래 부처임을 깨닫지 못하고 밖으로 부처를 구하고 있기 때문에, 마조는 이러한 잘못된 견해를 깨우치기 위해 '마음이 곧 부처(卽心卽佛)'라고 가르친 것이다.

그러나 마조가 '즉심즉불'을 강조한 이후 사람들은 또한 '즉심즉불'이라는 말에 집착하여 수행하지 않자, 이러한 집착을 부수기 위해 이번에는 '비심비불非心非佛'이라고 설하게 된다. 따라서 마조 선사는 '즉심즉불'에 집착하는 마음의 병폐를 없애기 위해 '비심비불'이라고 말한 것이다. 다시 말하면 '비심비불'은 '즉심즉불'에 대응하여 제기한 일종의 부정어라고 할 수 있다

마조 스님이 어느 때는 '즉심즉불'이라 하고, 어느 때는 '비심비불'이라고 한 것은 바로 둘을 초월한 경지에서 말한 것으로, 중관론에서 말한 바와 같이 '이다'와 '아니다', '유有'와 '무無'라는 양극단을 떠나서 말한 것이다.

또한 이것을 '둘 다 잊음(兩忘)'이라고 하는데, 분별하고 집착하는 마음을 완전히 없애 어느 것에도 집착하지 않게 하는 것을 말한다. 이 '집착하지 않음'에도 집착하지 않는 경지가 바로 선의 세계이다.

마음이 한곳에 머물거나 집착하지 않는, 소위 '무소주無所住'가 되면 걸림 없이 자유로운 작용이 나타나게 되기 때문에, 선문에서는 사물에 집착하는 것을 경계한다.

무문 스님의 평을 들어보자.

마조 선사가 말한 '비심비불'의 경지를 투철히 깨달으면 인생의 모든 문제가 해결되며, 참선 수행도 끝나게 된다.

마음에 집착하고, 부처에 집착하면 어떻게 부처를 체득할 수 있겠는가?

마음과 부처라는 이름과 명상을 모두 떨쳐버리고, '비심비불'의 참된 의미를 체득하면 불법 수행의 목적을 달성할 수 있기 때문에, 무문혜개 선사는 "발견하여 얻으면 공부하는 일은 끝난다"라고 말한 것이다.

마치 음악가가 음보만 알면 어떠한 노래도 부를 수 있듯이, 선에서는 하나의 공안만 터득하면 모든 공안을 알 수 있다고 한다. 그래서 '비심비불'의 이치만 터득하면 선 공부는 모두 졸업할 수 있다고 한 것이다.

이처럼 '비심비불'이라는 말 한마디는 쉽사리 남에게 제시할 수 있는 말이 아니다. '즉심즉불'을 충분히 깨달은 선 수행자에게만 주는 것으로, 마조 가문에서도 좀처럼 내놓지 않는 '비전秘傳의 묘약妙藥'이었다.

즉 '비심비불'은 자칫 잘못하면 독약이 될 수도 있다. 이 마조의 '비심비불'을 투철히 이해하기란 쉽지 않은 일이다. 만약 이 경지에 투철해서 마조의 경지와 부합한다면 선의 참뜻과 부처님의 마음을 완전히 이해했다고 할 수 있을 것이다.

무문은 게송으로 노래한다.

"길에서 검객을 만나면 모름지기 칼을 바치고, 시인을 만나지 못하면 시를 바치지 말라"는 이 말은, 칼을 전혀 모르는 사람에게 칼을 주면 참된 가치를 알지 못하고, 시를 모르는 사람에게 시를 이야기한들 무의미한 일이 되고 만다는 것이다.

마조가 '즉심즉불'과 '비심비불'을 설한 것은, 검객에게는 칼을 보여주고, 시인에게는 시를 지어서 준 것처럼, 학인의 근기에 맞는 방편법문을 설한 것과 같다고 할 것이다.

사람을 만나면 3/10만 설하고, 마음속에 있는 것을 모두 꺼내 주어서는 안 된다. 이 말은 불법을 알아듣는 사람이라 할지라도 3/10만 설해 주고 그 이상은 설하지 말라는 뜻이다. 마음속에 있는 것을 다 베풀어준다고 한들 알아듣지 못할 것이니, 나머지는 학인 스스로 체득해야 한다는 의미이다. 스승은 학인들을 깨달음의 길로 안내하는 역할을 하는 것일 뿐, 깨달음을 전해 줄 수는 없기 때문이다.

제34칙 지불시도智不是道

本則

南泉云하되 **心不是佛**이요 **智不是道**니라

남전이 말하되 "마음은 부처가 아니요, 지智는 도道가 아니다"라고 하였다.

評唱

無門曰 南泉은 **可謂 老不識羞**라 **纔開臭口**에 **家醜外揚**로이다 **然雖如是**나 **知恩者少**니라

【한자】 羞(부끄러울 수), 纔(겨우 재), 臭(냄새 취), 醜(추할 추), 揚(오를 양)

무문이 말하기를 "남전은 '늙어서 부끄러움을 몰라, 가까스로(겨우) 냄새나는 입을 여니, 집안의 추악함이 밖으로 드러났다'고 말할 만하

다. 비록 이와 같으나 〔남전의 이 말이 얼마나 은혜로운 말인지〕 은혜를 아는 자는 적구나"라고 하였다.

頌曰

天晴日頭出이요 **雨下地上濕**이라 **盡情都說了**나 **只恐信不及**이로다

【한자】 晴(갤 청), 濕(축축할 습), 恐(두려울 공)

하늘이 개면 태양이 나오고, 비가 내리면 땅이 젖는다. 온 생각이 모조리 설하여졌는데, 단지 믿을 수 없을까 걱정이다(아마 믿을 수 없을 것이다).

【문법해설】

- 天晴日頭出: '日頭'에서 '頭'는 접미사이므로 '해'라고 해석할 뿐, '해의 머리'라고 해석하지 않는다.
- 雨下地上濕: '雨下'는 현대한어에서는 어순을 '下雨'라고 해야 옳다고 할 것이다. 왜냐하면 주어가 앞에 나오면 화자와 청자가 이미 아는 것으로 한정되고, 주어가 뒤에 나오면 한정되지 않기 때문이다.
- 盡情都說了: (1) '盡情'은 ①'盡'은 동사, '情'은 그것의 목적어로 보아 '온 생각을 다하다'라고 해석하거나, ②'盡'을 명사 '情' 앞에서 그것을 꾸미는 한정어로 보면 '온 생각'이라고 해석할 수 있을 것이다. (2) '都'는 '주어가 모조리 동사한 것'을 나타내므로, '盡情'을 만약 (1)-①과 같이 해석하면 '온 생각을 다하여, 〔주어가〕 모두 말하였다'라는 의미가

되므로 적절하지 않다. 그러나 '盡情'을 만약 (1)-②와 같이 해석하면 '盡情'이 주어가 되지만, 그것이 무생물이므로 피동표지를 쓰지 않는 피동문이 되므로 '온 생각이 모조리 설하여지다'라고 해석되며, 이것이 더욱 합리적이라고 할 것이다. (3) '了'는 '마치다'라는 동사로 해석하는 것 보다 현대한어에서 완료를 나타내는 것을 따라 완료로 해석하는 것이 좋다.

- 只恐信不及: (1) '只恐'은 현대한어의 '只怕'가 '① 다만 ~만이 두렵다' ②'짐작하건대, 아마' 등으로 해석되는 것과 같다. 따라서 여기서는 모두 가능하다고 본다. (2) '信不及'은 가능보어의 부정형이다.

【講義】

이 공안은 『조당집』 15권 '동사화상東寺和尙'의 "말하기를 '마음은 부처가 아니요, 지혜는 도가 아니다'(言, 心不是佛, 智不是道)"와 『고존숙어록』 12권 '지주남천보원선사어요池州南泉普願禪師語要'의 "노승이 말하기를 '마음은 부처가 아니요 지혜는 도가 아니다'(老僧言, 心不是佛, 智不是道)"를 무문이 공안으로 정리한 것이다.

남전은 이미 나왔던 공안인 '마음이 곧 부처'라고 한 말에 대하여 "마음은 부처가 아니고, 지혜는 도가 아니다"라고 하여 비판하고 부정하는 내용이다.

범부들은 "마음이 부처이다"라고 하면 마음에 집착하고 "깨달음의 지혜가 불도이다"라고 하면 지식이나 불도에 집착하기 때문에, 남전은 "마음은 부처가 아니고, 지혜도 불도가 아니다"라고 일깨운다.

『무문관』에는 남전의 이야기가 14칙 남전참묘南泉斬貓, 19칙 평상시도平常是道, 27칙 불시심불不是心佛, 34칙 지불시도智不是道 등에서 4번 기술하고 있는데, 이것들의 공통점은 분별심과 집착심에 빠지지 말라는 것이다.

'물도 고여 있으면 썩듯이, 진리라고 믿는 것도 집착하면 병이 생긴다'

예를 들어 물(水)에 대하여 생각해 보자. 먼저 물이라는 문자가 있을 것이고, 그리고 물이라고 부르는 소리가 있을 것이며, 또 마실 수 있는 진짜 물이 있을 것이다. 우리는 이 세 가지를 물이라고 부른다. 이 세 가지 중에서 소리와 글자로 표현되는 물을 '이름의 물'이라고 할 것이며, 실제로 마실 수 있는 물을 '실재의 물'이라고 할 수 있으므로, 물은 '실물의 물'과 '이름의 물' 등 두 가지로 나누어진다. 즉 물에는 실체를 근거로 한 물과 이름을 근거로 한 물이 있다.

이와 같이 '마음이 곧 부처'라고 하거나, '마음이 곧 부처가 아니다'라고 할 때, 그 속에는 '실체를 근거로 한 부처'와 '이름을 근거로 한 부처'가 있게 된다. 그러므로 두 가지 말은 정반대인 것 같으나, 두 가지 말은 모두 옳은 말이 된다.

이와 마찬가지로 지혜도 '이름뿐인 지혜'와 '실질적인 지혜'로 나눌 수 있으며, 이름뿐인 지혜는 '도道'라고 할 수 없기 때문에, 남전은 '이름뿐인 도'에 집착하면, 불법의 본질을 외면한 채 허송세월을 보낼 것이라고 설한다.

무문의 말을 들어보자 .

무문은 "늙은 남전이 부끄러운 줄도 모르고, 곧바로 입을 열어 집안의 부끄러운 일을 남에게 소문내고 있다"고 비난하는 것 같지만, 한편으로는 칭찬하고 있다.

이렇게 친절하게 불법의 진수를 설하고 있는 남전 화상의 은혜를 갚을 수 있는 사람이 얼마나 될까? 무문은 남전의 간절한 자비심을 극찬하고, 동시에 이러한 남전의 노파심을 알지 못하는 학인들이 있다고 개탄하고 있다.

지식이 많다고 자랑 말고 정신 차려 똑바로 공부하라고 경책한다.

무문의 게송을 들어보자 .

'날씨가 좋으면 해가 나오고, 비가 오면 땅이 젖는다. 모든 정성을 다하여 설명했지만, 그러한 사실을 체득하여 확신을 얻은 사람이 없어서 걱정이구나.'

흐린 날에는 해가 떠 있는 것을 모른다. 맑으면 비로소 해가 솟는 것을 볼 수 있다. 비가 내리니 땅이 축축해진다.

천지 만물은 각각 일체의 번뇌 망상이 없는 무심의 경지에서 여여如如하게 살아가고 있다.

우리도 천지 만물과 같이 무심하게 자신의 일을 열심히 하면서 살아가야지, 조작된 마음으로 부처를 구하거나, 지혜를 얻어서 불도를 성취하려고 한다면 올바른 부처나 도를 이룰 수 없을 것이다.

제35칙 청녀이혼倩女離魂

本則

五祖問僧云하되 **倩女離魂**하니 **那箇是眞底**오

【한자】 倩(예쁠 천, 사위 청)

오조가 승에게 물어 말하기를 "청녀가 혼을 〔육체로부터〕 떠나게 했다고 하니, 어느 것이 진짜인가?" 하였다.

【문법해설】

- 倩女離魂: '離'는 '떠나다'라는 뜻의 자동사이기 때문에 목적어를 가질 수 없으나, 이 문장에서 '魂'은 '離'의 목적어로 쓰였다. 이와 같이 자동사나 형용사가 목적어를 동반하면 使動이나 意動용법으로 해석한다.
- 那箇是眞底: '眞底'에서 '底'는 현대한어의 '的'과 같이 '~의' 또는 '~의 것'이라는 뜻이다.

評唱

無門曰 若向者裡 悟得眞底하면 **便知出殼入殼**에 **如宿旅舍**하리라 **其或未然**인댄 **切莫亂走**하라 **驀然地水火風一散**하여 **如落湯螃蟹七手八脚**이라도 **那時莫言不道**니라

【한자】 殼(껍질 각), 旅(군사 려), 驀(말 탈, 갑자기 맥), 湯(끓일 탕, 해 돋을 양), 螃(방게 방), 蟹(게 해), 脚(다리 각)

무문이 말하기를 "만약 여기에서 진짜를 깨달을 수 있으면, 곧 '껍질에서 나와 껍질에 들어가는 것(이 세상의 육체에서 나와 다음 생의 육체에 들어가는 것)이 마치 여관에 묵는 것과 같은 것'을 알게 되리라. 만약 그렇지 않으면 절대 쓸데없이 배회하지 말라. 돌연히 지수화풍의 사대가 일시에 흩어져, 마치 뜨거운 탕에 빠진 방게가 손발을 바동거리는 것과 같게 되더라도, 그때는 〔내가 그대에게 아무것도〕 '말하지 않았다'고 말하지 말라" 하였다.

【문법해설】

- 其或未然: '其或'는 '其'나 '其如' 등과 같이 連詞로 가설을 나타내어 '만약 ~가 된다면'이라고 해석한다.
- 七手八脚: ① 일곱 개의 손과 여덟 개의 발. ② 사람이 많으면 일하는 것이 어지럽고 두서가 없다. 여러 사람이 합세하여 많은 일손으로 바쁘게 일하다. 너나 나나 할 것 없이 끼어들다. 사공이 많으면 배가 산으로 간다. ③ 아무 일에나 손을 대다.

〔예문〕 ② 我們七手八脚地忙活起來了(우리는 혼잡스럽게 일하며 바빠졌다.) / 大家七手八脚地一會兒辦完了(모두가 나서서 잠깐 사이에 끝냈다.)

頌曰

雲月是同이나 **溪山各異**라 **萬福萬福**이여 **是一是二**로다

구름과 달은 〔항상〕 같으나, 계곡과 산은 〔매번 그 모습이〕 각기 다르다. 매우 복되도다! 매우 복되도다! 하나인가, 둘인가?

【문법해설】

- 萬福萬福: '萬福'은 ① 옛날 부녀자들이 두 손을 가볍게 쥐고 가슴 앞에서 아래위로 흔들면서 머리를 숙여하는 경례 ② 많은 복덕 ③ 부녀자들이 인사할 때 '복 많이 받으세요'라고 하는 인사말 ④ 귀하고 소중한 것. 여기서는 '萬'이 긍정문에서는 '매우', 부정문에서는 '전혀'라고 해석되는 것을 따라 '매우 복되다'라고 풀이한다.

【講義】

청녀이혼倩女離魂이라고 하는 말은 '청녀가 혼을 떠나게 하다(청녀의 혼이 육체를 떠났다)'라는 말인데, 청倩자는 '아름다울(예쁠) 천'인데, 여기에서는 '청'이라고 읽으며, 청녀는 사람 이름이다.

이는 당唐의 진원우陳元祐가 쓴 『유설이혼기類說離魂記』라고 하는 괴기담怪奇談에서 나왔다.

그런데 이 '청녀이혼'이 선가禪家에서는 화두가 되어 『무문관』의 35칙에 끼어 있는 것으로 보아, 이 이야기가 그만큼 세상에 널리 퍼져 있었다는 것을 알 수 있다.

『이혼기』에 실린 '청녀이혼'의 이야기 줄거리는 대강 이러하다.

옛날 중국에 장감張鑑이라고 하는 사람이 있었는데, 그에게는 미모가 뛰어난 청녀라고 하는 딸이 있었다. 그리고 왕주王宙라고 하는 생질甥姪이 있었는데, 이 생질도 또한 청녀와 버금할 미소년美少年이었다.

딸과 생질의 아름다움에 취한 장감은 이들이 어렸을 때 늘 "너희가 성인이 되면 짝을 지어 주리라"라고 말하곤 했다.

그리하여 청녀와 왕주는 어려서부터 남다르게 친숙하게 지냈는데, 장감은 청녀가 다 자라서 시집갈 나이가 되었을 때, 그녀를 고을 관아의 높은 벼슬아치에게 시집보내어, 그 인연으로 출세하고자 하였다.

장감의 마음이 변한 것을 안 청녀는 제 방에 틀어박혀 우울한 나날을 보냈고, 왕주는 절망으로 고뇌하다가 청녀가 있는 고향을 떠나기로 결심하였다.

'왕주와 함께 살 수 없으면 죽어버리겠다'고 말하는 청녀에게 이별을 알리고, 어느 어두운 밤, 배를 타고 고향을 떠나는데, 강기슭에서 왕주의 뒤를 쫓아오면서 그를 부르는 소리가 끊이지 않게 들려 배를 세워놓고 살펴보니, 강기슭에 청녀가 있었다.

두 사람은 함께 배를 저어 촉蜀나라로 가서 5년을 살다가, 부모가 그리워 고향인 형양衡陽에 돌아가기로 하였다.

형양에 도착한 왕주는 청녀를 배 안에 남겨 둔 채, 그가 먼저 장인丈人인 장감을 찾아가 자초지종을 이야기하고 용서를 빌었다.

왕주의 말을 들은 장감은 "네가 허튼소리를 하는 것이 정신이 어떻게 된 모양이구나. 너는 청녀를 데리고 갔다고 하지만, 네가 집을 나간 이후 청녀는 병이 들어 지금도 침상에 누워 있다. 그 병이 이상한 병이어서 아무것도 먹지 않고 잠자는 것인지 깨어 있는 것인지, 침실 밖으로는 한 발짝도 나간 적이 없다"라고 하였다.

왕주가 말하기를 "그럴 리가 있습니까? 청녀는 지금 강가에 매어 둔 배 안에 있습니다"라고 하고서 침실을 보니, 침대에는 과연 청녀가 누워 있는 것이 아닌가?

어리둥절해진 왕주는 정신없이 달려 배로 돌아오니, 거기에는 또 다른 청녀가 그를 기다리고 있었다. 왕주는 청녀를 데리고 장감의 집으로 돌아왔다.

그러자 지금까지 침상에 누워 있던 청녀가 언제 병들어 누워 있었느냐 싶게 일어나 침실 밖으로 나왔다. 마주 대한 두 청녀는 무엇에 이끌리듯이 서로 다가가 눈 깜짝할 사이에 하나가 되었다.

장감이 청녀에게 "이게 무슨 일이냐?"고 물으니, 청녀는 "서방님을 차마 혼자 떠나보낼 수 없어서, 제 혼이 서방님을 따라서 배를 탔던 것 같습니다"라고 하는 것이었다.

장감과 그의 식구들은 그제야 방안의 청녀가 시름시름 앓으며 5년 동안을 정신없는 사람처럼 지낸 것은, 청녀의 혼이 왕주를 따라 갔었기 때문인 것을 알게 되었다.

오조법연 스님은 당시 널리 유행하고 있는 청녀 이야기를 바탕으로

"청녀의 혼이 떠났는데, 어느 것이 진짜인고?"라고 대중에게 물은 것이다.

"청녀는 두 몸으로 나뉘어, 한 청녀는 왕주에게 시집가 배(舟) 안에 있는 청녀가 되고, 또 다른 청녀는 병이 들어 방안에 있는 청녀가 되었으니, 어느 쪽이 진짜 청녀인가?"라고 하는 것이 오늘의 화두이다.

방안에 누워 있는 청녀의 육체가 진짜인가? 왕주와 결혼하여 살고 있는 청녀의 영혼이 진짜인가? 영혼을 진짜라고 한다면 육체는 가짜가 되고, 육체를 진짜라고 한다면 영혼은 가짜가 된다.

더 나아가 마음이 진짜인가? 육체가 진짜인가? 마음만으로 인간이라고 할 수 없고, 육체만으로 인간이라고 할 수 없다. 마음과 육체가 하나가 되어야 살아 있는 인간으로서 활동할 수 있다. 그렇기 때문에 어느 것이 진짜이고, 어느 것이 가짜라고 단정할 수 없는 것이다.

이 화두의 주안점은 '어느 것이 진짜인가?'라는 청녀의 문제가 아니라, 당시 유행하던 『이혼기』를 읽고 '어느 쪽이 진짜 청녀이고, 어느 쪽이 가짜 청녀인가?'라고 생각하며 어리석은 의혹에 사로잡힌 학인들에게, 진망眞妄을 가리는 좁은 안목에서 벗어나 마음과 육체, 진심眞心과 망심妄心의 문제를 떠난 것이 진망불眞妄佛이라는 사실을 체득하도록 제시하고 있다.

마음을 진짜로 한다면 몸은 가짜가 되고, 보리를 진짜로 한다면 번뇌가 가짜가 되는데, 이런 진망의 차별심은 곧 중생심이 되므로, 진망이 따로 존재하는 것이 아니라 몸과 마음은 하나, 즉 신심일여身心一如인 사실을 알아야 한다는 것이다.

무문의 평을 들어 보자.

청녀이혼의 이야기를 바탕으로 하여 오조법연 선사가 제시한 질문에 한마디로 대답할 수 있다면 그대는 이미 생사를 벗어난 선사이다. 자! 대답해 보아라. 넋이 진짜인가? 병든 육신이 진짜인가? 한순간이라도 머뭇거린다면 이미 화살은 과녁을 벗어나고 말 것이다.

무문은, 오조법연이 본칙에서 제시한 불법의 참된 정신을 깨달을 수 있다면, 곧 사람이 죽고 다시 태어나고 하는 것이 마치 나그네가 여인숙을 드나드는 것과 같은 것임을 알게 될 것이라 하였다. 다시 말하면 생사일여生死一如임을 알게 된다는 것이다.

여기에서 말하는 각殼은 인간의 육체이다. 출각입각出殼入殼은 육도에 윤회전생하는 것을 말한다.

무문은 평창에서, 만약 여기에 대하여 진짜 의미를 깨우치면 영혼이 육체의 껍질을 벗어났다가 다시 육체의 껍질로 들어가는 것이, 마치 여관방에서 숙박하는 것과 같음을 알 것이라고 한다.

그러나 혹시 이러한 이치를 모른다면 함부로 날뛰지 마라. 갑자기 지수화풍의 사대가 흩어지고 금생의 생명이 끝날 때는 화탕지옥의 괴로움에서 생사윤회하게 될 것이다. 무문은 이를, 끓는 물속에 떨어진 게와 같이 팔다리를 팔딱 팔딱거리는 모습으로 생사고해의 괴로운 상황으로 표현하고 있다.

그때가 되어서 무문은 "왜 불법의 정신과 생명의 진실에 대하여 가르쳐 주지 않았는가?"라고 원망하는 말을 하지 말라고 주의를 주고 있다. 이제라도 불법의 대의를 참구하여 깨닫도록 하라는 당부이다.

무문의 게송을 들어보자.

무문은 게송에서 청녀의 영혼을 달에 비유하고, 망신亡身을 개울물에 비유하여, 평등의 본체와 차별의 현상은 둘이면서 둘이 아닌 하나라는 불이不二의 도리를 노래하고 있다.

생명의 근원인 불성을 체득한다면 일체의 차별경계를 초월하고 생사를 해탈할 것이로되, 그렇지 못한다면 차별세계를 벗어나지 못할 것이다.

산 위의 달이나 개울 속의 달이 다르게 보이지만 달은 본래 하나이듯, 생명의 근원인 불성을 깨닫고 불법의 대의를 체득하여 일체의 생사망념과 차별심을 벗어나야, 일체제법一切諸法이 본래 하나라는 만법일여萬法一如의 경지를 알게 될 것이다.

번뇌 망념에서 벗어나 참된 불법을 깨닫게 되면 축하하고 축하해야 할 일이다 일체의 만복을 얻은 사람이 되었기 때문이다.

'구름과 달은 변함없건만, 계곡과 산은 모습을 달리하네. 매우 복되도다! 매우 복되도다! 하나인가? 둘인가?'

제36칙 노봉달도路逢達道

本則

五祖曰 路逢達道人하면 **不將語默對**니 **且道**하라 **將甚麼對**오

오조가 말하기를 "'길에서 도에 도달한 사람을 만나면, 말이나 침묵으로 상대하지 않는다' 하니, 말하여 보라! 무엇으로 상대하는가?" 하였다.

【문법해설】

- 不將語默對: '將'은 '以'와 같이 '~을 가지고'라는 의미로 '방법, 수단, 도구' 등을 나타낸다.
- 將甚麼對: '甚麽'는 ① 단독으로 쓰여 사물에 대해 묻는 것으로 '무엇'이라는 뜻이다. ② 명사의 앞에 쓰여 사람이나 사물에 대해 묻는 것으로 '어떤, 무슨'이라는 뜻이다. ③ 명확하지 않은 사물을 나타내는 것으로 '무엇(이든지), 무엇(이나), 아무것(이나), 아무런'이라고 해석한다. ④ 임의로 어떤 것을 가리키는데, 뒤에는 반드시 '都'를 쓰고, 부정일 때에는 '也'를 쓰기도 한다. 또는 두 개의 '甚麽'가 앞뒤에서 서로 호응하여

전자가 후자의 조건을 결정하는 것을 나타내기도 하여 '어떤 것이든지, 무엇이든지, 아무런' 등으로 해석한다.

〔예문〕 ① 那是甚麽?(그것은 무엇이냐?)

② 你叫甚麽名字?(네 이름이 뭐니?)

③ 我有点渴了, 想喝点甚麽(나는 목이 말라 무얼 좀 마시고 싶다.)

④ 這里雖然名爲茶館, 但想喝甚麽都行(여기는 비록 찻집이지만, 무엇이든지 다 마실 수 있다.)

評唱

無門曰 若向者裡對得親切하면 **不妨慶快**하리라 **其或未然**인댄 **也須一切處著眼**[103]이니라

【한자】 慶(경사 경), 快(쾌할 쾌)

무문이 말하기를 "만약 여기에서 꼭 들어맞게(적절하게) 대답할 수 있다면 어찌 유쾌하지 않으리(매우 유쾌하리라). 만약 그렇지 않으면, 또 반드시 모든 곳에서 주의하여야 하리라" 하였다.

【문법해설】

- '親切'은 '꼭 들어맞다'이다.
- 不妨慶快: ① '不妨'은 주로 부정문에 쓰여 '무방하다'라는 의미이다.

---

103 著(着)眼: 눈을 주의한다는 것. 즉 마음을 써라, 주의하라는 뜻이다. 어떤 일을 주의하여 봄, 또는 어떤 문제를 해결하기 위한 실마리를 잡음. '눈여겨봄', '실마리를 얻음'이라는 뜻으로 쓰인다.

이때 '妨'은 현대한어에서 /fāng/으로 읽히며, '지장이 있다'라는 뜻이다. ②'妨'은 현대한어에서 '방해하다', 또는 '손상하다(해치다)'라는 뜻일 때는 /fáng/으로 읽힌다. ③'不妨'은 일설에 의하면 '어찌 ~않으랴'라는 뜻이다. ④'不妨'은 또한 '매우(很, 非常)'라는 뜻이다. 여기에서는 ③이나 ④가 합당하다고 본다.

〔예문〕 ①不妨同他再談一次(그에게 한 차례 다시 말해도 무방하다.)

▪ 其或未然: '其或'은 '其'나 '其如' 등과 같이 連詞로 가설을 나타내어 '만약 ~가 된다면'이라고 해석한다.

▪ 也須一切處著眼: (1) '也'는 '亦'과 같이 '~도 또한'이라는 뜻이다. (2) '一切'는 '모든'이다.

頌曰

路逢達道人하면 **不將語黙對**하고 **攔腮(顋)劈面拳**하라 **直下**[104] **會便會**이니라

【한자】 攔(막을 란), 腮(뺨 시), 顋(뺨 시), 劈(쪼갤 벽)

길에서 도에 도달한 사람을 만나면 말이나 침묵으로 상대하지 말고, 뺨을 막고 정면에서 주먹질을 하여라. 그 자리에서 아는 것이 곧 아는 것이다.

---

104 直下: '그대로, 즉시, 직접, 당장'의 뜻이다.

【문법해설】

- 攔腮劈面拳: '劈面'은 '정면으로', '얼굴을 향하다' 등의 뜻이 있다. 따라서 '拳'은 명사가 아닌 동사로 '주먹으로 때리다'라는 뜻이 되고, '劈面'은 동사(拳) 앞에서 그것을 꾸미는 부사어가 된다.

〔예문〕 大浪朝我們劈面打來(거대한 파도가 우리 얼굴을 마구 치다.) / 風卷着雨点劈面打來(바람이 빗방울을 휘몰아 정면에서 부딪쳐 오다.)

【講義】

노봉달도路逢達道라는 공안은 오조법연(五祖法演, ?~1104)이 『조당집』, 『경덕전등록』 등에 나온 것을 인용하여 공안으로 만든 것 같다.

여기의 오조는 6조 혜능에게 전법하신 5조 홍인弘忍이 아니다. 홍인이 법을 펼쳤던 오조산에서 3~4백 년 후에 선법禪法을 폈기 때문에 오조라는 이름을 얻었다.

오늘의 공안은 "오조법연 선사가 길에서 도에 통달한 사람을 만나거든 말이나 침묵으로 대해서는 안 된다. 말해 보라! 무엇으로 상대하는가?"라는 것이다.

"길에서 도에 도달한 사람을 만나거든 말이나 침묵으로 대해서는 안 되고, 그 이외의 것으로 상대해야 하는데, 어떻게 상대해야 하겠느냐?"라고 물은 것이다. 입을 열어 말해도 안 되고, 입 다물어 침묵해도 안 된다고 하니, 무슨 방법이라도 있는 것인가? 아무런 방법도 없지 않는가? 과연 말과 침묵을 벗어난 것은 무엇일까? 이것이 화두이다.

먼저 달도인達道人이란 도에 도달한 사람, 진리를 체득한 사람이다. 그러므로 일체의 언어문자를 여의고 사량분별을 초월한 사람이다.

다시 말하면 달도인은 어묵語默을 초월한 사람이다. 일반적으로 세속적으로는 '말하는 것과 말하지 않는 것'은 구별이 되지만, 선에서는 어묵동정語默動靜을 똑같이 본다.

예를 들어 교수가 강단에서 강의를 할 때, 강의에 취하여 강의한다는 사실조차 인식하지 못하게 될 때를 '말을 하면서 말을 하지 않는 어묵일여語默一如'의 상태라고 한다.

동정動靜도 마찬가지이다. 움직일 때, 그 움직임과 한 몸이 되면 움직인다는 것을 인식하지 못하게 된다.

예를 들어 축구선수가 공을 찰 때, 자신이 공과 한 몸이 되어 공을 찬다는 사실을 인식하지 못하게 될 때를 '움직이면서 정靜의 경지에 있다는 동정일여動靜一如의 상태라고 한다.

오조법연 스님이 말한 "어묵語默으로 대하지 말라"는 것은 바로 이것을 두고 한 말일 것이다.

부처님께서 49년 동안 팔만사천 법문을 설했건만, 결국 한마디도 설하지 않았다는 일자불설一字不說을 말씀하셨다. 이렇게 부처님께서 한마디도 설하지 않은 경지가 묵默이며, 동시에 어語가 된다고 할 것이다.

『유마경』의 문수보살과 유마와의 대화에서 "유마가 묵연默然한 그 당체는 도리어 무언無言의 대설법이 된다"라고 한 것이 바로 묵默이자 동시에 어語인 것이다.

불도에 도달한 사람은 이러한 평등과 차별의 경지를 모두 초월한 사람이다. 이러한 사람을 만나서 입을 열어 말하거나 입을 다물어 침묵한다면, 벌써 차별에 떨어지고 상대적인 분별에 떨어져 불법의 참된 의미를 알지 못한다. 그러므로 학인들은 일체의 사량분별을 끊고 자기의 근원적인 본래심으로 돌아가 참선 수행할 것이다.

길에서 만난 도인과 자기와의 상대적인 분별심으로 의식도 하지 말고, 자기 자신의 참선 수행하는 일에 최선을 다해야 할 것이다. 이렇게 하면 궁극적으로는 각자가 불도를 통달하는 도인이 될 것이다.

무문 선사의 평을 들어 보자.

오조법연 선사가 제시한 문제를 학인들이 체득한다면 정말 유쾌하고 통쾌한 일이 될 것이다. 그러나 불법의 대의를 체득하지 못하고 오조법연 선사의 법문을 파악하지 못한 학인은 이 문제를 더욱 열심히 참구하여 빨리 체득하도록 해야 한다.

무문은 말한다.

언제 어디서나 주위의 사람이나 경계에 떨어지지 말고, 두 눈을 똑바로 뜨고 정신 차려서 자신의 일에 몰입한다면 어묵의 차별경계에 떨어지지 않고 살 수 있으며, 어떠한 도인이라도 능히 상대할 수 있을 것이라고.

어묵語默의 차별 경계에 떨어지지 않고 달도인達道人을 대응하는 방법은 오직 '달도인을 의식하지 말고, 지금 여기서 자기 자신의 일에 몰입하여 본래심을 깨달은 지혜로 도인을 상대하여야 하는 것'이라고 강조한다.

무문 스님은 게송을 읊었다.

'길에서 불법에 통달한 도인을 만나거든 말을 하거나 침묵으로 상대하지 말라. 나의 길을 막고 있는 그 도인의 턱을 붙잡고 정면에서 빰을 한 대 갈기면, 그 도인은 곧바로 나의 지혜작용을 알 것이다.'

제37칙 정전백수庭前柏樹

本則

趙州 因 僧問하되 **如何是祖師西來意**니꼬 **州云**하되 **庭前柏**[105]**樹子**니라

【한자】 柏(나무 이름 백)

조주는, 승이 "무엇이 조사가 서쪽에서 온 뜻입니까?"라고 물었기 때문에, 조주가 말하기를 "뜰 앞의 측백나무이다"라고 하였다.

【문법해설】

- 柏樹子: '子'는 접미사이다.

---

105 柏: 栢은 柏의 俗字이다.

評唱

無門曰 若向趙州答處見得親切하면 前無釋迦하고 後無彌勒하리라

【한자】 彌(두루 미), 勒(굴레 륵)

무문이 말하기를 "만약 조주가 대답한 곳에서 적절하게 판단할 수 있다면, 과거에는 석가도 없고, 미래에는 미륵도 없으리라" 하였다.

【문법해설】

- 見得親切: 제24칙 참조.

頌曰

言無展事[106]오 語不投機[107]라 承言者喪하고 滯句者迷하리라

말은 〔자기의 심경이나 견해 등의〕 사실을 드러내지 못하고, 어구는 〔스승의 機에〕 적합하지 않다. 말을 받아들이는 자는 〔진실을〕 잃고, 어구에 빠지는 자는 미혹되리라.

【한자】 展(펼 전), 機(틀 기), 承(받들 승), 喪(죽을 상), 滯(막힐 체), 迷(미혹할 미)

---

106 展事: 문자, 언구 또는 그 외의 방법으로 자기의 심정이나 견해 등을 말하는 것.

107 投機: 선종에서 수행자가 佛祖의 가르침의 要諦를 大悟하는 일. 또는 학인의 機와 師家의 기가 일치하는 일.

【문법해설】

- '語'는 '言(形)'과 '吾(聲)'가 합하여 된 형성자로, 일설에 의하면 '吾'는 '互'와 통하므로 '번갈아 발언하다'라는 뜻이라고 한다. 그렇다면 혹 '言'은 '개인의 주장이 내재되거나, 아니면 내재되지 않거나 하는 것과는 상관없이 일반적으로 하는 말의 총칭'이고, '語'는 '남과 토론하여, 내 개인의 주장이 내재되어 나의 의견으로 제시되는 말'이라는 뜻이 되는 것이 아닌가 생각된다.

【講義】

'정전백수자庭前栢樹子' 공안은 『조주록』, 『조당집』, 『고존숙어록』, 『종용록』 등에서 그 내용을 볼 수 있다.

'여하시조사서래의(如何是祖師西來意: 어떤 것이 조사가 서쪽에서 온 뜻입니까)?'라는 선문답은, 선어록에 약 220여 회나 등장한다고 할 정도로 널리 사용되는 질문이다. 그러나 이 질문에 대한 선승들의 대답은 각각 다르다.

조주 스님께 한 수행자가 와서 "어떤 것이 조사가 서쪽에서 오신 뜻입니까?"라고 묻자, 조주는 "뜰 앞의 잣나무니라"라고 대답하였다는 것이다.

여기의 조사는 달마 스님을 말한다. 달마가 서천 인도에서 동쪽 중국으로 왔는데, 오신 이유가 무엇이냐고 질문한 것이다. 그 대답은 일반적으로 '불교를 전파하기 위해서 왔다거나, 선을 가르치기 위해서 왔다거나, 부처가 되는 길을 가르치기 위해서 왔다거나, 미혹한 중생들을 고해苦海에서 해탈하도록 하기 위해서 왔다'라고 대답해야 옳을 것인데, 조주는 엉뚱하게 '뜰 앞의 잣나무'라고 대답한 것이다. 왜 뜰 앞의 잣나무라고 했을까? 왜 큰스님께서는 조사가 서쪽에서 온 뜻을 뜰 앞의 잣나무라고 했을까? 이것이 바로 화두이다

정전백수자라는 화두가 생긴 배경을 생각해 보면, 아마 조주가 주석하던 절의 뜰 앞에 한 그루 잣나무가 우뚝 서 있어서, 쉽사리 정전백수자라고 대답하지 않았나 생각한다.

사실 뜰 앞에는 여러 가지 나무가 있었을 것인데, 유독 잣나무를 지목하여 말씀하셨기 때문에 이 화두가 어렵게 들리는 것이다. 잣나무면 어떻고, 소나무면 어떻고, 버드나무면 어떤가? 문제는 조주가 잣나무를 가리키면서 수행자에게 무엇을 일깨워 주고자 했느냐 하는 것이다. 『무문관』 본칙에서는 단서를 잡을 수 없지만, 『오등회원』에는 이후의 대화가 계속되고 있다.

> 스님! 저는 경계를 보여 달라는 것이 아닙니다〔특정한 대상을 묻는 것이 아닙니다〕. 〔그런가〕 나도 경계를 가지고 보여주는 것이 아닐세〔나도 특정한 대상을 말하는 것이 아닐세〕. 〔그럼 다시 묻겠습니다.〕 무엇이 조사가 서쪽에서 오신 뜻입니까? 〔내 대답은 똑같네.〕 뜰 앞의 잣나무일세.(和尙 莫以境示人, 吾不以境示人, 如何是祖師西來意, 庭前栢樹子.)

이 대화에서 질문한 수행자는 경(境: 경계, 대상, 사물)을 차별계(色界)로 보아 말했지만, 조주는 차별계에서 말한 것이 아니라 평등계에서 말한 것이다. 다시 말하면 질문한 스님은 사람과 경계의 차별에 떨어진

것이다.

불도를 체득하지 못한 중생은 사람과 나무, 부처와 중생을 분별하지만, 불도를 체득한 사람은 일체의 만법萬法은 하나라는 경지를 체득했기 때문에 뜰 앞의 잣나무가 결코 차별의 경계가 아니라 자기와 하나인 것을 안다.

그러므로 이 같이 평등계가 아닌 차별계에서 묻고 또 물어도, 조주는 항상 '뜰 앞의 잣나무'라고 대답하지 않을 수 없다. 깨달음의 경지에서는 차별과 분별심이 없기에 일체의 존재와 자기가 하나가 되고, 뜰 앞의 잣나무와 자기가 하나가 되는 것이다.

따라서 조주는 수행자들에게 '뜰 앞의 잣나무'라고 하는 일상적으로 볼 수 있는 것의 그 너머에 있는 사물의 본질을 진지하게 탐구하라고 한 것이다. 그렇게 할 때 비로소 뜰 앞의 나무뿐만 아니라 일체만유의 모든 실체를 올바르게 파악할 수 있기 때문이다.

이에 대해 아사히나 소겐은 "이 승僧은 마음은 마음, 물건은 물건이라는 이원적二元的인 세계에 있고, 조주는 마음과 물건이 둘이 아닌 물심일여物心一如의 세계에 있다. 조주는 처음부터 경境과 같은 것을 보여주지 않는다. 아니다. 처음부터 그런 것은 없는 것이다. …… 상식의 세계에서는 가령 물심일여라는 것을 도리道理로서 승인하더라도 마음은 마음, 물건은 물건으로 두 가지가 따로 있었다가, 이것이 하나로 된다고 생각하기 쉽다. 그러나 그렇지 않으며, 그것은 처음부터 하나였던 것이다. 거기에는 마음이란 이름도 없고, 물건이란 이름도 없으며, 생生도 사死도 없는 것이다"라고 하였다.

무문 스님의 평을 들어 보자.

조주는 어째서 '조사가 서쪽에서 온 뜻을 뜰 앞의 잣나무'라고 했을까?

무문은 "이것을 참구하여 간파할 수 있다면, 그 사람은 생사를 초월한 자유자재한 경지에서 '앞에는 석가가 없고, 뒤에는 미륵이 없으리라(前無釋迦, 後無彌勒)'"라고 평하였다.

이 공안을 철저히 체득한 자는 평등심이 되어 '앞의 석가이니, 뒤의 미륵이니' 하는 전후의 차별심을 초월할 뿐만 아니라, 석가나 미륵이라는 부처의 이름이나 그 경계(권위)에도 끄달리지 않는 무위진인無位眞人이 되어, 천상천하天上天下 유아독존唯我獨尊이 되고 안심입명安心立命을 이룬다고 할 수 있으리라.

무문의 게송을 들어보자

"말은 〔자기의 심경이나 견해 등의〕 사실을 드러내지 못하고, 어구는 〔스승의 機에〕 적합하지 않다. 말을 받아들이는 자는 〔진실을〕 잃고, 어구에 빠지는 자는 미혹되리라."

무문의 이 게송은 『오등회원』 15권 동산수초洞山守初 선사의 상당법문을 그대로 인용한 것이다.

달마 조사가 서쪽에서 중국에 이른 것은 대관절 무엇 때문이었을까? 조주 스님이 대답한 '뜰 앞의 잣나무'라는 이 공안은 언어문자의 차원에서 간단히 체득할 수 있는 문제가 아니다. 이 '뜰 앞의 잣나무'라는 언어문자에 집착한다면 선문의 종지를 체득할 수 없고, 조주의 진의를 간파할 수 없다. 도리어 그 언어 때문에 미혹이 일어나게 되는 결과가 된다고 읊조리고 있다.

제38칙 우과창령牛過窗櫺

本則

五祖曰 譬如水牯牛[108]**過窗櫺**[109]하여 **頭角四蹄都過了**나 **因甚麼**

하여 **尾巴過不得**고

【한자】 牯(암소 고), 櫺(격자창 령), 蹄(굽 제), 巴(땅 이름 파)

오조가 말하기를 "'예를 들면 황소가 창틀을 넘는데, 머리 뿔 네 다리가 모두 지나갔는데, 무엇 때문에(왜) 꼬리는 넘어가지 못하는가?'라는 것과 같다"라고 하였다.

【문법해설】

- 譬如水牯牛過窗櫺: '譬如'는 '예를 들면 ~와 같다'라는 뜻이다.

---

108 水牯牛: 남방에서 경작에 사용되는 힘이 센 황소.

109 窗櫺: 창틀.

- 頭角四蹄都過了: '了'는 완료의 의미가 있다.
- 因甚麽尾巴過不得: (1) '因甚麽'는 현대한어의 '爲甚麽'와 같이 '왜, 어째서'라는 구어이다. (2) '過不得'는 가능보어의 부정형이다.

評唱

無門曰 若向者裡 顚倒著得一隻眼하고 **下得一轉語**하면 **可以上報四恩**[110]하고 **下資三有**[111]하리라 **其或未然**인댄 **更須照顧**[112]**尾巴始得**하리라

【한자】 顚(꼭대기 전), 倒(넘어질 도), 隻(새 한 마리 척), 照(비출 조), 顧(돌아볼 고)

무문이 말하기를 "만약 여기에서 거꾸로 하나의 실마리를 얻을 수 있고, 한마디 할 수 있으면, 위로는 사은四恩에 보답하고, 아래로는 〔미혹된 인연의 세계인〕 삼유三有〔의 중생〕를 도울 수 있으리라. 만약 혹 그렇지 않을진댄, 더욱 꼬리에 정신을 쏟지 않으면 안 되리라"라고 하였다.

---

110 四恩: ①부모·중생·국왕·三寶의 은혜(『心地觀經』), ②천지·스승·국왕·부모의 은혜, ③천지·국왕·부모·중생·국왕의 은혜 ④국왕·부모·師友·檀越의 은혜.

111 三有(三界): 欲界, 色界, 無色界로 중생이 왕래하고 거주하는, 즉 생사유전하는 미혹의 세 가지 세계로, 세계의 전체를 말한다.

112 照顧: ①고려하다, 주의하다, 생각하다. 照顧到兩國的友好關係. ②돌보다, 배려하다, 정신을 쏟다. 照顧病人. ③상점으로 손님이 물건을 사러오다. 如蒙照顧, 不勝感謝.(늘 애용해 주시어 대단히 감사합니다)

【문법해설】

- 顚倒著得一隻眼 下得一轉語: (1) '顚倒'는 원래 '뒤집히다'라는 뜻이며, 여기서는 동사 앞에서 부사어로 쓰이므로 '거꾸로'라고 해석한다. (2) '得'은 可能을 나타낸다.
- 下資三有: '資'는 ①'금전, 재화, 비용' ②'재물로 돕다, 경제적으로 돕다' ③'제공하다' ④'성질, 소질, 성품' ⑤'자격' 등의 뜻이 있는데, 여기서는 ②를 따라 '〔재물로·경제적으로〕 돕다'라는 뜻으로 해석한다.

〔예문〕 ② 資敵(적을 돕다.) / 資助(경제적으로 돕다.)

③ 以資鼓勵(격려의 수단으로 삼다.)

④ 天資(타고난 자질.)

- 其或未然: 5칙 등에서와 같이 '其或'은 '其'나 '其如' 등과 같이 連詞로 가설을 나타내어 '만약 ~가 된다면'이라고 해석한다.
- 更須照顧尾巴始得: '須~始得(直須~始得〔必須~始得〕)'은 '끝내 ~해야 비로소 괜찮다(~하지 않으면 안 된다)'라는 뜻으로 현대한어의 '必須~才好'와 흡사하다.

〔예문〕 然雖如是 更須三十年 始得 何故 兩角四蹄都過了 尾巴過不得. 『禪要 22』(비록 이와 같으나, 다시 30년이 지나야 비로소 옳으니, 무엇 때문인가? 두 뿔과 네 다리는 모두 지나갔으나, 꼬리는 지나갈 수가 없기 때문이니라.) / 左右 旣悟狗子無佛性話 還得如此也未 若未得如此 直須到恁麽田地 始得. 『書狀』(그대가 이미 구자무불성이라는 화두를 깨달았으니, 또한 이와 같을 수 있습니까? 만약 아직 이와 같을 수 없을진댄, 바로 이러한 경지에 이르러야 비로소 옳습니다.)

頌曰

過去墮坑塹하고 **回來劫被壞**라 **者些尾巴子**가 **直是甚奇怪**로다

【한자】 墮(떨어질 타), 坑(구덩이 갱), 塹(구덩이 참), 劫(위협할 겁), 壞(무너질 괴), 些(적을 사), 巴(땅 이름 파)

〔소가 창을〕 지나가면 구덩이에 빠지고, 돌아오면 오히려 무너지느니라. 이 사소한 꼬리가 참으로 지나치게 기괴하도다.

【문법해설】

- 過去墮坑塹 回來劫被壞: (1) '過去'는 '回來'와 상대하므로 '過'와 '回'는 동사이고 '去'와 '來'는 방향보어에 해당한다. 따라서 '과거'를 '현재'나 '미래'와 짝을 이루어서는 안 된다. (2) '被'는 피동을 나타내는 표지이다.
- 者些尾巴子: (1) '者'나 '遮' 등은 범어 /ca/를 음역한 것으로, '이'라는 뜻의 지시대사이다.

  (2) '些'는 확정적이지 않는 적은 수량을 나타내는 것으로 '조금, 약간, 몇'이라는 의미로도 쓰인다.

  〔예문〕 一些人在下棋, 一些人在散步(몇 사람은 바둑을 두고 있고, 몇 사람은 산보하고 있다.) / 那些位先生(그 몇몇 남자분들) / 看了些書(책을 조금 읽었다.)

  (2) '尾巴子'에서 '子'는 접미사이다.
- 直是甚奇怪: '直是'는 '참으로 ~이다'라는 의미이다.

【講義】

우과창령牛過窗櫺은 『오조법연선사어록五祖法演禪師語錄』에는 나타나 있지 않고, 『불설급고독장자녀득도인연경佛說給孤長者女得度因緣經』 권하에 아래의 내용이 있다.

> 이때 저 애민왕은 갑자기 하룻밤에 열 가지 꿈을 꾸게 되었다. 첫째는 큰 코끼리 한 마리가 창문에서 나오다가, 몸뚱이는 비록 빠져 나왔으나 꼬리는 창문에 걸린 것을 꿈에 보았고, 둘째는……(時彼哀愍王. 忽於一夜得十種夢. 一者夢見有一大象從窓牖出. 身雖得出尾爲窓礙. 二者……)

오조법연 스님이 이 경전에서 말하는 큰 코끼리를 물소로 바꾸어 제자들에게 설법한 것이 구전으로 전래되어 오다가, 무문이 이를 인용하여 공안으로 만들어 『무문관』에 올린 것이다.

우과창령牛過窗櫺을 해석하면 '소가 격자창을 지나다'인데, 오조법연 스님이 말하기를 "비유컨대 소가 격자창을 지나간다. 머리와 앞다리 및 뒷다리가 모두 지나갔는데 꼬리만 못나갔다. 왜 꼬리는 지나가지 못할까? 그 이유는 꼬리가 걸려서인데, 왜 꼬리가 걸려서 빠져 나가지 못하는가?" 이것이 오늘의 공안이다.

머리와 몸과 다리가 나갔는데 꼬리만 못나갔다. 이런 일이 있을 수 있을까? 이 세상의 상식으로는 있을 수 없는 일이다. 그러나 선의 세계에서는 한 부분을 통해 전체를 보는 지혜를 얻고자 한다. 선을 공부하는 수행자들은 부분 속에서 전체를 보기 때문에 전심전력을 다하는 것이다. 즉 부분이 전체임을 자각하는 것이 선인 것이다.

그러므로 소의 꼬리는 온몸 그대로이다. 꼬리를 잘 나가게 하는 것은 온몸을 통과시키는 것이다. 그렇다면 '꼬리'란 무엇일까? 바로 생활을 직관直觀하는 돈오頓悟의 마음으로, 진심眞心이다.

그런데 만약 이 마음이 없으면 아무리 학문을 얘기한다고 해도 남은 것은 아무것도 없게 될 뿐이다.

일본의 불교학자인 스즈키 다이세쓰(鈴木大拙)는 "선은 무엇도 가르치지 않는다. 그저 하나의 직관이다. 만일 직관이 없다면, 많은 책을 읽었다 해도 더 헷갈릴 뿐이다"라고 하였다.

창령窗欞이란 '▦'과 같은 모양의 창살문을 가리킨다.

창살문의 비유는, 수행하는 사람이 깨달음을 구하는 것은 마치 황소가 창살이 있는 창문을 통과하듯 참선 수행이 어려운 것을 비유한 말이다.

꼬리가 아직 통과하지 못했다고 하는 것은, 수행자가 깨달음을 향하여 나아가는데, 거의 깨달을 무렵에 도달하였지만 아직 깨닫지는 못하고 있는 상태를 비유한 것으로, 마지막 관문을 통과하지 못하는 것을 말한 것이다.

이 공안을 통해 법연 스님이 말하고자 하는 것은, 모든 속박에서 벗어나고자 참선하는 수행자들이 '어찌하여 아직도 세속에 보잘것없는 미련을 남겨두고 있느냐?'는 것이다. 몸은 이미 출가했지만 마음은 아직도 명예와 이익 등에 대한 탐착에서 벗어나지 못하고 있는 수행승에게 경책하고 있다.

진정한 참선 수행이란 무엇일까? 몸과 마음을 텅 비우고, 신구의身口

意 삼업三業을 청정하게 하는 수행이 되어야 한다.

나갈 수 없는 '꼬리'란 어디에 있을까? 바로 자신의 탐욕스러운 마음이며, 소의 꼬리가 나가지 못한 것은 꼬리에 집착하고 있기 때문이다.

예를 들어보자. 피아노를 치는 사람이 자기 손가락에 집착하면 피아노의 건반과 손가락이 따로 움직일 것이지만, 피아노도 없고, 손가락도 없으며, 악보도 없이 무심한 그대로 모두가 하나 되어 각각이 무념무상無念無想 속에 있으면서 다 같이 하나가 되면 명연주를 할 수 있게 되는 것과 같다.

참선을 할 때는 몸도 없고, 천지도 없으며, 화두만 있다가, 그 화두조차도 없어져 무심의 상태에 이르렀을 때 비로소 깨닫게 되는 것이다.

그러므로 꼬리가 나가게 하려면 무심한 상태로 돌아가야 한다. 꼬리가 창살을 지나가려면 꼬리를 떠나야 한다. 몸과 머리와 꼬리의 구별을 떠나서 무심한 상태에 이르면 꼬리는 스스로 나갈 수 있지 않겠는가?

자, 무문이 비평하는 소리를 들어보자.

무문은 전도顚倒를 통해서 한 눈을 얻었다고 했다. 그릇된 견해를 뒤집어서 바르게 보는 것이 전도이다. 아직 깨닫지 못한 사람은 "꼬리가 왜 지나가지 못하는가?"라고 말하면, '지나가지 못한다'는 말에 걸려, 두 눈을 굴리며 어리둥절하게 된다.

이 같은 두 눈은 사량분별하는 눈이며, 이러한 사량분별의 눈을 과감히 버릴 때 모든 것은 하나가 된다. 즉 이것과 저것을 분별하지 않는 무분별의 눈을 얻는 것이다.

그러므로 깨달은 사람은 '꼬리가 지나갔느니, 지나가지 못하느니' 하는 사량분별을 떠나 있으며, 이렇게 사량분별을 떠난 무분별無分別의 지견知見이 일척안一隻眼이고, 여기에서 한마디 말을 한다면 그 말은 참된 바른 말일 것이니, 이것이 바로 일전어一轉語이다.

깨침의 마음인 진실한 마음으로 말을 하게 되면 그것이 곧 부처님의 지견을 얻어 하는 말이므로, 그런 사람은 네 가지 은혜를 알아 은혜에 보답하게 되고, 일체중생을 도와서 정토를 건설하게 된다.

무문은 다시 "만약 그렇지 않을진댄, 더욱 꼬리에 정신을 쏟지 않으면 안 되리라"라고 하여, 인간의 순수한 불성이 자각되지 않으면 이 소의 꼬리를 잘 살펴보라고 한 것이다.

즉 법연의 공안을 잘 참구하여 "소의 꼬리가 무엇인가? 왜 나가지 않았는가?"라고 하는 의정疑情을 내어, 꼬리 그 자체가 되면 불지견佛知見이 열릴 것이다.

무문은 게송으로 찬탄하고 있다.

"지나가면 구덩이에 빠질 것이요, 돌아오면 부서질 터. 하찮은 꼬리지만 참으로 기괴하구나."

이 꼬리는 가장 작은 것이면서 가장 소중한 것이니, 기이하기 짝이 없는 것이다.

우리는 각자의 꼬리를 잘 보호하여 꼭 붙잡고 간직해야 한다.

제39칙 운문화타雲門話墮

本則

雲門 因 僧問하되 光明寂照遍河沙하자 一句未絶한데 門遽曰 豈不是張拙秀才語[113]오 僧云 是라하니 門云하되 話墮也라하더니 後來死心拈云하되 且道하라 那裡是者僧話墮處오하다

【한자】 遍(두루 편), 遽(갑자기 거), 拙(졸할 졸), 墮(떨어질 타)

운문은, 승이 묻되 "〔부처님의〕 광명이 고요하게 항하사를 두루 비추는데……"라고 하였기 때문에, 한마디가 아직 끝나지 않았는데, 운문이 황급하게 묻기를 "어찌 장졸수재의 말이 아니겠는가?"라고 하였다.

---

113 張拙秀才: 장졸수재는 禪月의 지도로 石霜 선사에게 參한 사람이다. 그때 석상 선사가 묻기를 "그대의 성은 무엇인가?" 하니 "성은 張씨이고 이름은 拙입니다" 하였다. 석상 선사가 "巧를 구할 수도 없는데, 拙은 어떻게 왔는고?" 하니, 장졸수재가 크게 깨달아 偈를 썼다고 한다.

승이 "그렇습니다"라고 말하니, 운문이 "말이 잘못 되었구나(말만 하였지 〔뜻은〕 잘못되었구나.)"라고 하였다. 후에 황룡사심이 〔이것을〕 들어 말하기를 "자, 말해 보아라! 어디가 이 승려의 말이 잘못된 곳인가?"라고 하였다.

【문법해설】

- 豈不是張拙秀才語: '豈不是'는 '어찌 ~이 아닌가?'와 같이 반문하는 용법이다.
- 後來死心拈云: ① '死心'은 黃龍派의 祖인 慧南의 법손인 晦堂祖心의 법을 이어받은 死心悟新을 말한다. ② 현대한어에서 '死心'은 '단념하다'라는 뜻이기도 하다.

評唱

無門曰 若向者裡 見得雲門用處[114]**孤危**[115]와 **者僧因甚話墮**하면 **堪與人天爲師**어니와 **若也未明**인댄 **自救不了**하리라

【한자】 孤(외로울 고), 危(위태할 위), 堪(견딜 감)

무문이 말하기를 "만약 여기에서 운문의 〔상황에 대처하는 방식인〕 용처가 고고한 것(운문의 고고한 禪機)과 이 승려가 왜 말이 잘못되었는

---

114 用處: '見處'의 상대어로 '작용하는 곳'이다. ※見處: ① 틀린 견해가 생긴 곳. 執見이 일어나는 장소. 有漏法의 다른 이름. ② 見識.

115 孤危: 孤立危高로 "높이 솟은 산처럼 접근하기 어렵다"라는 뜻으로, 禪에서는 '孤危險峻'을 자주 쓴다.

지(말만 하였지 뜻은 잘못되었는지) 알 수 있다면 인천에게 스승이 될 수 있거니와, 만약 아직 명확하지 않으면 스스로도 구할 수 없으리라" 하였다.

【문법해설】

- 見得雲門用處孤危: '處'는 '상대적인 상황에 처하다, 상대적이다(對待)'라는 뜻이 있다.
- 堪與人天爲師: (1) '堪'은 ① 조동사로 '~할 수 있다', '~할 만하다' ② 동사로 '감당하다' 등의 뜻이 있다. (2) '與'는 '~을 위하여', '~에게' 등으로 해석되기도 한다.
- 若也未明: '若也'는 '만약'이라는 뜻으로 굳이 '만약 또'라고 해석하지 않는다.
- 自救不了: '救不了'는 가능보어로 '救得了'의 부정형이다.

頌曰

急流垂釣하니 貪餌者著이라 口縫纔開하면 性命喪卻하리라

【한자】 垂(드리울 수), 釣(낚시 조), 餌(먹이 이), 縫(꿰맬 봉)

급류에 낚시를 드리우니, 먹이를 탐내는 놈이 붙는다(걸려든다). 입술의 이음새(틈새)가 조금만 열리면 목숨을 잃게 된다.

【문법해설】

- 口縫纔開: '纔'은 수량이나 능력 등이 적은 것을 표시하여 '겨우, 근근이,

기껏, 그럭저럭(僅僅)' 등으로 해석된다.

〔예문〕 他參加戰爭的時候才十四歲(그가 전쟁에 참가했을 때는 겨우 14세였다.) / 婆修 初亦將謂 長坐不臥 可以成佛 纔被闍夜多 點破 便於言下知歸 發無漏智. 『書狀』(바수반두도 처음에는 역시 오래도록 앉아서 눕지 않으면 성불할 수 있다고 말하려고 하였더니, 겨우 사야다의 점검을 받고, 곧 그 자리에서 귀의할 것을 알아 무루지를 깨달았으니.)

▪ 性命喪卻: '喪卻'의 '卻'은 동사 뒤에서 결과보어로 쓰여 동작이 이미 완성된 것을 나타낸다.

【講義】

운문화타雲門話墮 공안은 『운문록』에는 보이지 않고, 『선문염송』 25권에 다음과 같은 내용을 공안으로 제시한 것이 있다.

"광명이 항하사에 고요히 두루 비침이라 하니, 어찌 장졸상공張拙相公의 말이 아니겠는가?" 〔승이 이르되〕 "옳습니다." 사師가 이르되 "말이 잘못되었느니라" 하였다.(光明寂照河沙 豈不是張拙相公語 云是 師云話墮也.)

운문화타에 인용된 장졸수재張拙秀才의 게송은 『조당집』 6권 '석상화상石霜和尙'에 나온다.

장졸이 석상 화상 밑에서 참선하였는데, 스님과의 문답에서 깨닫고 난 후 지어 바친 게송의 첫 구절이다.

사실 무문이 이 공안을 만들면서 위의 것을 인용하였는지는 확실하지 않다.

내용을 보면, 하루는 운문에게 어느 학인이 찾아왔다. 그는 당시 유행하던 게송 한 수를 다 읊고 나서 질문하려고 하였다. 그 게송은 일찍이 장졸이라는 유학자가 선사인 석상경제(石霜慶諸, 807~888) 스님을 만나 지은 것이었다.

그때 석상은 장졸에게 "그대의 성이 무엇이냐?"고 물었는데, 장졸은 "성은 장張이요, 이름은 졸拙"이라고 대답했다. 그러자 석상은 그에게 "교묘함을 찾아도 얻을 수 없는데, 서투름은 어디서 찾느냐?"고 물었다. 여기에서 깨달은 그는 이 게송을 지어서 스승에게 바쳤다고 한다.

> 〔부처님의 지혜〕광명이 고요히 비추어 항하사에 두루하고, 범부와 성인 등의 〔일체〕 중생이 모두 함께 나의 집이네. 한 생각〔하나의 번뇌〕도 일어나지 않으면 전체가 나타나며, 육근의 작용이 조금만 움직여도 〔번뇌의〕 구름에 막힌다. 번뇌를 끊으려 하지만 거듭 병을 증가시킨다. 진여에 나아가려 해도 역시 삿된 것이다. 세상의 인연에 따라서 걸림이 없으면 열반과 생사는 허공의 꽃과 같으리.
> (光明寂照徧河沙 凡聖含靈共我家 一念不生全體現 六根纔動被雲遮 斷除煩惱重增病 趣向眞如亦是邪 隨順世緣無罣礙 涅槃生死是空華.)

이 게송은 읽으면 읽을수록 결코 범상치 않다. 세계를 비추는 광명이란 대체 무엇이며, 부처와 중생과 나는 어떻게 한 식구란 말인가? 한 생각이 일어나지 않아야 영원의 실상이 구현된다고 했는데, 어떻게 생각이 일어나지 않을 수 있단 말인가?

더구나 인간이 모든 감각기관을 차단하면 어떻게 한순간이라도 살 수 있단 말인가? '번뇌를 끊고 진여를 구현하라'고 하는 것이 부처님의 성스런 가르침이라고 믿었는데, 이제 와서 절대 그래서는 아니 된다고 하니, 도무지 무엇이 옳다는 것인가?

열반과 생사의 구별이 없고, 그저 세속을 따라가는 곳에 진리가 숨 쉬고 있다면 불교는 무엇이며, 수행은 또 무엇인가? 운문 스님은 당대의 훌륭한 고승인지라, 그 비밀을 꿰뚫고 있는 사람이라고 하니, 어디 그 속내 좀 내게 알려 주시오.

이런 생각에 그 학인은 운문 앞에서 우선 게송을 읊어나가기 시작했다. 그런데 첫 구절을 읊자마자 운문이 말을 자르고 나서는 것이 아닌가. "그것은 장졸이 읊은 게송 아니냐?" 학인은 운문이 이미 이 게송을 알고 있는 모양이므로 더 이상 외울 필요가 없었다.

학인은 "예 그렇습니다"라고 대답하였다. 마음속으로는 자상한 해설을 기대하며, 운문의 입을 쳐다보았다. 그런데 운문의 대꾸가 기대 밖이었다. "화타話墮, 곧 말에 떨어졌다"라고 잘라버렸다.

화타에는 여러 가지 뜻이 있는데(① 말에 떨어지다. ② 타인과의 문답에서 지다. ③ 말하는 실수나 과오에 떨어지다. ④ 자신이 한 말 자체에 모순을 일으키다. ⑤ 잘못 말하다. ⑥ 말이 바닥에 떨어지다 등), 여기에서는 '말만 할 줄 알고 뜻은 모른다'는 뜻으로 해석하는 것이 좋을 것이다.

요컨대 "왜 그대는 남의 말이나 문구를 외우면서 쓸데없는 짓을 하고 다니느냐?" 그래서 운문은 "그대는 장졸의 언어문자에 떨어졌다!"라고 질책하고 있다.

오늘의 화두는 질문도 제대로 해보지 못하고, 게송 한 구절 읊다가 그만두었는데, 도대체 어느 곳이 말에 떨어진 곳일까? 운문은 왜 그 학인 스님에게 '화타'라고 했을까? 이것이 이 공안의 핵심이다.

후에 이 이야기를 가져다가, 황룡사심(黃龍私心, 1043~1114. 一名 死心悟新) 선사가 학인들에게 "얼른 말해 봐. 어디가 이 스님이 화타한 곳이냐?"라고 말하여, 운문 선사와 학인 사이에 벌어진 문제를 해결하려고 나선 것이다.

사실 선의 입장에서 본다면 '화타'라고 하거나 하지 않거나 무슨 문제가 되겠는가? 그러나 선 수행에 있어서 언설言說에 걸리면 자승자박으로 꼼짝달싹 못하는 법이요, 언설에 걸리지 않으면 문제는 간단히 해결된다. 그 학인은 단순히 게송의 언어문자에만 집착하여 입으로 조잘대고 있을 뿐, 진짜 자기의 지혜광명은 어두웠던 것이다.

그러므로 운문은, 질문한 스님이 장졸의 게송을 외우고 있는 그 자체가 언어문자에 집착하여 자기 자신을 잃고 있다고 본 것이다. 이러한 허물을 알아야 이것을 바로 잡고 수행하여 깨달음에 이를 수 있다는 것이다.

무문의 평창을 들어보자.

운문은 학인의 궁금증을 풀어 줄 생각은 하지 않고, 승려의 입을 아예 봉쇄해버렸다. 이것은 운문이 제자를 교화하는 수완이다.

운문은 그 학인이 읊는 게송을 다 들어 주었어야 했겠지만, 첫 구절에 그만두게 하였으니, 아마도 그 학인은 운문의 가차 없고 무자비한 세 치밖에 되지 않는 칼(혀)에 혼쭐이 났을 것이다.

무문은 운문이 제자를 교화하는 수법이 날카롭다고 칭찬하였다. 이러한 운문의 대처를 '위태롭고 험준하다(雲門用處孤危)'고 한 까닭이 여기에 있다.

사실 장졸의 게송이 총림에서 화제가 된 유명한 것이고, 그 속에 무진장한 지혜가 들어 있다고 하더라도, 그것은 나와는 상관이 없는 것이다. 나에게 필요한 것은 내가 스스로 깨달아서, 나의 지혜로 나의 게송을 짓는 것이다.

물론 다른 사람의 게송을 외우고 다니는 것을 나쁘다고 한 것이 아니다. 선사들도 설법할 때는 남이 쓴 좋은 게송을 인용한다. 하지만 그것은 철저히 자기화되고 내면화된 것이라야 한다. 비유하자면 자기화되지 않은 남의 글은, 마치 몸에 맞지 않은 남의 옷을 빌려서 입은 것 같아 모양이 나지 않을 것이다.

선에서는 "부처님에게도 조사에게도 의지하지 말아야 한다"라고 강조한다. 깨달음은 반드시 그들의 언설에 의존하는 구조가 먼저 깨져야 한다는 것이다. 그들의 언설에 매달리는 순간 우리는 '말실수(話墮)'에 떨어진다.

무문은 '어느 곳이 바로 학인이 말을 잘못한 곳인지를 알면 육도六途의 최상층 인간과 천상을 이끄는 지도자가 될 것이지만, 그렇지 못하다면 자신의 몸뚱이 하나도 건지지 못하고 어둠 속에서 헤매게 될 것이라고 하였다.

무문은 이 공안의 의미를 잘 파악하여 불법의 지혜를 구축하고, 자신도 깨닫고 중생도 깨닫게 함으로써 선지식의 역할을 다하도록 지시하고 있다.

무문의 게송을 들어보자.

"급류수에 낚시를 드리웠더니 밥을 탐내는 사람이 와서 물었다.

입술을 조금만 열면 생명이 사라진다."

이 게송의 의미는 함부로 남의 낚시 밥을 물지 않는 것에 있다. 미끼를 향해 입을 벌리는 순간, 우리는 이미 죽은 목숨이라는 것이다.

선이란 어떤 것에도 의존하지 않는 홀로서기여야 하며, 일체의 얽매임으로부터 벗어나야 하는 것이 아니겠는가?

제40칙 적도정병趯倒淨甁

本則

潙山和尙이 始在百丈會中하여 充典座러니 百丈이 將選大潙主人할새 乃請同首座對衆下語하여 出格者[116] 可往하고 百丈遂拈淨甁[117] 置地上設問云하되 不得喚作淨甁이니 汝喚作甚麼오 首座乃云하되 不可喚作木楔也니 百丈却問於山한대 山乃趯倒淨甁而去하니 百丈笑云하되 第一座輸却山子也라하고 因命之爲開山하다

【한자】 遂(이를 수), 甁(병 병), 置(둘 치), 設(베풀 설), 甁(병 병), 楔(세워 끼우는 문빗장, 나무 등걸 돌), 趯(뛸 적〔약〕), 倒(넘어질 도), 輸(나를, 패할 수)

---

116 出格: ① 격식에서 벗어남. ② 중국에서 왕의 명령으로 시문을 적을 때 敬意를 나타내려고 정해진 行보다 올려서 쓰는 일. ③ (말, 행동이) 남다르다, 출중하다, 비범하다, 뛰어나다.

117 淨甁: 나무로 만든 물병. 손을 씻기 위해 물을 담아두는 병으로, 선종에서 쓰는 말이다.

위산 화상이 처음 백장의 회중(門下)에서 전좌의 일을 담당하였다. 백장이 바야흐로 대위산의 주인을 선발하고자 할 새, 이에(乃) 수좌와 함께 대중에게 말할 것을 청하여 "〔일정한 격식을 깨뜨린〕 뛰어난 자가 나아갈 수 있다(맡을 수 있다)"라고 하고는, 백장이 마침내 정병淨甁을 들고 땅 위에 놓아서 설치하고 묻되 "정병이라고 부를 수 없다. 너희들은 무엇이라고 부르겠는가?" 하니, 수좌가 이에 말하되 "나무말뚝이라고 부를 수 없다"고 하였다. 〔그러나〕 백장은 도리어 위산에게 물으니, 위산은 곧 정병을 재빨리 넘어뜨리고 나아갔다. 〔그러자〕 백장이 웃으며 말하기를 "제1좌座가 촌놈에게 져버렸구나" 하고, 그래서 그(위산)에게 개산開山하도록 명하였다.

【문법해설】

- 將選大潙主人: '將'은 부사로 '막, 머지않아, 곧, 장차'라는 뜻으로 쓰인다.
- 乃請同首座對衆下語: (1) '乃'는 '이에, 곧, 그래서, 도리어, 비로소, 의외로, 뜻밖에, 또, 다만, 만일, 겨우, 어찌, 이전에' 등과 2인칭인 '너, 당신, 그대' 등의 뜻으로 쓰이는데, 여기서는 連詞로 '그래서, 이에'라고 해석한다.

  (2) '同'은 '~과(와) 함께'라는 뜻의 개사이다.

  (3) '下語'에서 '下'는 동사로 '(말이나 글로 자신의 의견 또는 판단을) 밝히다, 하다'라는 뜻이다. 이것은 주로 '下+추상적인 사물'의 형식으로 쓰인다.

  〔예문〕 現在下結論恐怕爲時過(지금 결론을 내리는 것은 아마도 시기상조

인 것 같다.)

- 置地上設問云: '置地上而設問云'에서 '而'가 생략된 것으로 본다. 따라서 '置地上'은 동사 '設'의 부사어가 되는 것으로 해석한다.
- 不得喚作淨瓶: '不得'의 '得'은 조동사로 동사 앞에 써서 허가를 나타낸다. 이것은 주로 법령이나 공문에 보인다. 따라서 '不得'은 그것의 부정으로 허가하지 않는 것을 나타낸다고 할 것이다.

〔예문〕 遲到觀衆不得入內(늦게 도착한 관중은 안으로 들어갈 수 없습니다.) / 在公衆場合不得吸烟(공공장소에서는 담배를 피울 수 없다.)

- 百丈卻問於山: 여기서 '却'은 ①'물리치다, 물러나다, 피하다, 돌아가다, 그치다, 쉬다, 멎다, 사양하다, 뒤집다, 도리어, 반대로' 등의 뜻이 있다. ②또 동사 앞에 쓰이는 부사로 동작이 중복하여 출현하는 것을 나타내어, '復'와 같이 '또, 거듭하여 다시'라고 해석되기도 한다. 여기서는 화자의 예상이나 희망과 어긋날 때 쓰는 것으로 보아 '도리어'라고 해석하기로 한다.
- 趯倒淨瓶而去: '趯'은 '①뛸 약 ②뛰게 할 약 ③나아갈 약 ④빨리 달릴 적' 등의 뜻이 있다. 여기서는 ④를 따라 '정병을 재빨리 넘어뜨리고 가다'로 해석한다.
- 第一座輸卻山子也: (1) '卻'은 동사 뒤에 쓰여 동작의 결과를 나타내거나 강조할 때 쓰이며, '동사를(어떤 것을) 해버리다'라는 뜻을 나타낸다.

〔예문〕 忘却(잊어버리다) / 失却(消失하다)

(2) '山子'는 '땔나무나 하는 촌놈'을 나타내기 위한 것으로 '山人(樵夫)'과 가까운 뜻이라고 한다. 결코 '潙山'의 '山'은 아니라고 한다.

評唱

無門曰 潙山一期之勇이 **爭奈跳百丈圈圚**[118] **不出**하고 **檢點將來**인댄 **便重不便輕**이로다 **何故**오 **聻**[119] **脫得盤頭**나 **担(擔)起鐵枷**로다

【한자】 奈(어찌 내), 跳(뛸 도), 圈(우리 권), 圚(문 궤), 聻(부적 적, 가리키는 모양 니), 盤(소반 반), 擔(멜 담), 鐵(쇠 철), 枷(도리깨 가)

무문이 말하기를 "위산의 일생의 용기가, 어찌 백장의 우리를(속셈을) 뛰어넘지 못하겠는가? 잘 점검해 보면, 〔僞山의 주인이 되는 어려운〕 무거운 〔소임〕을 적합하다고 여기고, 〔典座라는〕 쉬운 소임은 적합하지 않다고 여기는 것이로다. 왜인가? 그것 참! 소반은 벗었으나(전좌의 소임은 벗었으나), 철 칼을 메었구나(大潙山의 主人이 되었구나)"라고 하였다.

【문법해설】

- 潙山一期之勇: '一期'는 ①'一次' ②'一時' ③'一周年' 등의 뜻이 있으며, 불교에서는 ④'一生一世'의 뜻으로도 쓰이므로, ④를 따른다.
- 爭奈跳百丈圈圚不出: (1) '爭奈'는 의문의 방식을 이용하여 '어찌할 수 없는 것'을 표시한다. 즉 '어찌하랴(怎奈)'로 해석된다.

---

118 圈圚: 동물을 가두는 우리.

119 聻(부적 적, 가리키는 모양 니): 속음은 '미'이다. ① 단적으로 사물을 가리키는 말로 '자세히 보라'는 뜻. 또 물건 그것을 가리키는 말 ② 힐문하는 뜻을 나타내는 말. 師家가 학인을 접하는 경우 示衆하는 말끝에 붙여 쓰는 말. 또는 뜻이 다하고 말이 궁하였을 때에 다시 말 밖에 뜻을 보이기 위하여 쓰는 말.

〔예문〕 南園桃李雖堪羡,爭奈春殘又寂寥? 唐 崔塗『澗松』(남원의 복숭아는 비록 부러워할 만하지만, 봄이면 어찌 그다지도 빨리 지고 쓸쓸하다는 말인가?)

(2) '跳……不出'은 가능보어의 부정형태로 그 목적어가 동사와 보어 사이에 있다.

- 便重不便輕: '便'은 많은 뜻이 있는데, 그중 이곳과 어울리는 것을 찾아보면, ①'편리하다(便利, 方便)' ②'적합하다(適合, 適宜)' ③'따르다(順, 順從)' 등의 뜻도 있다. 여기서는 ②를 따라 해석하기로 한다.
- 脫得盤頭 擔起鐵枷: (1) '脫得盤頭'와 '擔起鐵枷'은 대구를 이루어 '得'은 '起'와 배대하였다. '得'은 동사 뒤에 쓰여 ①가능을 나타내기도 하고, 她去得, 我爲什麽去不得(그녀가 갈 수 있는데, 내가 왜 갈 수 없겠는가?) ②동작이 이미 완성된 것을 나타내기도 한다. 出得門來(문을 나섰다). 반면 '起'는 현대한어에서 동사의 뒤에 쓰여 ①그 동작이 시작되었음을 나타내거나, ②'할 수 있는가? 없는가?'를 나타내는 가능보어로도 쓰인다. 여기서는 '得'은 그 동작이 이미 완성되었음을, '起'는 그 동작이 비로소 시작되었음을 나타내는 것으로 본다. (2) '盤頭'의 '頭'는 접미사이다. 즉 쟁반(소반)을 가리키므로 여기서는 典座의 소임을 말한다.

頌曰

颺下笊籬并木杓하고 **當陽**[120]**一突絶周遮**[121]라 **百丈重關攔不住**하니 **脚尖趯出佛如麻**로다

---

120 當陽: 면전에 존재하는 것. 분명의 뜻. 명백함.

121 周遮: ①빙빙 돌다. 멀리 돌다. 迂回(迂廻)의 의미. ②노파심에서 나온 번거로운 말씀들.

【한자】 颺(날릴 양), 笊(조리 조), 籬(울타리 리), 杓(자루 표, 구기 작, 표적 적), 突(갑자기 돌), 遮(막을 차), 攔(막을 란), 尖(뾰족할 첨), 趯(뛸 적(약)), 麻(삼 마)

소쿠리와 주걱을 내던지고, 면전에서 한순간에 갑자기(곧장) 구시렁구시렁 말이 많은 것을 잘라버렸다. 백장의 여러 관문도 〔그를〕 막지 못하니, 발끝에서 삼베 씨만큼 많은 부처가 놀라서 뛰어나왔다.

【문법해설】

- 颺下笊籬幷木杓: '颺下'의 '下'는 동사 뒤에 쓰인 보어로 동작의 방향이 아래로 향하는 것을 나타낸다.
- 當陽一突絶周遮: (1) '當陽'은 ①'옛날 天子가 南面하고 陽(북쪽)을 향하여 앉아 다스리는 것' ②'帝王이 位에 오르는 것' ③'부처님' 등을 가리킨다. ④또한 『불교대사전』에 의하면 '면전에 존재하는 것, 분명의 뜻, 명백함' 등의 뜻이라고 한다. 여기에서는 ④를 따라 해석한다.

〔예문〕 ①不當陽者, 臣子是也. 當陽者, 君父是也. 故人主南面以陽爲位也. 漢董仲舒 『春秋繁露·天辨在人』('不當陽'이라는 것은 신하가 하는 것이 옳고, '當陽'이라는 것은 군자가 하는 것이 옳다. 그러므로 임금은 南面하고 북쪽〔陽〕을 자리로 삼는다.)

③臨壇揖了衆僧, 叩頭禮下當陽. 金董解元 『西廂記諸宮調』(단에 이르러 뭇 스님들께 읍하고, 부처님께 고두의 예를 올렸다.) / "當陽, 指佛. 佛教認爲, 佛是聖中之聖, 王中之王, 坐北朝南, 所以稱做'當陽'. 金董解元『西廂記諸宮調』卷一의 淩景埏校注(당양은 부처님을 가리킨다. 불교에서 부처님은 성인 중의 성인이고 왕 중의 왕인지라, 북쪽에 앉아

남쪽을 향하기 때문에 '당양'이라고 한다.)

(2) '一突'은 '一忽'과 같이 '즉각(현대한어의 立刻, 馬上)'으로 해석하는 것이 좋다고 본다.

(3) '周遮'는 ①'덮어씌우다, 덮어 감추다, 덮다(遮掩, 掩蓋)' ②'여러 면으로 남의 허물을 덮어주다' ③'구시렁거리다, 자꾸 시끄럽게 말하다, 군소리가 많다' ④'가로막다(阻攔, 遮攔)' 등의 뜻이 있다.

▪ 百丈重關攔不住: '攔不住'는 가능보어의 부정형이며, 이럴 때 쓰이는 '住'는 고정의 의미가 있다.

▪ 脚尖趯出佛如麻: (1) '趯出'의 '出'은 동사 뒤에 붙은 방향보어이다. (2) '佛如麻'는 ①'부처도 흐트러진 麻와 같다', ②'稻麻竹葦'의 '麻'처럼 '많음'을 나타내는 형용사로 보고 '주변에 온통 부처투성이다'라고 해석하기도 한다.

【講義】

이 공안은 『경덕전등록』 9권 '담주위산영우선사潭州潙山靈祐禪師'에 자세히 나온다.

위산영우(潙山靈祐, 771~853)는 "하루 일하지 않으면 하루 먹지 말라(一日不作 一日不食)"는 백장청규百丈淸規로 유명한 백장(百丈, 720~814)의 수제자이자, 앙산(仰山, 814~890)과 함께 선문 오가칠종五家七宗의 하나인 위앙종潙仰宗의 개창자이다.

오늘 화두는 위산이 백장의 문하에서 수학하다가, 대위산의 회주로 선발된 때의 이야기를 적고 있다.

당시 백장의 문하에는 수많은 수행자들이 모여들어서 도량이 무척

협소했다. 백장은 점점 늘어나는 사람들을 어떻게 수용해야 하나 고민했다. 그래서 은근히 새로운 거처로 옮기고 싶었다.

그러던 차에 풍수지리와 관상에 능통한 사마두타司馬頭陀라는 거사가 백장을 찾아와서 이런 제안을 했다. "제가 이번에 호남을 둘러보았는데, 그곳에 대위산이라는 명산이 있습니다. 지세가 능히 1,500의 대중을 수용하고도 남음이 있으니, 스님 문하에 개산開山할 만한 선지식이 없겠습니까?"하니, 백장이 솔깃하여 "그래, 그럼 내가 갈까" 하자, 그 두타가 "아닙니다. 그 산은 육산肉山인데, 선사께서는 골상骨相이라 많은 사람을 모으지 못할 것입니다. 설사 스님께서 가신다 해도 대중이 천 명을 넘지 못할 것입니다" 하여, 백장은 아쉬워하였다.

그때 아마 백장은 후덕한 부처님 상이 아니라 초기 붓다의 고행상처럼 깡마르고 가파른 상을 하고 있었던 모양이다.

"그렇다면 제일좌인 화림華林이 어떻겠는가?" 하고 화림을 불렀다. 사마두타는 화림의 걸음걸이를 보고 목소리를 들어보더니 대번에 적절하지 않다고 고개를 내저었다.

이번에는 대중의 식사를 담당하는 공양주, 곧 전좌典座 소임을 맡고 있는 영우를 불렀다. 영우가 걸어오는 모습을 바라보던 사마두타는 매우 감탄하면서 "이 사람이야말로 대위산의 주인이 되고도 남음이 있다"라고 했다.

백장도 내심 그럴 생각이었던 터라 기뻐했다. 그 후 백장은 밤에 영우를 불러 법을 전하고, 대위산으로 가서 종풍을 계승하고 후학을 제도케 했다.

그런데 이 결정에 백장과 비슷한 연배의 수좌 화림이 이의를 제기했다. "본령을 따져야지, 어찌 생긴 것을 가지고 정한다는 말이오!" 일리 있는 말인지라, 백장은 두 사람의 법력을 대중 앞에서 겨루도록 했다.

하루는 백장이 대위산의 주인을 뽑으려고, 수좌를 비롯하여 모든 대중들을 함께 모아 "격식을 초월한 말을 하는 사람을 대위산으로 보내겠다"고 하였다.

백장은 정병을 땅에 세워놓고 물었다. 정병은 그 당시 병으로 항상 물을 담아 몸에 지니고 다니며 손을 씻는 목제품木製品이다.

"자, 여러분! 정병이라 부르면 안 되니, 너희는 무엇이라 부르겠는가?"라고 문제를 제시한 것이다.

물병이라고 대답하면 고정된 이름과 모양에 떨어져 사물에 접촉된 것이고, 물병이 아니라고 하면 진실을 배반하고 만다. 어느 쪽을 선택해서 말한다고 할지라도 물병이라는 진실 그 전체를 나타낼 수가 없는 것이다. 이러한 두 가지 입장을 초월하여 어떤 한마디(一句)를 제시할 수가 있겠는가 하는 것이다.

화림이 먼저 "그렇다고 나무토막이라고도 못할 것이다"라고 대답하였다.

이 대답은 곧 정병이다, 나무토막이다 분별하기 이전의 그 자리를 드러내 보인 것이지만, 분별 그것마저 초월하고, 다시 초월했다는 지해知解마저도 벗어난 투철한 경계를 드러내지는 못했다. 다시 말하면 물병도 아니고 나무토막도 아니라고 분명한 안목을 제시하지 못하고 도망치는 대답을 하고 있었다. 그러므로 일체 경계의 이름과 모양(名相)을 초월하지 못한 대답, 곧 깨우친 대답은 아니었다.

백장이 다음으로 위산에게 물으니, 위산의 대답은 어떠했을까? 그만 발로 정병을 걷어차고 문밖으로 나가버렸다. 백장이 웃으며 "선원 제일의 수좌는 위산에게 졌다"라고 말하였다.

이렇게 하여 그날의 선발은 위산의 판정승으로 끝나, 백장은 위산에게 대위산에서 개산하도록 명하였다.

여기에서 생각해 볼 것은, 백장은 화림이 "정병을 나무토막이라고 부를 수는 없다"라고 대답한 것은 깨닫지 못했다고 평한 반면, 어떻게 보면 위산이 정병을 발로 차 버린 이런 행동은 무례하기 짝이 없다고 할 수 있는데도, 백장은 왜 위산에게 깨쳤다고 점수를 주어 개산을 명했을까? 그것은 무슨 이유일까? 이것이 오늘의 화두이다.

위산은 아마도 스승 백장의 공연한 질문이 꽤나 거추장스러웠던 모양이다. 위산이 물병을 차버린 것은 물병이라고 하는 이름과 모양(名相)을 단 한 번에 떨쳐버리고 초월한 경지를 행동으로 보여주고 있다. 이런 거친 행동은 자질구레한 이론을 내세워서 이러쿵저러쿵 논의한다고 하는 것은 무의미한 일이요, 물병이라는 이름과 모양에 더욱 빠져드는 일임을 한 발로 날려버린 것이다.

그 후 위산은 대위산에 가서 움막을 짓고 그곳에 머물렀다. 대위산은 본래 인적이 끊긴 험준한 산이었다. 위산은 홀로 짐승들을 벗 삼아, 도토리와 밤을 주워 먹으며 연명했다. 이렇게 10년을 살았는데, 10년이 되는 날, 소문을 들은 산 밑의 사람들이 차츰 찾아와 집을 얽고 절을 지어주니, 비로소 거처가 마련되었다. 뒷날 대장군 이경양李景讓이 그를 존경하여, 황제에게 청하여 동경사同慶寺란 사액을 내리게 했고, 정승 배휴裵休가 찾아와 현묘한 진리를 물었다. 이로부터 천오백의 선객들이 몰려들어 장관을 이루었다. 그 가운데 앙산이나 향엄과 같은 선지식이 끼어 있었고, 마침내 위앙종이 완성된 것이다.

무문의 평창을 들어보자.

위산이 백장의 시험에 응하여 혼신의 힘을 다하여 일생동안 배우고 익힌 선기禪機와 지혜의 안목으로, 큰 용기를 내어 물병을 걷어 차버리는 작용을 펼쳐 보인 것은, 화림과 비교할 때, 위산의 선기는 스승인 백장보다 훨씬 탁월하였으나, 백장이 쳐놓은 그물 속에서 벗어나지는 못했다고 하였다.

무엇이 백장이 쳐놓은 그물에서 벗어나지 못한 것일까? 위산이 정병을 걷어차 시험에 합격한 것이 굳이 합격을 목표로 한 행위가 아니었다 해도, 결국 백장이 계획한 대로 이루어지고 말았다는 것이다.

위산은 스승의 말씀이라 거역할 수 없어 시험에 응하기는 하였으나, 실은 백장의 법을 능가한 제자라는 것이다. 제자가 스승의 법을 계승하여 한 산중의 주인이 되려면 스승의 법을 능가해야 한다. 제자가 스승보다 뛰어났을 때, 그 가문과 그 문중은 희망이 있고 날로 번성하는 것이다. 위산은 백장의 제자로서 백장이 바라던 바, 그대로 한 종파를 열어 수많은 학인들을 이끌었다.

이제 무문이 자세히 점검해 보건대, 백장의 문하에서 식사를 담당하는 가벼운 직책을 벗어던져 버리고, 무거운 무쇠의 형틀을 목에 씌우는 대위산의 회주가 되었으니, 어찌된 연유인고? 여러분 두 눈을 크게 뜨고 자세히 살펴보도록 하시오!

무문은 이를 "쟁반에 음식을 담아 나르던 위산이 가벼운 쟁반을 버리고, 무쇠로 만든 무거운 형틀을 목에 걸머지게 되었다"라고 하여

"이제 회주가 되어 불법을 설하고 중생을 구제하는 일은 누구나 할 수 있는 일이 아니다. 위산과 같은 위대한 인물이 아니면 할 수 없다"고 칭찬한다.

무문의 송을 들을 차례이다.

'위산은 쌀을 일던 조리와 밥을 퍼주던 주걱을 던져버리고, 정면에서 물병을 차버리며 이론으로 따지는 논의를 차단했네.' 백장은 두꺼운 관문으로 위산을 막으려 해도 그를 저지할 수 없었다. 위산이 발끝으로 물병을 차버리니 부처도 실타래처럼 풀어지고 말았다.

위산이 백장의 시험에 이미 합격되어 대위산의 회주가 된 이상, 전좌 때 쓰던 취사도구인 조리와 국자 따위를 던져버리고, 백장이 제시한 시험문제를 바로 정면에서 분명하게 해결해 버리는 등 이러한 장애물들을 모두 차단하여 주위를 깨끗이 정리한 후 대위산으로 길을 나서니, 백장의 시험문제 따위가 아무리 겹겹이 관문을 둘러쳤어도 끝끝내 위산의 독자적인 지혜의 안목에는 문제될 것이 없으며, 위산이 가는 것을 막으려 해도 막아내지 못했다. 위산은 백장의 관문에 가볍게 발끝으로 물병을 차버리니, 그의 선기와 지혜는 삼세제불과 역대조사도 흩어진 실타래처럼 형편없이 되고 말았다는 것이다. 위산의 지혜가 부처나 조사라고 하는 권위는 물론, 일체 명상을 모두 초월하여 독자적인 경지를 펼쳐 보여 부처니, 조사니, 명상이니 하는 것을 무의미한 존재로 만들었다.

제41칙 달마안심達磨安心

本則

達磨面壁이어늘 **二祖立雪**하여 **斷臂云**하되 **弟子心未安**하니 **乞師安心**하나이다 **磨云**하되 **將心來**하라 **與汝安**하리라 **祖云**하되 **覓心**하나 **了不可得**이니다 **磨云**하되 **爲汝安心竟**이라하다

【한자】 壁(벽 벽), 臂(팔 비), 乞(빌 걸), 覓(찾을 멱)

달마가 면벽하거늘, 2조가 눈 속에 서서 팔을 자르고 말하되 "제자의 마음이 아직 편하지 않으니 스님께서 마음을 편하게 하여 주십시오" 하였다. 달마가 말하되 "마음을 가지고 오너라. 너를 편안하게 하리라" 하였다. 2조가 말하기를 "마음을 찾으려고 하나 전혀 알 수가 없습니다" 하니, 달마가 말하되 "너를 위하여 마음을 안심케 하였느니라" 하였다.

【문법해설】

▪ 將心來: 앞 참조(28칙). '將'은 ① 조기백화에서 동사로 '가지다, 쥐다, 들다'라는 뜻이거나, ② 개사로 '~로[써]'라는 뜻이다. 이때는 일반적으로 성어나 방언에서 볼 수 있다. ③ 또한 개사로 '~을(를)'이라는 뜻이기도 하다. 이것은 현대한어의 '把'와 같이 목적어를 동사 앞에 두어 동작의 처리를 강하게 표시하는 작용을 한다.

〔예문〕 ① 將酒來(술을 가져오다.)

② 將心比心(자신의 마음을 다른 사람의 마음과 비교하다.)

③ 我已經將款項滙過去了(나는 이미 비용을 송금했다.)

▪ 覓心 了不可得: '了'는 '전혀, 조금도'이다. 따라서 '마음을 구하려 하나 전혀 구할 수 없다'라고 해석한다.

〔예문〕 了不相涉(전혀 서로 간섭하지 않다.) / 了無懼容(전혀 두려워하지 않다.)

▪ 爲汝安心竟: '竟'은 결과보어로 보고 해석한다. 사실 현대한어의 형식을 따르려면 '爲汝安竟心'과 같이 '心'과 '竟'의 위치가 바뀌어야 확실한 결과보어라고 할 수 있다. 이것은 이 시기까지 '竟'이 결과보어로 완전히 虛化된 것이 아니고, 아직 동사의 성질을 가지고 있기 때문이라고 할 것이다. 따라서 그것을 따라 해석한다면 '너를 위해 마음을 안심시켜 마쳤다'라고 해석되어야 하겠지만, 어색하므로 편의상 결과보어와 같이 해석하는 것이다.

評唱

無門曰 欠齒老胡[122]가 十萬里를 航海하여 特特而來하니 可謂是

122 老胡: 늙은 오랑캐. 외국인. 특히 선종에서는 석존이나 달마를 가리킨다.

無風起浪이로다 **末後接得一箇門人**이나 **又卻六根不具**하니 **咦謝三郎**[123]이 **不識四字**로다

【한자】 欠(하품 흠, 이지러질 결〔缺〕), 浪(물결 랑), 咦(크게 부를 이)

무문이 말하기를 "이가 빠진 오랑캐(達磨)가 십만 리를 항해하여 일부러 왔으니, '바람이 없이 파도를 일으키는 것이다'라고 말할 수 있도다. 마지막에 한 문인을 만났으나, 또 육근六根이 갖추어지지 않았으니(불구자였으니), 저런! 어리석은 자는 〔자기 이름 세 글자는 알아도, 옛날 동전 등에 쓰인 大明通寶와 같은〕 네 글자는 구분하지 못하도다.

【문법해설】

- 特特而來: ①'特特'(=特特爲爲, 特特意意, 特地, 特爲, 特意, 得得) 등은 '특별히', '일부러'라는 뜻이다. ②또한 '特特'(따각따각)은 말발굽 소리를 나타내고, '得得'(뚜벅뚜벅)은 걷는 모습을 나타내기도 한다.
- 末後接得一箇門人: '得'은 동사 뒤에 쓰여 ①가능이나, ②동작이 이미 완성된 것을 나타내기도 한다. 여기서는 ②를 따른다.
- 又卻六根不具: ①'又'와 '卻'을 각각 나누어 單音節詞로 보고, '卻'은 '도리어'라는 뜻이 있는 것을 따르며, '또한 도리어~'라고 해석할 수 있다. ②'又'와 '卻'을 각각 나누어 단음절사로 나누지 않고 '又卻'을 복음절사로 보면, '又卻'은 '又且'와 유사한 뜻으로 간주한다. '且'는 〔七也切〕(假開三上馬淸)이고, '卻'은 〔去約切〕(宕開三入藥溪)로서 각

---

123 謝三郎: ①謝氏의 三男. 玄沙師備의 다른 이름. ②어리석은 사람.

각 '淸母'와 '溪母'이므로, 中古시대에는 聲母는 달랐지만, 현대한어에서는 모두 /te(què, qiě)-/로서 같은 聲母가 되었다. 따라서 은연중에 마치 通假字인 것으로 잘못 생각하여 혼동하였다고 볼 수 있을 것이다.

頌曰

西來直指하여 事因囑起하니 撓聒[124]叢林[125]은 元來是爾로다

【한자】 囑(부탁할 촉), 撓(어지러울 뇨), 聒(떠들썩할 괄), 爾(너 이)

서쪽으로부터 와서 〔人心을〕 바로 가리켜서, 〔후에 禪界가 활발하게 일어난〕 일이 〔二祖에게〕 부촉한 것 때문에 일어났으니, 총림을 시끄럽게 휘저은 것은 원래 당신이로다.

【문법해설】

- 事因囑起: '사건의 원인을 일으켜'라고 해석하는 것은 잘못이다. 만약 그와 같이 해석되려면 마땅히 어순은 '起事因'과 같이 되어야 하며, 더군다나 '囑'은 해석되지도 않았다. 이때 '起事因'에서 '起'는 자동사이므로 원칙적으로 목적어 '事因'이 뒤에 올 수 없음에도 불구하고, 예외적으로 이와 같이 자동사나 형용사가 목적어를 갖게 되면, 그것은 사역용법이

---

124 撓聒: 시끄럽게 한다. 휘젓는다. 폐를 끼친다. * 鬧聒聒: 鬧는 시끄러운 것을 나타내고, 聒聒은 물이 흐르는 소리를 형용하므로, 물이 소리를 내서 기세 좋게 흐르는 것을 말한다.

125 叢林: 道場, 僧院과 같은 뜻. 풀밭처럼, 숲처럼 수행자들이 모여서 切磋琢磨하는 장소.

나 의동용법으로 해석한다.

▪ 爾: 儞, 你 등으로 된 판본이 있는데, 모두 옳다.

【講義】

이 공안은 『보림전』, 『조당집』, 『경덕전등록』 등에 자세히 전하고 있다. 6세기경 갈대 잎을 타고 북위의 수도 낙양에 나타난 서역승 달마로부터 선의 역사는 시작된다. 그 후로 달마 밑에서 오가칠종五家七宗이라는 선맥이 일어나 형성된다.

달마 대사가 양무제와 만났으나 뜻이 계합되지 않자, 양자강을 건너 숭산 소림사에 들어가 9년간 면벽하여 좌선하고 있었는데, 때는 태화 10년 12월 9일 밤이었다. 신광神光이 도를 구하러 왔으나 만나주지 않자, 눈이 쏟아지는 데에도 불구하고 동굴 밖에서 밤이 새도록 서 있었다.

달마가 다음날 아침에 그것을 보시고 "왜 왔느냐?"고 물으셨다. 그러자 신광은 "도를 얻고 싶어서 왔다"고 하였다. 달마는 신광의 마음을 살피기 위해 "그렇다면 네 마음을 보여 보아라"라고 하였다. 그러자 신광은 자신의 팔 한쪽을 잘라서 달마에게 바쳤다. 이 장면을 중국인들은 입설단비入雪斷臂라고 한다.

그것을 본 달마는 도를 구하는 마음이 간절하다는 것을 확인하고 제자로 거두리라 마음을 정했다.

그때 신광은 달마에게 "저의 마음이 불안합니다. 바라건대 스님께서는 부디 불안한 저의 마음을 편안하게 해주십시오"라고 하니, 달마는 "그대의 불안한 마음을 내게 가져오너라. 그러면 내가 그대를 위해 마음을 편안하게 해주리라"라고 하셨다.

달마의 이 같은 대답에 신광이 다시 "스님, 불안한 마음을 아무리 찾으려 해도 찾을 수가 없습니다"라고 말하니, 달마께서 "내가 그대를 위하여 불안한 그 마음을 편안하게 해주었느니라"라고 하셨다.

신광은 이 말에 크게 깨달았다. 선 수행은 '대신근大信根', '대용맹大勇猛', '대의단大疑團' 등 셋을 일으켜야 당장에 깨친다고 하는데, 그 중에서도 신광과 같이 팔뚝을 자를 정도의 대용맹심이 요청된다.

구도심이 불타오르면 생명을 버리고 덤벼들어야 하는 마당에 팔뚝 하나 자르는 것쯤은 문제가 못된다. 그가 훗날 달마의 법맥을 이은 중국 선종의 2조 혜가慧可 대사가 되었다.

중국 선종의 제2조 혜가 선사(476~593)는 낙양의 동부인 호뢰(虎牢: 지금의 河南 滎陽縣) 사람으로, 속성은 희姬이며, 어머니가 임신했을 때 신령스런 빛이 집안 가득했으므로, 이름을 신광神光이라 했다.

『전법보기傳法寶紀』에 의하면, 소년 시절에 유가와 노장사상을 두루 배워 시詩와 역易에 정통했다고 전하고 있다. 낙양 용문향산 영목사永穆寺 보정寶靜 선사 문하에 출가해 대소승의 경론을 두루 섭렵하고, 일의一衣, 일발一鉢, 일식一食, 일좌一坐의 두타행頭陀行을 실천했다.

일설에 의하면 신광이 두타행을 하다가 산적들을 만나 요구하는 금품을 주지 못하자 팔이 잘렸다고 한다. 즉 신광이 달마를 찾아갔을 때는 이미 산적들한테 팔이 잘린 뒤였다고 한다.

신광은 달마를 만나기 전에 이미 내외전에 두루 통달했으며, 좌선을 실행했음을 알 수 있다. 이것은 그가 상근이기上根利器의 뛰어난 자질을 갖춘 사람으로서 이미 달마선 전법의 요건을 구비하고 있었음을 말한다. 혜가는 40세에 숭산 소림사에서 달마를 만나 마침내 그의 심인心印을 전해 받고 선종 2조 혜가로 거듭났다.

이로 말미암아 선종사에 엄청난 의미를 갖는 두 가지 기원이 이룩된다. 하나는 스승이 제자를 인가하고 법을 부촉해 법맥을 이어가는 사자상승師資相承의 전등傳燈이라는 전통이다. 달마가 혜가에게 법을 부촉한 것이 최초의 전등이다. 둘은 마음의 실체적 존재를 부정함으로써 선학의 전형적 '부정법'을 탄생시킨 모체가 되었다.

혜가가 달마를 처음 만났을 때의 '입설단비立雪斷臂'의 입도기연入道機緣은 사실 여부를 차치하고, 선종 구법의 입지立志가 어떠해야 하는지를 극명하게 보여주고 있다.

또한 달마와의 문답에서 보여준 '안심법문安心法門'은 달마선의 핵심 종지가 된다. 달마의 '안심법문'은 2조 혜가와 3조 승찬과 4조 도신에게까지 이어진다.

달마와 혜가의 선문답인 '안심법문'이 뜻하는 바를 살펴보자.

혜가가 한사코 찾아내 안정시키려고 한 마음은 본래의 참된 마음이 아니고, 사유라는 조작에 의해 생겨난 이른바 망상·망념이다.

마음은 본래 공하여 마음이라 할 것도 없다. 실다움이 없는 그 마음을 부여잡고 편안하다거니 불안하다거니 하는 거짓 망념을 내고 있다.

망념의 근원을 바로 돌이켜 보게 하여(返照直觀), 마음이 본래 실체가 없음(空)을 사무쳐 알면 그것이 바로 깨달음이요, 안심安心이다.

무문의 말을 들어 보자

달마가 중국으로 법을 전하러 왔을 때는 100세의 노인으로 이도 빠지고 노쇠한 몸이었다. 자료에 의하면, 달마가 중국에 와서 대승의 선법을 펼치자, 교학 불교인들이 시기 질투로 독약을 마시게 하여 이빨이 모두 빠지고 머리가 벗겨진 것이라고 전하는데, 수염만은 매우 풍성하였다고 한다.

'인도에서 10만 리나 되는 먼 길을 배를 타고 온 것은, 바람 없이 잔잔한 물에 파도를 일으킨 것과 같다'라고 평하고 있다.

사실 불법은 이리저리 헤아려 분별하는 지식으로 알 수 있는 것이 아니고, 전할 법이 있는 것도 아니며, 인도인이나 중국인이나 누구나 본래부터 가지고 있는 것이다.

그런 불법을, 100세의 고령임에도 불구하고 동토에 전하려고 일부러 온 것은 평지풍파를 일으킨 격이라고 약간 비꼰 말이기는 하지만, 역시 달마의 노고를 크게 칭찬한 말이기도 하다.

처음부터 달마의 법이 중국에서 제대로 수용되었다고 할 수는 없다. 물론 신광을 만나 법을 전함으로써 중국에서 선종의 맥이 이어지게 된 것이라고 할 수 있지만, 혜가로 이어진 법은 완전한 것이 못되었다고 할 것이다. 왜냐하면 법은 말로 전할 수 있는 것이 아니기 때문에, 혜가가 달마의 법을 모두 전수받았다고 할 수 없으며, 선법은 스스로 자기가 깨달아서 아는 것이기 때문이다.

그러므로 달마의 법을 이은 사람은 육근이 모두 갖추어지지 못한 병신이요, 무식한 사람이다. 달마가 혜가에게 안심시켜준 것이 아니고, 혜가 자신이 안심한 것이다.

무문의 게송을 들어보자

서역 인도에서 중국 땅에 와서 곧바로 사람의 마음을 가리켜 깨닫도록 하니 그로 인해 불법을 부촉하는 일대사건이 일어났다. 천하의 총림을 시끄럽게 만든 사람이 누구인가? 바로 보리달마 그대가 저지른 짓이로다!

달마 당신이 인도에서 멀고먼 바닷길로 일부러 중국에 건너와서, 혜가의 단비斷臂 구법과 안심법문으로 불법을 전하지 않았다면, 오늘날과 같이 선불교는 흥기하지 않았을 것이라고 지극히 칭찬하고 있다.

끝으로 '마음을 보여라', '마음을 찾아도 얻지 못했다', '깨달았다', '깨닫지 못했다', '법을 전했다', '법을 전수했다' 등과 같은 것들은 모두 지식으로 헤아려 분별하는 것이요, 희론에 지나지 않는다. 이렇게 시끄럽게 된 것은, 달마가 중국에 와서부터다.

법은 언어상의 분별로 얻어지는 것이 아니다. 공안이니 하는 것도 쓸데없는 짓이다. 공안을 떠난 공안, 분별을 떠난 분별, 마음을 없앤 그 마음, 깨달음 아닌 깨달음, 안심도 없는 안심이 선이다.

제42칙 여자출정女子出定

本則

世尊이 昔因文殊가 至諸佛集處하니 値諸佛各還本處러라 惟有一女人하여 近彼佛坐하여 入於三昧어늘 文殊乃白佛 云何女人得近佛坐하고 而我不得이니꼬 佛告文殊하되 汝但覺此女하여 令從三昧起하여 汝自問之하라 文殊遶女人三匝하고 鳴指一下하여 乃托至梵天하여 盡其神力이라도 而不能出이라 世尊云 假使百千文殊라도 亦出此女人定不得이요 下方으로 過一十二億河沙國土하여 有罔明菩薩하여 能出此女人定이라 하시더라

【한자】 遶(두를 요), 匝(돌 잡), 鳴(울 명), 托(밀 탁)

세존이 옛날 문수가 제불이 모인 곳에 감에, 때마침 제불이 각기 본래〔자기〕의 국토로 돌아가는 때를 맞이하였는데(당하였는데), 오직 한 여인이 저 부처님께 가까이 가서 앉아 삼매에 들거늘, 문수가

곧 부처님께 말하기를 "어찌하여 여인은 부처님께 가까이 가서 앉을 수 있으나 저는 안 됩니까?" 하자, 부처님이 문수에게 말하되 "너는 마음대로 그녀를 깨워, 삼매로부터 일어나게 하여 네가 스스로 물어라" 하셨다. 문수가 여인을 세 차례 돌고 한차례 손가락을 튕겨서, 그래서 〔여인을〕 범천까지 밀어 〔올려〕 그의 신통력을 다하였으나 〔여인을 定에서〕 나오게 할 수 없었기 때문에, 세존께서 말씀하시기를 "만일 수많은 문수라도 또한 이 여인을 정定에서 나오게 할 수 없다. 하방으로 12억 항하사〔와 같이 많은〕 국토를 지나면 망명보살罔明菩薩이 있는데, 〔그는〕 능히 이 여인을 정에서 나오게 할 수 있다"고 하셨다.

【문법해설】

- 世尊昔因文殊 至諸佛集處……盡其神力 而不能出: '因'은 連詞로서 '~해서 ~하다, ~ 때문에 ~하다'라는 뜻이다. 여기에서 '因'은 "'文殊至諸佛集處……盡其神力 而不能出'했기 때문에"라고 해석한다.
  〔예문〕 因天氣惡劣, 而無法進行訓練(날씨가 매우 나쁘기 때문에 훈련을 할 수 없다.)
- 値諸佛各還本處: '値'는 '~를 만나다, (어떤 때)를 맞이하다'라는 뜻이 있다.
  〔예문〕 値此貴國三十周年國慶之際(금번 귀국의 30주년 국경일을 맞이하여.) / 你上次來訪, 正値我外出(당신이 지난번 방문했을 때, 나는 마침 외출 중이었습니다.)
- 近彼佛坐: '석존의 자리 가까이서'라고 해석하려면 '近彼佛座'라고 써야 한다. 따라서 '近'과 '坐'는 모두 동사이며, '近彼佛'은 '坐'의 부사어가

되는 것으로 해석한다.

▪ 云何女人得近佛坐 而我不得: (1) '云何(=如何)'는 '어떻게, 어떻게 하여'라는 상태를 묻는 의문사이다. 外典에서는 '如何, 若何, 奈何' 등을 쓰며 '云何'는 쓰지 않으나, 佛典에서는 '云何'를 많이 쓴다.

〔예문〕 華嚴會上 文殊師利蓋嘗問於覺首言 "心性是一 云何見有種種差別" 問於德首言 "如來所悟 唯是一法 云何乃說無量諸法." 『緇門警訓·顏侍郎答雲行人』(화엄회상에서 문수사리보살이 일찍이 각수보살에게 묻되 "심성은 하나이거늘, 어떻게 드러나 갖가지 차별이 있는가?"라고 하였으며, 덕수보살에게 묻되 "여래가 깨달은 바는 오직 한 가지 법이거늘, 어떻게 도리어 '무량한 제법'을 말하는가?"라고 하였고.)

(2) '而'는 역접관계를 나타낸다.

▪ 汝但覺此女: '但'은 ①'다만, 오직' ②'그러나, 그렇지만' ③'다만 ~한다면' ④'기탄없이, 거리낌 없이' 등의 뜻이 있는데 여기에서는 ④가 가장 적합하다고 하겠다.

〔예문〕 ① 不但完成任務, 還要提高德行(임무를 다할 뿐 아니라, 덕행도 높여야 한다.)

② 你雖很聰明, 但也要努力才能成功(너는 비록 총명하지만, 노력해야 성공할 수 있다.)

③ 但能得點兒好處就行(조금이라도 이익이 있으면 그것으로 족하다.)

▪ 文殊遶女人三匝 鳴指一下: '三匝'와 '一下'는 數量詞補語로 목적어가 동사와 수량사 사이에 쓰였다.

▪ 假使百千文殊 亦出此女人定不得: (1) '假使'는 '假如'와 같이 '만일, 가령'의 뜻이다. (2) '出此女人定不得'은 '出此女人於定不得'에서 '於'가 생략된 것으로 본다. (3) '出'은 본래 자동사로 목적어를 취할 수 없으나,

이와 같이 자동사나 형용사가 목적어를 취하게 되면 사역의 의미가 내포된다. 즉 '出此女人定'은 '定에서 此女人으로 하여금 出하게 하다'라는 뜻이 되는 것이다. (4) '出～不得'은 현대한어에서는 '出不得～'과 같이 써서, 목적어가 뒤에 위치한다. 이것은 '不得'이 이미 虛化되어 보어가 된 것을 의미하며, 근대한어는 '不得'이 아직 實詞(동사)인 것을 나타낸다.

- 下方: ①'下邊, 下面' ②'下界'로 天上에 대하여 말하는 인간을 가리킨다. ③漢代의 五行家는 남방이나 서방을 '下方'이라고 칭하기도 하였다. ④혹자는 '지하의 세계'라고도 한다.
- 過一十二億河沙國土: '河沙'은 '恒河沙'의 준말로, 인도의 갠지스 강의 모래이다. 즉 수가 많은 것을 비유한 말이다. 따라서 '12억 강모래의 국토'라고 해석하지 않는다.
- 有罔明菩薩: '罔'은 '無'와 같으므로 '망명보살'은 '無明菩薩'이라고 한다.

須臾에 罔明大士가 從地湧出하여 禮拜世尊하니 世尊이 敕(勅)罔明하여 卻至女人前하여 鳴指一下한대 女人이 於是에 從定而出하니라

【한자】 臾(잠깐 유), 湧(샘솟을 용), 敕(조서 칙)

잠시 후에 망명대사가 땅에서 솟아나 세존께 예배하니, 세존이 망명에게 명하였다. 그런 후에 여인의 앞에 나아가 손가락을 한차례 튕기니, 여인이 그리하여 정에서 나왔다.

【문법해설】

- 卻至女人前: '却'은 ①'~한 후에, ~하고 나서'와 같이 해석된다. ②부사로 '하지만, 그런데, 도리어, 그렇지만, 오히려'라는 뜻이다. 대체로 어떤 일이나 사물의 전환을 나타내며, '倒, 可'보다는 다소 어세가 약하다고 할 수 있다.

〔예문〕 ②她雖然不聰明, 却非常努力(그녀는 비록 총명하지는 않지만, 매우 노력을 한다.) / 眞想說点什麽, 却什麽也說不出來(뭐라도 좀 말하고 싶었지만 아무것도 말하지 못했다.)

- 女人 於是 從定而出: '於是(于是)'는 '그래서, 이리하여, 그리하여'의 뜻이다.

評唱

無門曰 釋迦老子[126] **做者一場雜劇**[127]하니 **不通小小**이라 **且道**하라 **文殊**는 **是七佛之師**어늘 **因甚出女人定不得**이며 **罔明**은 **初地菩薩**[128]이어늘 **爲甚卻出得**고 **若向者裡 見得親切**하면 **業識**[129]**忙忙**이

---

126 老子: ①아버지를 부르는 말. ②상대방을 친근하고 존경스럽게 부르는 말. 당신. ③老漢(老師)으로 禪僧에 대한 경칭이다.

127 雜劇: 一種의 宋·元代의 연극.

128 初地菩薩: 보살의 수행단계를 十信(信心, 念心, 精進心, 定心, 慧心, 戒心, 回向心, 護法心, 捨心, 願心); 十住(發心住, 治地住, 修行住, 生貴住, 具足方便住, 正心住, 不退住, 童眞住, 法王子住 ,灌頂住); 十行(歡喜行, 饒益行, 無瞋恨行, 無盡行, 離癡亂行, 善現行, 無着行, 尊重行, 善法行, 眞實行); 十廻向(救護一切衆生離相廻向, 不壞廻向, 等一切諸佛廻向, 至一切處廻向, 無盡功德藏廻向, 入一切平等善根廻向, 等隨順一切衆生廻向, 眞如相廻向, 無縛無着解脫廻向, 入法界無量廻向); 十地(歡喜地, 離垢地, 發光地, 焰慧地, 難勝地, 現前地, 遠行地, 不動地,

那伽[130]大定이리라

【한자】 場(마당 장), 忙(바쁠 망), 伽(절 가)

무문이 말하기를 "석가노자가 이 한 막의 연극을 연출하였는데, 설마 하찮은 것이겠는가? 자, 말하여 보라! 문수는 〔과거〕 칠불의 스승이거늘, 무엇 때문에 여인으로 하여금 정에서 나오게 할 수 없으며, 망명은 초지보살이거늘, 왜 오히려 나오게 할 수 있는가? 만약 여기에서 꼭 들어맞게 판단하여 볼 수 있다면, 업식이 아득하나(아득한 業識은) 그대로 대용왕의 선정이리라.

【문법해설】

- 不通小小: '不通'은 ①'통하지 않다' ②'(글이나 말의 뜻이) 통하지 않다' ③'잘 모르다' ④현대한어의 '難道'와 같이 '설마 ~하겠는가?'와 같은 뜻이 있다. ⑤'不通'은 '不同'과 소리가 비슷하여 통용되었다고 한다(일종의 通假). 따라서 이것을 따르면 '작고 하찮은 것(小小)과는 격이 다르다'라고 해석할 수 있다. 여기서는 ④⑤가 모두 통하지만 ④와 같이 반문의 의미로 해석하는 것을 취하기로 한다.

  〔예문〕 ①此路不通(이 길은 통하지 않는다.)

  ②說也說不通(말하여도 통하지 않다.)

善慧地, 法雲地); 等覺; 妙覺 등과 같이 52位로 나누어 십지의 初地인 환희지에 오른 보살이라는 뜻이다.

129 業識: 과거의 업(행위)에 의하여 초래된 현재의 果報로서의 妄識.

130 那伽: 범어 나가nāga의 음역으로 '龍'이라는 뜻이다.

③ 不通世故(세상물정을 잘 모르다.)

- 做者一場雜劇: (1) '者'는 범어 /ca/를 음역한 글자로 '이'라는 뜻의 근칭지시대사이다. (2) '場'은 연극의 횟수를 세는 양사이다.
- 因甚出女人定不得: '因甚'은 '왜, 어째서'라는 뜻이다.
- 爲甚卻出得: '爲甚'은 '왜, 어째서'라는 뜻이다.
- 見得親切: 제24칙 참조.
- 業識忙忙 那伽大定: 迷妄煩惱의 마음 그대로가 나가nāga의 大定이라는 말이다. 業識이란 妄心에 의하여 동작하는 것, 즉 眞如의 一心이 無明의 힘에 의해 맨 처음 起動하는 것을 '忙忙(茫茫)이라고 표현하였다. 이곳의 나가nāga란 불법을 수호하는 8종의 영적 존재인 八部衆(天, 龍, 夜叉, 乾闥婆, 阿修羅, 迦樓羅, 緊那羅, 摩睺羅迦) 중의 용왕으로, 그는 일단 삼매에 들면 좀처럼 깨어나지 않는다고 한다. 그리하여 업식과 비교하였으며, 문수보살이 일으키지 못한 것을 망명보살이 일으켰다는 이치를 알았다면 번뇌 망상이 곧 菩提眞如인 것을 알 것이라는 것이다.

頌曰

出得出不得은 **渠儂得自由**라 **神頭并鬼面**이여 **敗闕當風流**로다

【한자】 渠(도랑 거), 儂(나 농), 闕(대궐 궐)

〔禪定으로부터〕 나오게 할 수 있는 것이나 나오게 할 수 없는 것은, 그와 내(네)가 스스로 말미암을 수 있다. 신두神頭를 쓰고 살아가든, 귀면을 쓰고 살아가든 실패하는 것도 풍류에 해당하는 것이로다.

【문법해설】

- 渠儂得自由: (1) '渠'는 方言에서 대사로 쓰여 '그, 그 사람'이라는 뜻이 된다.

  〔예문〕 不知渠爲何人(그가 어떤 사람인지를 모르다.)

  (2) '儂'는 '나, 너'이다.
- 神頭幷鬼面: 成語로 '神頭鬼臉(神頭鬼面)'은 '귀신같이 기괴한 몰골, 꼴불견'이라는 뜻이다. 잡극은 원래 神頭나 鬼面 같은 가면을 쓰고 상연하는 것에서 온 말이다. 우리는 흔히 '인생이란 연극과도 같다'는 말을 한다. 이 세상을 살아가는 나는 眞我인 주인공이 아니고 가면을 쓰고 살아가는 假我일 뿐이라는 것이다.
- 敗闕當風流: (1) '敗闕'은 '過失'과 같다. (2) '當'은 '~에 상당하다, 들어맞다'라고 해석한다.

【講義】

이 공안은 『제불요집경諸佛要集經』 권하에 있는 내용을 공안으로 만든 것으로 보인다.

이 경의 주요 내용은 이의녀離意女라는 여자가 혼자서 삼매에 들어 있는 것에 대하여 문수사리보살과 천왕불天王佛이 문답하였는데, 여기에는 문수사리가 그 여자를 삼매에서 깨어나게 하려고 노력하였으나 뜻대로 되지 않은 것과, 천왕불의 명으로 기제음개棄諸陰盖라는 보살이 그 여자를 삼매에서 깨어나게 하였다는 내용이 기록되어 있다. 이 이야기는 『경덕전등록』 27권 '제방잡거징념대별어諸方雜擧徵拈代別語'과 『선문염송』 2권 제32칙에도 실려 있다.

그러나 이 기록들은 내용은 거의 같으나 문장 어구는 각각 다르게 되어 있다.

'여자출정女子出定'이란 공안의 요지는 다음과 같다.

세존이 계신 곳에 문수가 와서 보니, 한 여인이 세존 가까운 곳에서 선정에 들어 있었다. 문수가 세존께 "어째서 여인은 세존 가까이 갈 수 있고, 나는 가까이 갈 수 없는 것입니까?"라고 물으니, 세존께서 "네가 직접 이 여인을 선정에서 깨워 네 스스로 물어라"라고 대답하셨다.

그러자 문수가 그의 신통력을 다 부려보았으나, 그녀를 선정에서 깨어나게 할 수가 없었다. 이것을 본 세존께서 "비록 백천百千의 문수가 와도 이 여인을 선정에서 깨어나게 할 수는 없다. 하방下方 12억 항하사 국토에 망명罔明보살이 있는데, 그가 여인을 선정으로부터 깨울 수 있을 것이다"라고 말했다.

그러자 곧 망명이 땅에서 솟아 나와서 세존에게 예배하니, 세존이 여인을 선정에서 깨우도록 그에게 명하셨다. 망명이 여인의 앞으로 나아가 손가락을 한번 튕기니, 여인이 선정에서 깨어났다는 이야기이다.

이 이야기에서는 먼저 등장인물인 문수보살과 한 여인(一女人), 그리고 망명보살의 성격을 파악하여야 화두가 풀릴 것이다.

'문수보살'은 모든 보살 가운데 '칠불지모七佛之母 지혜제일智慧第一'이라고 칭하며, 석존의 좌보처左補處로서 오른손에는 지혜의 검을 잡고, 왼손에는 청련화를 가지고 있다.

문수보살은 지혜의 상징이기 때문에 선가에서는 문수보살을 칠불七佛의 스승이라고 한다. 그만큼 높은 지혜를 가진 보살이다.

'한 여인'은 어떤 존재인가. 이 여인은 비록 몸은 여인이지만, 온갖 잡된 생각을 떠난(離意) 사람이므로 부처님 옆자리에 앉을 자격이 있다는(近佛坐) 것이다.

불교에서는 여자가 성불하는 것에 대해 논란이 많다. 『법화경』「제바달다품」에 의하면, 여인은 '여인오장신女人五障身'이라고 하여 번뇌 망념과 시기 질투가 많기 때문에 '범천왕, 제석천왕, 마왕, 전륜성왕, 불신佛身'이 될 수 없다고 한다.

그러나 초기불교에서는 누구나 깨달음을 얻으면 아라한이 될 수 있으며, 대승불교인 후기불교에서는, 여인은 일단 남자의 몸을 받고, 그 다음 생에 성불하는 것으로 되어 있다. 따라서 이 화두에서 나오는 여인은 이러한 관념이 차용된 것이다.

망명보살은 이름에서 보듯이 망罔자가 무無로 해석되니 무명보살, 즉 앞을 보지 못하는 보살, 장님이라는 뜻이다.

하방下方은 지하의 세계이다. 12억 항하사 국토를 지난 곳에 있다고 하였으니, 얼마나 깊은 어둠속에 있는가를 말해준다. 다른 이름으로 기제음개棄諸陰蓋보살이라고도 한다. 앞은 못 보지만 모든 번뇌를 없앤 보살이라는 뜻이다.

무문 스님은 여기에 나오는 망명보살을 『화엄경』「십지품十地品」의 초지初地보살이라고 했지, 그가 도달한 깨달음에 대하여 언급하지는 않았다. 다만 칠불의 스승이라는 지혜가 높은 문수보살과 대비해 수행이 낮은 지위, 곧 큰 도를 이루지 못한 보살을 말하기 위해 망명보살을 내세운 것이라고 볼 수 있다.

여기에서 문수보살이 지혜와 신통력을 써서 여인을 삼매에서 깨우지 못했는데, 망명보살은 문수보살보다 지혜도 신통력도 훨씬 모자람에도 불구하고 여인을 삼매에서 깨어나게 할 수 있었던 것은 무엇 때문인가? 망명보살이 무슨 수를 썼기에 문수보살도 깨우지 못하는 여인을 선정삼매에서 깨어나게 했을까? 이것이 오늘의 화두이다.

이 중에서 가장 훌륭한 인물은 문수다. 그러나 문수는 부처님 곁에 앉아 있는 여인을 깨우지 못했다. 왜일까? 문수가 부처님의 좌석 옆에 앉아 삼매에 든 한 여인을 보았을 때, 그는 '소위 번뇌 망념으로 가득 찬 범부 여인도 부처님 옆에서 선정에 들고 있는데, 최고의 보살인 내가 어찌 부처님 경계에 나아가지 못하는가?'라고 생각했을 것이다.

여인은 망념이 많고 업장이 두터운 존재로 여겨 왔는데, 어찌하여 저 여인은 세존 가까이 앉아 있을 수 있고, 칠불七佛의 스승인 문수는 세존 가까이 갈 수 없단 말인가?

문수는 수행이 깊고 지혜가 높지만, 수행에서 "네가 저 여인보다 낫다"라고 하는 자만심이 있는 한, 오장五障을 가진 여인보다 못한 수행자라 할 것이다. 문수는 이와 같이 차별심을 내었기 때문에 여인을 깨우지 못한 것이니, 어찌 불심의 선정에 든 여인에게 소식을 전할 수가 있었겠는가?

이 사람은 비록 몸은 여인이지만, 일체의 잡된 생각에서 벗어난 사람(離意女)이므로, 부처님 옆에 앉을 자격이 있는 것이다.

또한 망명보살은 육안은 볼 수 없지만, 도리어 외계의 삼독번뇌를 보지 않기 때문에 자기 내면을 들여다보는 지혜는 문수보다 뛰어나다고 할 수 있다.

망명은 여인이라는 일체의 차별심, 분별심이 없는 경지에서 손가락을 퉁기는 찰나에 그 여인을 삼매로 부터 깨울 수 있었다. 그래서 보살 수행의 처음 단계에 있는 망명이지만 쉽게 여인을 삼매에서 깨어나게 할 수 있었던 것이다.

무문 선사가 평하는 말을 들어보자.

무문은 이 공안을 석가노인이 꾸민 한 장면의 연극이라고 평하고, 이것은 조그마한 잡극이 아니고, 대대적으로 나팔을 불고 뚱땅거리는 큰 연극이었다고 하였다. 석가노자가 이렇게 연극을 꾸민 것은, 분별分別과 번뇌 망상으로 업장業障을 만들어 망망한 윤회의 세계에서 허덕이는 중생들에게, 한 사람이라도 더 깨우쳐 보려고 한 짓이었기 때문에, 이것은 중생의 일대사를 해결해 주기 위한 대단한 일이었다고 무문은 평하고 있다.

그리고 무문은 이 화두를 제시하면서 "칠불의 스승인 문수는 이 여인을 선정삼매에서 깨어나게 할 수 없었는데, 초지의 망명보살은 어떻게 삼매에서 깨어나게 할 수가 있었는가? 만약에 이 화두를 깨친다면 부처와 중생, 문수와 망명, 최고와 초지, 이러한 상대적인 차별심을 동시에 초월하고, 중생심 그대로 부처의 경지에서 살게 된다"고 주장하고 있다.

무문은 이 장면을 이렇게 노래했다.

'여인을 선정에서 나오게 하였거나 하지 못하였거나, 문수보살과 망명보살의 자유로다. 두 어른 모두 신두탈과 귀면탈을 뒤집어쓰고 연극을 벌였나니, 실패하는 것도 도리어 풍류로다.'

이 노래는 우리들의 마음을 세존·문수·망명·여인 등의 다양한 얼굴로 분장시켜, 한 판의 멋진 연극을 펼친 것으로 보인다.

한 여인의 선정삼매라는 문제를 둘러싸고, 이 연극에서 문수는 신통묘용으로도 삼매에 든 여인을 깨어나지 못하게 하는 역할을 잘 담당하였고, 망명은 손가락을 퉁기는 찰나에 삼매에 든 여인을 깨어나도록 하는 역할을 잘 담당하였다.

다시 말하면 문수보살과 망명보살이 '여자출정'이라는 제목의 인형극에 등장하여 귀신 머리 탈과 귀신 얼굴 탈을 뒤집어쓰고 각본대로 꼭두각시놀이를 잘했다는 것이다.

하지만 문수가 삼매에 든 여인을 삼매에서 못나오게 한 사실을 두고 '실패했다'고 하였다. 문수가 실패했어도 이 공안에 대한 의심을 촉발시키는 데 한 몫을 한 것은 틀림없다.

이렇게 보면 문수는 부처가 만드는 공안 제조 사업을 풍류 삼아 도와드리고 훌훌 떠났다고 할 수 있다.

제43칙 수산죽비首山竹篦

本則

首山和尙이 **拈竹篦示衆**[131]**云**하되 **汝等諸人**이 **若喚作竹篦則觸**이요 **不喚作竹篦則背**이니 **汝諸人**은 **且道**하라 **喚作甚麼**오

【한자】 篦(참빗 비), 觸(닿을 촉)

수산 화상이 죽비를 들고 대중에게 보이며 말하되 "여러분이 만약 〔이것을〕 죽비라고 부르면 저촉되는 것이요, 죽비라고 부르지 않으면 위배하는 것이니, 여러분은 말해 보아라! 무엇이라고 부를 것인가?" 하였다.

---

131 示衆(=垂示, 敎示): 師家가 대중에게 보이는 것. 僧衆에게 說示하는 것, 설법하는 것. 또는 그 가르침의 내용.

評唱

無門曰 喚作竹篦[132]則觸이요 不喚作竹篦則背라하니 不得有語요 不得無語로다 速道速道하라

무문이 말하기를 "죽비라고 부르면 저촉되는 것이요, 죽비라고 부르지 않으면 위배하는 것이다'라고 하니, 말을 할 수도 없고 말을 안 할 수도 없도다. 빨리 말해 보아라! 빨리 말해 보아라!"라고 하였다.

【문법해설】

- 不得無語: ①'得'은 주로 법령이나 공문 등에 쓰이는 것으로, 조동사로 동사 앞에서 허가를 나타낸다. ②따라서 '不得'은 '허가하지 않는 것'을 나타낸다고 할 것이다.

  〔예문〕 ①家境淸寒者得優先錄用(집안 형편이 어려운 사람은 우선적으로 채용된다.)

- 速道速道: '且道'가 느슨한 어투로 '어디 한 번 서서히 말해 보아라'라는 의미라면 '速道'는 '어서 빨리 말해 보아라'라고 재촉하는 어투이다.

頌曰

拈起竹篦하여 行殺活令라 背觸交馳면 佛祖乞命하리라

【한자】 馳(달릴 치)

---

132 竹篦: ①안약을 떨어뜨리기 위한 도구. ②스승이 수행승을 지도하기 위한 법구로 如意라고도 한다.

죽비를 들어 죽일까, 살릴까를 명령하였다. 위배와 저촉으로 번갈아 달리면(공격하면) 부처님도 조사도 목숨을 구걸하리라.

【문법해설】

- 拈起竹篦: '起'는 동사의 뒤에 쓰여 동작이 아래에서 위로 향하는 것을 나타내는 방향보어이다.
- 行殺活令: 현대한어에서 '行令'은 動賓構造의 복합동사로 '명령하다'라는 뜻이다. 또한 동빈구조의 복합동사는 동사와 목적어의 사이에 다른 성분의 글자(殺活)를 넣을 수 있다. 따라서 '殺活에 관한 令을 행하다'라는 의미로 해석할 수 있다.

【講義】

이 공안의 내용은 『수산성념선사어록首山省念禪師語錄』과 『경덕전등록』 13권 '수산성념'에는 보이지 않고, 『오등회원』 권11 '여주엽현광교원귀성선사汝州葉縣廣教院歸省禪師'에 보인다.

여기에 실린 내용은 귀성歸省 선사가 스승인 수산성념首山省念 선사의 법문을 듣고 크게 깨친 이야기다.

수산 선사는 어느 날 죽비를 들고 대중들에게 질문하였다. "그대들이 만약 이를 죽비라고 부르면 죽비라는 이름과 모양에 속박(觸)되는 것이고, 죽비라고 부르지 않으면 죽비라는 사실을 위배(背)하는 것이 된다. 그대들은 이것을 무엇이라고 하겠는가?" 그때 귀성 선사는 죽비를 빼앗아 땅 위에 내던지며 말했다. "이게 무슨 물건입니까?" 수산 선사는 말했다. "눈먼 녀석(瞎)이로군!" 하고 나무란다. 귀성 선사는 이 말을 듣고 곧바로 깨닫게 되었다고 한다. 이 내용을 무문 선사는 『무문관』 제43 수산죽비首山竹篦에서 채용하고 있다.

죽비라 하는 것은 법구의 하나로서 대나무를 한자 반(1.5尺) 가량의 길이로 잘라서 손잡이로 세 치(三寸)쯤 남기고, 나머지는 반을 쪼개서 만든 것인데, 이 갈라진 부분을 손바닥에다 쳐서 '탁! 탁!' 하고 소리를 내는 것이다. 선방에서는 이것을 가지고 식사나 예불을 하거나 입방할 때 사용하여 여러 가지 신호를 한다.

수산성념(926~993) 선사는 할喝로 유명한 임제의현臨濟義玄 선사의 법손인 풍혈연소風穴延沼 선사의 제자로, 임제종臨濟宗을 잇는 중요한 역할을 한 스님이다.

수산 화상이 죽비를 들어 대중에게 보이며 "너희들 대중이 만일 이것을 죽비라고 부른다면 촉觸하고, 그렇다고 해서 이것을 죽비가 아니라고 한다면 또한 배背할 것이니, 대중들은 자! 이것을 죽비라고 하겠는가? 죽비가 아니라고 하겠는가? 도대체 무엇이라고 불러야 옳겠는가?" 하고 물었다.

죽비란 참으로 묘한 물건이다. 죽비를 죽비라고 불러도 틀리고, 죽비라고 안 불러도 틀린다면, 과연 죽비를 어떻게 불러야 될 것인가? 이것이 오늘의 화두이다. 도대체 무엇이라고 불러야만 하겠는가?

죽비라고 말하면 죽비라는 명상名相에 집착된 것이고, 죽비라고 하지 않으면 죽비라는 사실을 위배하여, 사물을 있는 그대로 여법如法하게 바로 볼 수 있는 지혜가 없는 것이 된다. 집착이나 위배나 어느 한 쪽을 선택해도, 선택하지 않아도 모두가 틀린 것이다. 말을 하여도, 말을 하지 않아도 허물에 떨어지는 것이다.

예를 들면 죽비를 만들어 그것에 이름을 붙이기 전에는 죽비가 아니라 대나무 토막일 뿐이다. 그 대나무 토막 하나를 두 쪽으로 갈라서, 손바닥에 치면 소리가 나게 만들어 죽비라고 이름을 붙이니 죽비가 된 것이다. 그러므로 이 대나무 토막을 죽비라고 부르면, 원래 자신의 이름이 아니기 때문에 원래의 대나무 토막에 저촉되는 것이 된다, 그러나 이미 만들어서 죽비라고 이름을 지어 부르는 물건인데 죽비라고 부르지 않는다면 죽비라는 이름에 위배되는 것이다. 그러면 무엇이라고 불러야 될까?

이 두 차별의 세계를 초월해야 한다는 것이다. 선과 악, 시와 비, 범凡과 성聖 등의 차별의 세계를 공空의 실천, 곧 중도中道로써 일순간에 초월할 수 있는 지혜를 제시하고 있다.

위에서 "귀성 선사는 죽비를 빼앗아 땅 위에 내던지며 말했다"라는 이야기가 있듯이, 귀성 선사가 죽비를 꺾어버린 것은, 죽비라고 하는 이름과 모양(名相)을 단 한 번에 떨쳐버리고 초월한 경지를 행동으로 보여주고 있다. 이런 거친 행동을 함으로써 자질구레한 이론을 내세워서 이러쿵저러쿵 논의하는 것은 무의미한 일이요, 죽비라는 이름과 모양에 더욱 빠져드는 일임을 한방에 날려버린 것이다.

무문의 평창을 들어보자.

무문은 "죽비라고 말을 해도 안 되고, 말을 하지 않아도 안 된다. 속히 말해 보라 속히 말해 봐!"라고 문제를 제시한다.

죽비라는 모양과 이름에 집착하지도 말고, 죽비라는 사실에 위배되지도 말며, 유어有語와 무어無語의 상대적인 경계를 초월하여 학인들이 자신이 공부한 안목으로 신속하게 한마디 해보라는 것이다.

여기에서는 명상名相의 죽비를 찾지 말고, 마음의 죽비를 찾아야만 할 것이다. 만일 명상의 죽비를 착着하여 죽비라고 하면 사량분별에 떨어지는 것이며, 죽비라는 명상을 초월하여 죽비가 아니라고 하면 공에 떨어지는 것이 될 것이다.

그러므로 나 자신이 죽비가 되고, 죽비가 그대로 나 자신이 되었을 때 그것이 그대로 마음의 죽비일 것이요, 죽비라는 명상이 있거나 없는 것과는 상관없이 죽비의 본성을 나타낼 때 진정으로 명상에도 공에도 떨어지지 않고 답할 수 있는 것이다.

무문의 게송을 들어보자.

"죽비를 들어 올려 죽일까, 살릴까를 명령하였다. 위배와 저촉으로 번갈아 공격하면 부처님도 조사도 목숨을 구걸하리라."

"죽비를 집어 든다"는 말은 본칙 공안을 말한 것이고, "죽이고 살리는 명령을 내렸다" 함은 수산 화상이 죽비를 들고 대중에게 문제를 제시하는 것이다.

또 "위배와 저촉으로 공격한다"는 것은 학인들에게 제시한 배촉背觸의 문제로, 집착하고 위배하는 분별심에 떨어지면 자신의 본래심의 지혜작용이 죽게(殺) 되고, 분별심에 떨어지지 않으면 살게(活)된다는 것이다.

그리고 교치交馳라는 말은 하나의 죽비가 자신의 지혜작용을 죽이는 살인도殺人刀가 되기도 하고, 살리는 활인검活人劍이 되기도 한다는 말이다.

"집착해도 안 되고 위배해도 안 되고 말해도 안 되고 말하지 않아도 안 된다"고 지시하고 있는 것처럼, 앞뒤 전후를 모두 차단하고 하는 공격이기 때문에 도망갈 길이 전혀 없다. 그래서 이러한 궁지에 몰리게 되면 “부처나 조사도 목숨을 구걸하리”라고 읊고 있는 것이다.

제44칙 파초주장芭蕉拄杖

本則

芭蕉和尙이 **示衆云**하되 **爾**[133]**有拄杖子**하면 **我與爾拄杖子**요 **爾無拄杖子**하면 **我奪爾拄杖子**하리라

【한자】 芭(파초 파), 蕉(파초 초), 爾(너 이), 拄(떠받칠 주), 杖(지팡이 장), 奪(빼앗을 탈)

파초 화상이 대중에게 설법하시되 "너에게 주장자가 있으면 나는 너에게 주장자를 주겠고, 너에게 주장자가 없으면 나는 너에게서 주장자를 뺏겠다"고 하였다.

【문법해설】

- 我與爾拄杖子……我奪爾拄杖子: '我與爾拄杖子'와 '我奪爾拄杖子'는

---

133 爾: 你, 儞 등으로 되어 있는 판본이 모두 옳다.

각각 하나의 주어가 간접목적어(爾)와 직접목적어(拄杖子) 등 두 개의 목적어를 갖는 문장이다. 우리나라 말은 '~에게'에 해당하는 말을 목적어로 취급하지 않기 때문에, 국어학에서는 간접목적어를 보어라고 명명하지만, 한어에서는 이것을 간접목적어라고 한다. 비록 둘 사이에 이름은 다르지만 그 역할은 같기 때문에 결코 다른 것은 아니다.

評唱

無門曰 扶過斷橋水하고 **伴歸無月村**이라 **若喚作拄杖**하면 **入地獄如箭**하리라

【한자】 扶(도울 부), 橋(다리 교), 伴(짝 반), 箭(화살 전)

무문이 말하기를 "〔이 주장자를〕 붙들고 다리가 끊어진 강을 건너고, 〔이 주장자를〕 짝하여 달이 비추지 않는 〔어두운〕 마을에 돌아가느니라. 만약 주장자라고 부르면(여기면) 화살과 같이 〔빠르게〕 지옥에 떨어지리라" 하였다.

【문법해설】

- 扶過斷橋水 伴歸無月村: (1) '扶〔拄杖子〕 過斷橋水 伴〔拄杖子〕 歸無月村'에서 목적어 '拄杖子'가 생략된 것으로 본다. (2) '水'는 '村'과 배대한 것으로 보아 '물'이 아니고 '강'으로 해석한다. '樂山樂水'와 같은 단어를 보더라도, 중국 고대인에게 있어서 '水'의 의미범주는 단순한 물에 그치지 않고 '강' 등을 포함한다.

頌曰

諸方深與淺이 **都在掌握中**이라 **撑天幷拄地**하니 **隨處振宗風**이라

【한자】 握(쥘 악), 撑(버팀목 탱), 拄(떠받칠 주), 振(떨칠 진)

여러 곳〔에 있는 師家들의 道力 등이〕 높고 낮은 것은 모두 나의 손안에 있다. 하늘을 지탱하고(버티고) 땅을 받쳐, 어디에서나 종풍을 떨치느니라.

【문법해설】

- 隨處振宗風: '隨處'은 '도처에, 어디서나, 이르는 곳마다'라는 의미이다. 따라서 '〔그〕곳을 따라서' 등으로 해석하지 않는다.

  〔예문〕 韓國街頭美女隨處可見(한국의 거리에서는 미녀를 어디서나 볼 수 있다.)

【講義】

이 공안은 『오등회원』 9권 '파초혜청芭蕉慧淸'과 『선문유취禪林類聚』 16권에 전한다. 『경덕전등록』 12권 '파초혜청'에는 보이지 않는다.

파초혜청(생몰미상)은 신라 출신으로, 위앙종의 교조 앙산혜적仰山慧寂의 문하인 남탑광용(南塔光湧, 850~938)의 법을 이었다. 신라로 돌아가지 않고 영주郢州의 파초산芭蕉山에 머물며 법을 폈다고 한다.

파초혜청 스님이 주장자를 들어 보이며 말했다. "너희가 주장자를 가지고 있다고 하면 나는 너희들에게 주장자를 주겠고, 너희가 주장자

를 가지고 있지 않다면 나는 너희들에게서 주장자를 빼앗겠다"라고 하였다.

어째서 주장자가 있으면 주고, 주장자를 가지고 있지 않다면 빼앗는다고 하는가? 없는 주장자를 어떻게 빼앗는다는 것인가? 이것은 도대체 무슨 도리이며, 왜 그러는지를 참구하는 것이 화두이다.

상식적으로 생각할 때 주장자가 없으면 주장자를 주어야 옳은데, 파초 스님은 이와는 정반대로 주장자가 있으면 주장자를 주고, 주장자가 없으면 주장자를 빼앗는다고 했다. 주장자가 있는 사람에게는 억지로 주장자를 하나 더 떠맡기는 셈이고, 주장자가 없는 사람에게서는 없는 주장자를 내놓으라는 셈이다.

여기서 말하는 주장자는 일체중생이 본래 구족하고 있는 본래면목本來面目을 말한다. 이것은 전반부와 후반부의 두 가지 관점에서 살펴야 할 것이다

전반부는 대중들이 주장자를 가지고 있다고 하면 파초 스님이 가지고 있는 주장자를 주겠다는 것이다. 이 말은 자신의 본래면목을 체득하여 '있다(有)'고 주장하는 사람에게 또 하나의 본래면목(주장자)을 주면서, 진실로 본래면목은 있다고 말할 수 있는 것인지, 본래면목의 당체를 재확인하여 분명히 깨닫도록 한 것이다. 다시 말하면 학인들이 유견有見에 사로잡혀 '있다'라고 분별하는 견해를 부수는 또 하나의 주장자를 주는 것이다

그리고 후반부는 파초 스님은 주장자를 가지고 있으면서, 대중들이 이 주장자를 가지고 있지 않다면 내가 너희들로부터 주장자를 빼앗아 버리겠다고 한 것이다. 이 말은 본래면목(주장자)을 자각하지 못한

사람이, 본래면목은 '없다(無)'라고 하는 그 중생심의 마음을 빼앗고, 다시 자신의 본래면목을 분명하게 체득하도록 한 것이다. 다시 말하면 학인들이 무견無見에 사로잡혀 '없다'라고 분별하는 견해인 주장자를 빼앗아 버리는 것이다.

이 본래면목(주장자)을 자각하지 못한 학인을 파초는 "주장자가 없다"라고 말하고, 본래면목을 자각하였다고 주장하면서 깨달음에 속박된 학인을 파초는 "주장자가 있다"라고 말하고 있다.

주장자가 있다(有)고 말한 것은 주장자라는 사물에 집착한 것이며. 주장자가 없다(無)고 말한 것은 주장자라는 사실에 대한 자각을 위배한 것이 된 것이다.

또한 본래면목이 있다거나 없다고 하는 것은 유무의 차별심에 떨어진 것으로, 본래면목이 없다고 하면 진실에 위배되는 것이고, 있다고 하면 사물(주장자 즉 본래면목)에 속박되고 만 것이 된다.

파초 스님은 주장자가 있다는 학인과 없다는 학인들 모두 잘못된 견해에 떨어진 것이기 때문에, 이러한 유·무와 위배·집착 등의 상대적인 차별경계를 초월하여 본래면목을 체득하여야 비로소 불법의 대의와 정법의 안목을 구족하게 되는 것이라고 하였다.

그런데 이것에 대해 무문 스님이 평을 하였다.

'내가 이 지팡이를 붙들고 의지하여 다리가 끊어진 물(강)을 건너고, 그 지팡이를 짝하여 달이 없는 마을로 돌아가도다. 만약 주장자라고 부른다면 지옥에 들어가는 것이 화살과 같으리라.'

이 게송은 『오등회원』 권제15 '임안부영은운지자각선사臨安府靈隱雲知慈覺禪師'에 있는 상당법문 게송을 무문이 인용한 것이다.

주장자는 강물을 건너갈 때 지팡이로써 물의 깊이를 재고 가늠할 수 있도록 하는 지혜이며, 어두운 밤에 길을 갈 때도 언덕에 떨어지지 않도록 길을 확인해주는 지혜의 눈과 같은 역할을 해준다고 읊고 있다.

주장자는 우리들이 본래 구족한 지혜이며, 애욕의 강물과 무명의 어둠을 헤쳐갈 수 있는 도구이다. 그러나 중생이 분별심의 자취에 머무르면 이 주장자를 주장자라고 부르게 되는 것이다. 이러한 사람은 중생의 번뇌 망념에 떨어져 곧바로 지옥에 빠지고 만다.

여기에 무문 스님이 송을 했다.

"여러 곳에 있는 사가師家들의 도력道力 등이 높고 낮은 것은 모두 나의 손안에 있다. 하늘을 지탱支撑하고 땅을 받쳐, 어디에서나 종풍宗風을 떨치느니라."

깊은 산과 강물을 건너서 여러 곳의 선지식을 찾아서 구법 행각하는 수행자에게 주장자는 필수적인 것이다.

각자의 주장자를 손에 쥐고 자유자재하게 사용할 때 자신의 지혜로운 생활이 되며, 하늘을 떠받치고 땅을 지탱하며, 언제 어디서나 지혜로운 생활을 할 수 있다. 본래면목을 체득하여 주장자를 사용하는 것처럼, 자유롭게 활용하면 선종의 종풍을 어디서나 드날릴 수가 있으리라. 무문 선사는 본래면목인 주장자가 천하를 종횡하며 펼쳐 보이고 있는 선종의 대 활약상을 노래하고 있다.

제45칙 타시아수他是阿誰

本則

東山演師祖曰 釋迦彌勒이 **猶是他奴**로다 **且道**하라 **他是阿誰**오

【한자】 猶(오히려 유), 奴(종 노)

동산의 법연 스님께서 말씀하시기를 "석가와 미륵이 마치 그의 노예와 같구나. 자! 말해 보아라. 그는 누구인가?" 하였다.

【문법해설】

- 東山演師祖: 일반적으로 東山의 法演 스님이라고 표현하려면 '東山演祖師'라고 써야 옳다. 그러나 이곳에서는 굳이 '東山演師祖'라고 하였다. '師祖(師翁)'는 '① 스승의 스승을 말하거나, ② 스승의 美稱'으로 사용되므로 ②를 따르기로 한다.
- 他是阿誰: '阿'는 친근감을 주며 사람을 부르는 데 쓰는 접두사이다.

評唱

無門曰 若也見得他分曉하면 **譬如十字街頭**에 **撞見親爺相似**하여 **更不須問別人道是與不是**하리라

【한자】 曉(새벽 효), 譬(비유할 비), 撞(칠 당), 爺(아비 야)

무문이 말하기를 "만약 그 진상을 알 수 있다면, 비유하건대 십자가에서 아버지를 〔우연히〕 만난 것과 같아, 다시 다른 사람에게 물어 '〔자기 아버지가〕 맞는지 틀리는지를' 말할 필요가 없다"고 하였다.

【문법해설】

▪ 若也見得他分曉: (1) '若也'는 '만약 ~라면'이라고 해석한다. 의미의 중점은 '若'에 있으며, '也'는 단지 강조하기 위하여 정지하는 어기를 나타낼 뿐이다.

(2) '分曉'는 '①뚜렷하다, 분명하다' ②'〔주로 見 뒤에 쓰여〕 일의 진상이나 결과'를 나타낸다. ③'〔주로 부정문에 쓰여〕 도리, 이치' ④'새벽' 등의 뜻이 있다. 만약 ①을 따라 해석하면 '若也見得他分曉'에서 '他分曉'는 전체 문장의 內包文(包孕文)이고, '分曉'는 그 내포문에서 술어가 되어 '만약 그것이 분명하다는 것을 알 수 있다면'이라고 해석하고, ②를 따르면 '만약 그 진상을 알 수 있다면'이라고 해석할 수 있다. 혹 ①의 뜻을 따라 '만약 그것을 분명히 알 수 있다면'이라고 해석하고자 하면 '若也分曉見得他'라고 써서 '分曉'가 부사어의 위치에 쓰여야 할 것이다.

〔예문〕 ①問個分曉(똑똑히 묻다.)

② 究竟誰是冠軍, 明天就見分曉(도대체 누가 우승할지, 내일이면 결과를 알 수 있다.)

③ 沒分曉的話(이치에 맞지 않는 말.)

- 譬如十字街頭: '十字街頭'에서 '頭'는 접미사일 뿐 의미가 없다. 따라서 '十字街'라고 써도 괜찮다.
- 撞見親爺相似: '見'은 '看', '聽', '聞' 등의 동사 뒤에 붙어 무의식적인 감지나 결과 등을 나타낸다.

〔예문〕 看見(눈에 띄다.) / 碰見(우연히 마주치다.)

- 更不須問別人道是與不是: '不須'는 '~할 필요가 없다'라는 뜻이다.

頌曰

他弓莫挽하고 他馬莫騎하며 他非莫辨하고 他事莫知하니라

【한자】 挽(당길 만), 騎(말 탈 기), 辨(분별할 변)

다른 사람의 활은 당겨서는 안 되고, 다른 사람의 말은 타서는 안 되며, 다른 사람의 잘못은 말해서는 안 되고, 다른 사람의 일은 알려고 해서는 안 된다.

【講義】

이 공안은 『법연선사어록』 권중卷中에 있는 오조법연의 상당법어이다.

내용은 '옛 사람이 이르기를, 석가와 미륵이 마치 그의 종과 같구나. 말해 보라. 그는 누구인가?(古人云 釋迦彌勒 猶是他奴 且道 他是誰)'이다.

무문 스님은 이곳에서 '타시수他是誰'를 '타시아수他是阿誰'로 고쳤는데, 또한 『종문무고宗門武庫』 권하에는 이 공안이 온전히 전한다.

화주和州의 개성각노開聖覺老 스님은 처음 장로사長蘆寺 부철각(夫鐵脚: 운문종) 선사에게 공부하였으나 오래도록 깨친 바가 없었다.

그래서 동산 오조법연 선사의 법을 듣고 그 회하會下에 갔는데, 하루는 방장실에서 그에게 묻기를 "석가 미륵도 오히려 그 사람의 노예라 하는데, 말해 보아라. 그가 누구냐?"라고 하니 "호장삼 흑이사(胡張三黑李四: 아무개, 모든 사람)입니다"라고 하였다.

오조 스님은 그 말을 수긍하였다. 당시 원오불과圜悟佛果 선사가 그곳 수좌로 있었는데, 오조 스님이 이 말을 일러주자 이렇게 말하였다. "좋기는 좋지만 실상을 잃어버릴까 두렵습니다. 그냥 놓쳐버려서는 안 되니, 다시 그 말에서 찾아보도록 하시오."

이튿날 각로覺老 스님이 입실하여, 어제와 같은 질문을 하자 "어제 스님께 모두 말씀드렸습니다" 하였다. "무엇이라고 대답하였소?" "호장삼 흑이사胡張三黑李四라고 하였습니다." "아니지, 아니야." "스님께서는 어찌하여 어제는 옳다 하였습니까?" "어제는 옳았지만, 오늘은 틀렸네." 각로 스님은 이 말에 크게 깨쳤다.

이 화두는 석가나 미륵이 그 사람의 노예라고 한다. 주인이 있는 노예라는 것이다. 그러면서 "그 노예의 주인이 도대체 누구냐?"라고 묻고 있다.

석가모니 부처님은 존엄하신 분이고, 미륵 부처님은 몇 억년 후에 출현하신다는 부처님이다, 그런데 법연 스님은 이 두 분이 다 상전이 있는 노예라고 말하며, 우리에게 그 상전, 곧 주인이 누구냐고 묻는다.

어떻게 이런 생각이 가능할까? 선의 관점에서 이해해 볼 필요가 있다. 불교의 선사들이 깨우쳐 주고자 하는 것은 피동적이고 노예적인 인생이 아니라, 능동적이고 주체적인 인생을 살아야, 하루를 살아도 사는 것 같은 인생이라는 것이다.

"석가도 미륵도 그 사람의 하인下人과 같다"고 설파하는데, 감히 그 밖의 누구를 우상으로 숭배하려 들겠는가? 그러므로 여래니 보살이니 하는 것을 말 한마디로 잘라냄으로써, 어느 한쪽으로 기울어지려고 하는 학인들의 마음을 붙들어 바로 세우고, 자기 자신에 의지하며 수행하도록 인도하려는 것이다.

그러면 어떻게 하는 것이 하루를 살아도 자기 인생의 주인으로 사는 것인가. 먼저 진실된 자기인 '참나'를 아는 것이다. 타시아수他是阿誰에 등장하는 타他는 곧 자기의 본래면목本來面目인 무위진인無位眞人을 지칭하는 말이다

무문의 평을 들어보자.

무문 스님은, 오조법연 선사가 제시한 이 공안의 의미를 체득한다면 복잡한 도시 네거리에서 아버지를 찾고 있는 아들이 아버지를 만나게 된 것과 같다고 비유하고 있다.

불법은 다른 곳에서 찾지 말아야 한다. 만약 그렇지 않으면 자기와 점점 멀어질 뿐이기 때문에, 자기가 주인이 되어 살아야 한다. 즉 내 인생은 내 것이기 때문에 '석가도 미륵도 다 소용 없다'는 생각을 가지고 살아야 한다. 그래야만 그것이 속박에서 벗어나는 해탈의 길이요, 진정한 행복의 길, 열반의 길인 것이다.

무문의 게송을 들어보자.

"남의 활을 쏘지 말라, 남의 말을 타지 말라, 남의 잘못을 밝히지 말라, 남의 일을 알려고 말라"라고 노래한다.

이것은 당시 중국 민가에서 널리 회자되던 속담이라고 한다. 결국 자기 자신이 자신에게 철저하고, 자신의 일에 철저할 때 자타일여自他一如의 경지에서 살 수가 있는 것이라고 읊고 있다.

제46칙 간두진보竿頭進步

本則

石霜和尙云하되 **百尺竿頭**에 **如何進步**오 **又古德云**하되 **百尺竿頭坐底人**이 **雖然得入 未爲眞**이라 **百尺竿頭須進步**하여 **十方世界現全身**하니라

석상 화상이 말하되 "백척간두에서 어떻게 〔앞으로〕 나아갈 것인가?" 하였다. 또 고덕이 말하기를 "백척간두에 앉은 사람은 비록 〔道에〕 들어갈 수는 있었어도, 아직은 참이 아니다. 백척간두에서 반드시 〔앞으로〕 나아가 시방세계에 전신을 현현하여야 하니라" 하였다.

【문법해설】

- 如何進步: '如何'는 動賓詞組로, 문장에서 謂語(술어)나 부사어가 되어 반문이나 의문을 나타낸다. 이것은 文意에 따라 각각 '怎麽(성질, 상황, 방식, 원인 등이 어떠하다)', '爲甚麽(왜)', '怎麽辦' 등으로 해석한다.

①狀語가 될 때는 주로 반문을 표시한다. ②술어로 쓰일 때는 주로 의문을 나타낸다.

〔예문〕①明恥敎戰, 求殺敵也. 傷未及死, 如何勿重?『左傳·僖公二十二年』(치욕을 밝히고 병사에게 작전을 가르치는 것은 적을 사살하기 위한 것이다. 〔그런데 적에게〕 상처를 입혔으나 아직 죽지 않았는데, 어찌 다시 사살해서는 안 된다는 것인가?)

②伐柯如何? 匪斧不克. 取妻如何? 匪媒不得.『詩經·豳風·伐柯』(도끼자루 베자면 어떻게 하지? 도끼 아니면 안 되는 거지. 마누라 얻으려면 어떻게 하지? 중매인 아니면 안 되는 거지.)

- 百尺竿頭坐底人: '底'는 '之(的)'와 같은 구조조사이다. 후에는 뒤에 오는 명사를 생략하여 '~의 것'이란 의미로까지 확대된다.
- 十方世界現全身: '全身'이란 禪에서 말하는 '無相의 自己', 즉 '無爲의 眞人'을 말한다.

評唱

無門曰 進得步하고 **翻得身**하면 **更嫌何處**에 **不稱尊**하고 **然雖如是**나 **且道**하라 **百尺竿頭**에 **如何進步**오 **嗄**하다

【한자】 翻(날 번), 嫌(싫어할 혐), 嗄(목 잠길 사)

무문이 말하기를 "나아갈 수 있고 몸을 바꿀 수(다시 태어날 수) 있으면, 또 어느 곳을 싫어하여(의심하여) 존귀하다고 칭하지 않겠는가? 비록 이와 같으나, 자, 말하여 보아라! 백척간두에서 어떻게 나아가리요? 아아!"라고 하였다.

【문법해설】

- 進得步 翻得身: (1) '得'은 동사 뒤에 쓰여 가능을 나타낸다. '進步'나 '翻身' 등은 복합동사이지만 動賓構造이므로 그 사이에 다른 구성요소를 삽입할 수 있다. (2) 翻身은 '신체의 방향을 〔올바른 곳으로〕 뒤집다'라는 의미이므로 '有相의 자기에서 無相의 자기로 다시 태어나는 것'을 말한다.

頌曰

瞎卻頂門眼[134]하고 錯認定盤星[135]이라 拚身能捨命하니 一盲引衆盲이로다

【한자】 瞎(애꾸눈 할), 錯(섞일 착), 認(알 인), 盤(소반 반), 拚(拌, 버릴 반의 俗字), 捨(버릴 사)

정문안頂門眼을 망쳐버리고 잘못 앎이라. 신身을 버리고 명命을 바칠 수 있어야, 한 명의 맹인이 여러 맹인을 인도하느니라.

【문법해설】

- 瞎卻頂門眼 錯認定盤星: (1) '瞎卻'에서 '却'은 동사 뒤에 쓰이는 결과보어로서 동작의 완성이나 강조의 뜻을 나타내고 '~해버리다'라고 해석된다. (2) '錯認'은 '錯'이 '認'을 앞에서 꾸미는 부사어의 역할을 한다.

---

134 頂門眼: 摩醯首羅天(Maheśvara, 시바신)은 3개의 눈을 가지고 있지만, 그 가운데 머리꼭대기의 세 번째 눈으로 보통사람이 가지고 있지 않은 견식에 비유하였다.

135 定盤星: 본서 각주 97) 참조.

- 一盲引衆盲: '一盲'은 깨달음의 눈을 망쳐버린 道人이지만, 그 도인이야 말로 사람들을 인도할 수 있다는 의미일 것이다.

【講義】

이 공안에 나오는 석상石霜은 석상초원(石霜楚圓, 986~1039)이라고 한다(石霜慶諸〔807~888〕와는 다른 인물).

이 공안에 나오는 '고덕운古德云'의 고덕은 장사경잠長沙景岑 선사이다. 석상초원의 전기에는 이 공안이 나타나 있지 않다. 『조당집』 권17 '잠화상岑和尙'과 『경덕전등록』 권10 '호남장사경잠호초현대사湖南長沙景岑號招賢大師'에 다음과 같은 게송이 있다.

> 백 척 장대 위에서 움직이지 않는 사람은, 비록 〔경계에〕 들어갔다고 하더라도 진인이 된 것이 아니니라. 백 척 장대 위에서 오로지 걸어 나가라. 시방세계에 온전한 몸이 드러나리.(百尺竿頭不動人, 雖然得入未爲眞. 百尺竿頭須進步, 十方世界現全身.)

그리고 『종용록』 권5의 79칙에는 '장사진보長沙進步'라는 제목으로 이 공안의 내용을 기록하고 있는데, 여기에서는 게송의 첫 구절을 '백척간두좌저인(百尺竿頭坐底人: 백 척의 장대 위에 앉은 사람)'으로 쓰여 있는데, 무문은 석상의 말에 경잠의 말을 덧붙여 하나의 화두로 꾸며 놓았다.

이 공안의 주제는 백 척이나 되는 장대 끝에서 한 발짝을 내딛어야 참으로 깨달은 사람이 된다는 것이다. 고덕은 백 척이나 되는 장대 끝에 앉아 있더라도 아직 진인이 된 것은 아니라고 했는데, 여기에서 진인은 무위진인(無位眞人: 위가 없는 참사람)으로 '깨달음을 완성한 부처'를 말한다.

곧 장대 끝처럼 도의 경지 끝까지 올랐더라도, 거기에서 한 발짝을 더 내딛지 못한다면 온전히 깨달은 사람이 아니라는 것이다. 그러면 어떻게 한 발을 내딛어야 제대로 된 걸음일까? 이것이 이 공안의 화두이다.

백 척이나 되는 장대 끝이란 수행의 경지를 나타낸다. 다시 말하면 수행을 쌓아서 깨달음을 얻고, 더없이 높은 경지에 이른 것을 말한다.

그러나 여기에서 한 발 내디뎌야 한다는 것은 중생 제도를 위해서 자비행을 하라는 것이다. 다시 말하면 아무리 수행이 이루어져 진리를 깨달았다고 하더라도 진리를 실천하여 자리이타행自利利他行을 하여야 한다는 것이다. 이것이 진일보進一步다.

아무리 도가 높은 경지에 앉아 있더라도 그것을 활용하지 못한다면 죽은 사람과 다르지 않다. 그러므로 "죽어 있는 도에서 살아 움직이는 도의 세계로 한 발짝 내딛으라"고 하는 것이다.

장대 끝에 앉아 있기만 하고, 한 걸음 내딛지 못하는 사람은 깨달음을 얻어서 자기 스스로 만족하는 독각獨覺, 곧 아라한이 될 뿐이다.

한 걸음 공중으로 내딛어야 한다. '공중으로 내딛는다'는 것은 깨달음에 집착하지 않는 것이다. 곧 걸림이 없는 무애无涯의 몸이 되어야 비로소 시방세계에 온몸을 나타낼 수 있게 된다.

'시방세계에 온몸을 나타낸다'는 것은 시방세계가 모두 내가 되는 것이며 일체중생이 나의 몸이 되는 것이다. 이것은 온 세계가 자기와 하나가 되는 것이며, 여기에서 일체중생을 위한 자비행이 자연스럽게 행해지는 것이다.

무문의 평창을 보자.

백척간두에서 걸을 수 있고 몸을 뒤칠 수 있다면, 이는 이미 자유의 경계로서 사바세계와 정토, 극락과 지옥을 가릴 것 없이 어디로 가든지 존귀하다고 칭하지 않겠는가? 백 척 장대 끝에서 한 발 더 내딛을 수 있는 집착 없는 마음을 갖는다면, 온천지의 모든 것이, 싫고 좋다는 선악 분별을 떠난 무분별의 본래면목에서 절대가치가 얻어진다.

그러나 어떻게 하면 이런 경지를 얻을 수 있느냐 하는 것이 문제이다. 분명한 것은 말로만 하는 수행은 절대 진리와는 한 몸이 될 수 없다는 점이다. 이 방법은 남이 알려줄 수도 없고, 팔만대장경의 어디에도 보이지 않으니, 자! 그 방법을 말해 보라. 말해 보라고 재촉한다.

무문의 게송을 들어보자

'깨달음의 눈을 멀게 하고 저울의 눈금을 잘못 읽는다. 몸을 던져 명을 다 버린 뒤에야 한 장님이 뭇 장님을 이끌 수 있다.'

정문안이란 인도인들이 양미간에 눈 하나를 더 그려서 장식하는 것과 같은 제3의 눈을 말한다. 이 눈은 지혜를 상징한다.

두 눈을 가진 사람은 분별계, 곧 차별계만을 보는 것이므로 대립된 갈등을 가지고 산다. 그러나 제3의 지혜안을 가지면 분별을 떠나 무분별의 참된 지혜를 얻게 된다.

두 눈에만 의지하지 않고 또 하나의 눈을 가짐으로써 이 세상의 모든 것을 실상 그대로 알게 된다. 그래서 정반성과 같이 뭇별의 정확한 기준이 되는 북두칠성을 보고 항해하는 사람은 방향을 알아서 목적지로 가지만, 별의 위치를 잘못 알면 다른 곳으로 가는 것과 같다.

두 눈에 의지하거나 지혜의 눈이 없는 사람은 사물의 법을 알지 못하여 올바른 길을 가지 못하고 깨달음의 길을 그르치게 된다.

백 척의 긴 장대 끝에서 몸과 목숨을 던져 죽을 각오로 수행을 하여야 평등지를 얻을 수 있으니, 잘못하면 한 맹인이 여러 맹인을 이끄는 것과 같이 한 사람의 잘못으로 전부가 위험에 처하는 것이다.

제47칙 도솔삼관兜率三關

本則

兜率悅和尙이 **設三關**하여 **問學者**하되 **撥草參玄**[136]은 **只圖見性**[137]이니 **旣今**[138]**上人**[139]**性在甚處**오 **識得自性**하면 **方脫生死**니 **眼光落時**에 **作麼生脫**고 **脫得生死**하면 **便知去處**하리라 **四大分離**하여 **向甚處去**오

【한자】 兜(투구 두), 率(거느릴 솔), 悅(기뻐할 열), 撥(다스릴 발)

도솔사의 종열 화상이 세 가지 관關을 들어 수행자에게 묻기를 "발초삼현은 오직 깨달음을 목적으로 하는 것이니, 지금 당장 이 자리에

---

136 撥草參玄: 무명번뇌의 거친 풀을 제거하고 불법의 玄奧에 참여하는 것.

137 見性: 자기의 佛性(自性)을 꿰뚫어 보는 것. 깨달음.

138 卽今: ①지금 당장. ②그 자리에서 곧.

139 上人: ①부처님이라는 것. ②훌륭한 사람. ③부처님의 제자. ④학덕이 뛰어난 고승.

있는 스님의 〔本〕성性은 어디에 있는가? 자성을 깨달으면 비로소 생사를 벗어날 것이니, 죽음에 이르렀을 때 어떻게 〔生死를〕 벗어날 것인가? 생사를 벗어날 수 있으면 곧 가는 곳을 알게 되리라. 사대가 분리되어 어디로 갈 것인가?"라고 하였다.

【문법해설】

- 撥草參玄: '撥草'는 풀로 덮인 토지를 제치면서 걷는다는 뜻이고, '參玄'에서 '玄'은 불도, '參'은 수행한다는 뜻이다. 따라서 '撥草參玄'은 ① 諸國의 고승을 찾아다니며 불법의 수행에 전념하는 것을 말하거나, ② 무명번뇌의 거친 풀을 제거하고, 불법의 玄奧에 참여하는 것을 말한다.
- 卽今上人性在甚處: 여기에서 '上人'은 상대방 스님을 높여 부르는 말로 쓰였다고 본다.
- 識得自性 方脫生死: '方'은 부사로 쓰여 ①'지금 한창, 바야흐로' ②'이제 막' ③'비로소' 등의 뜻이 있다.

〔예문〕 ① 國家方興(국가가 한창 부흥한다.)

② 年方二十(이제 20살이다.)

③ 雨到晩方停(비가 밤이 되어 비로소 그쳤다.)

- 眼光落時: '눈빛이 떨어질 때'이므로 '사람이 죽을 때'를 말한다.
- 作麽生脫: '作麽生'은 '如何'의 구어적 표현으로 '어찌할까'라는 처치방법을 묻는 의문사이다.

評唱

無門曰 若能下得此三轉語하면 **便可以隨處作主**오 **遇緣旣宗**하

리라 其或未然인댄 麤飡易飽요 細嚼難飢로다

【한자】 遇(만날 우), 麤(거칠 추), 飡(저녁밥 손), 飽(물릴 포), 嚼(씹을 작), 飢(주릴 기)

무문이 말하기를 "만약 능히 이 세 가지 전어轉語를 말할 수 있다면, 곧 어디에서도 주인공이 될 수 있으며, 인연을 만나면 곧 〔불법의〕 종(宗, 근본)에 부합되리라. 만일 그렇지 않을진댄, 거칠게 먹으면 〔마구 씹어서 많이 먹으므로〕 쉽게 배가 부르고, 잘게 씹어 먹으면 배고프기가 쉽지 않다"라고 하였다.

【문법해설】

- 便可以隨處作主: '隨處'는 '도처에, 어디서나'라는 뜻이다.
- 其或未然: '其或'은 推度副詞로, 동사 謂語(술어) 앞에 쓰여 부사어가 되어, 그다지 긍정적이지 않은 추측을 표시한다. 즉 '아마도(或許, 可能)'라고 해석한다.

〔예문〕 賞而去之, 其或難焉. 『左傳·襄公二十一年』(상을 주거나 그를 제거하는 것은 아마도 곤란할 것이다.)

頌曰

一念普觀無量劫하니 無量劫事旣如今[140]이라 如今覰破箇一念하면 覰破如今覰底人하리라

---

140 如今: 지금, 현재, 바로 지금.

【한자】 覰(엿볼 처), 箇(낱 개)

일념으로 무량겁을 널리 보니, 무량겁의 일이 바로 지금이라. 지금 이 일념을 꿰뚫어보면, 지금 꿰뚫어보는 사람을 꿰뚫어보리라.

【문법해설】

- 如今覰破箇一念 覰破如今覰底人: (1) ①'如今'을 '如(만약)'와 '今(지금)'으로 나누면 마땅히 '만약 지금 이 일념을 꿰뚫어보면'이라고 해석하여야 하며, ②'如今'을 '바로 이때'라는 의미의 複音節詞로 간주하여도 '가정'의 의미로 해석하는 것이 좋다. (2) '覰破'는 動補구조의 복합동사이며, 이때 '破'는 '끝까지 다하다'라는 뜻을 나타낸다. (3) '箇'는 ①本義는 '대나무 한 줄기'이며, 이것으로부터 引伸되어 양사가 되었다. ②지시대사로 '이것(這)'이나 '저것(那)'의 뜻이다. ③조사로 쓰여 '그것으로 하여 무엇을 예측하다'라는 뜻이다. 여기서는 ②를 취하여 지시대사 '이'로 해석해야 한다. 만약 양사로 간주한다면 수사(一)가 양사(箇)의 뒤에 나오는 꼴이 되어 근대한어나 현대한어의 통사구조와 맞지 않다.

【講義】

도솔兜率은 산스크리트어 'tuṣita'의 음역이며, 지족知足으로 의역되고, 도솔천兜率天의 명칭으로 사용되지만, 이곳의 도솔은 도솔종열兜率從悅 선사를 가리킨다.

도솔종열(1044~1091) 선사는 홍주洪州 도솔사에 주석하였기 때문에, 법호로 도솔을 썼다.

이 공안의 내용은 『속전등록續傳燈錄』 권22 '융흥부도솔종열선사隆興府兜率從悅禪師'와 『오등회원』 권17 '융흥부도솔종열선사' 등에 나온다.

무문 스님이 『속전등록』의 내용을 조금 고쳐서 만든 것으로 보인다.

여기서는 세 개의 관문을 보이고 있는데, 세 개의 관문이란 한 단계를 넘고 또 한 단계를 넘는다는 의미를 내포하고 있다. 관문은 깨달아 들어가는 문을 말한다. 다시 말하면 세 관문은 화두를 가리키는 것이며, 도솔 스님은 세 가지 관문을 만들어 놓고 참선하는 학인들에게 물었다.

첫째 관문은 자기의 본성을 보려고 열심히 참선하는 사람들에게 주는 교훈이다. "참선하는 것은 다만 견성을 목적으로 하는 것인데, 지금 그대의 성품은 어디에 있는가?"이다.

발초撥草에서 '발撥'은 제거한다는 뜻이며, '초草'는 풀을 말하는 것으로, 우리의 망상과 아집을 상징하는 것이다. 그래서 참선 수행이란 망상과 아집을 없애고, 자기의 본성을 찾는 것이 아니겠는가?

자, 그대의 본성이 어디 있는지를 찾아보라고 야단이다. 본성을 보려면 본성이 어디 있는지를 알아야 될 것이다. 그래서 어느 곳에 본성이 있는지를 물은 것이다.

둘째 관문은 "첫째 관문을 통과하여 자기 본성을 체득하면 비로소 생사를 벗어난다고 하는데, 죽음에 다다른 때에는 어떻게 벗어날 것인가?"라는 질문이다.

자기의 자성, 곧 본성을 깨달으면 부처가 되어 생사에서 벗어난다는 말이 있는데, 죽음에 다다랐을 때는 어떻게 생사를 벗어날 것인가,

그것을 한번 말해 보라는 것이다. 다시 말하면 이 육체가 죽는 막다른 그때에 다다랐을 때, 어떻게 그곳에서 벗어날 것이냐는 물음이다. 그것을 모른다면 깨달은 것이 아닌 것이다.

셋째 관문은 두 번째 관문을 통과하여 “생사를 벗어나면 가는 곳을 안다는 말이 있는데, 사대四大가 분리될 때 가는 곳은 어디냐?”고 하는 물음이다.

어느 곳으로 가는지, 그 가는 곳을 알아야 생사를 벗어날 수 있는 것 아니겠는가? 그래서 그것을 묻는 것이다.

이 삼관을 되풀이해서 정리하면, 첫 번째 관문에서는 ‘자기의 본성이 어디에 있는가?’를 묻고, 두 번째 관문에서는 ‘본성을 알면 생사를 벗어난다’고 했고. 세 번째 관문에서는 ‘생사를 벗어나면 죽어서 갈 곳을 알 터인즉 어디로 가느냐?’고 물었다. 이들 세 관문을 통과한 사람이라야 참된 선객이요, 자기를 안 사람이며, 번뇌 망상을 없앤 사람이 된다.

이에 대하여 무문의 평을 들어 보자.

이런 질문에 대답을 할 수 있는 사람은 생사에서 벗어난 자요, 깨달은 자요, 자기가 어디로 가는가를 아는 자이다. 이 세 관문을 통과하면 수처작주隨處作主한 사람이다.

수처작주란 자기에게 주어진 좋은 인연이나 나쁜 인연에 끄달리지 않고, 자기가 주인이 되어 모든 인연을 자유자재로 이용하는 것을 말한다.

이러한 수처작주의 경지에 이르지 못하면 참선하여 본성을 알았다고 하거나, 생사를 초월했다 할지라도 그것은 마치 음식을 먹는 사람이 잘 씹어서 먹지 않고 급히 배만 불리려고 하는 것과 같아서, 오히려 몸에 해가 되는 것이다. 그러므로 음식을 잘 씹어서 먹듯이 참선 수행을 해야 한다고 가르치고 있다.

이러할 진데 대답을 못하면 자기 자신을 모르는 자요, 생사에 구속된 자요, 어디에서 와서 어디로 가는지도 모르는 자이다.

이제 무문의 노래를 들어보자.

"일념一念으로 무량겁을 널리 보니, 무량겁의 일이 바로 지금이라. 지금 이 일념을 꿰뚫어보면, 지금 꿰뚫어보는 사람을 꿰뚫어보리라."

지금 막 일어나는 찰나 순간의 일념으로 무량겁을 관하고, 무량겁을 찰나의 일념에서 보는 것을 견성見性이라고 했는데, 그 찰나의 일념에 머물러 견성했다는 자각에 빠지면 그것은 도리어 생사윤회의 업이 된다. 그러므로 그 일념까지도 떨쳐버리고 견성했다는 흔적도 탈탈 털어버려야 진실로 생사해탈할 수 있다는 것이다.

선에서는 장단長短을 가리지 않는다. 일념이 곧 무량겁이라고 한다. 그러나 무량겁이라는 시간도 사실상 인정하지 않는다. 무량겁이란 그 수를 측정하기 어려우므로 무량겁이라고 했을 뿐이다.

제48칙 건봉일로乾峰一路

本則

乾峰和尚이 **因 僧問**하되 **十方薄伽梵**[141] **一路涅槃**[142]**門**이라 하니 **未審 路頭在甚麼處**오 **峰拈起拄杖**하여 **劃一劃云**하되 **在者裡**니라

【한자】 乾(하늘 건), 峰(봉우리 봉), 薄(엷을 박), 伽(절 가), 梵(범어 범), 涅(개흙 열, 앙금흙 날), 槃(쟁반 반), 審(살필 심), 劃(그을 획)

건봉 화상은, 어떤 스님이 "시방의 부처님은 하나 같이 열반문으로 간다고 하니, 확실히 알지 못하겠습니다. 〔도대체〕 길은 어디에 있습니까?"라고 물었으므로, 봉우리처럼 주장을 우뚝 들어 줄을 긋고 말하되 "여기에 있다"고 하니라.

---

141 薄伽梵: 범어 Bhagavat의 음역으로 世尊이라고 번역된다.

142 涅槃: 범어 nirvāṇa의 음역으로 寂滅, 不生不滅로 번역된다.

【문법해설】

▪ 十方薄伽梵 一路涅槃門: (1) '一路'는 ①명사로 '도중, 路中, 여정' ②형용사로 '같은 부류(의), 한 종류(의), 동류(의)' ③부사로 '함께, 같이' 이때는 '來·去·走' 등의 동사와 함께 쓰인다. ④부사로 '줄곧, 계속' ⑤連詞로 '한편으로 ~하면서〔하다〕', 이것은 '一路~, 一路~'(~하면서, ~하다)의 형식으로 쓰인다. ⑥명사로 불교에서 '열반에 이르는 한 길' ⑦'한 줄기의 길' ⑧'一帶, 地域' 등의 뜻이 있다.

〔예문〕 ①你一路上好嗎?(오시는 도중 평안하셨습니까?)

②一路人(같은 부류의 사람.)

③咱們一路走(우리 함께 가자.)

④房價一路上升(집값이 줄곧 오르다.)

⑤一路走道兒, 一路說話(걸으면서 이야기하다.)

⑦惟讀書一路(오직 책을 읽는 한 길이다.)

⑧廣東一路(광동 일대)

(2) '一路'에서 '一'은 부사로, '路'는 동사로 볼 수도 있겠다. 여기서는 (2)를 따라 '十方의 모든 부처님이 하나같이 모두 열반의 문으로 함께 간다'는 뜻으로 해석한다.

▪ 未審 路頭在甚麽處: '未審'은 '아직 확실히 알지 못하다'라는 뜻일 것이므로, 의문문 앞에서는 '확실히 알지 못하겠는데 도대체 어찌하는가?'라는 어감을 표시한다고 할 것이다.

▪ 峰拈起拄杖 劃一劃云 在者裡: (1) '峰'은 명사라고 생각되지만, 여기서는 복합동사 '拈起' 앞에 쓰인 부사로 문장에서 부사어의 역할을 한다고 볼 수 있다. 즉 '봉우리처럼 우뚝 들어 올리다'라고 해석된다. (2) '拈起'에서 '起'는 동사 '拈'하는 행위가 위로 들어 올리는 것을 나타낸다. (3)

현대한어에서는 '劃一劃'과 같이 동사와 동사 사이에 '一'을 써서 '시험 삼아 ~해보다'를 나타낸다. 따라서 '금을 그어 보다'라고 해석한다.
(4) '者裡'는 마치 '此處'와 같이 '여기'라는 뜻이다.

後僧請益雲門한대 **門拈起扇子云**하되 **扇子䟦跳**하여 **上三十三天**하여 **築著帝釋鼻孔**하고 **東海鯉魚**를 **打一棒**하니 **雨似盆傾**이로다

【한자】 扇(사립문 선), 䟦(뛸 발), 跳(뛸 도), 築(쌓을 축), 釋(풀 석), 鯉(잉어 리), 盆(동이 분), 傾(기울 경)

나중에 어떤 스님이 운문에게 가르침을 청한대, 운문이 부채를 들고 말하되 "부채가 날아올라 삼십삼천에 올라 제석천의 콧구멍을 찌르고, 동해의 잉어를 한 방 때리니 비가 내리는 것이, 마치 쟁반이 기우는 것과 같도다" 하였다.

【문법해설】

- 請益: ①선생이 다시 한 번 가르쳐주기를 요구하다. ②더해주기를 바라다.
- 築著帝釋鼻孔: '築著'의 '著'는 동사 뒤에 쓰여 이미 목적에 도달했거나 어떤 결과가 있음을 나타낸다.

〔예문〕 不知道什麽時候我睡着了(내가 언제 잠이 들었는지 모르겠다.) / 他終于見着了他的新娘(그는 마침내 그의 신부를 보았다.)

- 雨似盆傾: '雨'는 '비가 내리다'라는 동사가 명사형으로 쓰여 주어가 된 것으로 본다.

評唱

無門曰 一人은 **向深深海底行**하여 **簸土揚塵**하고 **一人**은 **於高高山頂立**하여 **白浪滔天**하니 **把定**[143]**放行**으로 **各出一隻手**하여 **扶豎宗乘**[144]하니 **大似兩箇馳子**가 **相撞著**하여 **世上應無直底人**이라 **正眼觀來**하면 **二大老**도 **總未識路頭在**로다

【한자】 簸(까부를 파), 揚(오를 양), 滔(물 넘칠 도), 隻(새 한 마리 척), 扶(도울 부), 豎(더벅머리 수), 馳(달릴 치), 撞(칠 당), 總(거느릴 총)

무문이 말하기를 "한 사람은 깊고 깊은 바다 밑으로 걸어가서 흙을 까불어 먼지를 말아 올리고, 한 사람은 높고 높은 산의 정상에 서서, 흰 물결이 하늘에 넘쳐흐르게 하니, 타파·부정하거나 자유로이 놓아주어, 각자가 한 손을 내밀어 선문의 가르침을 세우니, 두 마리의 낙타가 서로 부딪치는 것과 매우 비슷하여, 세상에는 아마도 정면으로 저항하는 사람이 없을 것이라, 올바른 눈으로 보면, 두 명의 노장도 모두 아직 길이 있음을 모르고 있는 것이다"라고 하였다.

---

143 把定(=把住): ①억누르다. 잡다. 파악하다. ②스승이 수행자를 가르칠 때 수행자가 그때까지 마음에 품고 있던 사상, 신념, 견해 등을 타파하고 부정하여 수행자를 困惑絶望의 늪으로 빠뜨려 오히려 생생한 향상과 진보의 결과를 가져다주는 것. 빼앗는 마음.

144 宗乘: '乘'은 탈 것으로 가르침을 말한다. 원래 선종에서는 모든 불교를 宗乘과 餘乘으로 나누어, 선종의 가르침을 종승, 그 외의 가르침을 여승이라고 하였으니, 종승이란 禪門의 가르침을 뜻하는 것이다.

【문법해설】

- 一人 向深深海底行 簸土揚塵 一人 於高高山頂立 白浪滔天: '一人 向深深海底行 簸土揚塵'과 '一人 於高高山頂立 白浪滔天'는 서로 짝을 이루고 있다. 따라서 '向'과 '於'는 같은 뜻이며, '海底'는 '山頂'이 '산 정상'인 것과 같이 '바다 밑'이라고 해석한다.
- 把定放行: '把定放行(把住放行)'이란 선림 용어로 선문에서 학인을 지도하고 접화하는 방법으로, 把住와 放行을 병칭한 것이다. 또 把放·把定放行·一收一放이라고도 한다. 把住는 또 把定이라고도 쓰는데, 잡다(捉住)라는 뜻이다. 선문에서 스승은 이것을 써서 학인들의 가슴속에 있는 妄見을 제거하여 추호도 我見이 없게 하는 방법이다. 반면 放行이라 함은 스승이 학인을 지도할 때, 放任하고 자유롭게 해주는 방법을 취하는 것을 말한다. 把住는 곧 스승이 학인을 위를 향하여 이끌고 훈계하는 방법이고, 放行은 아래로 학인에게 순응하여 자유롭게 깨닫게 하는 방법이다. 把住할 때는 일체가 고요하게 그쳐 한 물건도 없으며, 방행할 때는 만상이 밝게 드러나 하나하나에 생기가 있다. 파주와 방행을 상호 교융하여 운영할 수 있다면 완전한 자재의 경지에 이를 것이다.
참고로, '提持'은 禪林에서 스승이 학인을 인도하는 방법이다. 스승이 학인을 제접하여 교화시킬 때, 학인이 본래 가지고 있는 견해를 깨뜨려 제거하고, 向上의 契機(사물의 動機)를 미리 보여주는 것이다. 把住의 수법을 써서 학인의 我見을 부정하며, 平展의 대칭이다. '平展'이란 선림에서 스승이 학인을 인도하는 방법으로, '提持'의 대칭이다. 원래의 모습을 실제와 같이 드러낸다는 뜻으로, 轉하여 스승이 학인을 접촉하여 교화시킬 때 사용하는 '放行'의 수법을 가리킨다. 즉 스승이 학인의 경지와 견해를 긍정하여, 함께 그것이 悟道의 根機를 자유롭게 발전시킬 수 있게 하는 것이다.

▪ 大似兩箇馳子 相撞著: (1) 오늘날 흔히 쓰이는 '他'는 『설문해자』에 그 자형이 보이지 않고 대신 '佗'만 보인다. 즉 '也'와 '它'는 일설에 의하면 모두 뱀의 모양을 그린 것이라고 하여, 그 자형이 혼동되는 것과 같이 '馳'와 '駝'가 혼동된 것으로 볼 수 있을 것 같다. 즉 '馳子'는 '駝子'와 같다고 할 것이다.

(2) '撞著'의 '著'은 '접촉하다, 닿다, 잇닿다'라는 뜻으로 쓰일 수 있다.

〔예문〕 附着(들러붙다.) / 脚不着地(발이 땅에 닿지 않다.)

▪ 世上應無直底人: (1) '應'은 부사로 추측을 표시하여, '아마 ~일 것이다, 대체로, 대략(恐怕, 大概)' 등의 뜻이 있다. (2) '直底人'의 '底'는 '抵'와 통하여 '抵抗, 抵敵'의 뜻으로 본다.

▪ 正眼觀來: '來'는 현대한어에서 '오다'라는 동사 외에도 많은 뜻이 있다. 여기서는 다른 동사 뒤에 쓰이는 경우만을 몇 가지 살펴본다. ① 동사 뒤에 써서 동작이 말하는 사람 쪽으로 향하는 것을 나타낸다. ② 동사 뒤에 써서 결과를 나타낸다. ③ 다른 동사나 '동사+결과보어' 구조 뒤에 쓰여 어떤 일을 하러 왔음을 나타낸다. ④ '看來'·'聽來'·'算來'·'想來'·'說來' 등과 같이 써서 추측이나 고려함을 표시한다. 이때 '看來'·'聽來'·'算來'·'想來'·'說來' 등에 있는 '來'는 모두 '起來'로 바꾸어 쓸 수 있다. 여기에서는 '觀來'가 ④의 '看來'와 같은 뜻이므로, 그것을 따라 해석하는 것이 좋다.

〔예문〕 ① 前面走來幾個人(앞쪽에서 몇 사람이 걸어오다.) / 門前也飛來了流彈(문 앞에도 유탄이 날아왔다.)

② 醒來時, 我已躺在沙發上(깨어났을 때, 나는 이미 소파에 누워 있었다.) / 這個說來比較複雜(이것은 말하자니 비교적 복잡하다.)

③我回家探親來了(나는 집에 부모님을 뵈러 왔다.) / 我們到海邊游泳來了(우리는 해변에 수영하러 왔다.)

④說來話長(말하자면 길다.) / 看來你的年不少了(보아하니, 당신의 나이가 적지는 않은 것 같네요.)

▪ 總未識路頭在: (1) '總'은 '모두(都, 全部)'라는 뜻이다.

(2) '在'는 ①'보전되어 있다(留)' ②'~에 마음을 두다(心神貫注)' 등의 뜻도 있다.

〔예문〕 ①男子並剪鬚髮, 女人在髮. 『往五天竺傳』(남자들은 모두들 수염과 머리를 잘랐으나, 女子들은 머리를 보존하고 있다.)

②目想淸惠姿, 耳存淑媚音(눈은 깨끗하고 고운 자태를 생각하고, 귀로는 맑고 아름다운 소리를 마음에 둔다.)

(3) '路頭'에서 '頭'는 접미사이다.

頌曰

未擧步時先已到하고 **未動舌時先說了**라 **直饒著著在機先**이라도 **更須知有向上竅**니라

【한자】 饒(넉넉할 요), 竅(구멍 규)

아직 발을 들어올리기도(떼기도) 전에 이미 〔목적지에〕 도착하고, 아직 혀를 움직이기도 전에 먼저 말해버렸다. 설사 온갖 것들이 일어나기 직전에 있다고 해도, 더욱이 〔미혹된 경계에서 깨달음의 경계로 가거나 위로 보리를 구하는 工夫인〕 향상의 비결이 있는 것을 알아야 한다.

【문법해설】

- 未動舌時先說了: '了'는 ① 동태조사로 동사 뒤에 쓰여 동작의 완성을 표시하거나, ② 어기조사로 문장의 끝에 쓰여 어떤 상황이 변했거나, 곧 변화할 것을 나타낸다. 두 가지는 그렇게 명확하게 구분할 수 없는 경우가 많으며, 여기에서도 두 가지를 모두 포함한다고 볼 수 있다.
- 直饒著著在機先: (1) '直饒'는 ① 連詞로 '설사 ~하더라도(卽使, 縱使)'라는 뜻으로 가설과 양보를 나타내며, 흔히 '也', '還' 등의 부사와 함께 쓰인다. ② 연사로 모종의 극단적인 상황을 나타내기도 한다.

〔예문〕 ① 直饒恁麽悟去 猶是法身邊事. 『禪要 13』(설령 이와 같이 깨달아 버리더라도, 오히려 법신 주변의 일인지라.) / 若謂那邊更那邊一着子 直饒西天四七 唐土二三 以至天下老古錐 敢保未徹在. 『禪要 25』(만약 저쪽 넘어 저쪽의 一着子를 말한다면, 설령 서역의 28조와 중국의 6조에서 천하의 노고추(선지식)에 이르기까지라도 아직 철저히 살피지 못한 것이라고〔在〕 감히 보증〔단언〕하리라.)

② 卽使(直饒)看一眼也行(설령 단 한 번만 볼 수 있더라도 좋다.)

(2) '著著'는 ①'점차, 차츰차츰' ②'여러 가지, 형형색색, 각양각색, 별의별' ③'매우 잘 잔 모습' 등의 뜻이 있다. 여기서는 ②를 따라 해석하기로 한다.

(3) '機先'은 '일이 일어나기 직전'이라는 뜻이 있다.

〔예문〕 制敵于機先(적의 기선을 제하다.)

- 更須知有向上竅: (1) '向'을 '在(~에)'와 같은 용법으로 보아 '더욱이 위에 구멍이 있는 것을 알아야 한다'라고 해석하려면 '更須知有竅向上'나 '更須知向上有竅'이라고 써야 옳을 것이기 때문에, '向上'은 '위에 있는~'이라고 해석될 수 없다.

(2) '向上'은 ① 선림의 용어로, 『벽암록』에서는 '아래에서 위로·末에서 근본으로'를 가리킨다. 반대로 '위에서 아래로·근본에서 末'로는 '向下'라고 한다. 선종에서는 미혹된 경계에서 깨달음의 경계로 가거나 위로 보리를 구하는 공부를 '向上門'이라고 하고, 또는 '逆卍字(卍)'라고 하며, 이것은 自利門에 속한다. 반면 깨달음의 경계에서 미혹의 경계로 들어가 자재하게 다른 사람을 교화시키는 묘용을 드러내 보여주는 것을 '向下門'이라고 하거나, 또는 '順卍字'라고 하고, 이것은 利他門에 속한다. 만약 '향상문'과 '향하문'을 두로 갖추지 못하면 진정한 깨달음이 아니다. 선종 전적에서는 이런 류의 용어가 도처에 보인다. 예를 들면 지극한 大道와 大悟의 경계를 '向上一路'나 '向上道'라고 하고, 불도의 지극하고 오묘한 이치를 탐구하는 것을 '向上極則事'나 '向上關棙子', '向上事'라고 하며, 진실되고 절대적인 깨달음의 세계는 여러 부처님이나 역대 조사가 설파한 것이 아니고, 禪者가 스스로 참구하여 깨달은 것을 '向上一路千聖不傳'이라고 하고, 범부의 경계에서 위로 여러 부처님의 절대적 경지에 이르는 것을 '向上轉去'라고 하며, 스승이 학인에게 명령하거나, 선자들 상호 간에 더욱 철저한 견해를 제기할 때는 항상 '向上更道'를 가지고 나타내며, 스승이 사용하여 학인을 이끌어 鎚鍊하는 제일의제를 '向上鉗鎚'라고 하고, 여러 부처님의 지극한 경계를 빌어 직접 들어가는 大力量과 大機用을 '向上一機'라고 하며, 여러 부처님의 경계를 철저히 깨달은 사람을 '向上人', '向上機'라고 하고, 철저히 깨닫게 하는 지극한 어구를 '向上一句'라고 하며, 철저히 깨닫는 지극한 宗旨를 '向上宗乘'이라고 한다. ② 『대승기신론』에서는 自性이 청정한 如來藏心이 眞如와 生滅의 二門을 含攝하고, 眞如門은 곧 진여의 法體, 절대평등의 理體를 가리키며, 生滅門은 곧 實體인 진여가 산생한 현상차별을 가리킨다고 하였다.

『석마하연론』에서는 생멸문은 二種의 位가 있는데, 하나는 '향상문'이고, 하나는 '향하문'이니, 이와 같이 '向上'과 '向下' 二門은 함께 생멸문의 작용을 이룬다고 하였다.

(3) '竅'는 ①'구멍, 몸에 있는 구멍'이라는 뜻 외에도 ②비유하여 '일의 가장 중요한 부분, 관건, 요점, 요령, 비결'이라는 뜻이 되기도 한다. 따라서 '更須知有向上竅'은 (2)와 (3)을 종합하여 '더욱이(更) 向上의 비결(竅)이 있는 것을(有) 알아야(知) 한다(須)'라고 해석한다.

〔예문〕 ①七竅(耳目口鼻의 일곱 구멍)

②一竅(兒)不通(매우 무지하다. 전혀 요령을 모르다.) / 轉過竅兒來了(요령을 알게 되었다.) / 懂得訣竅兒(비결을 터득하다.)

【講義】

건봉일로乾峰一路 공안은 『오등회원』 권13 월주越州 건봉 화상乾峯和尙의 상당법문과 『운문광록雲門廣錄』 중권에 나오는데, 무문 스님이 약간의 어구語句를 추가하여 새롭게 문장을 꾸민 것으로 보인다.

월주건봉 스님은 조동종曹洞宗을 창설한 동산양개(洞山良价, 807~869) 스님의 제자이다.

어느 날 월주에 사는 건봉 스님 회상에 어떤 학인이 찾아와서 "온 세상의 모든 부처님은 오직 하나의 길로 열반의 경지를 체득하였다고 하는데, 도대체 그 열반을 체득한 하나의 길이란 어떤 것입니까?"라고 물었다.

박가범은 '법을 성취했다' 또는 '부처를 이루었다'라는 말로, 그것이 곧 부처이다. 열반문이란 부처가 되는 문, 곧 열반의 경지를 체득하는 길을 말한다. "부처를 이루는 길은 열반문으로 가는 외길이라는데, 그 길을 찾을 수 없으니 가르쳐 달라"고 한 것이다.

이에 건봉 선사는 가지고 있던 주장자를 들어 허공에 '일一'자를 긋고 "바로 이 속에 있다"라고 하였다.

그런데 그 학인은 그것을 보았지만 이치를 깨닫지 못하고, 다음날 운문 스님을 찾아갔다. 그리고는 자신이 질문한 것과 건봉 스님이 가르쳐준 것을 설명하고, 좀 더 자세히 가르쳐주기를 청하였다.

운문은 건봉 선사의 제자로 건봉 스님의 가풍家風을 잘 알고 있었다. 이에 운문 스님은 손에 들고 있는 부채를 세우고 "부채가 뛰어올라 삼십삼천으로 올라가서 제석천왕의 콧구멍을 쑤시고 동해의 잉어를 몽둥이로 한번 치니, 물동이에 담겨진 물이 기울어져서 동이로 물을 붓듯이 비가 쏟아지는 구나"라고 했다.

"부처가 되는 길을 가르쳐 달라"고 하니까, 건봉 스님은 주장자로 허공에 '일一' 자를 그리고 "이 속에 들었다" 하고, 운문 스님은 부채로 제석천왕의 콧구멍을 쑤시고, 몽둥이로 잉어를 쳐서 비를 억수로 내리게 한다는 이야기다. 두 대답이 모두 황당하기가 비슷하다. 왜 그런 말씀을 하셨을까? 왜 분간하기 어려운 말씀을 하셨을까? 이것을 참구하는 것이 건봉일로乾峰一路의 화두이다.

"어떤 스님이 '열반에 가는 첫 길이 어디입니까?' 하고 묻는 것에, 건봉 스님은 주장자로 공중에 '일'자를 쭉 긋고, '여기에 있다'라고 하고, 운문 스님은 부채로 제석천왕의 콧구멍을 쑤시고, 몽둥이로 잉어를 쳐서 비를 억수로 내리게 한다"고 말씀한 것은, 상상의 경계를 의도적으로 내세워 현실의 고정관념을 허물고 부수어 흔들기 위함이다.

그러므로 공안은 학인을 어리둥절하게 만든다. 두 스님께서는 학인이 어리석게 열반이 어느 곳에 따로 있는 줄 알고 그곳을 찾기 때문에 학인에게 이러한 말씀을 했을 것이다.

선에서 보면, 열반이란 따로 있을 수 없기 때문에, 열반으로 가는 길이 따로 존재할 수 없다.

불법은 원래 추리하거나 말로 하거나 문자로 이치를 캐지 못하는 것이다. 그러므로 어떤 방법을 동원해서라도 불법을 이해시켜야 하며, 그것으로 말미암아 선사들은 이런 수작을 부린 것이다.

결국 선에서는 스스로 체득하는 것 외에 다른 방법이 없다. 결국 주장자 놀이, 부채놀이, 동해의 잉어란 말에 얽매이면 공안은 풀 수 없다. 언구에 휘둘리지 말라는 것이다.

선이란 절대 평등지이며 무분별의 세계로, 추리나 언어와 문자 등을 초월한 세계임을 알고, 스스로의 체험만으로 열쇠를 풀어야 한다.

그러면 허공에 줄을 그은 것이나, 부채가 제석천의 콧구멍을 쑤시거나 아니면 입을 쑤시거나, 동해 아니면 서해의 잉어를 치거나 말거나, 비가 오거나 말거나, 언어의 유희에 지나지 않다는 것을 알아야 한다. 열반의 경지를 체득하는 길은 사량분별로 접근해서는 안 된다는 것이다.

무문의 평창을 들어보자.

건봉 스님께서 주장자로 하나의 선을 긋고 그러한 경지를 보여준 것은 깊고 깊은 바다 속에 걸어가서 모래 먼지를 일으킨 것이고, 운문 스님께서 열반의 문을 부채로 뛰어오르게 한 것은 높고 높은 산봉우리에 서서 천지에 가득찬 물을 넘치게 한 것이라고 평하고 있다. 이러한 평은 사량분별로는 측량할 수 없는 부처의 불가사의한 경계를 말하는 것이다.

반면 중생의 차별심으로 사물과 경계를 보는 것은 고정관념이며 편견이다. 이러한 고정관념과 편견으로는 불법의 본질을 파악할 수 없는 것이다.

'파정방행'이란 말은 '쥐었다 놓는다'는 말로, 여기서는 '자유로이 구사한다'는 말과 통한다. 바다 속에서 먼지를 일으키거나 산꼭대기에서 파도를 일으키는 것은 마음의 자재自在로움이다.

그래서 건봉 스님이나 운문 스님은 자기 나름대로 선기禪機를 자유자재로 사용하면서 학인을 지도하고 있으며, 파정방행으로 두 스님이 손을 잡고서 선종의 종지를 바르게 수립하며 종풍을 드날리고 있다고 평하고 있다. 그러므로 "두 마리의 낙타, 곧 건봉과 운문을 능가할 선승이 어디 있겠는가?"라고 극찬하고 있는 말이다.

무문의 게송을 들어 보자.

아직 발을 떼기도 전에 이미 목적지에 도착하고, 아직 혀를 움직이기도 전에 먼저 말해버렸다. 설사 온갖 것들이 일어나기 직전에 있다고 해도, 더욱이 미혹된 경계에서 깨달음의 경계로 나아가는 향상의 비결이 있는 것을 알아야 한다.

건봉 스님처럼 주장자를 들고 허공에 줄 하나 긋기만큼 쉽고, 운문 스님처럼 여름에 더우면 부채질을 하는 것만큼 쉽게 열반에 이르는 외길을 걸어가는 것이다. 이 길로 걸어만 가면 누구라도 깨달아 성불하도록 되어 있다. 더 이상 해설이나 가르침을 청할 것도 없다. 그야말로 눈앞에 명백하게 드러난 것이 열반의 외길이다.

이것이 "아직 발을 떼기도 전에 이미 〔목적지에〕 도착하고, 아직 혀를 움직이기도 전에 먼저 말해버렸다"이다. 그러나 이런 정도의 체득에 머물면 절대로 안 되는 것이니, 정진하고 또 정진하라는 경책의 게송이다.

발문跋文

從上 佛祖垂示機緣[145]은 據欸結案이라 初無剩語하여 揭翻腦蓋하나 露出眼睛이니 肯要諸人直下承當[146]하고 不從他覓하노라

【한자】 垂(드리울 수), 據(의거할 거), 欸(한숨 쉴 애), 剩(남을 잉), 揭(걷어올릴 게), 翻(날 번), 覓(찾을 멱)

예로부터 부처님과 조사님들께서 드리워 보이신 기연은 증거로 삼거나 개탄하여(부정하여) 판단을 내린 것인지라, 처음부터 군더더기로 덧붙여진 말이 없으나, 머리에 덮인 것을 추어올려 뒤집고 눈을 드러내니,

---

145 機緣: ①時機因緣의 준말. 동기 또는 기회. ②시기와 상대에 대한 마음가짐. ③기회와 인연.

146 承當: ①사물을 승낙하는 것. 수긍·合點·터득·진실을 그대로 받아들이는 것. ②스스로 터득하여 깨닫는 것. 다 깨닫는다는 뜻. ③어떤 일을 담당하다. 這般事件我承當, 不要你多說多言空著忙(이번 사건은 내가 담당할 터이니, 너는 말이 많아 공연히 조급해하지 말라.)

기꺼이 모든 사람이 당장에 받아들이고, 다른 사람을 따라 찾지 않으려고 하노라.

【문법해설】

- 據欵結案: '結案'은 '사건을 종결하다, 판결을 내리다'라는 뜻이 있다.
- 肯要諸人直下承當: '肯要'에서 (1) ①'肯'은 조동사로 쓰여, 어떤 요구나 요청 등을 받아들여 그에 따라 행동이나 동작을 취하겠다는 의도를 나타내는 것으로, '기꺼이 ~하다, ~하길 원하다'라는 뜻이다. ②'要'도 조동사로 쓰여, 어떤 일에 대한 굳은 의지를 나타내는 것으로 '~하려고 하다, ~할 것이다, ~해낼 것이다'라는 뜻이다. 따라서 '肯要'는 '기꺼이 ~하려고 하다'라고 해석할 수 있을 것이다.

  〔예문〕 ① 有誰肯做這件事?(누가 이 일을 기꺼이 하려고 합니까?)

  (2) 또한 '肯要'은 '요점, 요령'이라는 뜻도 있다. 여기서는 (1)을 따라 '기꺼이 ~하려고 하다'라고 해석한다.

若是通方上士인댄 **纔聞擧著**하고 **便知落處**하여 **了無門戶可入**하고 **亦無階級可升**이라 **掉臂度關**하여 **不問關吏**하리라

【한자】 纔(겨우 재), 階(섬돌 계), 級(등급 급), 掉(흔들 도), 臂(팔 비)

만약 융통성이 있는 상사上士라면 간신히 끝까지 듣게 되어, 곧 〔화살이 떨어지는 것과 같은〕 낙처(落處, 要旨)를 알아 들어갈 수 있는 문호가 없고, 또한 오를 수 있는 계급이 없는 것을 깨닫는지라, 팔을 흔들며(활개 치며) 관문을 건너 관리들에게 묻지 않으리라.

【문법해설】

▪ 若是通方上士: '通方'은 ①동사로 '도술에 통하다', ②명사로 중국의학에서 '일반적인 처방', ③형용사로 '융통성 있다, 요령 있다, 임기응변적이다'의 뜻이 있다.

〔예문〕 ②通方里少不了甘草當歸(보통의 처방에 감초와 당귀는 반드시 들어간다.)

▪ 纔聞擧著: (1) '擧'는 '들다'라는 뜻 외에도 많은 뜻이 있는데, 주의할 것으로, ①형용사로 '모두, 전부, 온(皆, 全)', ②동사로 '다하다, 없어지다(窮盡)' 등의 뜻도 있다. 여기에서는 '擧'가 동사(聞) 뒤에서 결과보어로 쓰인 것으로 보아, '모조리 듣다'라고 해석한다.

〔예문〕 ①擧國同慶(모든 국민이 함께 경축하다.) / 秋冬之有霜雪也, 擧草木而殘之, 草木豈有非常之罪也哉? 唐柳宗元 『斷刑論』(가을 겨울에는 서리와 눈이 있어서 온 초목이 없어진다고 하여, 초목이 어찌 특별한 죄가 있겠는가?)

②殺人如不能擧, 刑人如恐不勝, 天下皆叛之. 『史記·項羽本紀』(사람을 죽이는 것은 마치 다 할 수 없을 것 같이 하고, 사람에게 형벌을 주기를 마치 두려워할 수 없을 것 같이 하여, 천하의 온 사람이 모두 그것을 배반하였다.)

(2) '著'는 많은 뜻이 있는데, 그중 동사나 형용사 뒤에서 조사로 쓰이는 경우를 살펴보면 아래와 같다. ①동사 뒤에 쓰여 이미 도달한 목적이나 결과가 있는 것을 표시한다. ②조사로 동사 뒤에 쓰여 동작·상태의 지속을 표시한다. ③조사로 형용사의 뒤에 쓰여 정도의 비교 등을 표시한다. ④조사로 동사의 뒤나 명령문의 뒤에 붙어, 강조·독촉催促·의논(商量)·청구 등의 어기를 나타낸다. 여기서는 ①을 따라 해석한다.

〔예문〕 ① 又去了兩次, 都沒見著. 老舍『微神』(또 두 차례 갔는데, 모두 볼 수가 없었다.)

② 老栓正在專心走路, 忽然吃了一驚, 遠遠里看見一條丁字街, 明明白白橫著. 魯迅『吶喊·藥』(老栓이 한창 전심전력을 다하여 길을 가다가 갑자기 놀랐는데, 멀리 丁字의 길이 분명하게 가로놓여 있는 것을 보았다.)

③ 這才是十月, 是頭場雪, 往後下雪的日子多著呢. 『紅樓夢·第五十回』(이제 겨우 시월인데 첫눈이라니, 이후 눈 내리는 날이 많을 것이다.)

▪ 便知落處: '落處'는 '안정된 곳, 결국의 장소, 기착점, 요지' 등을 가리킨다.

▪ 了無門戶可入 亦無階級可升: '了'는 '요달하다(깨닫다)'라는 뜻으로, 그것의 목적어는 '無門戶可入 亦無階級可升'이라고 할 수 있다. 內包文인 '無門戶可入 亦無階級可升'에서 '無'의 목적어인 '門戶'와 '階級'을 꾸미는 말인 '可入'과 '可升'은 각각 목적어의 뒤에 온다. 결코 '了'를 '마침내'로 해석하거나, 이 책의 이름이 『무문관』이라는 이유 때문에 '無門'을 한 단어로 생각하여서는 안 된다고 본다.

豈不見가 **玄沙**는 **道**하되 **無門解脫之門**이요 **無意道人之意**라함에 **又白雲**은 **道**하되 **明明知道**가 **只是者箇**라하거늘 **爲甚麼透不過**오 **恁麼說話**도 **也是赤土搽牛嬭**로다

【한자】 透(통할 투), 恁(생각할 임, 이같이 임), 麼(잘 마), 搽(칠할 차), 嬭(젖 내)

어찌 모르는가? 현사 선사께서 말씀하시되 "문이 없는 것이 해탈의 문이며, 생각이 없는 것이 도인의 생각이니라" 하시고, 또 백운 선사께

서 말씀하시되 "명확하게 아는 것은 다만 이놈이라" 하였거늘, 어째서 꿰뚫어 지날 수 없는가? 이렇게 하는 말들도 또한 붉은 흙을 소젖으로 칠하는 꼴이로다.

【문법해설】

- 明明知道: 현대한어에서 '知道'는 '道를 알다'가 아니고, '알다'이다.

若透得無門關이면 **早是鈍置無門**이요 **若透不得無門關**이면 **亦乃 辜負**[147]**自己**니 **所謂涅槃心易曉**나 **差別智**는 **難明**이니 **明得差別智**하면 **家國自安寧**하리라

【한자】 透(통할 투), 鈍(무딜 둔), 辜(허물 고), 曉(새벽 효)

만약 무문관을 꿰뚫을 수 있다면 일찍이 무문을 어리석게도 내버려 두었던 것이요, 만약 무문관을 꿰뚫을 수 없다면 역시 허물을 스스로에게 지우는 것이니, 소위 열반심涅槃心은 깨닫기 쉽거니와, 차별지差別智는 밝히기 어렵다. 차별지를 밝힐 수 있으면 집안이나 나라가 저절로 안녕하리라.

【문법해설】

- '若透得無門關', '若透不得無門關', '明得差別智' 등의 '得'은 모두 '가능'

---

147 辜負: 孤負와 같은 말이다. 직접·간접으로 도와주어도 달갑게 여기지 않고 본의나 기대에 어긋나는 짓을 함.

을 나타낸다.

時紹定改元解制前五日 楊岐八世孫 無門比丘慧開謹識하다 無門關卷終

【한자】 紹(이을 소), 楊(버들 양), 岐(갈림길 기), 謹(삼갈 근)

때는 소정개원 해제 5일 전(불기 2256년, 서기 1228년) 양기 팔세손 무문비구 혜개가 삼가 쓰다. 『무문관』 저술을 마친다.

【講義】

무문 스님은 『무문관』 48칙을 끝내고 뒤에 붙이는 말을 썼다.

『무문관』 48칙에 등장하는 부처나 조사들께서 제시한 법문, 깨달음을 체득한 인연, 그리고 그에 따른 말씀과 행동들은 모두 부처나 조사들의 올바른 정법의 안목으로 쓴 것이다.

그렇기 때문에 48칙 가운데에는 학인들에게 불법의 올바른 방향과 지혜를 제시하여, 마치 판결문처럼 조금도 쓸데없는 말이 없이 꼭 필요한 말만을 제시하여 정법의 안목을 체득할 수 있도록 하고 있다.

그러므로 『무문관』을 읽고 있는 학인들도 정법의 안목을 체득하기 위해서는 두뇌의 뚜껑을 열고, 두 눈을 똑바로 뜨고, 정신을 차려서 48칙 속에 숨어 있는 불법의 진실을 파악하라는 것이다.

이 말은 학인들의 번뇌에 덮인 생각을 바꾸고, 바른 안목을 열어 주기 위한 것이며, 그대들 모두가 똑바로 깨달아서 다른 곳으로 찾아

헤매지 않도록 하기 위함이다.

만약 두루 통달하여 뛰어난 사람이라면 『무문관』의 어느 칙 하나만 알아도, 48칙뿐만 아니라 1,700공안이 모두 풀릴 것이다. 그러니까 제1칙의 '조주구자趙州狗子' 하나만 깨치면 48칙을 다 볼 필요가 없다. 왜냐하면 원칙이 같고, 진리는 하나이기 때문이다.

그런데 48칙을 한 칙씩 보는 이유는, 각 칙마다 진리나 원칙은 같다고 하더라도, 그것을 활용하는 것이 서로 다르기 때문에 역시 모두 다 보는 것이 좋다.

이와 같이 수준이 높은 사람은 하나만 들어 보여도 바로 알아챌 것이다. 그런 사람은 특별히 다른 문으로 들어갈 문도 없으며, 또 차례로 닦아 밟고 올라갈 단계도 없다. 마음대로 활개 치며 당당하게 통과해도 누구도 검문할 자가 없다.

그래서 현사 스님(玄沙師備, 835~908년)도 "무문이 바로 해탈의 문이며, 분별의식이 없는 사람이 바로 도인이다"고 했고, 백운수단(白雲守端, 1025~1072) 스님도 "분명이 알고 있으면서도 어떻게 이 관문만을 통과하지 못하겠는가?"라고 말하였다.

그렇지만 이러한 이야기는 황토에 우유를 섞는 것처럼, 이미 쓸데없는 말이다. 만약 『무문관』을 통과할 수 있다면 그대는 이미 무문을 초월한 것이며, 아직 통과하지 못했다면 본래의 자기 자신과 등진 것이다.

이른바 열반의 마음을 밝히기는 쉽지만, 현실에서 차별의 지혜를 적용하기는 참으로 어렵다. 진정한 차별의 지혜를 얻을 수 있다면 온 세상은 자연히 편해질 것이다.

선잠禪箴

循規守矩는 **無繩自縛**이요 **縱橫無碍**는 **外道魔軍**이요 **存心澄寂**은 **默照邪禪**이요 **恣意忘緣**은 **墮落深坑**이요

【한자】 循(좇을 순), 規(법 규), 矩(곱자 구), 繩(줄 승), 縛(묶을 박), 縱(늘어질 종), 橫(가로 횡), 碍(거리낄 애), 澄(맑을 징), 寂(고요할 적), 恣(방자할 자), 墮(떨어질 타), 坑(구덩이 갱)

규율을 따르고 곡척을 지키는 것은 노끈 없이 스스로를 묶는 것이요, 종횡으로 거리낌이 없는 것은 외도의 마군이라. 마음을 맑고 고요한 곳에[만] 두는 것은 묵묵히 비추[기만 하]는 삿된 선이요, 뜻을 방자하게 하고 인연을 잊어버리는 것은 깊은 구덩이에 떨어지는 것이라.

惺惺不昧[148]는 **帶鎖担枷**요 **思善思惡**은 **地獄天堂**이요 **佛見法見**

148 惺惺: 머리가 맑고 聰明하다. 총명한 사람. 영리한 사람.

은 **二鐵圍山**이요

【한자】 惺(영리할 성), 昧(새벽, 어리석을 매), 帶(띠 대), 鎖(쇠사슬 쇄), 担(=擔, 멜 담), 枷(도리깨 가), 銕(鐵의 고자, 쇠 철)

깨어 있어서 어리석지 않은 것〔에 치우치는 공부〕은 자물쇠를 두르고 칼을 얹는 격이요. 선을 생각하고 악을 생각하는 것은 〔그대로〕 천당과 지옥이요. 〔선악을 구분하는 것은〕 부처라고 생각하는 소견(佛見)과 법이라는 생각하는 소견(法見)은 두 가지의 철위산과 같으니라.

念起旣覺은 **弄精魂漢**[149]이요 **兀然習定**은 **鬼家活計**라

생각을 일으켜 곧 깨닫는 것은 정혼(精氣와 魂魄)을 희롱하는 놈(妄想分別하는 놈)이요, 오뚝하게 앉아 선정을 익히〔기만 하〕는 것은 귀신들이 살아가는 계책이라.

進則迷理하고 **退則乖宗**함에 **不進不退**하면 **有氣死人**이니 **且道**하라 **如何履踐**고 **努力今生須了卻**하고 **莫教永劫受餘殃**하라

【한자】 乖(어그러질 괴), 履(신 리), 踐(밟을 천), 餘(남을 여), 殃(재앙 앙)

나아가면 곧 이치에 미혹하고, 물러나면 곧 종지에 어긋나니, 나아가지

---

149 精魂: 精氣와 魂魄을 뜻한다. 여기에서는 心識 또는 妄想分別을 이름.

도 물러나지도 않는다면 숨은 쉬지만 죽은 자일 뿐이니, 말해 보라. 어떻게 수행할까? 노력해서 금생에 모름지기 요달해야 할 것이니(완료해야 할 것이니), 영겁 동안 남은 재앙을 받게 하지 말지어다.

【문법해설】

- 努力今生須了卻: (1) '了'는 '了達하다' 또는 '완료하다' 등의 뜻이 있으며, 여기서는 모두 가능하다.
  (2) '卻'은 동사(了) 뒤에 쓰여 동작의 결과나 강조를 나타내는 것으로, '〔어떤 것을〕 해버리다, 해보다, 하다'라는 뜻이다.
  〔예문〕 失却信心(자신감을 잃다.) / 了却一生心願(평생소원을 이루다.)
- 莫教永劫受餘殃: '教'는 '가르치다'라는 뜻이 아니고, 사역동사로 '~로 하여금 ~을 시키다(使, 令, 讓)'라는 뜻이다. 따라서 '함부로 가르쳐서 영원히 남은 재앙을 받게 하지 말라'라고 해석해서는 안 된다.
  〔예문〕 若教韓信反, 何冤? 『史記·淮陰侯列傳』(만약 한신을 배반하게 한다면, 어찌 원망하리오?) / 但使龍城飛將在, 不教胡馬度陰山. 唐王昌齡 『出塞·詩之一』 (다만 용성에 飛 장군 광이 있었다면, 오랑캐의 말들로 하여금 陰山을 넘게 하지는 않았을 것이다.)

【講義】

선잠禪箴은 무문혜개 스님이 상당上堂하여 시중示衆 법문한 것을 여기에 실어, 참선 수행자의 선병禪病을 치료하기 위한 지침서로 제시해 놓았다.

잠箴은 병을 치료하기 위한 침針을 의미한다. 즉 침은 선병을 치료하기 위해 기억하고 경책해야 할 말을 침으로 비유한 것이다.

내용은 수선修禪하는 데에는 일정한 규칙이 있는데, 너무 규칙에만 얽매이면 자승자박하는 경우가 많으므로 이를 경계하였고, 그렇다고 제멋대로 규칙을 무시하고 걸림이 없는 것은 외도의 마군이라고 혹평했다.

선은 사물과 한 몸이 되어야 하는데, 외경外境을 피하여 마음을 고요히 하여 묵묵하게 하려는 의식적인 수행은 적정寂靜을 최고로 삼는 묵조默照의 삿된 선이라고 하였다.

선 수행 과정에 있어서 초심자는 연을 끊어야 하지만, 깨친 뒤에는 연을 끊지 않고 연을 따라 일상생활을 처리해야 하는데, 자기 마음대로 시절인연을 무시하면 깊은 암흑의 함정에 떨어진다.

그리고 성성惺惺의 뜻은 깨달음의 지혜가 분명하게 작용하고 있는 상황을 말한다. 그런데 항상 깨어 있어야지, 깨어 있어야지 하는 생각을 가지고 선 수행을 하는 것은 자신의 목에 형틀을 걸어두는 것과 같다.

참선은 마음을 텅 비워야 하는데, 선과 악을 분별하는 마음을 갖는 것은 천당과 지옥의 상대적인 세계에 살고 있는 것이며, 부처와 불법에 집착하는 견해는 두 겹으로 둘러싼 철위산에 갇혀 있는 것과 같다는 것이다.

다음 염기즉각(念起卽覺: 번뇌 망념이 일어나면 곧바로 번뇌 망념이 일어난 사실을 자각하라는 말)은, 참선은 행주좌와行住坐臥·어묵동정語默動靜 가운데 불법의 안목으로 지혜로운 생활이 되도록 하여야 하는데, 앉아서 번뇌 망념만 자각하는 좌선 수행에 빠져 있는 것은 자신의 불성을 가지고 장난치면서 노는 놈이라는 것이다.

선방에서 꼼짝 않고 앉아서 선정을 닦는 수행은 불법의 지혜로운 생활을 하지 못하는 흑산에 사는 귀신과 같은 지혜 없는 생활이라고 지적하고 있다.

"진퇴미리(進則迷理: 나아가면 곧 이치에 미혹하고)하고 퇴칙괴종(退則乖宗: 물러나면 곧 종지에 어긋나니)하니, 부진불퇴(不進不退: 나아가지도 물러나지도 않는다면)하면 유기사인(有氣死人: 숨은 쉬지만 죽은 자 일뿐이니)"라고 하였는데, 여기의 진進은 묵조선을 가리키고, 퇴退는 간화선을 가리킨다. 어느 쪽이건 불가하다는 이야기다. 이러한 선법은 숨을 쉬기는 하나 죽은 사람과 같다고 했다. 결국 간화와 묵조를 넘어서 중도를 취하여 완급을 적절히 조절해야 된다는 것을 강조한 것이다.

자! 그러면 어떻게 참선 수행을 해야 할 것인가? 빨리 말해 보게나! 각자가 노력하여 금생에 올바르게 수행하여 모든 것을 해결해야 한다. 만약에 잘못된 수행으로 생사 망념의 업장을 만들어 생사에 윤회하는 과보를 만들면 그 재앙이 천대 만대에 미칠 뿐만 아니라 타인에게까지 미칠 것이니, 참선 수행하는 사람은 극히 삼가야 한다는 훈계이다.

황룡삼관黃龍三關

我手何似佛手오 **摸得枕頭背後**하여 **不覺大笑呵呵**하니 **元來通身[150]是手**로다

【한자】 似(같을 사), 摸(찾을 모), 枕(베개 침)

내 손은 왜 부처님 손을 닮았는가? 등 뒤에서 베개를 손으로 더듬어 찾아내고, 나도 모르게 크게 웃으니, 원래 온몸이 바로 손이었구나.

【문법해설】

- 摸得枕頭背後: (1) '摸得'에서 '得'은 동사 뒤에 쓰여 동작이 이미 완성되었음을 표시하기도 한다.

  〔예문〕 出得門來(문을 나왔다.)

  (2) '枕頭'는 '베개'라는 뜻이다. 여기서 '頭'는 '머리'라는 뜻이 아니고,

---

150 通身: 온몸. 全身.

일종의 접미사라고 할 수 있다.

我脚何似驢脚고 **未擧步時踏著**하여 **一任四海橫行**하니 **倒跨楊岐三脚**이로다

【한자】 驢(나귀 려), 踏(밟을 답), 任(맡길 임), 倒(넘어질 도), 跨(타넘을 과), 楊(버들 양), 岐(갈림길 기)

내 발은 왜 노새의 발을 닮았는가? 아직 발을 내딛지도 않았을 때 〔이미〕 밟아, 멋대로 사해를 돌아다녔으니, 다리가 셋인 양기의 당나귀에 거꾸로 걸터앉았도다.

【문법해설】

- 未擧步時踏著: '著(着)'은 동사 뒤에 쓰여 이미 목적에 도달했거나 어떤 결과가 있는 것을 나타내기도 한다.

  〔예문〕 睡着了(잠이 들었다.) / 找着了(찾아냈다.) / 爲什麽我看不着圖片?(저는 왜 그림을 볼 수 없습니까?)

- 一任四海橫行: '一任'은 '자유에 맡기다. 내버려두다. 좋을 대로 하게 하다. 편한 대로 하게 하다. 방임하다' 등의 뜻이 있다.

- 倒跨楊岐三脚: (1) '倒'는 부사로 사용되면 ①'거꾸로'라는 뜻이거나, ②생각하지 못한 의외의 일이 발생하였음을 표시하기도 한다.

  〔예문〕 ①倒找錢(거꾸로 돈을 거슬러 받다.)

  ②這次考試我考得倒不錯(이번 시험에서 나는 의외로 잘 쳤다.)

  (2) '跨'는 동사로 ①'(일정한 수량, 시간, 지역 등의 한계를) 뛰어넘다,

초월하다'라는 등의 뜻도 있지만, 여기서는 ②'두 다리를 벌리고 서다(앉다)'라는 뜻으로 해석한다.

〔예문〕 ①我們公司是一家跨地區經營的公司(우리 회사는 지역을 초월하여 경영하는 회사다.)

②跨上千里馬(천리마를 타다.) / 跨着門檻站着(문턱을 가로타고 서다.)

人人有箇生緣[151]하여 **各各透徹機先**[152]이라 **那吒折骨還父**어늘 **五祖豈藉爺緣**고 **佛手驢脚生緣**이 **非佛非道非禪**이니 **莫怪無門關險**하라 **結盡衲子深冤**이니라

【한자】 透(통할 투), 徹(통할 철), 機(틀 기), 吒(꾸짖을 타), 折(꺾을 절), 藉(깔개, 빌 자), 爺(아비 야), 怪(기이할 괴), 險(험할 험), 衲(기울 납), 冤(원통할 원)

사람마다 이 세상에 다시 태어나는 인연이 있어서, 각자 〔한 생각(一念)도 움직이지 않으며, 한마디(一言)도 하지 않은 상태로, 우리들의 분별정식이 아직 일어나기 전의 본래면목인〕 기선機先을 깨닫는다. 나타는 뼈를 부러뜨려 아버지에게 돌려주었거늘, 오조는 어찌 아버지의 연을 빌 것인가? 부처님의 손과 노새 발이 이 세상에 다시 태어나는 인연은 부처님도, 도도, 선도 아니니, 『무문관』의 증험을 기이하게 생각하지 말라. 납자의 깊은 원한을 끝까지 맺게 되느니라.

---

151 生緣: ①塵世의 緣分. ②생을 받아 이 세상에 다시 태어나는 인연.

152 機先: ①어떤 일이 일어나려고 하는 직전. ②적이 행동하려고 하는 직전.

【문법해설】

▪ 各各透徹機先: (1) '透徹'은 형용사로 '투철하다, (사리가) 밝고 확실하다'라는 뜻이다.

〔예문〕 這番話, 說得透徹極了(이번에는 아주 확실하게 말했다.) / 看不透徹(분명하게 간파하지 못하다.)

(2) '機先'은 선림 용어로, '機前'이라고도 한다. 원래 '어떤 일이 일어나려고 하는 직전의 징조'를 나타내는데, 禪林에서는 한 생각(一念)도 움직이지 않으며, 한마디(一言)도 하지 않은 상태를 형용한다. 즉 우리들의 분별정식이 아직 일어나기 전을 말한다. 이것은 '天地未開之前'이라는 말과 같은 종류의 용어이다.

瑞巖 近日에 **有無門**이 **掇向繩床**[153]하여 **判古今**하니 **凡聖路頭俱截斷**하여 **幾多蟠蟄起雷音**고 **請 無門首座**하여 **立僧山偈奉謝**하노라

【한자】 瑞(상서 서), 巖(바위 암), 掇(주울 철), 繩(줄 승), 床(상 상), 截(끊을 절), 蟠(서릴 반), 蟄(숨을 칩)

서암 스님께서 근일에, 무문 스님이 새끼로 만든 의자에서 설법하면서 고금을 판별하니, 범인과 성인의 길이 모두 끊어져, 여러 차례 몸을 틀어 감은 벌레가 우렛소리에 놀라 깨어 일어나는 것을 기다려, 무문 수좌를 청하여 입승立僧케 하고 산게山偈로써 받들어 사례하노라.

---

153 繩床: 새끼로 의자를 만들어 그 의자에 앉아 설법했다고 한다.

【문법해설】

- 瑞巖 近日 有無門: '有'는 '기다리다(等候, 等待)'라는 뜻이 있어서 그것을 따르며, '有'의 목적어는 '無門 掇向繩床……幾多蟠蟄起雷音'이다. 따라서 "瑞巖이 近日에 '無門 掇向繩床……幾多蟠蟄起雷音'을 기다리다"라고 해석한다.
- 掇向繩床: '掇'은 ①'〔인재 등을〕 초치하다, 불러 모으다, 모으다', ② '〔어떤 결과를〕 일으키다, 초래하다' 등의 뜻이 있는데, '그렇게 불러 모아 설법하는 것'을 말한다고 할 수 있을 것이다.
- 幾多蟠蟄起雷音: '幾多'는 '딱 밝혀 말하기는 어려워도 꽤 많다'는 뜻이다.
- 立僧山偈奉謝: '山偈'는 스님이 암송하는 偈語를 말한다.

紹定庚寅季春無量(宗壽)書하다

【한자】 紹(이을 소), 庚(일곱째 천간 경), 寅(셋째 지지 인), 季(끝 계), 壽(목숨 수)

소정 경인년 봄 무량(宗壽)이 쓰다.

【講義】

황룡삼관黃龍三關의 내용은 무문 스님이 48칙을 설한 것에 대하여, 무량종수無量宗壽 스님이 황룡 스님 삼관에 덧붙여서 이 게송을 지어 감사의 뜻을 표한 것이다.

황룡은 홍주洪州 황룡혜남(黃龍慧南, 1002~1069) 선사로, 임제종 황룡파의 개조開祖이며, 석상초원(石霜楚圓, 987~1040)의 법을 이었다.

『오등회원』 17권 '황룡혜남黃龍慧南' 부분을 요약하면, 황룡혜남 선사가 오랫동안 참선에 뜻을 둔 학인들에게 제시한 세 가지 질문으로 집약된다.

하나는 "내 손은 어째서 부처님 손과 같은가?(我手何似佛手?)"이고, 둘은 "내 다리는 어째서 나귀의 다리와 같은가?(我脚何似驢脚?)"이며, 셋은 "사람마다 모두 태어난 인연처가 있는데, 어디가 그대의 태어난 인연처인가?(人人有箇生緣?)"이다.

황룡은 수행자들에게 항상 이 세 가지 질문을 했지만, 누구도 그 뜻을 적중한 사람이 없었다.

선의 수행자 사이에서는 이 질문을 '황룡삼관黃龍三關'이라고 부른다. 설사 누가 답을 말해도 '맞았거나 틀렸다'는 말은 없었다. 단좌하고 눈을 감고 있어서 누구도 '그 진의를 추측할 수 없었다'고 한다.

황룡 스님의 이 세 가지 질문은, 중생은 나의 손과 부처님의 손이 다르다고 생각하고, 나의 다리가 당나귀의 다리와 다르다고 생각하며, 중생은 각자 태어난 인연이 다르다고 생각하는데, 이러한 차별심을 떨쳐버리고 일체 만법이 본래 하나인 만법일여萬法一如의 경지를 체득하도록 하기 위한 법문이다. 사바세계의 차별심에 떨어져 있는 중생에게 무차별의 지혜인 불심의 경지로 나아가도록 제시한 법문이다.

첫째의 "내 손은 왜 부처님 손과 같은가?(我手何似佛手)"는, 무문 스님이 무문관 48칙을 설한 것에 대해, 무량종수 스님이 후학을 위해 황룡혜남 스님이 설한 황룡삼관에 친절하게 세 구절씩 덧붙여 감사의 뜻으로 지은 게송이다.

황룡삼관 가운데 첫 번째인 이 화두에 종수 스님이 다음과 같이 세 구절을 덧붙였다.

> 등 뒤의 베개를 손으로 더듬어 찾아내고(摸得枕頭背後)
> 나도 모르게 하하! 하고 크게 웃으니(不覺大笑呵呵)
> 원래 온몸이 바로 손이었구나(元來通身是手).

자! 내 손은 왜 부처님 손과 같은가? 얼른 경계를 나투어 보라! 『화엄경』「십지품」에 "마음과 부처와 중생, 이 셋은 차별이 없다"라고 설하였듯이, 우리는 부처님과 조금도 다름이 없는 육신과 불성을 가지고 있는데, 단지 우리는 무명업장無明業障을 가지고 있어서 부처님이 되지 못하고 있는 것이다.

우리는 모두가 훌륭한 불심을 가지고 태어났으나 이를 깨닫지 못하고 무명에서 허덕이고 있으니, 참으로 가엾은 존재이다. 그래서 "무명 속에서 헤매는 인생이여!" 하고 무의식적으로 큰소리치며 웃어댔다.

사실 내 손은 부처님 손과 조금도 다르지 않은 손이다. 원래 온몸이 모두 손이 되고, 온몸이 모두 눈이 되는 것이다. 주관과 객관의 대립이 없어져 사물과 하나 되는 경지이다.

이와 같이 온 우주에 있는 어떤 것도 자기가 아닌 것이 있겠는가? 우리가 사물을 볼 때 우리 자신은 통째로 눈인 것이며, 따라서 더 이상 보는 것이 아니다. 또 들을 때 우리 자신은 통째로 귀인 것이며, 따라서 더 이상 듣는 것이 아니다.

자! 무문 스님의 친절한 가르침을 바탕으로 첫 관문을 투과해 보라!

둘째의 "내 발은 왜 노새의 발과 같은가?(我脚何似驢脚?)"는 황룡삼관 가운데 두 번째 화두인데, 여기서 종수 스님이 다음과 같은 세 구절을 덧붙였다.

아직 발을 내딛지도 않았는데 벌써 도착하였다(未擧步時踏著).
마음먹은 대로 사해를 돌아다니고(一任四海橫行)
다리가 셋인 양기의 당나귀에 거꾸로 걸터앉았다(倒跨揚岐三脚).

위에서 손은 부처님 손과 같다고 자랑하고, 발은 당나귀 발 같이 흉하다고 했다. 그러나 흉한 발이지만 발을 들기도 전에 천하를 주름잡듯이 돌아다녔다고 했다. 그래서 사해四海를 횡행함에 맡겨두기는 하나, 다리가 셋인 양기의 당나귀에 거꾸로 걸터앉는다고 했다.

양기는 양기방회 선사를 가리킨다. 『고존숙어록』 18권 '양기방회선사어록楊岐方會禪師語錄'에 어떤 스님이 "어떤 것이 부처입니까?"라고 물으니, 양기 선사는 "절름발이 세 다리의 당나귀가 잘도 걸어간다"라고 대답했다

이 선문답으로 양기방회 선사의 종풍은 '삼각노자三脚老子'라고 불리게 되었다. 결국 양기 스님의 세 다리란 다리 하나가 더 붙어 있어 천하를 횡행하기에 더욱 편리하다는 것을 비꼬아 말한 것이다.

사실 온 우주는 바로 다리인 것이다. 그러나 이것은 어디까지나 말로 설명한 것이지, 체득의 나툼은 아니다. 자! 다리가 우주 자체인 경계를 어떻게 나툴 것인지 잘 따져 보라!

셋째의 "사람마다 태어나기 전의 생연이 있다(人人有箇生緣)"는 황룡삼관의 마지막 화두로, 매우 투과하기 어려운 화두이며, 종수 스님이 역시 다음과 같이 세 구절을 덧붙였다.

각자 태어나기 전의 본래면목을 깨닫다(各各透撤機先).
나타는 뼈를 부러뜨려 아버지에게 돌려주었다(那吒折骨還父).
오조는 어찌 아버지의 연을 빌 것인가?(五祖豈藉爺緣).

원래 황룡 스님은 이 화두에 대해서는 오직 물음만을 제자에게 던졌을 뿐, 제자가 나툰 경계에 대해서는 일체 긍정도 부정도 하지 않았다고 한다. 사실 이 화두는 '부모로부터 태어나기 전의 본래면목은 무엇인가?(父母未生前本來面目)'라는 화두와 똑같은 것이다. 자! 잘 탐구해 보라!

위에서 종수 스님이 덧붙인 둘째 구는 『오등회원』 2권 '서천동토응화성현西天東土應化聖賢'조條에 있는 이야기이다.

나타 왕자는 자기의 살을 추려서 어머니에게 돌려주었고, 자기의 뼈를 추려서 아버지에게 돌려주었다. 그러한 후에 자기의 본신을 나투어 큰 신통을 발휘하여, 부모를 위해서 설법했다는 내용을 담고 있는데, 나타 왕자는 그렇게 함으로써 그의 참된 몸을 사용하여 그의 부모를 위해 법을 설했다고 한다.

또 셋째 구는 오조홍인五祖弘忍 스님에 관한 전설적인 이야기와 관계가 있다.

전생에 홍인 스님은 파두산破頭山에 살았던 소나무를 심는 사람이란 뜻인 재송도자栽松道者로 불리웠던 은자隱者였다.

전생의 어느 날 그는 산 속에서 사조 도신道信 스님을 만나 "스님 밑에서 선 수행을 하고 싶다"고 말했다. 그러나 도신 스님은, 그대는 선 수행을 하기에 너무 늙었으니, 다시 태어나 선 수행을 하라고 권했다. 그래서 재송도자는 주周씨 성을 가진 사람의 딸의 배를 빌어 아버지 없이 다시 태어났다. 그 후 성장해 출가하여, 도신 스님을 만나 마침내 그의 법을 이어 받아 오조홍인이 되었다는 유래가 있다.

그런데 종수 스님은 이 마지막 구절에서 아버지와 무관한 본래의 자기인 '참 나'를 나투게 하여 생연의 깊은 뜻을 체득하도록 한 것이다. 인간은 각기 인연이 있어서 그곳에서 태어나게 된다.

여기서 부처님의 손과 당나귀의 다리로 태어난 인연이라고 말하지만, 우리들 자체는 부처도 아니고, 불도佛道도 아니며, 또한 선禪도 아니다. 그저 원래가 불성佛性이며, 불성이야말로 무문無門의 문을 통하는 문인 것이다.

맹공발문孟珙跋文

達磨西來하여 不執文字하고 直指人心[154]하여 見性成佛[155]이라하니 說箇直指는 已是迂曲이어늘 更言成佛하니 郎當不少로다 旣是無門인댄 因甚有關고 老婆心切하여 惡聲流布라

【한자】 執(잡을 집), 迂(멀 우), 郎(사내 랑), 婆(할미 파), 切(끊을 절)

달마가 서쪽에서 와, 문자에 집착하지 않고 직접 사람의 마음을 가리켜 불성을 깨달아 불과를 이룬다고 하니, 직지라고 말하는 것은 이미 구불구불하는(횡설수설하는) 것이거늘, 더욱이 불과를 이루었다고 하니 잘못된 것이 적지 않도다. 이미 무문인댄 무엇 때문에 관문이 있는가? 노파심이 간절하여 〔오히려〕 잘못된 소리(惡聲)가 유포되었다.

---

154 直指人心: 교리를 생각하거나 모든 戒行을 닦지 아니하고, 직접 사람의 마음을 지도하여 佛果를 이루게 함.

155 見性成佛: 자기 본래의 天性을 깨달아 불도의 성과를 거둠.

【문법해설】

- 郎當不少: 앞 제27칙 참조.

無庵欲贅一語하여 **又成四十九則**하니 **其間些子誵**[156]**訛**는 **剔起眉毛**하여 **薦取**하리라

【한자】 庵(암자 암), 贅(혹 췌), 些(적을 사), 誵(말 공손하지 못할 효), 訛(그릇될 와), 剔(바를 척), 薦(천거할 천)

무암 선사가 쓸모없이 일어一語를 더하고자 하여, 또 49칙을 지으니, 그간의 사소한 거짓은 눈썹을 깎아 내듯 남김없이 한데 모아 내 것으로 하리라(알아차리리라).

【문법해설】

- 其間些子誵訛: (1) '些子'는 '소량의, 약간의'라는 뜻이다. (2) '誵訛'는 공손하지 못하고 거짓되다. 즉 거짓말 또는 남을 속인다는 말이다.
- 剔起眉毛: '起'는 동사 뒤에서 몇 가지 의미를 나타낸다. ①'～하기 시작하다' ② 방향보어로 동사 뒤에 쓰여 동작이 밑에서 위로 향하는 것을 나타낸다. ③ 가능보어로 동사 뒤에 쓰여 일정한 수량, 기준, 정도 등을 만족시킬 수 있는가 없는가를 나타낸다. ④ 방향보어로, 동사 뒤에 쓰여 사물의 동작이 연속 또는 반복적으로 출현하는 것을 나타낸다. ⑤ 방향보어로 동사 뒤에 쓰여 동작이 사람 또는 일에 관련되는 것을 나타낸다.

---

156 誵: 말 공손하지 못할 효.

〔예문〕 ① 從三號算起(3부터 세기 시작하다.)

② 抬起箱子往裡進(상자를 들고 안으로 들어가다.)

③ 經得起考驗(시련을 이겨낼 수 있다.)

④ 樂隊奏起結婚進行曲(악단이 결혼 행진곡을 연주하기 시작했다.)

⑤ 他突然想起一件事(그는 갑자기 한 가지 일이 떠올랐다.)

▪ 薦取: '薦得'이라고도 한다. 薦은 돗자리, 장기나 바둑을 두어서 이겼을 때, 돗자리에 깔린 금전을 남김없이 모조리 끌어들여 내 것으로 삼는다는 말이다. 선어로 적극적으로 당면문제와 맞서 자기 것으로 한다는 뜻이다.

淳祐乙巳夏重刊

檢校少保寧武軍節度使 京湖安撫制置大使 兼屯田大使 兼虁路策應大使 兼知江陵府漢 東郡開國公 食邑二千一百戶 食實封陸佰戶 孟珙跋

【한자】 淳(순박할 순), 祐(도울 우), 巳(여섯째 지지 사), 檢(봉함 검), 撫(어루만질 무), 屯(진 칠 둔), 虁(조심할 기), 陵(큰 언덕 릉), 封(봉할 봉), 佰(일백 백), 珙(큰 옥 공), 跋(밟을 발)

순우 을사년 여름 중간하다.

검교소보녕무군절도사檢校少保寧武軍節度使 경호안무제치대사京湖安撫制置大使 겸둔전대사兼屯田大使 겸기로책응대사兼虁路策應大使 겸지강능부한兼知江陵府漢 동군개국공東郡開國公 식읍이천일백호食邑二千一百戶 식실봉륙백호食實封陸佰戶란 벼슬을 하는 맹공이 발문을 쓰다.

【講義】

달마 대사가 인도에서 중국으로 건너오면서 불립문자不立文字라는, 문자를 쓰지 않는 선법을 가지고 왔다. 달마 대사가 가지고 온 불법은 문자로 표현할 수 없기 때문에, 문자를 쓰려고 해도 쓸 수 없다.

그러나 문자를 쓰지 않고 곧바로 사람의 본래 마음을 직시하여(直指人心), 성품을 깨닫고 부처를 이루도록(見性成佛) 한 것이라고 하면, 이것 또한 잘못(郎當)이 아닐 수 없다.

이미 문이 없다고 했는데, 무엇 때문(因基)에 관문關門이 있을까? '관關'이란 범부로부터 부처에 이르는 '고비'를 말한다. 즉 '깨치는 찰나'이다.

이미 모두 불성을 지니고 있는데, 깨친다는 말도 안 되는 말이고, 범부니 부처니 하는 말도 당치 않는 말이다. 이러함에도 불구하고 견성이니 성불이니 횡설수설(迂曲)한 것은, 달마 대사가 한 사람이라도 깨우쳐 보려고 친절을 베푼 것이지만, 그것이 도리어 악성(惡聲: 잘못된 소리)을 퍼트린 것이 됐다고 맹공孟珙이 비평을 하고 있다. 그러나 그것은 사실은 크게 칭찬한 말이라고 할 것이다.

나 무암無庵도 쓸데없는 한마디를 덧붙여서 결국 49칙이 되었는데, 이는 군더더기로 혹 하나를 덧붙인 셈이 된 것이다.

효와誵訛는 거짓말 또는 남을 속인다는 뜻도 된다. 무문 스님의 48칙도 모두 군소리만 털어 놓은 것인데, 그것도 모자라서 49칙까지 더 보태었으니, 여기에 조금이라도 잘못된 것이 있는지, 눈을 크게 뜨고 남김없이 찾아서 알아보기 바란다.

척剔은 '세우다, 곧추서게 하다'라는 뜻으로 썼으며, 아래의 예를 찾아볼 수 있다.

說言未了, 只見林冲雙眉剔起, 兩眼圓睜.『水滸傳·第十九回』(말이 아직 끝나지 않았으나, 단지 임충이 두 눈썹을 세우고, 두 눈은 동그랗고 크게 뜨는 것을 볼 뿐이다.)
姨太太剔起了兩道細長的假眉毛. 茅盾『子夜·十一』(이태태는 두 갈래의 가늘고 긴 가짜 눈썹을 세웠다.)

천취薦取는 선어로 적극적으로 당면문제와 맞서 자기 것으로 한다는 뜻으로 썼으며, 아래의 예를 찾아볼 수 있다.

百草頭上 薦取老僧.『景德傳燈錄 19·雲門文偃』(온갖 풀 위에서 노승의 뜻을 알아보아야 한다.)

'검교소보녕무군절도사檢校少保寧武軍節度使……식실봉륙백호食實封陸佰戶'는 맹공의 벼슬 이름이다. 어마어마한 벼슬아치였던 모양이다.

그 옛날에는 책 끝에 발문跋文을 쓰는 풍습이 있었는데, 아마도 고관대작과 같은 저명인사의 글을 실었던 모양이다. 그래서 맹공 역시 당시 고관이었기 때문에, 그에게 발문을 쓰게 했던 것이다.

안만발문安晩跋文

無門老禪이 **作四十八則語**하여 **判斷古德公案**하니 **大似賣油餠人**이 **令買家開口接了**하여 **更餠人**이 **令買家開口接了**하여 **更呑吐不得**이라

【한자】 餠(뱅어 병), 接(사귈 접), 呑(삼킬 탄), 吐(토할 토)

무문 노선사가 48칙어를 지어 고덕 스님들의 공안을 판단하니, 〔이것은 마치〕 유병(油餠, 기름에 튀긴 빵)을 파는 사람이 산(買) 사람으로 하여금 입을 열어 먹은 후엔, 다시 삼키고 토할 수 없게(삼키고 토해서는 안 된다고) 하는 것과 매우 흡사하니라.

【문법해설】

- 令買家開口接了: (1) '令'은 사역동사로서 '~으로 하여금 ~하게 시키다'라는 뜻이다. (2) '買家'는 '家'로 말미암아 '물건을 산 사람이 집'과

같이 해석하지 않는다. 현대한어에서는 複音節詞로 '사는 쪽, 사는 사람' 등의 뜻이 있다. (3) '了'는 ①동태조사로 동사 뒤에 쓰여 동작의 완성을 표시하거나, ②어기조사로 문장의 끝에 쓰여 어떤 상황이 변했거나 곧 변화할 것을 나타낸다. 여기에서는 ①을 따라 해석한다.

▪ 更吞吐不得: (1) '更'은 '고치다, 개선하다, 변경되다, 갚다, 겪다, 지나가다, 늙은이, 밤 시각, 번갈아, 교대로' 등의 뜻일 때는 '경'으로 읽고, '다시, 더욱, 도리어, 반대로, 어찌' 등의 뜻일 때는 '갱'으로 읽는다. (2) '~不得'은 동사 뒤에 붙어서 '~해서는 안 된다'나 〔~할 수 없다'라는 뜻으로 쓰인다. 여기서는 두 가지가 모두 가능하므로, '다시 먹을 수도 토할 수도 없게 하는 것'이나 '다시 먹어서도 토해서도 안 된다고 하는 것' 등으로 해석할 수 있다.

然雖如是나 **安晩欲就渠熱爐熬上**하여 **再打一枚**하니 **足成大衍之數**라 **卻仍前送似**로다

【한자】 就(이룰 취), 渠(도랑 거), 爐(화로 로), 熬(볶을 오), 枚(줄기 매), 衍(넘칠 연), 仍(인할 잉)

비록 이와 같으나, 안만 거사가 그 뜨거운 화로에 나아가 볶아 다시 한 줄기로 하고자 하니, 충분히 대연지수大衍之數를 이룰 수 있다. 그러나 여전히 앞에서 망치는 것 같도다.

【문법해설】

▪ 安晩欲就渠熱爐熬上: (1) '就'는 문장성분으로 보면 '欲'이라는 조동사

뒤에 오고, 대사(渠) 뒤에 위치하므로 반드시 동사가 되어야 한다. 따라서 '就'가 동사로 쓰일 때의 의미를 살펴보면 아래의 몇 가지를 들 수 있다. ①'가까이 가다, 다가가다' ②'(어떤 일에) 종사하기 시작하다' ③'~를 당하다, ~를 입다' ④'완성하다, 확정하다' 등이다.

〔예문〕 ①就火取暖(불에 다가가 따뜻하게 하다.)

②就學(취학하다.)

③就擒(사로잡히다, 포획되다.)

④成就(성취하다.)

(2) '渠'는 方言에서 代詞로 '그, 그 사람, 그것'이라는 뜻으로도 쓰인다.

〔예문〕 不知渠爲何人(그가 어떤 사람인지 알지 못한다.)

(3) '熬上'에서 '上'은 동사 뒤에 쓰여 방향보어가 되어 아래의 몇 가지 뜻을 갖는다. ①낮은 곳에서 높은 곳을 향하는 것을 나타낸다. ②결과가 있거나 목적이 실현된 것을 나타낸다. ③동작이나 행위 등이 계속되는 것을 나타낸다. 여기서는 ②와 ③으로 해석할 수 있을 것이다. 따라서 결코 '올라가다'라고 해석해서는 안 된다.

〔예문〕 ①終于爬上了山頂(그는 마침내 산 정상에 올랐다.)

②他在美國考上了大學(그는 미국에서 대학에 합격하였다.)

③他愛上了我的姐姐(그는 내 누나를 좋아하게 되었다.)

▪ 再打一枚: '打'는 ①동사로 '(손이나 기구를 써서 물체를) 치다, 두드리다, 때리다' ②동사로 '(그릇, 알 등이 부딪혀) 깨지다, 부서지다, 깨뜨리다, 부수다' 등의 뜻이 있는데, 이때 만약 사물이 주어가 되면 의미상의 피동문이 된다. ③동사로 '구타하다, 싸우다' ④동사로 '남과 교섭하는 행위가 발생하다' ⑤동사로 '짓다, 세우다, 건조하다, 축조하다, 쌓다' ⑥동사로 '(기물, 식품 등을) 제조하다' ⑦동사로 '저어서 섞다' ⑧동사

로 '묶다, 싸다, 꾸리다' ⑨ 동사로 '(옷, 실 등을) 짜다' ⑩ 동사로 '그리다, 바르다, 인쇄하다, 찍다, 새기다' ⑪ 동사로 '(구멍, 구덩이를) 파다' ⑫ 동사로 '들다' ⑬ 동사로 '방사하다, 발사하다, 치다, 걸다' ⑭ 동사로 '(증서, 증명서 등을) 수령하다, 교부하다' ⑮ 동사로 '제거하다, 없애다' ⑯ 동사로 '(물을) 긷다, 뜨다' ⑰ 동사로 '사다' ⑱ 동사로 '사냥하다, 잡다' ⑲ 동사로 '(베거나 쪼개는 동작을 통해) 수집하다, 모으다, 거두어들이다' ⑳ 동사로 '정하다, 짜다, 계산하다, 산출하다' ㉑ 동사로 '(일)하다, 종사하다' ㉒ 동사로 '(체육활동이나 어떤 놀이를) 하다' ㉓ 동사로 '(신체를 통한 어떤 동작을) 하다' ㉔ 동사로 '(어떤 방식을) 택하다. 취하다. 쓰다' ㉕ 장소나 시간을 나타내는 개사로 '~로부터' 등으로 쓰인다. 여기서는 ⑤와 유사한 뜻이라고 본다.

〔예문〕 ② 蛋打了, 鷄也走了(알이 깨지고, 닭도 도망갔다.)

④ 打官司(소송을 걸다.)

⑤ 他正打着墻呢(그는 지금 담을 세우고 있어요.)

⑥ 打家具(가구를 만들다.)

⑦ 我把肉餡兒早就打出來了(나는 고기의 떡소를 이미 섞었다.)

⑧ 我打好行李了(나는 짐을 다 쌌다.)

⑨ 打毛衣(스웨터를 짜다.)

⑩ 我在本子上打了幾條直線(나는 공책에 몇 개의 직선을 그렸다.)

⑪ 我在木板上打了三個眼兒(나는 나무판대기에 세 개의 구멍을 팠다.)

⑫ 你把國旗打在前面吧(너는 국기를 앞쪽에서 들어라.)

⑬ 我要打電話回家(나는 집에다 전화를 걸어야겠다.)

⑭ 我來打給你一張收據(제가 당신께 영수증 한 장을 찍어 드릴게요.)

⑮ 打皮(껍질을 벗기다.) / 打枝(가지를 치다.)

⑯ 他剛剛打水去了(그는 방금 물 길으러 갔어요.)

⑰ 我來打票吧(내가 표를 끊을게.)

⑱ 打鳥(새를 잡다.)

⑲ 打柴火(땔감을 하다.)

⑳ 他也許打下主意了(그는 아마도 생각을 정했을 거예요.)

㉑ 打埋伏(매복하다.)

㉒ 打乒乓球(탁구를 치다.)

㉓ 打瞌睡(졸다.)

㉔ 打比方(예를 들다.)

㉕ 咱們先打這里說起吧(우리 여기서부터 먼저 이야기를 시작하자.)

▪ 足成大衍之數: (1) 여기에서 '足'은 부사로 '어떤 수량이나 정도에 여유 있게 다다를 수 있는 것을 표시하여 '충분히'라는 뜻을 나타낸다.

〔예문〕 我們足有三 四十年沒見了(우리가 못 만난 지 삼사십 년은 충분히 되었다.)

(2) '大衍之數'에서 '衍'은 갑골문에서 물(水)이 최종 목적지인 넓은 바다를 향해서 흘러간다(行)는 뜻으로, 물이 바다에 모이면 넓어지듯이 '大衍之數五十'은 수의 이치를 오십으로 크게 넓힌다는 뜻이 되는 것이다. 12세기 이전의 先儒들은 '대연지수오십'에 대한 해설을 우주자연의 이치와 천문역수와 관련지어 해설하고 있는데, '대연지수오십'은 서수筮數이기 이전에 천지자연의 이치를 인간에게 이해시켜주는 교량의 역할을 하는 어휘라고 하여야 할 것이다.

▪ 卻仍前送似: (1) '仍'는 ① 동사로 '〔그대로〕 따르다, 인하다, 인습하다' ② 형용사로 '빈번하다' ③ 부사로 '아직도, 여전히' ④ 부사로 '누차, 거듭' 등의 뜻이 있다.

〔예문〕 ① 一仍其舊(하나같이〔완전히〕 옛것을 따르다.)

③ 仍不死心(아직도 단념하지 않다.) / 仍无變化(여전히 변화가 없다.)

(2) '送'은 ①'보내다, 배달하다, 전달하다' ②'주다, 선사하다, 증정하다, 선물하다' ③'배웅하다, 전송하다, 바래(다) 주다' ④'버리다, 망치다' 등의 뜻이 있다. 여기서는 ④를 따르는 것이 좋을 것 같다.

〔예문〕 ① 送飯(식사를 배달하다.)

② 奉送(드리다.) / 白送(무료로 주다.)

③ 別送, 別送!(나오지 마십시오!) / 不送, 不送!(나가지 않습니다!)

④ 把好好的一份家産當送在他的手裏了(그 많던 가산이 그 사람 손에서 탕진되고 말았다.) / 天那! 兀的不送了我這條老命(하늘이여! 어찌하여 이 늙은 목숨을 끊어주지 않으십니까?)

未知老師는 **從何處下牙**오 **如一口喫得放光動地**라도 **若猶未也**라 **連見在四十八箇**하여 **都成熱沙去**하리니 **速道速道**하라

미지 노사는 어디에서부터 깨물 것인가(下牙)? 만약 한입에 먹어서〔하늘에서는〕 빛을 발하고 〔땅에서는〕 땅을 움직일 수 있더라도, 오히려 그렇지 못한 것 같은지라. 48칙에 드러난 것조차도 모두가 뜨거운 모래가 되고 말 것이니, 속히 말하라! 속히 말하라!

【문법해설】

- 連見在四十八箇: (1) '連'은 많은 뜻이 있는데, 그 중 개사로 사용될 때는 ①'~조차도, ~마저도, ~까지도'(이 용법은 뒤의 '也'·'都'·'還'

따위와 호응하여 단어나 句(詞組)를 강조한다.) ②'~을(를)'(이 용법은 현대한어의 '把'·'將'과 같다.) 등의 용법이 있는데, 여기서는 ①을 따르는 것이 좋을 것이다. 따라서 '48칙에 잇달아 드러나~'라고 해석하지 않는다.

〔예문〕 ① 連水也不能喝(물조차도 못 마신다.)

② 等我連這張報看完了再去(내가 이 신문을 다 보고난 뒤에 가자.)

(2) '見'을 '보다'라고 해석하고자 하면 동사구조로 보아 뒤에 목적어가 있어야 한다. 그러나 뒤에는 '在'라는 개사를 쓰고 있기 때문에 마땅히 '드러나다'라고 해석되어야 한다고 본다.

▪ 都成熱沙去: 현대한어에서 '去'는 방향보어가 되어 아래의 몇 가지 뜻으로 쓰인다. ① 동사 뒤에 쓰여 동작에 따라 원래 있던 곳에서 다른 곳으로 떠나가거나 옮겨가는 것을 나타낸다. ② 동사 뒤에 쓰여 동작이 계속되는 것을 나타낸다. 여기에서는 사실 '成熱沙去'와 같이 '成'이라는 동사와 떨어져 있기 때문에, 엄밀하게 말하면 아직 동사로 '가다'라는 뜻이라고 해야 하며, '모두가 뜨거운 모래가 되어 가다'와 같이 해석하여야 할 것 같지만, 이후 차츰 虛化되어 보어가 되기 때문에 그것에 따라 해석하기로 한다.

〔예문〕 ① 拿去(가져가다.) / 上去(올라가다.)

② 一眼看去(한눈에 보다.) / 讓別人說去吧(다른 사람이 말하게 하다.)

【講義】

안만安晩은 송대 사람으로 이름은 정청지鄭清之이고, 자字는 덕원德源이며, 호는 안만이고 시호는 충정忠定이다. 송대 이종理宗 황제 때 우승상을 지냈다. 그의 문집으로 『안만집』이 전한다.

무문 스님께서 옛 선사 스님들의 공안 48칙을 가려서 거기에 평창評唱과 송頌을 붙여 날카롭게 비판하였다.

이것을 안만은 마치 기름에 튀긴 떡을 파는 사람이 떡을 사는 사람의 입을 벌려서 입안에 가득히 집어넣어 먹인 후에, 삼킬 수도 없고 뱉을 수도 없도록 한 것과 같다고 하였다.

이 말은 자기는 잘 알겠지만 남은 잘 알지도 못하는 말을 늘어놓았다는 뜻이다. 다시 말하면 벙어리가 꿀을 먹으면 자신은 단맛을 알겠지만, 남에게는 단지 쓴지를 알릴 도리가 있겠느냐고 한 것과 같다.

이는 안만이 무문 스님의 노고를 칭찬한 말이기도 하다. 여기 안만의 발문은, 안만이 무문의 48칙을 읽고 그를 칭찬하기 위하여 49칙어를 써서 머리말을 붙인 것이다.

그리고 안만이 공안 한 칙을 창작한 것을, 마치 기름떡 하나를 더 만들어 펄펄 끓는 큰 솥에 넣는 것에 비유하고 있다.

대연수大衍數란 『주역周易』에서 복서卜筮의 산가지가 50개인 것에서 비롯되어 천지간의 만물을 상징하는 '50'이라는 숫자를 말한다.

홀수인 '1·3·5·7·9' 등을 합한 천수天數 25와 짝수인 '2·4·6·8·10' 등을 합한 지수地數 30이 모여 55를 이루는데, 여기에서 대수大數 50을 거론하여 만물을 연출해내는 수로 삼았으므로 이를 대연수라고 한다. 실제로 점을 칠 때에는 이 50에서 다시 하나를 빼고 49만을 사용하게 되어 있음을 이른 말이다. 즉 49칙을 써서 무문 화상이 48칙을 제창한 것처럼 세상에 그럴듯하게 제시해 보고자 한 것이다.

그런데 무문은 이 기름떡을 어떻게 먹으려고 할까? 만약 한입에 이 기름떡을 먹을 수가 있으면 부처님이 설법할 때와 같이 하늘에서는 광명이 비치고, 땅이 진동하는 기이한 일이 일어날 것이다. 그러나 만약 이것을 먹을 수가 없으면 무문이 제시한 지금까지의 48칙도 모두 뜨거운 모래사막의 신기루가 되고 말 것이다.

자! 속히 말해 보게! 속히 말해 봐!

제49구칙어第四十九則語

本則

經云하되 **止止**하라 **不須說**하니라 **我法妙難思**[157]라하니 **安晩曰法從何來**며 **妙從何有**오 **說時又作麼生**고 **豈但豊干饒舌**이리요 **元是釋迦多口**로다 **這老子造作妖怪**하여 **令千百代兒孫**으로 **被葛藤**[158]**纏倒**하여 **未得頭出**하니 **似這般奇特**[159]**話**는 **鈀匙挑不上**이요

---

157 佛復止 舍利弗 若說是事 一切世間天人阿修羅 皆當驚疑 增上慢 比丘 將墜於大坑 爾時世尊 重說偈言 止止不須說 我法妙難思 諸增上慢者 聞必不敬信. 『妙法蓮華經』 제2 「방편품」(부처님께서는 또 사리불에게 "그만두어라" 하시면서 말씀하셨다. "만약 이 일을 말한다면, 모든 세간의 천신과 사람, 그리고 아수라들은 모두 놀라고 의심하며, 매우 교만한 비구들은 장차 큰 구렁텅이에 떨어지리라" 이때 세존께서는 다시 게송으로 말씀하셨다. "그만두어라, 그만두어라. 〔더 이상〕 말해선 안 된다. 나의 법은 미묘하고 불가사의하여, 뛰어난 체하여 너무 교만한 사람들은 들으면 반드시 공경하지도 않고 믿지도 않으리라.")

158 葛藤: ①칡과 등나무라는 뜻으로, 일이나 사정이 서로 복잡하게 뒤얽혀 화합하지 못함의 비유한 말. ②서로 상치되는 견해·처지·이해 따위의 차이로 생기는 충돌.

甑蒸不熟이라

【한자】 饒(넉넉할 요), 妖(아리따울 요), 怪(기이할 괴), 葛(칡 갈), 藤(등나무 등), 纏(얽힐 전), 倒(넘어질 도), 靶(고삐 파), 匙(숟가락 시), 挑(휠 도), 甑(시루 증), 蒸(찔 증), 熟(익을 숙)

경에서 말하기를 "그만두어라, 그만두어라. 〔더 이상〕 말해선 안 된다. 나의 법은 미묘하고 불가사의하니라"라고 하니, 안만 거사가 말하기를 "법은 어디에서 오고, 묘는 무엇으로 말미암아 있는가? 말할 때는 또 어떻게 하며, 어찌 단지 이렇게 저렇게 쓸데없는 말을 하리오. 원래 석가는 말이 많도다. 이 늙은이가 괴이한 말을 조작하여 천백 대의 후손으로 하여금 서로 복잡하게 뒤얽혀 화합하지 못하게 되어 얽혀 넘어지게 하여 아직까지 머리를 내밀 수 없게 하니, 마치 이 기이하고 특별한 말은 고삐로 만든 열쇠라도 맬 수 없고, 솥으로도 쪄서 익힐 수 없는 것 같으니라" 하였다.

評唱

有多少錯認底傍人이라도 **問云 畢竟作如何結斷**고 **安晚合十指爪曰止止**하라 **不須說**이고 **我法妙難思**니 **卻急去難思兩字**하고 **上**하여 **打箇小圓相子**하여 **指示**[160]**衆人**하리라 **大藏五千卷**과 **維摩**

---

159 奇特: ① 언행이 기이하고 귀염성이 있음. ② 말이나 행동이 기이하고 특별함.

160 指示: ①〔어떤 대상을〕 가리켜 보이는 것. ②〔어떤 일을 누구에게〕 일러서 시키는 것. ③법률·증권 상의 기재에 의하여 어떤 사람을 권리자로 지정하는 일.

不二門이 總在裡許니라

【한자】 錯(섞일 착), 傍(곁 방), 爪(손톱 조)

〔그러자〕 다소 잘못 알고 있는 옆의 사람이 묻기를 "필경 어떻게 결단할까?"라고 하니, 안만 선사가 열 손가락을 모우고(합장하고) 말하기를 "그만두어라, 그만두어라. 〔더 이상〕 말해선 안 된다. 나의 법은 미묘하고 불가사의하니라"라고 하며, 도리어 급히 '난사難思'라는 두 글자를 제거하고, 위에 나아가 작은 원 모양을 그려 대중들에게 "대장경 오천권과 유마의 불이문 등의 설이 모두 〔이〕 안에 있느니라"라고 가리켜 보였다.

【문법해설】

- 卻急去難思兩字하고 上하여: '卻急去難思兩字上하여'라고 懸吐한 것을 고쳤다. '去'는 앞에 형용사나 부사가 될 수 있는 '急'이라는 글자가 있어서, 동사 뒤에 쓰여 '동작이 화자로부터 멀어지는 것'을 나타내거나, '동작이 지속되는 것'을 나타내는 것과는 무관하고, 뒤에 목적어(難思兩字)라고 할 수 있는 글자가 있는 것으로 보아, '去'가 동사가 되어야 한다. 따라서 동사로 쓰일 때의 뜻인 '가다', '잃어버리다', '~로부터 거리가 멀다', '제거하다' 등의 뜻에서 '제거하다'라는 뜻이 이곳의 의미와 가장 부합된다고 생각된다.

  〔예문〕 把這條線再去一寸(이 실을 한 치 더 잘라서 줄여라.) / 四十八去二十三, 剩下二十五(48에서 23을 빼면 25가 남는다.)
- 總在裡許: '許'는 ①'칭찬하다' ②'〔남에게 어떤 것을 주거나 어떤 일을

해 줄 것을] 약속하다, 동의하다' ③'婚約하다, 약혼하다' ④'허가하다, 윤허하다, 승낙하다' ⑤부사로 '어쩌면, 아마도, 혹시' ⑥'정도, 쯤. 稍許(약간), 些許(조금쯤의)' ⑦'장소, 곳' ⑧'이와 같이, 이처럼, 이러한. 如許(이와 같다)' 등의 뜻이 있는데, 여기에서는 ⑦을 따른다.

〔예문〕 ①許爲佳作(훌륭한 작품이라고 칭찬하다.)

②他許過我請我吃韓國菜(그는 나에게 한국요리를 대접한다고 약속했었다.)

③他的姐姐已經許給別人了(그의 누나는 이미 다른 사람과 약혼을 했다.)

④你們只許看, 不許摸(너희가 보는 것만 허락하고, 만지는 것은 허락하지 않는다.)

⑤她許不會來了(그녀는 어쩌면 오지 않을 지도 몰라.)

⑥這里可容一萬許人(이곳은 만 명 정도의 사람을 수용할 수 있다.)

⑦何許人?(어디 사람이냐?)

⑧泉水淸如許(샘물이 이처럼 맑다.)

- 說時又作麽生: '作麽生'는 '어떻게'라는 뜻으로 쓰였다.
- 豊于饒舌: 唐나라 台州牧 閭丘胤이 高僧 豊干의 부탁을 받고 부임하여, 寒山과 拾得 두 스님을 배알하자, 두 스님께서 웃으면서 "풍간이 쓸데없는 말을 했구나"라고 하였는데, 그 이후부터 '쓸데없이 말참견하며 이러쿵저러쿵하다'라는 뜻으로 쓰이게 되었다고 한다. 또 '饒舌'은 각각을 單音節詞로 보아도 '혀가 넉넉한 것'이기 때문에 동사로 '쓸데없는 말을 하다, 이러쿵저러쿵하다'라는 뜻이기도 하다.

頌曰

語火是燈인댄 **掉頭弗譍**이라 **惟賊識賊**이라야 **一問旣承**하리라

불이 등이라고 말하면, 머리를 흔들며 〔스스로 생각한 바를 곧바로 찔러서〕 대꾸하지 말라. 오직 도적만이 도적을 알 수 있어서, 한 번 물으면 곧 〔명령이나 분부를 따위를〕 수락하리라.

【한자】 燈(등잔 등), 掉(흔들 도), 譍(응할 응), 賊(도둑 적), 承(받들 승)

【문법해설】

▪ 語火是燈: '語'는 일설에 따르면 '한 사람이 시비를 변론하는 것을 말한다'고 한다. 아마 『설문해자』의 '從言吾聲'에서 '吾'는 소리와 뜻을 겸하고 있어서, '나와 네가 서로서로 각자 스스로(吾)의 말(言)을 주장하여 남에게 말하는 것'이 '語'의 본의라고 생각된다.

淳祐丙午季夏初吉[161] 安晩居士書于西湖漁莊

【한자】 淳(순박할 순), 祐(도울 우), 丙(남녘 병), 午(일곱째 지지 오), 季(끝 계), 莊(장중할 장)

순우 병오년 여름 초하루 안만 거사가 서호어장에서 쓰다.

舊板磨滅故 重命工鋟梓畢 這板置于武藏州兜率山廣園禪寺也

【한자】 磨(갈 마), 滅(멸망할 멸), 鋟(새길 침), 梓(가래나무 재), 畢(마칠 필), 兜(투구 두), 率(거느릴 솔)

---

161 初吉: ① 옛날, 음력 초하루. ② 음력 초하루부터 초여드레.

구판이 마멸되었으므로, 장인에게 거듭 명하여 가래나무에 새기게 하였다. 이 판은 무장주 두솔산 광원선사에 설치되었다.

【문법해설】

- 重命工鋟梓畢: '畢'은 동사로 '마치다, 완성하다, 완결하다'라는 뜻이 있는데, 여기서는 마치 현대한어의 '了'와 같이 虛化되어 완료를 나타내는 것으로 볼 수 있을 것이다.

應永乙酉十月十三日 幹緣比丘 常收

【한자】 幹(줄기 간), 緣(가선 연)

응영 을유년 10월 13일 간연비구 상이 모았다.

【講義】

49칙어는 맹공孟珙이 지은 것인지, 아니면 안만安晩이 지은 것인지 의심스러울 수 있다.

그러나 『무문관』 맹공의 발문에 "……나 무암도 쓸데없는 한마디 말을 덧붙여 결국 49칙이 되었는데……"라고 언급하고 있다.

아마 무문의 48칙 이외에 한 칙을 더하여 49칙으로 할 의도였는데, 『무문관』 제1칙부터 48칙까지 '본칙, 평창, 게송'이라는 형식을 취하고 있기 때문에 단순한 발문으로 취급되어 간행되었다가, 그 후 『무문관』은 안만이라는 거사가 발문과 49칙어를 첨가하여 간행시켰을 것이다. 여기에는 분명히 '본칙, 평창, 게송'이라는 형식을 취하고 있다.

『무문관』은 초판 이후 3판이 거듭 간행되면서 발문과 49칙어가 첨가되었다고 볼 수 있다.

'경운經云'은 『법화경』 「방편품」의 "그만두고 그만두라. 설하지 말라. 나의 법은 미묘하여 사량으로 이해할 수 없다. 증상만의 사람들이 이 법을 들으면 반드시 믿지 않고 공경하지 않으리라"라고 한 것에서 나온 말이다.

여기에서 지止는 정靜이다. 불법의 당체요, 깨친 그 자리이다 이 자리는 말로도 표현할 수 없고, 글자로도 쓸 수 없고, 추리로도 캘 수 없다. 그래서 묘난사妙難思라고 했다.

'안만왈安晩曰'이라고 한 것으로 보아, 안만 거사가 무문처럼 평창을 달고 있는 것을 알 수 있다.

법法은 어디로부터 오고 그 근원은 어디인가? 묘妙는 어떻게 생겨나서 유有가 되는가? 법이란 있는 것도 아니고 없는 것도 아니며, 어디에서 오는 것도 아니고, 어디로 가는 것도 아니다. 행주좌와와 어묵동정이 모두 법인 것이다.

다만 이 법을 설한다면, 도대체 어떻게 설할 것인가? 이를 중생들에게 이해시키기 위하여 글자로도 표현해보고 말로도 이치를 캐보는 이런 짓들이, 잔소리꾼 풍간 한 사람만이 할 수 있는 일인가?

풍간豊干은 당대 선승으로 천태사天台山 국청사에 은거생활을 하면서, 한산·습득과 더불어 국청삼은國淸三隱으로 불린 풍광승風狂僧이다. '풍간은 잔소리꾼'이라고 한산시 서문에 나온다.

원래 석가도 말이 많았다. 괜히 소용없는 말을 늘어놓아 바람 없는데,

파도를 일으킨 격이 되었고. 무문도 이상한 말 48칙을 만들어, 천추만대 자손에게 갈등을 주게 했다는 것이다.

이러한 48칙 이야기는 쉽게 받아들일 수도 없고, 젓가락으로 떠올릴 수도 없고, 시루에 넣어 쪄도 익지 않는 것이다. 결국 불법 그것은 손댈 수 없다는 것이다.

이와 같은 이치를 잘 모르고 불법이 어떤 것이냐고 물으면, 안만은 공손히 합장하여 "그만두고 그만두라. 그것을 설해서는 안 된다. 나의 불법은 미묘하여 사량분별로는 이해하기 어렵다"라고 하며 급히 난사難思 두 글자를 쓰고, 그 위에 동그라미를 그려서 대중에게 제시하면서, 팔만대장경과 유마 거사의 불이不二법문이 모두 이 원상 가운데 있다고 하였다. 안만은 불법의 묘처를 원상을 그려서 여기 있다고 하였다.

게송을 들어보자.

불은 바로 등인 것을 알고, 등은 바로 불인 것을 아는 사람이라면 말 한마디에 곧 알아차린다. 그런 사람에게 달리 새롭게 설할 필요가 없다.

그런데 왜 머리를 옆으로 흔들면서 순응하지 않는가? 그것은 사량분별심思量分別心이 있기 때문이다. 사량분별심을 제거하면 곧바로 설할 수도 없고 미묘하여 사량할 수도 없는 법의 당체가 그대로 드러나게 된다.

마치 똑같이 도적이 되어야 도적을 알 수 있는 것처럼. 언어로 설명하기 이전에 이심전심으로 곧바로 알아차릴 수 있다는 의미이다.

이러한 경지에서 아무런 말도 필요 없고 설하지 않아도 알 수 있다.

글을 마치며

『무문관』은 선승과 학인의 대화가 대부분으로, 너절한 주변의 설명보다는 간결한 말로 그때의 상황에 딱 맞게 주고받은 말의 기록이다.

그러나 세월이 지나 언어의 쓰임이 달라지고, 문자에 뜻이 첨가되었으며, 문법체계도 역사적으로 많이 변화해 왔다. 또한 그때의 상황마저 사라져 문자만으로는 이해하기 어렵게 되었다. 그래서 선어록을 읽으려면 당시의 언어와 상황 그리고 문화를 바탕으로 입체적으로 접근해야 할 것이다.

그러므로 이번에 출간되는 『무문관』은 선사들의 깨달음의 내용보다는 문장의 정확한 해석에 주안점을 두었다. 왜냐하면 원전을 제대로 읽어낼 수 없다면 선사들의 뜻을 정확히 파악할 수 없을 것이며, 또한 문법에 따라 살피지 않으면 엉뚱한 해석이 될 것이기 때문이다.

예를 들면 조주 스님의 '끽다거喫茶去'를 일반적으로 '차나 한 잔 마시고 가게'라고 해석하여, '거去'를 굳이 '가다'라는 뜻의 동사로 해석하고 있지만, 여기에 쓰이는 '거去'는 현대한어에서는 동사 뒤에 붙는 방향보어일 뿐이므로, 굳이 '가다'라고 해석할 필요가 없으며, '차나 한 잔 마시게'로 해석하는 것이 옳은 것이다.

또 화두의 하나인 '이 뭐꼬?(是什麽?)'는 한국어의 어감을 생각할 때, 그 해석은 매우 적절한 것으로 생각되지만, 엄밀히 말하면 이러한 해석은 '시是'를 지시대사인 '이'라고 잘못 판단한 것이며, 마땅히 '시是'를 판단사(繫詞)로 보고 '뭐꼬?'라고 해석해야 옳으며, 만약 '이 뭐꼬?'라고 해석하고 싶다면 '저시십마這是什麽?'나 '차시십마此是什麽?' 또는 '차십마此什麽?' 등이 되어야 할 것이다.

또 '지도知道'는 현대한어를 모르는 사람은 '도道를 알다'라고 해석할 것이지만, 한어를 아는 사람은 단지 복합동사로 '알다'라는 뜻임을 안다.

또한 '석두石頭'를 '돌 머리'로 해석할 것이지만, 이 또한 한어를 아는 사람은 '두頭'는 단지 접미사이므로 '돌(石)'이라고 해석한다.

'염념念念'은 '순간순간 일어나는 한 생각 한 생각의 모든 생각'을 의미한다. 염念은 지금 함유한 생각을 의미하며, 찰나 이전의 생각은 찰나 이후의 생각에 의해 밀려 과거의 생각이 되는 아주 짧은 모든 시간들의 집합을 의미하며, 이것은 곧 '순간순간'이라는 뜻과 통한다고 할 것이다.

'차遮'는 『설문해자』에서 '알야遏也'라고 하였다. 『설문해자』에 기술되어 있으므로 이 글자는 한나라 때 이미 있었지만, 당시의 뜻은 '알(遏, 막다)'이다. 그러나 불전에서는 범어 /ca/의 음역으로 사용되어 '이것'이라는 뜻으로 사용된 것이라고 할 수 있다.

또 "지자일개무자只者一箇無字, 내종문일관야乃宗門一關也.(단지 이 하나의 무無자가 곧 종문의 한 빗장이다.)"에 쓰인 '자者'도 위의 '차遮'와 같이 /ca/의 음역으로 사용하면서, 불전에서는 '이것'이란 뜻으로 사용된 것으로 보인다.

'견見'은 '보다'라는 뜻 외에도, 주로 1인칭 대사로 쓰이고, '상相'은 '서로'라는 부사 외에도 주로 2인칭 대사로 쓰인다. 이것은 '견見'의 자형이 사람의 발에 눈을 그린 모양이며, '상相'은 나무라는 경계(대상)를 눈으로 자세히 들여다보는 모양이므로 1인칭과 2인칭을 나타내는 것과 관련이 있음을 알 수 있다.

위의 예에서 보는 바와 같이 정통한문과 불전한어는 많은 차이점이 있음을 알 수 있다.

본서는 이러한 점을 반영하여 해석하려고 노력하였다.

일반적으로 선이라고 하면, 석가세존이 꽃을 든 사연을 가섭만이 알아채고 미소 지었듯이, 진리는 그렇게 마음에서 마음으로 전한다는 '이심전심以心傳心'이어야 하며, 결코 언어나 문자로는 깨칠 수 없다고 한다. 이렇게 주장하는 이들은 선어록을 우리말로 해석한다든지 또는 화두를 풀이하면 큰일이 일어난다고 생각한다.

여기에서 우리는 '선의 체험'과 그것을 체험하게 된 상황을 전하는 '이야기'로 나누어 두 가지로 생각해 보아야 한다. 그러나 예로부터 사람들은 이야기 모음집인 선어록과 '선의 체험'을 혼동하여 온 것이다.

중국 송나라 시대에는 선사들의 이야기 모음집인 『경덕전등록』이라는 선어록이 만들어졌다. 이 이야기책을 만드는 과정에 많은 사람들이, 선사들이 마음에서 마음으로 전한 것을 어찌 책으로 만드느냐고 비난하며 반대하였다.

책을 만드는 데에 참석한 장락정앙長樂鄭昻 스님은 이 비난에 대해 이렇게 답변한다.

"부처님과 조사 스님들이 아무리 전하지 않고 전하였다고 하지만,

전해 주는 상황이나 연유를 몰라도 된다는 말인가?"

선사들이 깨닫게 된 상황과 전후사연은 전할 수 있다는 것이다. 이렇게 깨닫기까지의 수행과 깨달은 순간들의 상황을 기록한 것이 선어록이다.

또한 중국의 조사들은 '선의 체험'을 일상생활 속에서 드러내 보이고자 하였으며, 끝까지 언어로 표현하려고 노력하였다. 물론 선사들은 '선의 체험'을 언어로 표현하기가 얼마나 어려운가를 충분히 알고 있었다.

낙숫물 떨어지는 소리에 깨친 것으로 유명한 중국 경청사鏡淸寺의 도부(道怤, 864~937) 스님은 이런 말을 했다.

"번뇌로부터 벗어나기는 그래도 쉽지만, 번뇌에서 벗어난 체험을 있는 그대로 고스란히 말로 표현하기는 매우 어렵다."

표현이 얼마나 어려운가를 고백하는 말이다. 이 어려움을 뚫고 나온 대화들이 훗날 『벽암록』에 기록된다.

깨달음이란 문자에 의지하지 않으며, 마음의 법은 스스로 깨치는 것이므로 남에 의지해서 얻는 게 아니라고 한다. 그러나 깨닫는 일이야 주체적으로 해야 하지만 그것을 유발하는 계기는 있어야 한다. 선어록은 깨달음의 계기를 마련해준다.

선어록을 읽다 깨친 사람들도 있고, 불경을 보다 깨친 사람들도 있다. 깨달은 선조사先祖師들의 말씀을 적은 책을 보지 않고 어떻게 깨칠 수 있을까? 책 속에 깨달음이 있다고 생각하는 사람은 아무도 없다. 책을 보면서 자신을 관조하다가 깨친다. 경전도 그렇고 선어록도 그렇고 깨달음으로 인도하는 지도와 같은 것이다. 지도는 해독되어야 제 기능을 발휘하듯이, 선문답도 해독되어야 제 기능을 발휘한다.

끝으로, 현재의 수행자들이 무엇을 기준으로 자신의 수행이 제대로 되었는지를 점검하느냐는 것이다. 선어록을 제대로 읽어야 할 게 아닌가? 그래서 그것을 이정표로 삼아서 수행의 길을 가야 옳은 일이 아닌가?

왜 '화두'를 '공안公案'이라고 불렀겠는가? '공안'이란 말은 원래 법률 용어로서, 이른바 관공서에 비치된 판례 조문이다. 과거의 판례를 참조하여 지금의 문제를 푸는 데에 판례집의 쓸모가 있다. 선 수행의 판례집이 바로 선어록이다.

선사들이 말하는 1,700공안도 과거의 믿을 만한 선사들이 몸소 실천한 수행과 깨달음의 선례를 모아 놓은 판례집이다. 판례집은 해독되어야 제몫을 한다.

'불립문자'에 속아서는 안 된다. 강을 건너기까지는 뗏목에 의지해야 하듯, 지혜가 담긴 말이나 문자의 힘을 빌어야 한다.

이제 마지막으로 무문관을 해설한 이 책을 보고 화두나 공안이라는 것이 나와는 별개이며, 접근하기 힘든 어려운 것이라는 생각에서 벗어나, 한 번쯤 도전해 볼 만한 것이라는 마음을 조금이라도 일으켰다면 큰 다행으로 여기겠다.

안재철安在哲

광주일고와 연세대학교를 졸업하였으며, 중국언어학을 전공하여 문학박사 학위를 취득하였다. 현재 제주대학교 교수로 재직중이다. 저서로 『緇門警訓의 문법적 이해』, 『禪源諸詮集都序의 문법적 이해』, 『本義로 이해하는 540部首漢字』, 『수행자와 중문학자가 함께 풀이한 금강경』(수암 스님 공저) 등이 있다.

수암修庵**(김종식)**

선암사 강원을 졸업하고, 원광대학교 동양대학원에서 석사(종교학과), 제주대학교 대학원에서 석사 및 박사(중문과), 중앙승가대학교 대학원에서 박사(불교학과) 학위를 취득하였다. 한국불교태고종 중앙교육원장을 역임하였으며, 현재 태고종 중앙 강원 대교과 강주, 금봉사 주지 소임을 맡고 있다.

수행자와 중문학자가 함께 풀이한 무문관

초판 1쇄 인쇄 2014년 5월 23일 | **초판 1쇄 발행** 2014년 5월 30일

지은이 안재철·수암 | **펴낸이** 김시열

펴낸곳 도서출판 운주사

(136-034) 서울시 성북구 동소문로 67-1 성심빌딩 3층

전화 (02) 926-8361 | **팩스** 0505-115-8361

ISBN 978-89-5746-376-5 93220 값 23,000원

http://cafe.daum.net/unjubooks 〈다음카페: 도서출판 운주사〉